ライブラリ 経営学コア・テキスト=12

コア・テキスト
イノベーション・マネジメント

近能 善範・高井 文子

新世社

編者のことば

　経営学は常識の学問である。経営学はいまや現代人にとっての基本的なリテラシーの一部である。最新ニュースのほとんどに企業や組織がからみ，この世のほとんどすべての問題は，経営の問題として読み解くことができる。経営学はまさに現代社会の常識なのである。

　経営学は常識の学問である。経営学は科学であり，個々の理論やモデルが正しいかどうかはデータと事実が決める。しかもその検証作業は，一部の研究者たちだけの占有ではない。広く一般の人々も日々の実践の中で検証を繰り返し，その結果生き残った経営理論だけが，常識として広く世の中に定着していく。

　経営学は常識の学問である。経営学は常識にもかかわらず，学問としての体系をもっている。そこが普通の常識とは異なる。体系的に学び，体得することができる。実際，現代ほど学問として体系的な経営学の教科書が渇望されている時代はない。高校生から定年退職者に至るまで，実に多くの人から「経営学の良い教科書はどれか」と質問される。

　それでは，良い教科書の条件とは何か。第一に，本当に教科書であること。予備知識のない普通の人が，順を追って読み進めば，体系的に理解可能な本であること。第二に，学問的に確からしいことだけが書かれていること。もちろん学問には進歩があり，それまで正しいとされていたものが否定されたり，新しい理論が登場したりすることはある。しかし，ただ目新しくて流行っているというだけで根拠もなく取り上げるビジネス書とは一線を画する。そして第三に，読者がさらに学習を進めるための「次」を展望できること。すなわち，単体として良い本であるだけではなく，次の一冊が体系的に紹介され，あるいは用意されていることが望ましい。

　そのために，このライブラリ「経営学コア・テキスト」が企画された。経営学の「核となる知」を正しく容易に理解できるような「良い教科書」群を体系的に集大成する試み。そのチャレンジに，いま21世紀を担う新世代の経営学者たちが集う。

高橋　伸夫

はしがき

　本書は，イノベーション・マネジメントについての，おそらく日本で初めての本格的な入門書です。本書は，イノベーション・マネジメントをはじめて学ぶ大学の学部学生，および企業の中で日々実務に携わってはいるがイノベーション・マネジメントについての予備知識はないビジネスパーソンを，主たる読者として想定しています。

　1990年代以降，イノベーション・マネジメントが企業経営にとって最大の関心事となってきた一方で，イノベーションに関わる研究の蓄積も内外で進んできました。そのため，日本でもいくつかの素晴らしい教科書が出版されるようになっています。しかし，学部学生が使いやすい，あるいは初学者のビジネスパーソンが独学で基本理論を身につけることができるような内容で，イノベーション・マネジメントに関して必要とされるトピックを網羅しているテキストは，これまで存在していませんでした。

　たとえば筆者たちが，学部学生向け，および社会人大学院修士課程の学生（初学者）向けにイノベーション・マネジメントの少人数教育を行う場合，延岡（2006）と一橋大学イノベーション研究センター編（2001）をメインのテキストに据え，トピックに応じて，Utterback（1994），榊原（2005），山田（2004b），藤本（2001b），桑嶋（2006），加護野・井上（2004）などの一部の章を用いています（各テキストのタイトルや出版社などについては，巻末の参考文献をご覧ください）。しかし，これらのテキストは，初学者よりはもう少し上のレベルの層を主たる読者として想定しており，よほど意欲の高い人たちを除いて，予備知識に乏しい普通の学生には，やや敷居が高い面があります。しかも，各テキストごとに文章のテイストや難易度に差があり，

i

なおかつ根底にある問題意識や説明ロジックの体系も異なっているため，配布したテキストを学生が通しで読めばほぼイノベーション・マネジメント全体を理解できる，という理想からはほど遠い状況でした。

　筆者たちは，こうした状況を解消し，初学者であってもストレスを感じることなく通しで読めて，そのままイノベーション・マネジメント全体が理解できる，というテキストを目指して本書を執筆しました。必ずしもすべてが理想通りというわけではありませんが，かなりの程度，目的は達成することができたと自負しています。

　本書の執筆に際しては，特に3つの点に注意を払いました。1つめは，一貫した視点から，体系的に説明を行うということです。

　本書では，イノベーション・プロセスのモデルを最初に提示し，その流れに沿って，組織論・戦略論をベースに，イノベーション・マネジメントの全体像を体系的に説明しています。お読みいただければ分かると思いますが，単なる「寄せ集め」にならないように，全体としての統一性やロジックの流れを保つことに最大限の努力を払っています。

　2つめは，理論を紹介する場合に，結論だけを説明するのではなく，できるだけ論理の筋道を丁寧に説明するということです。

　経営学全般に言えることですが，最近では，ページ数が多いと「難しいのではないか」ということで読者に敬遠され，そもそも手に取ってもらえないということで，なるべく記述を薄くする傾向が強まっています。ただ，その一方で，記述を薄くすることが理論の結論のみを記述することにつながって，それによってかえって初学者が理解しづらくなっているケースが散見されます。筆者たちの講義経験からは，論理の筋道をきちんと説明し，納得し理解してもらったほうが，ただ単に理論の結論だけを説明する場合よりも聞き手の頭に残るし，その後の応用も効きます。そのため，論理の筋道については，できるだけ手を抜かないで説明したつもりです。

　3つめは，新しい理論や用語が出てくるごとに，その内容や意味をすぐに

説明した上で，できるだけ具体的な事例によって補強するということです。特に，事例の記述にはこだわりました。

　学部生を対象とした筆者たちの講義経験からは，一部の学生を除き，講義内容のうちで試験・レポートが終わった後でなお覚えているのは，ほとんどの場合にケースだけです。実際のところ，大多数の学生たちは，ケースを通じてのみイノベーション・マネジメントを学んでいる，あるいはケースだけしか学んでいない。これが現実です。

　そこで本書では，なるべく筆者たち自身が面白いと思うケースを取り上げて，その面白さが読み手に伝わるように，しかもケースを読むことによって理論や用語の理解が進むように，できるだけ厚い記述を心がけて書きました。読者の皆さんには，「なにか難しい理論や用語が出てきたな」と思っても，ひるまないで，そのままどんどん先へ読み進めて欲しいと願っています。理論や用語と具体例とを，頻繁に往復しながら説明を積み重ねているので，読み進むうちに自然と理解が進むはずです。

　また本書では，読者のさらなる学習を手助けするために，参考文献リストをできるだけ充実させるように努めました。ただし，入門レベルの学習が終わったばかりの皆さんが次の段階にスムーズに進めるよう，できる限り日本語で読める書籍や論文を優先的に取り上げて，英文だけでしか読めないものについては，できる限り必須文献だけを紹介するにとどめました。それでも，内外の数多くの先行研究を，できるだけ最新のものまで含めて紹介してありますので，イノベーション・マネジメントに興味をもった方々は，ぜひこれを活用して学習を進めていただきたいと思います。

　本文の構成は，以下の通りです。前半の第1章から5章までは，イノベーション・マネジメントについて具体的に考えていく上での前提となる，イノベーションの定義や，プロセスのモデル，普及・発展パターン，イノベーションが企業の競争力に与える影響などの諸点について，説明を行っています。後半の第6章から第12章までは，具体的なイノベーション・マネジメント

について，イノベーション・プロセスのモデルに沿って説明しています。

　大学の学部生を対象とした通年授業（4単位）で用いる場合には，基本的に1章を2回のペースで，分量の多い章を3～4回かけて実施し，途中でビデオ教材などを適宜交える，といったかたちで進めていくのがよいでしょう。

　また，第1章から順に読んでいくことを想定して全体の流れを作り上げていますが，時間に余裕のないビジネスパーソンの読者も想定し，各章を独立の章としても読めるよう，できる限り工夫してあります。忙しい方は，興味のある章だけを読んで，特定のトピックに関して手早く理解を深めていただきたいと思います。

　なお，本書は，章ごとの分担は行わず，全章を著者2人が共同で執筆しました。近能と高井は，調査対象業界は異なるものの研究の分野は同じで，生活をともにしているのですが，（あるいはそれゆえに）普段はほとんど研究の話はしません。その意味で，本書の執筆にあたってアイデアを交換したり，徹底的に意見を戦わせたりできたことは，とても良い経験になりました。

　本書の上梓に当たっては，数多くの方々にお世話になりました。

　まず，東京大学大学院経済学研究科の高橋伸夫先生には，筆者たちが大学院在籍中にご指導・ご助言いただいただけでなく，本書を「ライブラリ 経営学コア・テキスト」の一冊として出版する機会をいただきました。ここに，深く御礼を申し上げます。

　また，近能の博士課程の指導教官である藤本隆宏先生，高井の博士課程の指導教官である新宅純二郎先生には，本当にお世話になりました。心より感謝申し上げます。それから，筆者たち2人の学部時代の指導教官で，2人が大学院へ進学するきっかけを作っていただき，退官されるまでの間，修士課程のご指導をいただいた梅沢豊先生にも，心より御礼申し上げます。

　東京大学大学院経済学研究科のその他の先生方，そして先輩，同僚，後輩の皆さまにも，本当にお世話になりました。また，東京大学ものづくり経営研究センターの特任研究員やスタッフの方々にも，大変お世話になりました。

それから，職場や学会，研究会を通じて，数多くの先生方からご指導・ご助言を賜りました。お名前のリストを延々と書き連ねることは避けますが，お一方だけ，下川浩一先生には，公私とも大変お世話になりました。ここに記して，深く感謝申し上げます。皆さまとの実りの多い議論が，多少なりとも本書の中に反映されていることを切に願っております。

　本書の執筆過程では，東京大学経済学部の高橋ゼミの学生の方々に草稿を輪読していただき，非常に鋭い，数多くの貴重なコメントをいただきました。また，近能が所属する法政大学経営学部や大学院経営学研究科（法政ビジネススクール）の学生と，高井が所属する東京理科大学経営学部や大学院経営学研究科の学生には，授業でのやり取りを通じて貴重な気付きや示唆を数多くいただきました。特に，法政大学大学院経営学研究科博士課程の中村哲也さんには，実務家の観点から数多くの貴重なコメントをいただきました。皆さまに厚く御礼申し上げます。ありがとうございました。

　また，調査や研究会などを通じて知り合い，企業マネジメントの実際について教えていただいたビジネスパーソンの方々にも，心より感謝申し上げます。皆さまのご厚意なくしては，筆者たちが研究を進めることはできず，本書が日の目を見ることもなかったと思います。お名前を挙げて一人ひとりに謝意を表明することは致しませんが，ご本人に意が伝わることを願いつつ，感謝の気持ちをここに記しておきます。

　それから，かつての職場の上司や先輩，同僚，後輩の皆さま，そして顧客の皆さまにも，本当に心から感謝申し上げます。近能は地方銀行での，高井はコンサルティング会社での勤務経験を通じて，マス（集合）としてではない，生きており個性を持った存在としての個人や企業の実態と，彼らの意図や行動が全体としてどのように経済のダイナミックな動きに結びついていくのかという道筋を，圧倒的な密度で体験学習することができました。そうした現場レベルでの企業活動の躍動感，肌感覚の臨場感が，多少なりとも文面から伝わっているようであれば，筆者たちにとって望外の喜びです。

　さらに，新世社編集部の御園生晴彦氏には，本当に言葉に尽くせないほど

お世話になりました。本書の執筆には非常に苦労して，正直な話，途中で何度もギブアップしようかと思い悩みました。しかしこの間，御園生氏には，予定を大幅に超過し，それでも執筆が遅々として進まない筆者たちを，あたたかく，そして辛抱強く励ましていただきました。それだけでなく，構成，内容，図版など，さまざまな面で有益なコメントやアドバイスをいただき，丹念な本づくりの作業を担ってくださいました。氏のご尽力なしには，本書の完成はありえませんでした。本当に，心から厚く御礼申し上げる次第です。

最後に，私事で恐縮ですが，会社を辞めて研究者の道へ進むことを許していただき，その後も，陰に日向に常に筆者たちを支え続けてくれている両親たちに，心から感謝を申し上げます。そして，本書の執筆中に生まれた筆者たちの2人の可愛い子供たち（善斗と舞有）にも，感謝の意を表すことをお許しいただきたいと思います。

　　　2010年9月　2人の子供たちが寝静まった後の自宅の食卓にて

近能善範・高井（近能）文子

目　次

第1章　イノベーションとは何か　　*1*

1.1　イノベーションとは何か ——————————————— *2*
1.2　イノベーション・マネジメントの重要性と特徴 ————— *9*
　●演習問題　*17*

第2章　イノベーションのプロセス　　*19*

2.1　イノベーションのプロセス ——————————————— *20*
2.2　イノベーション・プロセスの関門：
　　　「魔の川」・「死の谷」・「ダーウィンの海」 ——————— *22*
2.3　イノベーションの「種」：
　　　「テクノロジー・プッシュ」対「ディマンド・プル」 —— *24*
2.4　研究・技術開発のマネジメントと「魔の川」 ——————— *27*
2.5　製品開発のマネジメントと「死の谷」 ——————————— *32*
2.6　事業化のマネジメントと「ダーウィンの海」 ——————— *40*
　●演習問題　*45*

第3章　イノベーションのパターン　　*47*

3.1　イノベーションの普及と技術進歩のパターン ——————— *48*
3.2　産業発展とイノベーションの発生頻度の推移パターン —— *62*
3.3　ラディカル・イノベーションの発生 ——————————— *73*
　●演習問題　*80*

第4章 企業の競争力への影響①：ラディカル・イノベーションと既存大企業の不適応　81

- 4.1 はじめに　82
- 4.2 イノベーションの連続性と企業の競争力　83
- 4.3 既存大企業にラディカル・イノベーションへの不適合が生じる理由　86
  - ●演習問題　106

第5章 企業の競争力への影響②：3つのタイプのイノベーションと企業の競争力　107

- 5.1 はじめに　108
- 5.2 能力破壊型イノベーションと既存大企業の競争力　108
- 5.3 アーキテクチャル・イノベーションと既存大企業の競争力　113
- 5.4 分断的イノベーション　119
  - ●演習問題　132

第6章 研究・技術開発のマネジメント①：技術ロードマップの作成と活用　133

- 6.1 研究・技術開発と競争優位　134
- 6.2 研究・技術開発マネジメントの難しさ　135
- 6.3 技術ロードマップ　142
- 6.4 産業レベルでの技術ロードマップの活用　152
  - ●演習問題　158

第7章 研究・技術開発のマネジメント②：業界標準のマネジメント　159

7.1 はじめに ─────────────────── 160
7.2 業界標準とは何か ─────────────── 163
7.3 規格間競争：デファクト・スタンダードを確立するための戦略 ─── 169
7.4 業界標準の世代交代に伴う戦略 ─────────── 181
● 演習問題　190

第8章 製品アーキテクチャのマネジメント　191

8.1 はじめに ─────────────────── 192
8.2 製品アーキテクチャの分類軸 ─────────── 193
8.3 モジュラー型とインテグラル型の特徴とメリット・デメリット ─── 199
8.4 オープン型とクローズド型の特徴 ─────────── 211
8.5 「モジュラー・オープン」化した産業での収益確保 ─── 217
● 演習問題　222

第9章 新製品開発のマネジメント①：製品開発プロセスのマネジメント　223

9.1 はじめに ─────────────────── 224
9.2 新製品開発活動の意義と困難 ─────────── 225
9.3 新製品開発プロセスの第1段階：製品コンセプトの開発 ─── 230
9.4 新製品開発プロセスの第2段階：事業収益性の評価・検討 ─── 245
9.5 新製品開発プロセスの第3段階：（狭義の）製品開発 ─── 248
9.6 新製品開発プロセスの第4段階：市場導入 ─── 254
● 演習問題　259

第10章 新製品開発のマネジメント②：組織マネジメント　261

- 10.1 はじめに ― 262
- 10.2 新製品開発のパフォーマンス ― 263
- 10.3 組織デザインのマネジメント ― 265
- 10.4 プロジェクト・マネージャのリーダーシップ行動 ― 277
- 10.5 コンカレント・エンジニアリング ― 285
  - ●演習問題　289

第11章 企業間関係のマネジメント　291

- 11.1 企業間関係のマネジメントとは ― 292
- 11.2 分業構造のマネジメント ― 296
- 11.3 企業間分業の境界線決定のマネジメント（Make or Buy decision）― 304
- 11.4 企業間連携のマネジメント ― 315
- 11.5 企業間連携のマネジメントのあり方とアライアンスの成果 ― 319
  - ●演習問題　330

第12章 ビジネスモデルのマネジメント　331

- 12.1 はじめに ― 332
- 12.2 ビジネスモデルとは何か ― 333
- 12.3 ビジネスシステムの工夫 ― 335
- 12.4 収益モデルの工夫 ― 347
- 12.5 常識にとらわれない柔軟な発想を ― 354
  - ●演習問題　355

参考文献 ― 357
索引 ― 368

本書に記載している製品名は各社の登録商標または商標です。本書では®と™は明記しておりません。

第1章

イノベーションとは何か

　本書は，タイトルにある通り，イノベーション・マネジメントについて説明していく教科書です。
　では，そもそもイノベーションとは何なのでしょうか。そして，なぜイノベーションが重要であり，どうしてマネジメントしていかなければならないのでしょうか。
　本章では，これらの問題について議論しながら，イノベーション・マネジメントこそが現代の日本企業にとって最大の課題のひとつであることを，皆さんに理解していただきたいと思います。

○KEY WORDS○
イノベーション，技術革新，
シュンペーター，ドラッカー，
イノベーションのプロセス，
ビジネスモデルのマネジメント

1.1 イノベーションとは何か

　そもそも，イノベーションの語源はラテン語の"innovare"であり，「何かを新しくする」ということを意味していました。このような意味での「イノベーション」は，今では教育，芸術，政治，スポーツなど，あらゆる分野で用いられる語となっています。

　このうち，本書で扱うのは経済システムにおける個々のイノベーションです。具体的には，製品やサービスの開発・生産・流通に関わるものが主な対象となります。それ以外のイノベーションは本書では取り扱いませんが，それでも，一冊の教科書では説明しきれないほどの内容があります。

　そこで本書では，一般に「技術革新（technological innovation）」と称される側面だけに限定し，さらに，国家の政策レベルでのマネジメントについては対象から外し，企業レベルでのマネジメントについてのみ議論を進めていくことにします。

　最初に，議論の前提として，イノベーションに関わる代表的な先行研究による定義を検討し，本書で用いるイノベーションの概念を明確にしておきます。その上で，イノベーションをマネジメントすることの重要性や意義について説明することにしたいと思います。

○ シュンペーターの定義

　イノベーションを最初に体系づけて理論化したのは，オーストリアの経済学者シュンペーター（J. A. Schumpeter；1883-1950）です。

　彼は著書『経済発展の理論（第2版）』のなかで，イノベーションとは，「新しいものを生産する，あるいは既存のものを新しい方法で生産すること」であると定義づけています（Schumpeter, 1934）。ただし，ここでの「生産」は，「物を作り出すこと」という一般的な意味だけでなく，「利用可能な物や力（materials and forces）を結合すること」という，より広い意味を含んでいま

す。

　そして彼はこの定義を，よりイメージしやすいように，以下の5項目に分けて説明しています。

　第1が，新しい財や，財の新しい品質の開発です。第2が，新しい生産方法と，財の商業的取り扱いに関する新しい方法の開発です。第3が，新しい販路の開拓です。第4が，原材料ないし半製品の新しい供給源の獲得です。そして最後の第5が，新しい組織の実現です。また彼は，この5つの新たな組み合わせもイノベーションであるとしました。

　必ずしも学術的な用語ではありませんが，これらを現代的な用語で意訳すれば，それぞれ，①プロダクト・イノベーション（画期的な新製品・サービスの創出），②プロセス・イノベーション（画期的な新しい開発・生産・流通プロセスの創出），③マーケット・イノベーション（新しい市場や流通チャネルの創出），④マテリアル・イノベーション（画期的な新しい部品や材料の創出），⑤システム・イノベーション（画期的な新しいビジネスシステムの創出）ということになるでしょう。

　このようにシュンペーターは，イノベーションというものを，かなり広がりを持つ現象として捉えていました。その概念が包含しうる範囲は非常に幅広く，狭い意味での技術革新にとどまらない意味を持っていたのです。

　さらに重要な点は，組み合わせが新しければすべてが新しい必要はないということです。そうした意味をこめて，シュンペーターはイノベーションを「新結合（new combination）」と呼びました。

　彼は，イノベーションが，単なる空想や思いつき，あるいは単なる発見や発明ではないと明確に否定した上で，イノベーションこそが経済の非連続的発展をもたらし，ひいては長期的な経済発展の原動力になるのだと主張しました。その意味で彼は，イノベーションとは，具体的な製品やサービスに結実し，市場に受け入れられ，社会にインパクトを与えてはじめて実現するもの，と捉えていたのだと言えるでしょう。

　つまり，シュンペーターが唱えるイノベーションとは，単なる技術革新ではなく，かといって，新しければ，あるいは何か変化しさえすれば，それがイノベーションというわけでもありませんでした。シュンペーターは，あくまでも

市場で実現され，経済的成果をもたらすものこそがイノベーションであると考えていたのです。

○ ドラッカーの定義

1960年代に入ると，イノベーションを経済成長の推進力という側面から研究するだけではなく，企業成長の源泉として捉えて研究しようとする動きが活発になりました。前者が，国家レベルや産業レベルでの分析に主眼を置いた，経済学的アプローチからのイノベーション研究だとすれば，後者は，企業レベルやプロジェクトレベルでの分析に主眼を置いた，経営学的アプローチからのイノベーション研究だと言えるでしょう。

こうした経営学的アプローチからのイノベーション研究の端緒を作ったのが，経営学者のドラッカー（P. F. Drucker；1909–2005）です。彼は，シュンペーターの議論をもとに，企業マネジメントのなかにイノベーションの概念を取り込みました。

ドラッカー（Drucker, 1954）は，企業の目的は最大利潤の追求ではなく，顧客の創造にあるとしました。顧客が製品・サービスに代金を支払わなければ，企業は存在しえないからです。

その上で彼は，顧客を創造するために行う企業の最も基本的な活動がイノベーションであるとして[1]，それを「製品・サービスの革新，および製品の生産・販売・サービスの提供に必要な技能や活動の革新」であると定義しました。そして，企業マネジメントとしてのイノベーションの本質は，より優れた，あるいはより経済的な製品やサービスを創造することを通じて新たな顧客を獲得

---

[1] 正確には，ドラッカー（Drucker, 1954）は，顧客を創造する上で不可欠となる基本的活動は，「イノベーション」と「マーケティング」の2つであると述べています。上で述べたように，彼は「イノベーション」を，「製品・サービスの革新，および製品の販売・サービスの提供に必要な技能や活動の革新であり，企業のあらゆる活動に関わりを持つ」とし，「マーケティング」を「販売活動に限定されることなく，市場の求める製品・サービスを作るという事業全体に関わる重要な活動である」としています。ただし，イノベーションが顧客創造を目的とした活動である以上，「市場の求める製品・サービスを作るという活動」は「製品・サービスの革新」のなかに包含されることになります。つまり，彼の言う「イノベーション」は，「マーケティング」を包含した，より上位の概念だと考えられるのです。

することにある，としたのです。

このように，イノベーションが企業成長の重要な源泉となる活動だとすれば，企業にとって次の大きな課題は，イノベーションをいかにマネジメントするか，ということになります。計画的にマネジメントすることができなければ，企業の成長を計画的に推進することも不可能だからです。

この点に関してドラッカーは，「イノベーションは，事業のあらゆる局面で行われるべき活動であり，したがって，企業内のあらゆる部門がそのマネジメントに関わってくる」とした上で，「企業は，イノベーションを目指して自らを組織化し，その計画と実行，評価に取り組む必要がある」と述べています。

以上のように，シュンペーターが提唱したイノベーションの概念を企業活動のなかに取り込み，それが企業の存続と成長のために不可欠な存在であり，マネジメントしなければならない活動であると捉えたドラッカーの主張は，イノベーションの経営学的な研究の，現在にいたる方向性を決定づけたものとして重要だったと言えるでしょう。

○ マイヤーズとマーキスの定義

1970年代に入ると，経営学的アプローチからのイノベーション研究のなかで，新しい製品や生産プロセスの開発といった個々のイノベーションを取り上げて，その促進要因や阻害要因を探求する動きが活発になりました。こうした研究の特徴は，イノベーションの技術革新としての側面に焦点を当て，これらを生み出していく新製品開発活動のプロセスのあり方を実証的に探っていくという点にありました。

このような新製品開発に焦点を絞ったイノベーション研究の端緒を作ったのが，1960年代後半から70年代初頭にかけて行われた「Hindsightプロジェクト」，「NSFイノベーション調査プロジェクト」，「SAPPHOプロジェクト」などの大規模な研究プロジェクトでした（軽部・武石・青島，2007）。

このうち，米国国防総省がスポンサーとなって実施されたHindsightプロジェクトは，20の兵器システムの開発に対して，基礎科学，応用科学，技術のそれぞれがどのくらい貢献したのか，ということについて検証しました

(Sherwin and Isenson, 1967)。

　また，米国科学財団（National Science Foundation：通称「NSF」）のイノベーション調査プロジェクトは，米国の5つの産業部門（鉄道，鉄道技術，住宅材料，コンピュータ，コンピュータ部品・周辺機器）の121社における567のイノベーションを対象として，その成功要因を包括的に分析しました（Myers and Marquis, 1969）。

　さらに，イギリスのサセックス大学が中心となって行われたSAPPHOプロジェクトと，それに続くSAPPHOⅡプロジェクトは，22の化学産業と21の素材産業における成功事例と失敗事例をペアで比較研究し，その決定要因を検討しました（Rothwell et al., 1974）。

　なかでも，マイヤーズとマーキス（Myers and Marquis, 1969）は，「イノベーションは，単なる新しいアイデアや概念ではないし，新しい装置の発明でもないし，新しい市場の開拓でもない。イノベーションとは，それらすべての活動が相互に影響を与え合う統合的なプロセスである」と述べ，「イノベーションとは，アイデア創出から問題解決を経て，最終的には経済的・社会的価値の実現へといたる，非常に複雑なプロセスである」と定義しました。

　これは，イノベーションをプロセスとして明確に概念化した上で，個別の新しい製品や生産プロセスを対象に，その開発プロセスを成功に導くための要因についての実証分析を行ったはじめての本格的研究で，その後のイノベーション研究に大きな影響を与えたと言えるでしょう。

◯ 本書でのイノベーションの定義

　以上のような議論から，企業マネジメントの対象としてのイノベーションとは，「新しい製品やサービス，新しい生産や流通の手段，新しい技術，新しいビジネスの仕組みなどのうちで，顧客にこれまでにない新しい価値をもたらして新規需要を創出するもの。および，そうしたものを創出し，経済的成果を獲得していくまでのプロセス」と定義することができるでしょう。

　ここではイノベーションを，アウトプット（成果である製品やサービス）と，そのアウトプットを生み出すプロセス（製品やサービスといった成果を生み出

すまでの過程）の両面から捉えています。本書では，これを広義のイノベーションの定義として用いることにします。

こうした広義のイノベーションには，顧客に新しい価値を提供するものでさえあれば，新しい製品やサービス，既存の製品やサービスを開発・生産・流通するための新しいプロセス，製品やサービスを顧客に届け，保守・点検や修理，サポートを提供するための新しい仕組み，さらにはそうしたものを背後で支えるさまざまな新しい技術，新しい組織・企業間システム，などの創出がすべて含まれることになります。

ただし，このような広義のイノベーションのマネジメントについて述べようとすると，企業マネジメントのあらゆる側面を取り上げる必要があり，入門的教科書ではとても語りつくせないほどの内容を含んでしまうことになります。そこで本書では，主として一般に技術革新と称される側面だけに限定し，そのマネジメントについて議論を進めていくことにしたいと思います。

というわけで，本書ではイノベーションを，「新しい製品やサービス，新しい生産や流通の手段・方法，および，それらを実現可能にする新しい技術のうちで，顧客にこれまでにない新しい価値をもたらして新規需要を創出するもの」と，やや狭く定義した上で用いることにします。たとえば，携帯電話やパソコン，宅配サービスや各種のインターネット・サービスなどは，こうして定義されるイノベーションの身近な事例です。

この定義では，イノベーションをあくまでもアウトプットとして捉えています。そのため，そうしたアウトプットを生み出すためのプロセスについては，以後，「イノベーションのプロセス」と呼ぶことにします。

また，ここでは，新しいビジネスの仕組みの創出や，新しい組織・企業間システムの創出などを定義から除外しています。そうした俗に言うシステム・イノベーションについては，「ビジネスモデルのマネジメント」と呼ぶことにします。

さらに，現代の日本企業にとって，新市場を創出した後でいかに経済的成果（利益）を獲得するのかは非常に大きな課題ですが（榊原，2005），この定義では，経済的成果の獲得はイノベーションの要件としていません。この点については，イノベーションのプロセスの議論のなかで，主としてビジネスモデルの

マネジメントにからめて検討することにしたいと思います。

　最後に、企業が生み出す財（goods）のうち、有形なものが製品（product）、無形なものがサービス（service）で、両者は本質的には同じであると考えられるので（藤本、2001b）、以下、特に断らない限り、製品とサービスを両方含めて「製品」と表記することにします。

　ただし、このように狭く定義してもなお、イノベーションとは単なる空想や思いつき、あるいは単なる発明や発見ではない、という点には注意が必要です。
　アイデアや発明・発見は、イノベーションの重要な要素ではありますが、十分条件ではありません。たとえどんなに素晴らしいアイデアであったとしても、あるいはどれほど画期的な発明・発見による新製品であったとしても、顧客がそれに価値を認め、市場で受け入れられなければ、それはイノベーションではないのです。
　それから、定義のなかでは明示していませんが、本書でも、イノベーションとは「新結合」であり、あくまでも組み合わせの新しさ、パッケージとしての新しさが問題であって、あらゆる要素が新しい必要はないと考えています。
　たとえば、アップル[2]から2001年に発売されて大ヒットした携帯用デジタル音楽プレーヤーの「iPod」は、そこで使用されている技術はすべて既存のものであり、特に新しくはありません。しかし、自分の音楽コレクションのすべてを1台に収納して持ち歩き、「好きな曲をいつでもどこでも楽しめる」という新しい顧客価値を実現し、新たな市場を切り開いたという意味で、それは本書の定義におけるイノベーションの典型事例だと言えます。

---

[2] 同社の名称は、1977年の創業から2007年までアップル・コンピュータ（Apple Computer）でしたが、2007年からアップル（Apple）に変更しているため、以下では「アップル」に表記を統一します。

1.2 イノベーション・マネジメントの重要性と特徴

では,「イノベーションをマネジメントする」ことには,どのような意義や価値があるのでしょうか。

言い換えるなら,イノベーションについて深く知り,イノベーション・マネジメントの基礎的な理論や概念,考え方の枠組みを身につけることが,なぜ重要なのでしょうか。

この点は本書の存在意義にも関わる重要事項なので,以下では一橋大学イノベーション研究センター編(2001)などを参考に,普遍的な理由と日本に固有の理由に分けて,少し詳しく述べておくことにします。

◯ イノベーション・マネジメントの重要性:普遍的な理由

イノベーションのマネジメントは,以下のような普遍的な理由によって,時代を超えて,どのような国や地域にとっても重要だと言えます。

〈イノベーションは経済成長の原動力になる〉

第1に,イノベーションは経済成長の原動力になります。

すでに述べたように,シュンペーターは,イノベーションによる創造的破壊こそが資本主義の本質であるとしました。彼は,経済発展には,人口増加や資本の供給増加といった要因よりも,企業による内なる創造——すなわちイノベーション——が主要な役割を果たす,としています(Schumpeter, 1934)。すなわち,個々の製品や産業は,遅かれ早かれ,いずれ成熟化の途をたどるので,この限界を乗り越えるように絶え間なく登場する新製品や新産業こそが,持続的な経済成長,ひいては資本主義発展のエンジンになるというのです。

こうしたシュンペーターの主張は,現在では広く認められており,イノベーションこそが国家間の競争において優位に立つための源泉であるとして,各国

はイノベーションを促進するための政策で競い合っています。

たとえば，アメリカにおける2006年の「米国競争力イニシアティブ（American Competitiveness Initiative）」，EUにおける2005年の「新リスボン戦略（The New Lisbon Strategy）」と2007年の「競争力イノベーションイニシアティブ（Competitiveness and Innovation Framework Programme）」，中国における2006年の「国家中長期科学技術発展計画」など，世界の主要国は，持続的な成長を成し遂げるためのエンジンとしてのイノベーションに着目し，それを促進するための国家戦略を具体化しています。

日本においても，2025年までを視野に入れた日本の長期的な成長に貢献するようなイノベーションを創造することを目的として，2007年に「イノベーション25」という長期的戦略指針が策定されました。

〈イノベーションは生活や社会を変える〉

第2に，イノベーションはわれわれの生活を根底から変え，社会のあり方まで変えてしまいます。

たとえば，鉄道，電信，電話，自動車，飛行機，化学繊維，プラスチック，ペニシリンなどの人造医薬品，ラジオ，テレビ，レコードやCD，ビデオやDVD，冷蔵庫，洗濯機，電子レンジ，エアコン，コピー機，ファックス，パソコン，携帯電話，デジタルカメラ，宅配サービス，インターネットなど，イノベーションによってわれわれの生活が根底から変わってしまった事例は，挙げればきりがありません。こうしたものがない生活を想像してみると，われわれの日常生活が，イノベーションによってどれだけ大きく変わってきたかが分かるでしょう。

また，イノベーションは，人々の価値観や社会のあり方まで変えてしまいます。たとえば，インターネットが普及したことで，パソコンや携帯電話を通じて，いつでもどこでも世界中とコミュニケーションをとれるようになり，それによって人々の価値観や行動パターンが変わり，人と人とのつながり方やビジネスのあり方までが劇的に変わってしまいました。

一方で，現代のわれわれは，世界人口の急速な増大，環境問題，資源・エネルギー問題，食糧問題など，地球の持続可能性を脅かしかねない数多くの深刻

な問題に直面しています。イノベーションには，こうした問題を解決し，安全・安心な上に便利で，一人ひとりが真の豊かさを感じられるような社会を築き上げていくための，起爆剤や牽引役としての役割も期待されているのです。

〈イノベーションは企業の競争力を決定する〉

　第3に，イノベーションは企業の競争力を左右します。

　イノベーションをきっかけに成功し，成長し，地位を築いていく多くの企業がある一方，磐石の地位を築いていた巨大企業であっても，新たなイノベーションを携えて登場した新興企業に敗れ去り，そのまま市場から退出していくことがあります。市場における主役交替はさまざまな理由によって生じますが，イノベーションは，そのきっかけとして最も重要なものの一つです。

　また，ときには，大きなイノベーションによって，市場そのものが一気に消えてしまうこともあります。たとえば，コンパクトディスク（以下「CD」）の普及によりレコードやレコード用機器の市場が，携帯電話の普及によってポケットベルの市場が，デジタルカメラの普及によって銀塩カメラ（フィルムカメラ）や銀塩フィルムの市場が，それぞれほぼ完全に消えてしまいました。あるいは，インターネット上で無料で新聞記事が読めるようになり，アメリカや韓国では新聞社の廃業が相次いでいます。

　このように，たとえ現在は栄華をきわめている企業であっても，その地位から転落しないためには，イノベーションに備えることが必要不可欠になります。そのため，新興企業にとっても既存大企業にとっても，イノベーション・マネジメントは，競争上最も重要なマネジメントの一つであると言えるのです。

　この第3の点は，本書のメインテーマでもあります。

◯ イノベーション・マネジメントの重要性：日本に固有の理由

　加えて，経済の発展，企業成長の牽引役としてのイノベーションの役割は，現在の日本および日本企業にとって，ますますその重要性を増しています。

　その理由としては，以下のようなものが挙げられます。

〈トップランナーの使命〉

　第1に，世界のなかでの日本および日本企業の果たす役割が，1980年代半ば頃を境に，フォロワー（追随者）からトップランナー（牽引者）へと変化した点が挙げられます。

　かつての日本企業は，先行する欧米企業がモデルとして存在していたので，すでにある製品を，より良い品質でより安く供給することだけに力を注げば十分でした。すなわち，欧米企業の新しい製品を日本に導入して，それに日本流の改善や改良を加えていくという「フォロワー型の戦略」を実行していけばよかったのです。

　しかし今では，日本企業はもはや自らがトップランナーであり，追いかけるべきモデルは世界中のどこにもありません。まだ世界中で誰も手掛けたことがないような新たな製品やビジネスの仕組みを，物まねでなく，自力で作り出していかなければならない立場に置かれているのです。

　このように，位置づけがフォロワーからトップランナーへと変わったことによって，日本および日本企業は，嫌が応でもイノベーションを追求していかなければならなくなったのです。

〈経済低迷の打開策〉

　第2に，バブル経済が崩壊した1990年頃をもって，右肩上がり経済が完全に終焉したという点が挙げられるでしょう[3]。

　かつては，日本経済全体が右肩上がりであったため，企業経営者にとって追求すべき戦略は，かなり明確でした。なぜならば，市場が拡大している状況下では，同じ業界のなかの先行企業が手掛けて成功している事業に参入し，横並びで行動することによって，一定の収益を上げることが可能だったからです。つまり，かつての日本企業の経営者にとって，どういう事業を追求すればよいのかという判断は，比較的確実なものであったのです。

---

[3] 日本の実質GDP成長率は，高度成長期の1956年から73年までの平均が9.1%，安定成長期の1974年から90年までの平均が4.2%，この間のマイナス成長はわずかに1回のみと，ここまではまさに順調に成長を続けていました。しかし，1991年から2008年までの平均実質GDP成長率は1.0%，しかもこの間4回にわたってマイナス成長を記録するなど，20年近くにわたって低成長が常態化し，マイナス成長に落ち込むことも珍しくなくなりました。

ところが，右肩上がりの成長が終わりを告げた現在の日本企業の経営者は，きわめて不確実性に満ちた環境のもとで意思決定を行わざるをえない状況にあります。また，パイが限られているので，同じ業界の他企業がやっていることをただ真似するだけでは収益を獲得できません。

　ましてや，賃金，税率，賃貸料，物流，電力などのすべてにおいて世界一高くなってしまった日本のコスト構造のなかにあっては，普通に考えつくことを普通にやっているだけでは，世界的に競争力を持つ事業にまで発展できる可能性は低いと言わざるをえません。

　すなわち，新規事業を，物まねでなく自力で作り出していくという，まさにイノベーションを追求していかざるをえない状況に置かれているのです。

〈生産性の向上〉

　第3に，日本はこれから先，世界的にも，そして歴史的にも，類を見ない超高齢化社会を迎えるという点が挙げられます。

　一般に，65歳以上の人を高齢者と呼び，国の総人口に占める高齢者の人口の割合を高齢化率と呼びますが，日本は世界で最も高齢化率が高く，なおかつ最も速いペースで高齢化が進展している国です[4]。

　マクロ経済学の視点からは，一国の経済成長は，生産要素である資本か労働の投入量が増加するか，あるいは生産性が上昇するか，そのいずれかによって実現することになります。このうち，生産性の上昇とは，同じ量の資本と労働の量で，より多くの生産物ができるようになることを意味しており，主に技術の進歩によって可能になります。

　日本のこれからを考えると，労働や資本の伸びに期待することは難しいでしょう。人口は長期的に減少するし，資金源である貯蓄率が下がりつつあり，今後も下がり続ける可能性が高いので，資本の増加率もさらに鈍る可能性があります。そうなると，頼みの綱は技術進歩による生産性の上昇なのですが，これ

---

[4] 2005年時点ですでに，日本の高齢化率は20%（つまり5人に1人は高齢者）を超えていましたが，その後も高齢化は急ピッチで進んでいます。2006年12月に国立社会保障・人口問題研究所が公表した「日本の将来推計人口」における出生中位・死亡中位推計によれば，高齢化率がピークを迎える2055年時点での推定高齢化率は実に40.5%（つまり2.5人に1人は高齢者）に達すると予測されています。

までのところ，その伸び率は長期的に低下傾向をたどっています。

　これを持ち直すために求められているのが，イノベーションによる生産性の底上げです。その意味で，まさにイノベーションこそが日本の持続的成長を実現するためのカギとなっているのです。

〈競争優位の確保〉

　第4に，日本企業が，製品やサービスを提供するための業務の進め方の効率性，すなわちオペレーション効率における圧倒的な優位性を，喪失してしまったという点が挙げられます（ポーター・竹内，2000）。

　1970年代から1980年代にかけて，少なくとも主要な製品分野における日本企業のオペレーション効率性は，欧米のライバル企業のそれをはるかに凌いでいました。しかし，1980年代半ば頃から，欧米企業を中心に日本的生産システムの原理や手法の学習が進み，さらにはITをうまく組み合わせていくことで生産性を向上させ，日本企業との差を大幅に縮めました[5]。

　むろん，現在でも日本企業のオペレーション効率性は世界的に見て最高水準にあります。しかし，差が縮まった結果として，既存の製品をより良い方法で開発・生産することを通じてだけでは，競争優位を得ることは難しくなっています。そこで，顧客にとっての新しい価値をもたらすような製品を開発・生産したり，それを顧客に届けて収益を確保するまでの新しい仕組みを生み出すことを通じて競争優位を確立することが――すなわちイノベーションによる競争優位の確立が――，以前よりはるかに重要となってきたのです。

〈グローバル化のなかの成長戦略〉

　第5に挙げられるのは，日本企業が，欧米先進国企業とアジア新興国企業との挟み撃ちを受けているということです。

　1980年代後半以降，GATTやWTO，FTA（EUやNAFTA，AFTAなど）を通じた貿易の自由化，各国市場の規制の撤廃，高度情報化，国際的な物流網の発展などを背景に，経済のグローバル化がこれまで以上に進展しました。また，

---

[5] この点に関する産業横断的な国際比較調査は乏しいのですが，自動車産業の開発生産性に関する実証研究については，たとえば延岡・藤本（2004）などを参照下さい。

1990年代に入ると，それまでは米国・西欧・日本など総人口10億人あまりの先進国中心で回っていた市場経済に，東欧諸国やロシアなどの旧社会主義国家や，ASEAN諸国や中国，インド，ブラジルなどの発展途上国が本格的に組み込まれるようになってきました。それに伴ってローカルな競争が終焉を迎え，各国・各地域のチャンピオンとして生き残ったグローバル巨大企業同士の競争が激化しています。

このように，グローバルな大競争時代を迎えるなかで，1980年代後半以降，韓国や台湾，中国などが急速に追いついてきて，少なくとも技術的に成熟した分野の普通の製品（標準品）では，すでに日本企業の優位性は失われてしまいました。

一方，1990年代以降の一部の欧米優良企業は，自らは高付加価値の分野に特化し，それ以外は積極的に外部の企業に任せることによって，日本企業が容易に追いつけないような技術的先進性やブランド力，ビジネスの仕組みの面での卓越性を確立していきました。

その結果として，日本企業は，高付加価値型の製品分野に強みを持った技術力・ブランド力の高い欧米企業と，中・低付加価値型の製品分野に強みを持ったコスト競争力の強いアジア企業との挟み撃ちにあい，今なお将来に向けた成長戦略を描きにくい状況にあります。

こうした苦境から立ち直るためには，やはりイノベーションを主導して，新たな需要，新たな市場を切り開いていくことが重要だと考えられます。

〈成長分野の開拓〉

第6に，日本企業では，俗に「選択と集中」と呼ばれる事業再編成のスピードが遅く，依然として道半ばであるという点が挙げられます。

こうした遅れの理由として，できるだけ波風を立てたくないために，雇用削減を伴うようなリストラクチャリング（事業再構築）をなるべく避ける風潮が強いとか，総合力発揮，シナジー効果の名のもとに，さまざまな事業をワンセットで揃えることを是とする傾向が今でも強いということが，よく言われます。

しかし，多くの企業において事業のスクラップ・アンド・ビルドが進まなかった本当の理由は，撤退する事業に見合うだけの新規事業を生み出せなかった

からだと考えられます。つまり，自社の将来を託すに足りる新規事業を育てることができなかったので，雇用を守るためには既存事業にしがみつかざるをえなかったのです[6]。

グローバル競争が激化し，なおかつ日本経済の右肩上がりの成長が今後も望めない以上，選択と集中に終わりはありません。そうであるならば，企業が自社の雇用を守るためには，イノベーションを通じて「雇用を新たに創り出していく」ことが必要不可欠なのです。

○ いまや，企業経営の核心は「イノベーション」の創出にある

このように，世界中の国や地域，そして企業にとって，とりわけ現在の日本や日本企業にとって，イノベーションのマネジメントはきわめて重要なものだと言えます。

そのため最近では，国の競争力向上の観点から国家レベルでのイノベーション・マネジメント（一般に「ナショナル・イノベーション・システム」と呼ばれる）の研究が，また，企業の競争力向上の観点からは企業レベルでのイノベーション・マネジメントの研究が，それぞれ急速に発展を遂げています。

しかし本書では，あくまでも後者の企業レベルのイノベーション・マネジメントのみを対象とし，前者の国家レベルでのイノベーション・マネジメントについては基本的に取り扱わないことにします。

このように本書では，技術革新としてのイノベーションのマネジメントを，企業レベルに限定して説明していくわけですが，それでも対象となるトピックは幅広く，また，企業マネジメントにとって大きな意義があります。それはとりもなおさず，現在の企業にとって，イノベーションへの対応が決定的に重要になってきているからです。

特に，前節で述べたような競争環境のもとで戦っている日本企業にとっては，イノベーションへの対応は不可避になっています。というのも，これほどまでに厳しい競争環境のもとでは，従来とまったく同じようなやり方を続けていた

---

[6] この点に関する実証研究については，たとえば菊谷・齋藤（2006）を参照下さい。

のでは成功が難しいばかりでなく，変わらないこと自体がリスクになりうるからです。

　実際，企業が現在提供している製品は，いつか必ず成熟化・陳腐化します。また現在では，ひとたび成功したとしても，必ず他社（外国企業を含む）からの模倣・追随を受けることになります。

　よく，「ナンバーワンよりオンリーワン」などと言われますが，仮に一時的にオンリーワンの地位を築くことに成功したとしても，そこに安住していればいつかは必ず追いつかれます。ですから，どの業界のどんな企業であっても，もはや立ち止まり続けることは許されず，企業が競争力を維持していくためには，新しい需要を次々と切り開いていくことが必要とされるのです。

　ただし，単に目先だけを変えた底の浅い「新製品」や，仕組みの部分での工夫を伴わないような足腰の弱い「新製品」では，競合他社よりも優位に立つことは難しく，仮に立てたとしても，それは一時的なものに終わってしまうことになるでしょう。

　つまり，競争において優位を保っていくためには，顧客に新しい価値をもたらすようなイノベーションを絶えず追求し，そこから経済的成果を獲得できるような仕組みを築き上げ，なおかつ優位性を常にグレードアップし続けることが，すなわちイノベーションの創出と絶えざるグレードアップが，必要不可欠なのです。

演 習 問 題

　1.1　自分たちの身の回りにあるイノベーションの事例を，いくつでも挙げて下さい。その上で，そうしたものがない生活を想像し，イノベーションがもたらすメリットとデメリットについて考えて下さい。

第2章

イノベーションのプロセス

　イノベーションのマネジメントについて考えていく上では，その前提条件として，イノベーションが何をきっかけにして生まれ，どのような段階（フェーズ）を経て，どうやって最終的な成果獲得に結びついていくのかというイノベーションのプロセスと，そのプロセスのなかでどのような困難が待ちかまえているのかという点について知らなければなりません。

　そこで本章では，イノベーションのプロセスをモデル化した上で，当該プロセスの各段階におけるマネジメント上の困難について，具体例を交えながら詳しく説明していきたいと思います。

○ KEY WORDS ○
イノベーションのプロセス，
研究・技術開発活動，製品開発活動，事業化活動，
魔の川，死の谷，ダーウィンの海，
テクノロジー・プッシュ，ディマンド・プル

2.1 イノベーションのプロセス

イノベーションのプロセスは，非常に単純化して言えば，「研究・技術開発活動」，「製品開発活動」，「事業化活動」という3段階（フェーズ）を経て進んでいきます。

このうち，研究・技術開発活動とは，新しい製品を実現するための基礎となる重要な要素技術（ベースとなる基本的な技術）を生み出していくものであり，次の製品開発活動とは，実際に市場で販売するための，具体的な新しい製品を生み出していくものです。また，事業化活動とは，開発された新しい製品を市場に投入し，その市場を開拓・拡大し，収益を安定的に確保するための仕組みづくりを行っていく活動です。

ここまでの活動をうまく成し遂げてはじめて，企業はイノベーションからの果実を獲得し，高いパフォーマンス（売上高／利益／キャッシュフロー／成長率などの成果）を享受することができるようになります[1]（図2.1）。

このモデルにしたがえば，イノベーション・マネジメントとは，研究・技術開発活動から製品開発活動，事業化活動を経て，最終的に成果獲得にまでいたる一連のイノベーション・プロセスのマネジメントについて，その原理・原則を学ぶ学問分野ということになります。言い換えれば，技術を開発し，それを市場ニーズと結びつけて製品化し，その市場を開拓・拡大し，競争相手との戦いに勝ち残り，そこから成果を上げるための方法論を学ぶ学問だと言えるでしょう。

むろん，このモデルは読者の理解を容易にするために現象を過度に単純化・抽象化したフィクションであり，現実がこのプロセスの通りに進むわけではありません。現実の世界では通常，各段階は反復的かつ同時並行的に進むものであり，一定の方向だけに連続的に進むことはほとんどないからです[2]。

---

[1] このモデルおよび概念図は，ロスウェル（Rothwell, 1994），バーゲルマンら（Burgelman, Christensen, and Wheelwright, 2004），ブランスコム（Branscomb, 2004）をベースに，大幅に修正を加えたものです。

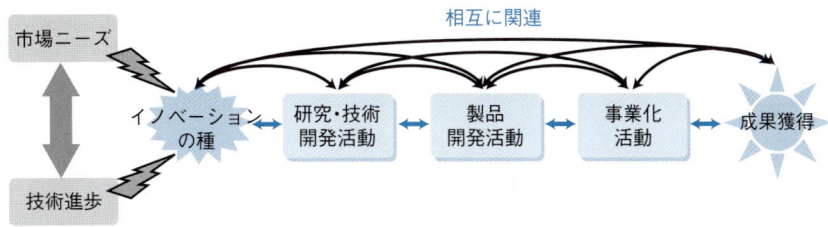

図2.1　イノベーション・プロセスの概念図

　また，このプロセスのすべてを一社が手掛ける必要があるわけではなく，実際には，このうちの一部のフェーズだけを自社で手掛け，後は他社に任せることがほとんどです。そのため，むしろ，プロセスのどのフェーズをどの程度自社で行い，どこをどの程度他社に任せるのかという意思決定が，イノベーション・マネジメントでは重要になってきます。

　さらにまた，任せる相手も企業だけとは限らず，特に研究・技術開発活動の基礎的な部分は，大学などの公的研究機関が担うこともしばしばです。

　こうした留保条件を念頭に置いた上で，これからは，理解を容易にするための概念的道具として，このモデルに基づいて議論を進めていくことにしましょう。

---

2 イノベーションのプロセスがあたかも一方向に進むかのように捉える考え方は，「リニアモデル（直線モデル）」として批判の対象となってきました。詳しくは，クラインとローゼンバーグ（Klein and Rosenberg, 1986）やロスウェル（Rothwell, 1992）などを参照下さい。

2.2 イノベーション・プロセスの関門：「魔の川」・「死の谷」・「ダーウィンの海」

　上記のプロセスには，「魔の川」，「死の谷」，「ダーウィンの海」という，3つの乗り越えねばならぬ大きな関門があります。

　魔の川とは，研究・技術開発段階から製品開発段階へ移行する際に生じる大きな困難のこと，また死の谷とは，製品開発段階から事業化段階へ移行する際に生じる大きな困難のことです。そしてダーウィンの海とは，事業化段階を無事に突破して成果獲得にいたるまでの間に生じる大きな困難のことを指しています[3]（図 2.2）。

　より具体的に言えば，研究・技術開発活動において，資源を投入した割に優れた技術を生み出せなかったとか，あるいは，せっかく優れた新技術を開発することができても，それを有効活用して新しい製品の開発に結びつけられなければ，次の製品開発活動へ進むことはできません。これが「魔の川」の障壁です。

　また，仮にこの障壁を突破することができたとしても，製品開発活動において，具体的な新しい製品を開発することができなかったり，あるいは，せっかく開発した新しい製品が顧客に受け入れられなかったりすれば，次の事業化活動へ進むことはできません。これが「死の谷」の障壁です。

　さらに，仮にここまでの障壁を2つとも突破し，無事に市場を立ち上げて拡大することに成功したとしても，その後に続々と参入してくる競合他社との厳しい競争に勝ち残り，収益を安定的に確保するための仕組みを作り上げることができなければ，成果を獲得することはできません。これが「ダーウィンの海」の障壁です。

---

[3] それぞれ，「魔の川」は東北大学客員教授の出川通氏の，「死の谷」はアメリカの下院議員（下院科学委員会副議長）であったバーノン・エラーズ（Vernon Ehlers）氏の，「ダーウィンの海」はハーバード大学教授のルイス・ブランスコム（Lewis Branscomb）氏の造語ですが，本書での定義は，オリジナルのものとは若干異なっています。

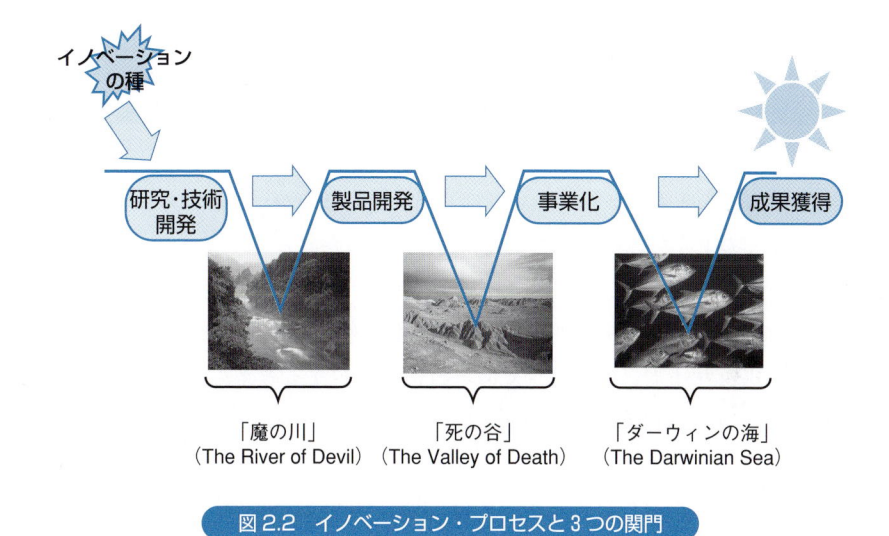

図2.2 イノベーション・プロセスと3つの関門

こうした観点からすれば，日本企業に依然として根強い，「良い技術さえ開発していれば，自ずと事業が成長し，収益を上げることができる」という認識は，間違いであると言えるでしょう。

イノベーションの果実を手に入れるためには，技術力はもちろん重要ですが，それ以上に，そうした技術力をいかに顧客ニーズと結びつけて製品化し，事業を成長させ，競争相手との戦いに勝ち残って収益を確保できるような仕組みを作り上げるのかという点が，より重要となります。すなわち，イノベーションのプロセスのマネジメントは，きわめて戦略的なマネジメントなのです。

こうした理解を前提として，以下では，イノベーションは何をきっかけにして，どのように生まれるのか，そして，そうしたプロセスのどこにマネジメント上の大きな困難が潜んでいるのかについて，上記3つのフェーズと障壁に沿って詳しく説明していくことにします。

2.3 イノベーションの「種」：「テクノロジー・プッシュ」対「ディマンド・プル」

最初に，そもそもイノベーションの「種」は何なのか，すなわち「イノベーションはどのようなきっかけから生み出されるのか」という点について，説明していきます。

イノベーションを生み出す上で最も重要な誘因は何かという点については，昔から，供給サイド（企業側）である技術を重視する考え方と，需要サイド（消費者側）である市場ニーズを重視する考え方という，2つの大きく異なる考え方があります。前者は「テクノロジー・プッシュ（technology-push approach）」，後者は「ディマンド・プル（demand-pull approach）」と呼ばれています。

◯ テクノロジー・プッシュ

テクノロジー・プッシュとは，「技術の進歩が新しい製品の開発を刺激し，結果としてイノベーションが生じる」という考え方です。つまり，「（市場ニーズがあるから）この技術を実現できれば儲かる」といった動機ではなく，技術者の純粋な探究心やあくなき好奇心などがイノベーションの原動力になる。そのような経路を想定するのが，ここで言うテクノロジー・プッシュの考え方なのです。

こうした，「イノベーションの引き金は，技術進歩によってもたらされる技術的機会（技術的可能性）である」という考え方は，イノベーション論の元祖の経済学者，シュンペーターにまで遡ります。

シュンペーターは，イノベーションが完結するためにはニーズが充足されなければならないことを認めた上で，しかし，技術の革新こそがイノベーションの端緒であり，市場ニーズは後から付いてくると主張しました（Schumpeter, 1934）。

◯ ディマンド・プル

一方のディマンド・プルとは，「市場のニーズが端緒になって研究・技術開発活動が刺激され，その結果としてイノベーションが生じる」という考え方です。

たとえば，人口構成や所得水準の上昇など，市場の何らかの変化が新しい製品の誕生を促す。また，労働，設備，原材料など投入要素市場の変化が新しい製品の誕生を促す。あるいは，これまで満たされていなかった市場のニーズが見出され，それを実現するために新しい製品が商品化される。そういった，いわゆる「必要は発明の母」タイプの経路を想定するのが，ここで言うディマンド・プルの考え方です。

こうした，「市場のニーズがイノベーションの引き金となる」という考え方は，1950年代から60年代にかけて活躍したイノベーション論の初期の権威の一人である経済学者，シュムクラーにまで遡ることができます。

彼は，市場ニーズか技術かの一方だけでイノベーションが完結することはなく，いわばそれは「ハサミのどちらの刃で紙を切ったか」の議論に等しいと指摘した上で，強いて言えば市場ニーズが先であると主張しました（Schmookler, 1966）。

◯ どちらが重要か

実は，この両者のどちらの立場に立脚するのかによって，そこから導かれる政策的含意が大きく異なってきます。

すなわち，テクノロジー・プッシュの立場に立つのであれば，イノベーションを促進するためには，研究・技術開発活動に重点的に資源配分を行い，たとえば知的財産権（特許権など）の整備を行うなど，その成果をなるべく保護する政策をとることが重要となります。一方，ディマンド・プルの立場に立つのであれば，イノベーションを促進するためには，たとえば太陽光発電設備購入に補助金を付けるなど，新技術に対するニーズを創出するための政策をとることが重要となります。

そうした問題意識を背景に,「イノベーションの誘因として,技術と市場ニーズは,強いて言えばどちらが重要なのか？」という議論に対する実証的な検討が,20世紀後半を通じて盛んに行われてきました。その結果分かったことは,当たり前ではありますが,技術も市場ニーズもどちらも重要であり,両者は相互に影響を与え合っているので,この2つを明確に区分することは難しいということでした（Mowery and Rosenberg, 1979）。

すなわち,実際には,技術の進歩によってもたらされる技術的機会（可能性）に関する情報と,市場のニーズに関する情報の双方が,相互に影響し合いながら並行的に明確化・具体化していくなかからイノベーションが誕生していくことがほとんどであり,一方的なテクノロジー・プッシュや一方的なディマンド・プルのケースはほとんどない,ということが明らかになってきたのです（Freeman, 1982 ; Coombs et al., 1985）。現在では,純粋なテクノロジー・プッシュと純粋なディマンド・プルを信じる研究者は,ほとんどいないと言ってもいいでしょう（沼上,1999）。

実際,企業が何らかの利潤動機を持って事業活動を展開している以上,企業が主として担う研究・技術開発活動が,市場のニーズとまったく無関係に進められるケースはまずありえません。仮に,現時点で具体的な用途まで想定されていない新技術であっても,「いずれ何かに使える」と考えて研究・技術開発が進められているはずです。

また,どれだけ画期的な新技術が発明・発見されたとしても,十分な市場のニーズが見出されなければ,その技術の性能の向上やコストの低減などに向けた開発活動に十分な資源が投入されることはなく,その後の発展が停滞してしまうはずです。

たとえばペニシリンは,1929年にフレミングによって偶然発見された世界初の抗生物質（細菌の増殖を抑制する物質）ですが,医療用の薬品として実用化されたのは,10年以上が経過した1942年のことでした。第二次世界大戦が勃発し,感染症の特効薬を必要としたイギリス政府が,ペニシリンの分離を研究するフローリーとチェインの研究を全面的に支援した結果,研究のペースが加速したのです。

イギリス政府は,人員と資金をふんだんに注ぎ込むとともに,彼らのもとに

戦場から臨床試験のための傷病兵を送り込みました。こうした負傷兵や戦傷者を感染症から救うというニーズが顕在化しなければ，ペニシリンの実用化はもっと先のことになっていたに違いありません（Drucker, 1985）。

このように，もし仮に技術の進歩がイノベーションの引き金になったとしても，それが市場ニーズと結びつかない限りは，イノベーションが実現することは稀だと考えられるのです。

しかしその一方で，どれだけ市場ニーズが大きくても，技術的基盤が十分に整わなければ，そうした市場ニーズを満たす具体的な製品を世の中に送り出すことはできません。

たとえば，遠く離れた人とコミュニケーションをとりたいというニーズは大昔からありました。しかし，ただ単にニーズがあるというだけでは，電信，電話，ファックス，電子メールといった新しい製品を実現し，普及させることはできません。市場ニーズが牽引したにせよ，「電気信号をやり取りする技術」が飛躍的な発展を遂げることによってはじめて，上記のようなイノベーションが実現したのです。

すなわち，もし仮に市場ニーズがイノベーションの引き金になったとしても，それが技術の進歩と結びつかない限りは，イノベーションが実現することは稀だと考えられるのです。

このように，市場のニーズも技術の進歩もイノベーションの必要条件であり，きっかけや誘因になるとしても，それ単独では十分条件とはなりません。市場ニーズと技術がうまくかみ合って，相互に刺激し合うことによってはじめて，イノベーションが実現するのです。

2.4　研究・技術開発のマネジメントと「魔の川」

さて，こうして生まれたイノベーションの種が果実にまで成長していくプロセスの，最初に位置するのが，研究・技術開発活動の段階（フェーズ）です。

◯ 研究・技術開発活動

　すでに述べたように，研究・技術開発とは，新しい製品を実現するための基礎となる，重要な要素技術を生み出していく活動です。

　ここで，要素技術とは，製品を構成する要素（部品や原材料など），および製品や製品を構成する要素の生産に関わる技術のことを意味しています。たとえばパソコン（以下「PC」）を例にとると，ディスプレイ，CPU（Central Processing Unit：中央演算処理装置），メモリ，ハードディスク・ドライブ（以下「HDD」），入出力装置（キーボードとマウス）などが構成要素であり，PC の要素技術には，それぞれの要素の性能や品質を高めたり，コストを低減したりするための技術が広く含まれます。こうした要素技術があらかじめ生み出されていないと，性能や品質が向上した，あるいはコストが低減された，新しい PC を世に送り出すことはできません。

　ただし，一口に要素技術と言っても，実際には細かく見ていくと何層にも分かれており，その裾野は非常に幅広くなっています。たとえば，PC の要素技術の一つであるメモリ（DRAM）を例にとると，現在広く流通している 1 ギガバイトの容量を持つメモリでは約 10 億個のトランジスタが，2 ギガバイトの容量を持つメモリでは 20 億個のトランジスタが，それぞれ 1cm 四方程度の小さなシリコンチップのなかに組み込まれています。ちなみに，バイト＝8 ビット＝半角 1 文字を記録できる容量であり，ギガ＝10 億なので，1 ギガバイトのメモリならば 10 億文字分を，2 ギガバイトのメモリならば 20 億文字分を記録する機能を持っています[4]。

　こうした膨大な数のトランジスタから構成される回路を，わずか 1cm 四方程度の小さなシリコンチップのなかに組み込むためには，DRAM 内の回路を 40nm（ナノメートル）といった細さで描き込まなければなりません。ちなみに，「ナノ」は「10 億分の 1」の意味の接頭語であり，1nm は 10 億分の 1m（メートル）＝100 万分の 1mm（ミリ）です。想像しにくい数字ですが，人間の髪の毛の太さは約 0.1mm なので，その 1/2500 という細さです。

---

[4] エルピーダの HP（http://www.elpida.com/ja/products/ddr3.html）より。2010 年 3 月 10 日アクセス確認。

これを実現するためには，たとえば，半導体の原材料となるシリコンの純度を，99.999999999％（イレブン・ナイン），すなわち，小数点以下に9が9つも続くレベルにまで高めなければなりません。これは，1,000億個のシリコン原子のなかに紛れ込んでいる他の原子がたった1個，ということを意味しています。また，半導体の回路を焼き付けるシリコン・ウエハーでは，100m四方（1万平方メートル）の野球場大に拡大しても，その高低差がわずか0.2mm以下という平坦さにまで磨き上げられなければなりません[5]。さらに，半導体の回路を焼き付けるためのステッパー（逐次移動型半導体露光装置）では，ウエハーをステージに載せて逐次移動する際の移動精度で，±8nm以下の精度が達成されなければなりません[6]。これは，「東京－鹿児島間の距離である1,250km当たり，わずか1cmの誤差しか許されない精度」で移動を制御しなければならないということを意味しています。

　加えて，半導体製造工程では，どんな微細なチリであっても取り除くために，半導体を洗浄するための水や，クリーンルームに送り込む空気にも，最高度の処理が施される必要があります。たとえば，現在の最先端の半導体工場で必要とされる空気清浄のレベルは1立方フィート（28.3リットル）当たり100nmの粒子が1個であり，これはおおよそ「山手線内に仁丹が1個までしか許されないレベル」で粒子を排除しなければならないことを意味しています[7]。

　このように，PCの要素技術のうちの一つであるメモリだけを見ても，そこで必要とされる要素技術は，われわれの想像をはるかに超えるレベルで著しく高度化していることが分かります。

　また，こうした事情は，ディスプレイやCPU，HDDなど，他のPCの構成要素についても同じです。たとえば，HDD一つとっても，データを読みとる磁気ヘッドとデータが書き込まれるメディアとの物理的距離は，2006年時点でわずか10nm（ナノメートル），「ジャンボジェット機が地表わずか1mm未満の高さで飛行している状態」で制御される必要があるといった具合です[次頁8]。

---

[5] 信越化学工業のHP（http://www.shinetsu.co.jp/j/product/semicon.shtml）より。2010年3月10日アクセス確認。
[6] ニコン精機カンパニーHP（http://www.ave.nikon.co.jp/pec_j/society/story0203.htm）より。2010年3月10日アクセス確認。
[7] 西久保（2007）より。

2.4 研究・技術開発のマネジメントと「魔の川」

このように，新しい PC を世に送り出すためだけであっても，きわめて広い範囲の要素技術が存在し，それらがさらに高いレベルに向けて常に技術進歩を続けています。それらを担う活動が，ここで言う研究・技術開発活動なのです。

○ 魔 の 川

この研究・技術開発段階をクリアーして無事に次の製品開発段階へと進むためには，「魔の川」を越えなければなりません。この障壁は，大きく次の2つの関門に分けることができます。

〈有望技術の創出〉

まず第1が，「投資に見合っただけの有望技術を生み出すことが難しい」という問題です。

一つの製品の性能を向上させたりコストを低減させたりするための要素技術は，細かいものまで含めると膨大な数が存在するだけでなく，そのなかには，他の要素技術との間に複雑な相互関係が網の目のように張り巡らされているものが数多く存在しています。

そのため，どれかたった一つの要素技術の開発で想定外の問題が生じたために，連鎖的に他の非常に数多くの要素技術の開発に影響が及び，開発プロセスの進行が当初予定より大幅に遅れたり，あるいは開発コストが当初予定を大幅に上回ってしまうことも稀ではありません。

こうした，複雑に絡み合った膨大な数の要素技術のうちのどれに，どれだけの資源を投入すればよいのか，その結果としての成果が得られるまでに要する期間（リードタイム）がどれくらいになるのかを正確に判断することは，決して容易なことではありません。

そのため，適切な資源配分に失敗し，「資源を投下した割に，思ったほど有望な技術が出てこない」という事態が生じてしまうことが多いのです。

---

[8] TDK の HP （http://www.tdk.co.jp/techmag/technobox/200610/index.htm） より。2010 年 3 月 10 日アクセス確認。

〈新技術の評価〉

　第2の問題は，仮に有望な新技術が生み出されたとしても，それを活かして新しい製品の開発に結びつけていくことに失敗してしまうケースが多いということです。

　研究・技術開発によってせっかく生み出された有望な新技術であっても，事業性についての高い評価を得て，次の製品開発段階への移行の意思決定を受けなければ，日の目を見ることなくお蔵入りとなってしまいます。つまり，評価を見誤れば，せっかくの価値ある新技術も活用されることなく死蔵され，企業は利益を実現する機会を失ってしまうのです。

　たとえば東芝のフラッシュメモリのケースは，有望な新技術の評価で失敗した典型例です[9]。フラッシュメモリは，主に携帯電話などに内蔵される，書き換え可能で電源を切ってもデータが消えない半導体であり，2008年時点の世界の市場規模は1兆円を越えています。

　もともと，この技術を発明し，世界ではじめてサンプル製品を開発したのは東芝の技術者でした。1980年代初頭，当時，東芝ULSI研究所の技術者であった舛岡富士雄氏（現在は東北大学名誉教授）がこの技術を考案し，1984年に国際学会で発表しました。

　同氏は上司に対して盛んに製品化を訴えましたが，経営サイドの反応は，将来性の分からない技術に人は振り向けられないという，一貫して冷たいものでした。結局，東芝は本格開発に着手しないままインテルにこの技術をライセンス供与し，開発者の舛岡氏は事実上の左遷を告げられて同社を退職しました。

　一方のインテルは，すぐさま300人以上の技術者を投入して，1988年には製品化を果たし，市場に投入して大成功を収めました。インテルの大成功を見た東芝は，遅ればせながら参入を決意。その後必死に追い上げて，2008年時点で世界第2位に位置する（世界シェア約30％）までになっていますが，トップのサムスン電子（世界シェア約40％）には大きく水をあけられています。

---

[9] 以下の記述は，出川（2004），『日経ビズテック』（2005年7月26日号，20-25頁）などを再構成したものです。なお，市場規模や世界シェアは『日経市場占有率2010年版』からの引用ですが，元データは米国アイサプライ社による推計です。

実は，このサムスン電子がフラッシュメモリ市場に参入したきっかけも，東芝が自らこの事業に本格参入する前に，技術を同社にライセンス供与したことにありました。

このように，東芝は手掛けた研究・技術開発の画期的な成果の価値を見抜くことができず，ライバルに塩を送る一方で，自社でそれを有効活用して新しい製品の開発に結びつけていくことには失敗し，千載一遇のチャンスを失ってしまったのです。

こうした事例は決して例外ではありません。たとえば，三菱総研が上場および店頭公開のメーカー1,713社を対象として2003年1月に行ったアンケート調査では，回答企業491社のうち80％近い企業が「研究成果が製品化されないことがある」と答えており，そのうち半数が「事態は深刻」としていました（三菱総合研究所プレス・リリース資料, 2003年1月23日）。

以上見てきたように，自社が手掛ける膨大な数の要素技術の開発活動のうち，どれにどれだけの資源を投入するのかを正確に判断することは容易ではなく，そのため「資源を投下した割に，思ったほど有望な技術が出てこない」という事態が生じてしまうことが多くなってしまいます。

また，仮に有望な技術が出てきたとしても，その事業性を適切に評価することも容易ではなく，そのため「せっかくの価値ある新技術が活用されることなく死蔵されてしまう」という事態が生じることも多くなってしまいます。

しかしそれゆえに，適切なマネジメントによって「魔の川」を越えることができれば，持続可能な競争優位がもたらされる可能性が大きくなるのです。

2.5　製品開発のマネジメントと「死の谷」

研究・技術開発段階を無事にクリアーすると，イノベーションのプロセスは次に製品開発のフェーズに移ることになります。

すでに述べたように，製品開発とは，顧客に売って利益の出る具体的な新し

い製品を生み出していく活動ですが，この製品開発段階をクリアーして無事に次の事業化段階へと進むためには，「死の谷」と呼ばれる障壁を越えなければなりません。

○ 製品開発のリスク

この「死の谷」は，大きく次の2つの問題に分けることができます。
第1が，「いくら優れた要素技術があっても，それらをまとめ上げて具体的な新しい製品を生み出していくことは難しい」という問題で，言い換えると，具体的な新しい製品を開発すること自体に失敗するリスクが，無視できないほど高いというものです。

〈試行錯誤の連続〉

近年では，多くの分野で，一つの製品を開発するために必要とされる要素技術が高度化・複雑化しています。そのため，それらをまとめ上げて，目標の期限（リードタイム）や予算の範囲内で，目標の性能や品質，コストを達成する具体的な新しい製品を生み出していくことは，ますます難しくなっています。

技術や製品の開発は，それが画期的なものであればあるほど不確実性が高く，したがって失敗のリスクも高くなります。ここで「不確実性が高い」というのは，「何をどれだけ行えばどの程度の見返りがあるのかを予想しにくい」ということです。

技術とは，膨大かつ複雑な要素から構成される知識の体系ですが，新しい技術の開発には，既存の知識体系では説明できないような新しい知識体系の発見や構築が求められます。こうした未知の知識体系を探索し構築していくためには，数多くの実験や試行錯誤を繰り返すことが必要不可欠であり，その結果，必然的に，思った通りの結果が得られないといった事態がほとんど日常的に生じるのです。

常に不確実性が付いて回るのは，製品開発のフェーズに移った後も同様です。すでに述べたように，イノベーションのプロセスでは，各フェーズが反復的かつ同時並行的に進んでいきます。要素技術の開発の場合も，製品開発のフェー

ズに入った後に、引き続き同時並行的に進められていくのが一般的です。

　ところが、具体的な製品の開発を進めていく過程で、たとえば、そのままではコストが高すぎて使えないので、生産コストを下げるために新たな量産技術の開発を行わなければならなくなったり、使用条件が想定以上に厳しくなることが分かり、耐久性を向上させるための技術開発を行わなければならなくなったりする事態がよく起こります。

　たとえば、技術開発の段階で、耐熱性・耐圧性・耐振性・耐塵性・耐水性・耐油性などのそれぞれの基準をクリアーする要素技術の開発に成功していたとしても、実際の製品で使用するとなると、高熱かつ高圧、かつ高振動、かつホコリまみれ油まみれの状況で長時間の使用に耐えなければならないといった具合に、同時複合的に厳しい負荷がかかることで問題が生じてしまうことがよく起こります。

　また、大規模な生産設備を必要とする製品では、「スケールアップ問題」（小規模な実験設備では問題が生じなかったのに、量産化のために設備の規模を大きくした途端にトラブルに見舞われてしまうという現象）がしばしば生じます。

　こうした問題を解決するためには、さらなる追加の技術開発が求められることになりますが、この際、思った通りの結果が得られないといった事態が日常茶飯事に生じてしまいます。

　また、仮に追加の技術開発が必要ないとしても、決して失敗のリスクがなくなるわけではなく、たとえば製品設計において、既存の知識（設計ルールなど）をいくら組み合わせても、それだけで望み通りの製品設計にたどり着けるわけではなく、試行錯誤が必要不可欠です。

　さらには、とりあえず製品の試作機（プロトタイプ）ができ上がった後も、今度はさまざまなテストを通じて問題点を洗い出し、修正を繰り返しながら完成度を高めていく必要がありますが、この過程でも予期せぬ失敗が繰り返し起こり、開発者を悩ませることになるのです。

〈製品開発の大規模化・複雑化と製品ライフサイクルの短縮〉

　また、製品開発のフェーズでは組織のマネジメントも複雑になるので、それだけ失敗のリスクが高まってきます。

製品開発プロジェクトでは，多様な部門から専門を異にする多数の技術者たちが関与することになります。たとえば，自動車の新型車や最新機種の携帯電話の開発（ソフトウェアの開発を含む）には，500人以上の技術者が関与することも珍しくありません。1995年から運航が開始された航空機の「ボーイング777」の開発では，5,000人以上の技術者が参加しました。

　しかも，現代の新しい製品の多くは，もはや一つの企業だけで開発することは不可能であり，世界中の企業から技術や部品を調達したり，共同で技術を開発したりすることが求められます。

　開発業務では，一般に，こうした数多くの企業や，多くの専門分野にまたがる膨大な人々を巻き込んで共同作業を進めていく必要があるので，そのマネジメントは必然的に複雑になります。そのため，コミュニケーション不足などが原因のトラブルは頻繁に起こり，計画通りに開発プロジェクトを進めるのは至難の業です。

　にもかかわらず，コンピュータから家電，自動車，食料品にいたるまで，多くの製品分野で製品のライフサイクルが短縮しています。たとえば携帯電話では，インターネットが使えるようになったり，カメラ機能や動画機能やゲーム機能が付いたり，音楽をダウンロードして聴けるようになったり，GPS機能や電子マネー機能が付いたり，テレビ（ワンセグ）放送を楽しめるようになったりといった形で，2〜3年おきに新しい基幹技術が導入され，機能が向上しています。そのため，そうした製品分野で戦っている企業には，製品開発プロジェクトの期間（開発リードタイム）を大幅に短縮する強いプレッシャーがかかっています。

　このように，製品開発のフェーズでは，ますます不確実性が高まり，計画通りに開発プロジェクトを進めていくことがきわめて困難になっている一方で，求められる要件はますます厳しくなっており，したがって失敗のリスクはかつてないほどに大きくなっているのです。

〈事例：航空機エンジンの開発〉

　英国のロールスロイスが航空機用ジェット・エンジンの開発でトラブルに見舞われて倒産したケースは，こうした製品開発のリスクの大きさを示す典型例

だと言えます[10]。

ロールスロイスは，1968年にロッキードから大型ジェット旅客機「L-1011トライスター」用のエンジン（後の「RB211エンジン」）の開発と製造を受注しました。このエンジンの開発計画は，数々の新技術を一挙に採用し，これまでにない革新的な設計を実現しようとする野心的なものでした。

このRB211エンジン開発計画の革新性の一つが，高温・高圧の燃焼ガスにさらされ，しかも高速回転させる必要があるため強い遠心力や振動にも耐えなくてはならぬタービン・ブレード（航空機エンジンのタービンに組み込まれている羽根）の材質に，当時まだ十分に実用化されていなかった炭素繊維強化プラスチックを採用することでした。

ロールスロイスは，この炭素繊維強化プラスチック製のタービン・ブレードの技術開発になんとかめどをつけ，試験運転の実験に進むことになったのですが，この際に実施された「バードストライク実験」（鳥がエンジンに吸い込まれてタービン・ブレードに衝突した場合の耐衝突性能を調べる実験）で，なんと粉々に砕け散ってしまい，材質をチタン合金に変更せざるをえなくなりました。

ところが，振動特性や重量の違いなどから，タービン・ブレードの材質を変更しただけでは済まず，エンジンのすべての設計をゼロからやり直すことを余儀なくされ，しかも，この設計変更が，採用予定だった他の新技術に関連した新たなトラブルを連鎖的に引き起こしてしまいました。

その結果，開発プロセスは予定より大幅に遅れ，開発コストが当初予算の2倍を超えて膨らみ，大幅な資金不足が生じて，1971年についにロールスロイスは倒産してしまったのです。

その後，ロールスロイスの航空機エンジン部門は一時国有化され，英国政府の支援を受けながら開発が進められた結果，予定より1年遅れでようやくRB211エンジンは完成しました。しかし，航空機に搭載され，実際の使用に供されるようになってからも，その信頼性はまだまだ不十分でした。L1011トライスターに装着されたRB211エンジンは故障の連続で，次々に改修を実施しなければならず，このシリーズのエンジンが信頼できるレベルにまで改善された

---

10 以下の記述は，ニューハウス（Newhouse, 1982）などを再構成したものです。

のは，就航後5～6年経ってからのことであったと言います。

このように，製品開発には，それが画期的なものであればあるほど，大きなリスクが伴うことになります。技術や製品の開発に大きな不確実性が伴い，組織マネジメント上の困難が立ちはだかるなかで，企業は多大な投資を決断し，新製品の開発をスタートしなければなりません。しかも，開発プロジェクトのほとんどすべてが，非常に厳しいタイム・スケジュールのもとで進められることになります。

その上，開発の途中で思わぬトラブルに見舞われることは日常茶飯事であり，そうなると，企業の存続さえ危うくなる事態に陥ってしまうことも稀ではないのです。

○ 顧客ニーズとの整合性

製品開発フェーズにおける第2の問題は，仮に具体的な新しい製品を生み出していくことができたとしても，顧客ニーズとの乖離が生じ，市場で売れないで失敗してしまうケースが多いということです。

近年では，モノが日常的に溢れているので顧客の目が肥え，顧客が製品に対して期待する価値が単純ではなくなっています。たとえば顧客は，製品に対して，ある場合には価格水準の絶対的な安さを求め，またある場合には値ごろ感を求め，価格は多少高くても許容します。また，基本的な機能だけ備えていれば十分だという場合もあれば，基本的な機能だけでなくプラスアルファの価値を求める場合もあるといったように，顧客が製品に対して求めるニーズも非常に捉えにくくなっています。

しかも近年，そうした顧客ニーズが，流行によって速いペースで劇的に変化してしまう傾向が強まっています。たとえば，携帯電話端末の売れ筋を見ても，1990年代後半には薄型・軽量のモデルが人気の中心でしたが，インターネット接続が急速に普及するとともに液晶画面の拡大が求められるようになり，またデジタルカメラの搭載も同時期に急速に普及したことから，2000年～01年頃からは，少し厚みがあって重い，折りたたみ式のモデルが流行となりました。また最近では，ビジネスパーソンを中心として，「スマートフォン」と呼ばれ

る，情報端末としての機能が充実した携帯電話への需要が高まっています。携帯電話端末メーカーの企画担当者は，このような急激な顧客ニーズの変化を，必ずしも事前にうまく予測できなかったと言います（延岡，2006）。

このように，顧客ニーズが非常に複雑化し，なおかつ変化が激しくなっていることから，顧客ニーズに適合した製品を開発することは，このところ，ますます難しくなっているのです。

〈事例：ソニーの「QUALIA」〉

たとえば，ソニーが展開していたAV機器の高級ブランドである「QUALIA（クオリア）」のケースは，顧客ニーズを捉え損なって失敗した典型例です[11]。

ソニーは2001年5月，「感動価値を創造するものづくりに挑戦する」「人間の感性に訴える数値化できない価値を製品として具現化する」というコンセプトのもとに，技術の粋を集め，一つひとつ手で丁寧に仕上げるなど，極限まで作りにこだわった，非常に高価なAV機器の製品群を顧客に提供していくと発表しました。

ところが，その後，このQUALIAプロジェクトでは，約4年間に10あまりの新製品が発売されましたが，どれもほとんど売れず，2006年の3月末には完全撤退が発表されました。

たとえば，2003年6月に発売されたテレビ受像機「QUALIA 015」は，本体価格84万円（専用リモコン付属），別売りの専用スピーカーが21万円，専用フロアスタンドが31万5千円で，セットで揃えると136万5千円もする高額商品でした。しかも，当時すでに液晶やプラズマといった薄型テレビに人気が集まっていたにもかかわらず，この製品は36型のブラウン管テレビで，そのため，奥行は66.1cm，重量は本体だけで96kgもありました。ちなみに，半年以上前の2002年10月にシャープが発売した37型の液晶テレビ（ホームシアター・タイプの最高級機「LC-37BT5」，スピーカーなどは付属）の価格は100万円，奥行は45cm，本体重量は45.4kgでした。

また，同じく2003年6月に発売されたデジタルカメラ「QUALIA 016」は，

---

[11] 以下の記述は，『日経ものづくり』（2005年3月号，74-77頁）や各社プレスリリース資料などを再構成したものです。

大人の手のなかにすっぽり入る超小型サイズ（幅 6.9cm×奥行 1.7cm×高さ 2.4cm，ただし本体のみ），さまざまな付属品が付いている（オプションではなかった）とはいえ，ズームなし，210万画素で，なんと価格が 38 万円もする高額商品でした。ちなみに，同じソニーが 1ヶ月前の 2003 年 5 月に発表したデジタルカメラ（サイバーショット「DSC-P92」）は，510 万画素，光学 3 倍ズームで，実売価格は 4 万 9 千 800 円でした。

　これらの製品は，「技術の粋を集める」とうたいながらも，当時すでに人気が凋落していた旧世代技術のブラウン管テレビの製品を投入したり，超小型サイズのカメラなのに質感にこだわったり，とにかく値段が高すぎたりと，あまりにも顧客ニーズとかけ離れた製品でした。結局，鳴り物入りで市場に投入されたにもかかわらず，正確な数字は不明ですが，どちらの製品も数百台が売れただけであったとされています。

　このように，「ウォークマン」など，顧客ニーズを先取りした革新的な製品を世に送り出してきたソニーであってさえも，往々にして顧客ニーズから乖離した製品を開発し，市場に投入して失敗することがあるのです。

　とはいえ，こうした顧客ニーズとの乖離による失敗は，必ずしもマーケティング・リサーチを入念に行えば防げるというものではありません。ほとんどすべての消費者は，潜在的な必要性やニーズを自覚していないし，また，現に存在していない製品が生み出すベネフィットを具体的に想像することも困難だからです。

　それゆえに，消費者の意見を真面目にヒアリングし，最大限にそれを取り入れて製品開発を行ったとしても，生み出された製品が本当に顧客ニーズに適合して売れるとは限りません。そもそも現に存在していないような画期的な新製品の場合，需要予測を間違えるほうがむしろ当然なのです。

　以上のように，画期的な新製品を開発することは容易ではなく，また，単に「技術的に素晴らしい」製品にとどまらない，顧客が実際にお金を払って買ってくれるような魅力ある製品を開発することも容易ではありません。

　しかし，それゆえに，適切なマネジメントによって「死の谷」を越えることができれば，持続可能な競争優位がもたらされる可能性が高くなるのです。

2.6 事業化のマネジメントと「ダーウィンの海」

製品開発段階を無事にクリアーすると，イノベーションのプロセスは次に事業化のフェーズに移ることになります。

すでに述べたように，事業化活動とは，新しい製品の市場を開拓・拡大すると同時に，収益を安定的に確保するための仕組みづくりを行っていく活動ですが，この事業化段階を無事にクリアーして成果を獲得するためには，「ダーウィンの海」と呼ばれる障壁を越えなければなりません。

◯ 熾烈な生存競争

この「ダーウィンの海」とは，端的に言えば，「新たに参入してくる競合他社との競争に勝ち残っていくことが難しく，さらには，そうした激しい競争のなかで収益を確保することも難しい」という問題です。

ひとたび製品が世の中で認知されるようになると，競合する製品や類似の製品が次々に登場し，その製品が事業として有望であればあるほど市場を巡る競争は激しくなり，まさにダーウィンの進化論における選択淘汰の闘いと同様の，生き残りを賭けた熾烈な生存競争が繰り広げられることになります。

こうした激しい闘いのなかで生き残ることは難しく，収益を確保することはさらに至難の業です。そのため，他社との厳しい生存競争に生き残り，なおかつ安定的な収益を確保するためには，優れた「ビジネスモデル」の構築が重要となります。なお，ここで言うビジネスモデルとは，顧客に製品を提供し，そこから収益を得るまでに必要とされる一連の活動の，全体としての「体系」や「仕組み」のことを意味しています[12]。

画期的なイノベーションとして知られるものの背後には，多くの場合にビジネスモデルのイノベーションが伴っています。それは，こうした，顧客に製品

---

[12]「ビジネスモデル」に関する定義については，第12章を参照下さい。

を提供してそこから収益を確保するためのトータルな仕組みがしっかりしていないと,そもそも新しい製品の市場を開拓することが難しいし,仮に新製品の市場開拓に成功したとしても,競合他社との厳しい競争に生き残り,安定した収益を確保することが難しいからです(伊丹,2009)。

このことを示す古典的な事例として,次に,ゼロックスによる普通紙コピー機(plain paper copying machine:以下「PPC」)のイノベーションを紹介することにしましょう[13]。

◯ 事例:ゼロックスによる普通紙コピー機の
イノベーション

1950年代の後半,ゼロックス[14]は,カールソン(Chester F. Carlson)のゼログラフィー技術[15]に基づいたPPCの開発を進めていました。しかし,資金不足に悩んだゼロックスは,IBM,コダック,GEといった大企業に,このPPCの特許の売却をもちかけました。

このうちIBMは,大手コンサルティング会社のアーサー・ディー・リトル(Arthur D. Little:以下「ADL」)に依頼して市場調査を行ったのですが,その結論は,「市場をすべて支配できたとしても,コピー機産業への参入に必要な投資コストを回収することはできない」というもので,IBMはこの調査結果を受けてPPCの特許取得を断わりました。

コダックとGEも同様の結論にいたり,特許の売却が不調に終わったため,やむなくゼロックスは自社のみでPPCの製品開発を続行し,ついに1959年秋

---
[13] 以下の記述は,ハマーとチャンピー(Hammer and Champy, 1993),チェスブロウ(Chesbrough, 2003),榊原(2005)らを再構成したものです。
[14] 同社の名称は,1906年の創業から1958年までハロイド(Haloid Photographic),1958年から1961年までハロイド・ゼロックス(Haloid Xerox),1961年からゼロックス(Xerox)と変更していますが,以下では「ゼロックス」に表記を統一します。
[15] ゼログラフィー(xerography)技術とは,静電気を帯電した感光ドラム上に複写すべき文書の像を投影して「電子の像」を作り出し,それにトナーを付着させた後に,普通紙に転写して熱で定着させる技術です。このゼログラフィー技術は,従来までの感光紙を使ったコピー技術に比べて,はるかにきれいなコピーを,はるかに速い速度で作ることのできる画期的な新技術でした。

に世界初のPPC「Xerox 914」（以下「モデル914」）を完成。翌年3月から市場での販売を開始し，たちまち大成功を収めました。

　今となって振り返ってみれば過度に悲観的なADLの予測は，当時世の中に出たばかりであったジアゾ式コピー機（ジアゾ化合物が塗布された専用の感光紙を使ったコピー機）の機能やビジネスモデルをベースとした，コピー機の将来市場規模予測を前提としていました。

　当時のジアゾ式コピー機は，1枚のコピーをとるのに2～3分もの時間がかかり，しかも，現像後の複写紙の発色が青色であり（そのため俗に「青焼きコピー（blue print）」と呼ばれた），薬品臭が強く，コピー画像の質も良くありませんでした。そうした理由から，当時のコピー機は，ごく限られた数の職場で，1日当たり15～20枚程度のコピーを作成するためだけに用いられており，実際，90％のコピー機は，月当たり100枚以下しかコピーを行っていなかったと言われます。

　一方，ゼログラフィー技術を用いたPPCは，普通の紙を用いて（専用の感光紙を用いず），それまでよりも高い品質のコピーを，短時間で作ることができる画期的な製品になることが見込まれました（後に完成したモデル914では，1分間に6枚のコピーをとることができました）。

　とはいえ，コピー1枚当たりの費用は当時のジアゾ式コピー機とほぼ同等になると想定されたものの，原理が複雑で技術的に高度なため，1台当たりの販売価格が，最低でも2,000ドルに達すると想定されました。当時の典型的なコピー機は1台当たりの販売価格が300ドルだったので，これは初期導入コストがざっと6倍以上になることを意味していました。

　以上の理由からADLは，いくら品質が高くコピー速度も速いとはいえ，月100枚程度しか使わないコピー機に，従来のコピー機の6倍以上もする金額を払う顧客などほとんど存在しないと考えて，「PPCに将来性はない」と結論づけたのです。

　こうして，やむなく自社でPPCの製品化に取り組まざるをえなくなったゼロックスは，ようやく開発に成功した世界初のPPCを市場に投入するにあたり，この問題に対する解決策として，コピー機の初期導入コストを劇的に下げるための新たなビジネスモデルを考案しました。同社は，コピー機を買い取り

方式ではなくリース方式で提供した上で，基本料金（リース料金）とコピー枚数に応じた従量料金とを組み合わせ，利用度に応じた使用料金体系を作り上げたのです。

　ゼロックスの新しい料金体系では，顧客は，基本料金として月95ドルを支払いさえすれば，初期費用が実質ゼロでモデル914を導入することができ，毎月2,000枚を超える場合にのみ，追加で1枚当たり4セントを支払うことになっていました。

　リース料金のなかには，トナーなどの消耗品の補給，スペアパーツの交換，保守・点検や修理など，顧客がコピー機を使用していく上で必要とされるサポート・サービスの費用がすべて含まれていました（ただし用紙は別売り）。つまり顧客は，毎月一定額さえ支払えば，消耗品や故障のことを心配することなく，また初期投資も実質ゼロで，従来のジアゾ式コピー機よりも高品質のコピーを迅速に行うことのできるPPCを導入することができるようになったのです。また顧客は，15日前の事前通告でリースを解約することが可能でした。

　むろん，月2,000枚以上コピーすれば追加の費用が発生するのですが，コピー枚数に応じた課金であるため，使い方次第で節約も可能であり，しかも当時のコピー機1台の月当たりコピー枚数は100枚以下が普通であったため，さほど問題とは認識されませんでした。

　このビジネスモデル（コピー機業界では俗に「カウンター課金」と呼ばれる）によって，顧客は，導入に際して余計なリスクや手間を負担することなく，コピー機というモノを購入するのではなく，コピーというサービスだけを，基本的に消費したサービスの量に応じた代金を負担するだけで購入できるようになりました。これはたとえて言えば，今までは買って利用するのが当たり前であった自動車を，走行距離に応じた代金を負担するだけで各種サポート・サービス込みで利用できるようになったというようなことを意味しており，過去に類例のない，まったく新しいビジネスモデルでした。

　顧客は，PPCのコピーの質の高さと便利さ，導入に際しての手軽さを評価しました。モデル914は，官公庁や大企業を中心に急速に普及が進み，いったんオフィスに設置されると，顧客はすぐに平均して1日当たり2,000枚以上のコピーをするようになりました。こうして顧客が大量にコピーをしてくれるよ

うになったおかげで，ゼロックスはリースして2日目から利益を上げることができたとされます。

また，このカウンター課金型のビジネスモデルは，単にコピー機を売り切るタイプのビジネスモデルと比べ，顧客との関係が継続するという点でも非常に優れていました。

ゼロックスは，コピー機をリースしてサポート・サービスを提供するための自社流通網を，いち早く全米中に張り巡らせました。コピー機には継続的なメンテナンスが必要とされるので，ゼロックスのセールス・エンジニアは，そのたびごとに顧客のもとを訪れてはコピー機の状態を把握し，必要なタイミングで買い替え需要を促すことができました。また，頻繁な訪問を通じて顧客との人的なつながりを深めることで，コピー機の機能の改善に関するニーズや，新たなビジネスチャンスについての情報を入手することも可能になりました。

こうしたサポート・サービスの提供を通じた顧客との継続的な取引関係は，他社による模倣が困難であり，600件以上にも及ぶ鉄壁の特許網とともに，他社の参入を阻む防御壁としての役割を果たしました。実際，1970年代になってIBMやコダックが独自技術によるPPCで市場に参入した際にも，全米中に張り巡らされたこうした顧客との継続的な取引関係は，ゼロックスが両社を撃退する上での強力な武器の一つになりました。

このビジネスモデルは，ゼロックスが1960年以降10年以上にわたって年平均40%以上もの売上げ伸び率を維持する原動力となり，1960年には年商約4,000万ドルにすぎなかったゼロックスは，1970年代初頭には年商30億ドルの世界的な大企業へと成長しました。

このように，IBMやADL，コダック，GEが見捨てたPPC（およびそれを可能にしたゼログラフィー技術）という画期的な新技術は，新たなビジネスモデルと組み合わせられることで，何十億ドルものビジネスチャンスへと化けたのです。

逆に，もし仮にゼロックスがこうした新しいビジネスモデルを創造できなければ，ADLが予想した通り，PPCは，ごく一部の超ハイエンド市場でひっそりと使われるだけのニッチ製品で終わった可能性が高いでしょう。その意味で，カウンター課金のビジネスモデルは，ゼログラフィー技術と並ぶゼロックスの

一大発明でした。

　言い換えると，ゼロックスは，技術面での画期的な発明をなし遂げただけでなく，ビジネスモデルの面でも画期的な発明をなし遂げることによって，PPCというイノベーションからの果実を手にすることができたのです。

　以上の事例から分かるように，技術革新を達成しても，それだけで高い収益構造を持ったビジネスが成立するわけではありません。画期的な新技術は，それ自体として収益獲得を保証するわけではないのです。

　このように，「ダーウィンの海」を越えてイノベーションからの果実を得るためには，新技術がもたらす価値の増分の多くを自社のものとして取り込むための仕組みづくりが必要とされるのです。

演習問題

2.1　優れた技術を備えていたにもかかわらず，イノベーションからの成果を獲得できなかった事例を，いくつでも挙げて下さい。その上で，各々の事例について，本章のイノベーション・プロセスのどの段階（フェーズ）で，どのような理由によって失敗したのかを考えて下さい。

第3章

イノベーションのパターン

　いったん生まれたイノベーションは，どのように普及し，発展・進化していくのでしょうか。また，それに伴って，産業の特性や企業間の競争構造はどのように変化していくのでしょうか。
　本章では，こうした問題を考える上で有用なモデルをいくつか取り上げて，具体例を交えながら詳しく説明していきたいと思います。

○ KEY WORDS ○
製品ライフサイクル，普及曲線，技術進歩のS字曲線，
A–Uモデル，生産性のジレンマ，
インクリメンタル・イノベーション，
ラディカル・イノベーション，脱成熟

3.1 イノベーションの普及と技術進歩のパターン

新しい製品やサービスといったイノベーションは，多くの場合，まずは時間をかけて徐々に市場に浸透していきますが，その後，途中から普及のペースが加速し，やがて減速していくというパターンを示します。

このパターンについて説明するにあたって，まずはマーケティング論で有名な「製品ライフサイクル（product lifecycle）」の理論から紹介していくことにしましょう。

◯ 製品ライフサイクル

製品ライフサイクルの概念は，「生き物と同じように製品にも一生があり，やはり似たようなライフサイクルをたどる運命にある」という考え方を出発点にしています。

ライフサイクルの形状は，一般に，製品の売上高を縦軸に，経過時間を横軸にとって，図 3.1 のように S 字型の曲線で表されます。

この製品ライフサイクルの理論では，製品のたどる段階を，「導入期（introductory stage）」・「成長期（growth stage）」・「成熟期（maturity stage）」・「衰退期（decline stage）」という 4 つに分けて捉えます。各期の特徴は，以下の通りです（Kotler, 2000；和田他, 2006；沼上, 2008）。

〈1. 導 入 期〉

導入期とは，新製品が市場に登場しはじめた段階のことで，通常は，新製品が市場で発売された直後から，売上高が成長しはじめるまでが該当します。

この段階では，企業は，新製品の市場を創造し，より拡大することが必要になります。一方，多くの消費者は，その新製品のベネフィット（便益）や使用方法はもとより，その存在にすら気づいていません。そのため，大々的な広

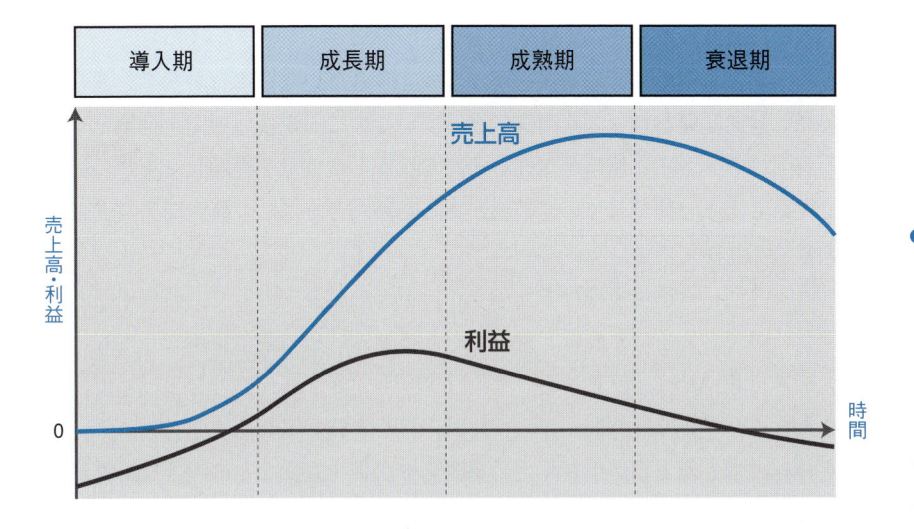

特徴	導入期	成長期	成熟期	衰退期
売上高	低い	急成長	低成長	低下
利益	マイナス	ピークへ	低下へ	低水準
キャッシュフロー	マイナス	プラスへ	高水準	低水準
競合企業	ほとんど無し	増加	多い	減少

マーケティング戦略

	導入期	成長期	成熟期	衰退期
マーケティング目標	市場拡大	市場浸透	シェア維持	生産性の確保
マーケティング支出	高水準	高水準	低下	低水準
マーケティングの重点	製品認知	ブランド確立	ブランド・ロイヤルティ	選択的
ターゲット顧客	革新的採用者・初期少数採用者	前期多数採用者	後期多数採用者	採用遅滞者
製品戦略	基礎開発	改良/ライン拡大	差別化	合理化/ライン縮小
流通戦略	限定的	拡大・強化	集中・強化	選択/限定
価格戦略	高水準	低下	最低水準	上昇
コミュニケーション戦略	教育・啓蒙的	特徴の強調	実利的	効果の減退/縮小

(出所) Kotler (2000, 邦訳 p.379 と p.396) を一部修正

図3.1 製品ライフサイクル

告・宣伝活動を行って新製品の知名度を高め，流通業者に取り扱ってもらうよう働きかけねばなりません。

　また，製品を構成する基本技術がまだ確立されていない場合が多く，さらには製品に対する顧客ニーズも明確になっていないことが多いので，企業としては，製品のさまざまな使用可能性を求めて次々と新機軸を提案し，それに対応した技術も次々と開発していく必要があるため，どうしても研究開発投資の額が大きくなりがちです。

　この導入期には市場規模はまだ小さく，市場の成長率も低く，競争相手の数も少ないので，競争はそれほど激しくありません。その競争相手にしても，市場シェアを奪い合う「ライバル」というよりも，むしろ，協力し合って市場全体を大きくしていく「仲間」という側面のほうが強いと言えます。

　その一方で，売上高が小さく，研究開発や広告・宣伝などに大きな出費が必要となるので，通常は利益のマイナス状態が続きます。

〈2．成 長 期〉

　成長期とは，製品に対する需要が急成長する段階で，通常は，新製品の売上高が本格的に伸びはじめた直後から，それが鈍化しはじめるまでが該当します。

　この段階では，市場が急成長する一方で，競合企業もこのチャンスを捉えようと続々と参入してきて，導入期には市場立ち上げの「仲間」だった他社が，この成長期になると新規顧客を奪い合う「ライバル」になります。そのため，自社製品に顧客の関心をひきつけ，急成長する市場でのシェアを拡大していくことが最重要課題となります。

　また成長期には，市場規模が拡大して各社の生産・販売規模が伸びるとともに，規模の経済性や経験効果によって製品の総コストが低下します。それは競争の激化と相まって，価格下落の傾向を生み出すことになります。

　しかしその一方で，この段階では市場全体の成長が価格下落による効果を吸収するため，ほとんどの企業が等しく売上高を伸ばすことが可能です。そのため，ライバル企業同士は，お互いに競争しながらも，市場の成長が急速なので，顧客を奪い合うよりもむしろ，次々に増えていく新しい顧客を自社製品にいかにひきつけていくかに追われ，本当の意味での「殴り合いの戦い」にはなりに

くいのです。

　この成長期には，市場シェアの維持・拡大が最重要課題となるため，研究開発や広告・宣伝などで引き続き大きな出費が必要となります。しかし，それでも通常は売上高の伸びが製品の総コストの伸びを上回るため，多くの場合に利益は黒字に転じることになります。

〈3．成熟期〉

　成熟期とは，製品に対する需要が鈍化し，ピークを迎える段階です。

　この段階では，新規購入の需要よりも，買い替えや買い増し需要が主流となり，市場規模が成長しなくなります。市場規模が成長せず一定であるという状態は，誰かが売上高を高めれば，その分，他の誰かの売上げが落ちてしまうということを意味しています。

　自社の売上げを伸ばすためには相手の顧客を奪うしかありませんが，競争相手の企業もそう考えているので，成熟期の前半では，まさに本当の意味での「殴り合いの戦い」が展開されることが多くなります。その結果として，利益確保がだんだんと難しくなり，市場から撤退する企業も相次ぐようになります。

　一方，成熟期の後半に入ると，比較的大規模な少数の企業だけが市場に残り，いわゆる寡占競争の状態になってきます。こうなると，お互いに，それぞれの強みを活かした戦略的なポジショニング（位置取り）を行って激烈な競争に陥ることを回避する傾向が強くなり，競争の圧力は緩和されることになります。

　また，成熟期には製品技術や生産技術に画期的な変更が起きる可能性が小さくなり，企業間の技術水準が平準化しやすくなります。そのため，技術的に見た製品間の違いは小さくなり，その代わりに外観や広告・宣伝などの副次的な部分での差別化が進められることになります。

　しかし，改めて大規模な製品開発を行ったり，あるいは生産面や販売面で大規模な新規投資を行ったりする必要性は低くなります。そうした結果，売上高は伸びなくとも，製品の総コストはさらに小さくなるので，多くの場合に，利益の黒字幅はむしろ大きくなります。

〈4．衰退期〉

　衰退期とは，需要が減少する時期で，通常は，市場が飽和し，逆に成長率がマイナスに転じはじめてからが該当します。

　たとえばレコード・プレーヤーがCDプレーヤーに，ビデオテープレコーダー（以下「VTR」）がDVDプレーヤーに取って代わられたように，多くの場合，価格や品質面で消費者ニーズにより合致した代替製品が登場し，製品市場の衰退が生じることになります。その他，衰退にいたる大きな原因としては，社会的なトレンドや政府の規制の変更などもあります。

　この段階では，多くの企業が撤退し，新規投資が行われることはほとんどなく，したがって，製品の総コストはさらに小さくなりますが，売上高がそれ以上に減少するため，多くの場合に，利益も減少することになります。

　以上のような製品ライフサイクルの考え方は，すでに20世紀前半から広く知られていました。もちろん，図3.1のようなS字型の美しい製品ライフサイクルの曲線は現実にはほとんどなく，非常に長い導入期を経る場合もあれば，短い導入期の後に一気に成長期に入る場合もあります。また，成熟期から衰退期に入ったと見えた後で，再び第2の成長期に入る場合もあります[1]。

　とはいえ，急速な売上成長を経験している製品もやがては成熟してしまう，という程度のラフなパターンを描くことが多いのも事実です。このように，製品の一生が，たとえラフではあっても一定のパターンを描く可能性が高いのであれば，企業は事前に準備をすることができ，それぞれの段階に合わせたさまざまな施策を適切に打ち出すことができます。そのため，マーケティングの世界では，教科書に必ず記載されるべき重要概念として，この曲線が位置づけられているのです。

　では，製品ライフサイクルで見られるこうした製品売上高のS字型のパターンは，どのような理由からもたらされるのでしょうか。その理由としては，大きく分けて，需要サイド（市場）の事情と供給サイド（技術）の事情が考えられます。以下では，まずは市場側の事情について説明し，次に技術側の事情

---

[1] S字型ではない製品ライフサイクルの代表的な形状については，たとえばコトラー（Kotler, 2000）などを参照下さい。

について説明することにしたいと思います。

○ イノベーションの普及曲線

　市場のなかにはさまざまなタイプの消費者が存在しており，新製品の普及が進むにつれて，当該製品を新たに購入する顧客のタイプやニーズが変化していきます。

　たとえば電卓は，当初は科学者とエンジニアに向けて売り出されましたが，やがて事務職や大学生・大学院生が仕事や課題を処理するために購入するようになり，さらには家庭の主婦が家計簿の計算用に，あるいは子供が宿題用にと，1人1台で購入するようになっていきました。また，それに伴って市場も爆発的に拡大していき，やがて市場の伸びが鈍化していきました。

　このように，需要サイド（市場）で新たに購入する顧客のタイプやニーズが変化していくのに伴って，製品ライフサイクルの段階もまた変化していくことになります。

　こうした新製品の普及に伴う顧客タイプの変化について，ロジャーズ（Rogers, 1982）は，『イノベーション普及学』という本のなかで，新製品の普及がどのような過程をたどるのかをモデル化し，採用（購入）決定の時期によって採用者のカテゴリー分けを行いました。

　新しい製品やサービス，アイデアや行動様式などが時間をかけて次第に世のなかに受け入れられていく現象は，一般に「イノベーションの普及（diffusion of innovation）」と呼ばれます[2]。ロジャーズは，多くの事例研究に基づき，①グラフの縦軸に累積の採用者数をとり，横軸に経過時間をとれば，プロットされた曲線は典型的にはS字を描く，②縦軸に一定期間ごとの新規採用者数をとり，横軸に経過時間をとれば，プロットされた曲線は典型的には正規分布の

---

[2] ロジャーズが『イノベーション普及学』という本のなかで取り上げた「イノベーション」には，「飲み水の煮沸」「家族計画」「一代雑種トウモロコシの種子の利用」など，相当に幅広いものが含まれています。しかし，そのままの用語法で用いると読者の混乱を招きかねないので，以下では彼の本の「イノベーション」を，「新しい製品やサービス，新しい生産方法」などの1章で定義した意味に限定して読み替えて，「新製品」と表記することにします。

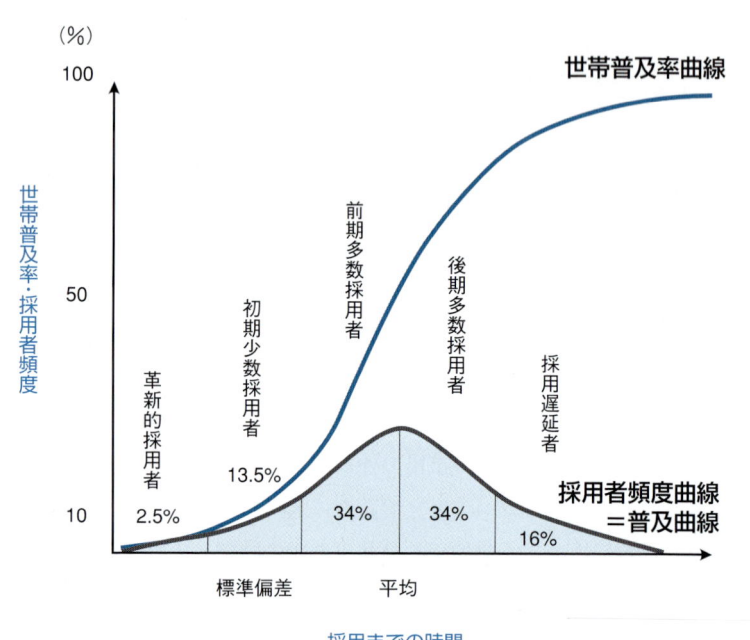

図中のテキスト:
- 縦軸: 世帯普及率・採用者頻度 (%)
- 横軸: 採用までの時間
- 世帯普及率曲線
- 採用者頻度曲線＝普及曲線
- 革新的採用者 2.5%
- 初期少数採用者 13.5%
- 前期多数採用者 34%
- 後期多数採用者 34%
- 採用遅延者 16%
- 標準偏差、平均

(出所) Rogers (1982, 邦訳 p.350 と p.356) を一部修正

図3.2 普及の推移と採用者カテゴリーの分類

形状を描く，というイノベーションの普及モデルを提起しました[3]（図3.2）。

　このうち，②の正規分布の形状の曲線は，どれだけの人が，どの段階で，当該新製品を採用（購入）するにいたったのかという観点から新しい製品の普及過程を図示したもので，「普及曲線（diffusion curve）」と呼ばれます。この図では，縦軸に新製品の新規採用者数の百分率（%），横軸に経過時間をとって，普及の経過が吊り鐘型のグラフに表されています。

---

[3] 数学的には，②の正規分布の形状の曲線は，①のＳ字型の累積採用者数の度数分布曲線を時間微分したものです。また，①のＳ字型の累積採用者数の度数分布曲線は，世帯数が時間を通じて一定であると見なすことが可能であれば，世帯普及率曲線と本質的に同等です。

その上でロジャーズは，新製品採用（購入）までに要する時間に応じて，顧客を5つのカテゴリーに分類しました。彼は，最も採用時期が早い2.5％を「革新的採用者（innovators）」，次に採用する13.5％を「初期少数採用者（early adopters）」，その後で採用する34％を「前期多数採用者（early majority）」，さらにその後で採用する34％を「後期多数採用者（late majority）」，最後になってようやく採用する16％を「採用遅滞者（laggards）」と命名し，それぞれの採用者層の性格を論じました[4]。

各カテゴリーの特徴を，その後の研究の成果も踏まえて説明すると，以下のようになります（Moore，1991；山田，2004b；沼上，2008）。

〈1．革新的採用者〉

革新的採用者とは，新製品が出たらとりあえず購入する，一言で言えば「マニア」タイプの人たちです。

彼／彼女らは，そうした製品に関連する技術的知識が深く，新しいモノはとりあえず試してみるという好奇心旺盛なマニアであり，不完全な製品を掴んで損失を被るリスクをいといません。だからこそ，まだほとんど知られていない製品を，自らの判断で探索・評価し，購入するのです。

もう少し具体的には，たとえば製品カタログを技術仕様の欄から読み，PC（パソコン）で言えば，システムクロック数，データ転送方式，マザーバスインターフェイスなど，（筆者も含めた）一般の人が理解できないような数字や用語に敏感に反応し，ある技術仕様で世界初となれば相当に高い価格であっても購入してしまうような人たちをイメージするとよいでしょう。こうしたタイプの革新的採用者が，製品ライフサイクルの導入期の顧客に該当します。

一般に，こうした人たちの間では密度の濃いコミュニケーションが交わされますが，他のカテゴリーの潜在的消費者とのコミュニケーションは希薄だとさ

---

[4] ロジャーズは，正規分布の平均値（$\bar{X}$）と標準偏差（δ）とを用いて，採用者のカテゴリー分けを行っています。すなわち，$\bar{X}-2\delta$（≒2.5％）より以前の時期に採用した人々を革新的採用者，$\bar{X}-2\delta \sim \bar{X}-\delta$（≒13.5％）の時期に採用した人々を初期少数採用者，$\bar{X}-\delta \sim \bar{X}$（＝50％）の時期に採用した人々を前期多数採用者，$\bar{X} \sim \bar{X}+\delta$（≒84％）の時期に採用した人々を後期多数採用者，$\bar{X}+\delta$より後の時期になって採用した人々を採用遅滞者と，それぞれ分類したのです。

れます。先にも述べたように，彼/彼女らは基本的にマニアタイプであり，強い意志を持った独立性の高い人たちなので，周りの普通の人たちからすると，ちょっと風変わりで「特殊な人」と思われてしまいがちなのです。

したがって，彼/彼女らの動向がマーケットのその後の成り行きを決めることは稀だとされます。

〈２．初期少数採用者〉

次の初期少数採用者は，マニアではないけれども流行に敏感な人たちです。革新的採用者はマニアックすぎて，一般消費者からすると自分の生活のモデルにはしにくい人たちです。その点でこの初期少数採用者は，その分野に精通しており，豊富な知識や情報を持っている一方で，社交性があって，職場や学校のなかで中心的存在だと周囲から一目置かれるような人たちです。

彼/彼女らは，周りの人間の購買行動に影響を及ぼすような，「オピニオン・リーダー」としての性格を強く有しています。彼/彼女らが当該製品を使用している姿を周りの人々が見たり，その製品に関して周りの人々からの相談に乗ったり，あるいは自主的に周りの人々に口コミで評価を流していくことを通じて，当該製品に対する社会的な評価が固まっていくことになります。

ちなみに，こうしたオピニオン・リーダーは，友人・知人に限られるわけではありません。たとえばファッションやスポーツ用品などの場合，それらの製品を使うスターが，オピニオン・リーダー的役割を担うこともしばしばです。

革新的採用者が，製品カタログを技術仕様の欄から読むようなタイプの人たちであるのに対して，この初期少数採用者は，技術仕様よりも，その製品を使用することによってどのようなベネフィットがもたらされるのかを判断して購入の意思決定をするタイプの，「スマートな（賢い）」消費者たちです。

もう少し具体的には，市場に新しく登場したこのPCとやらを手に入れると，自分の仕事のスタイルはどう変わるのか，オフの楽しみ方はどう変わるのかなどと考えて，メリットが大きいと思えば率先して使いはじめるような，いわゆる「デキる」人たちをイメージするとよいでしょう。こうしたタイプの初期少数採用者が，製品ライフサイクルで導入期から成長期に移行する段階の顧客に該当します。

したがってこの時期，企業にとっては，新製品を市場投入した最も早い時期に購買する顧客たち（すなわち革新的採用者）の要望を聞きすぎることなく，訴求のポイントを「技術そのもの」よりも「その技術によってどのような顧客価値が実現できるのか」という点に置き，オピニオン・リーダー的なユーザーをいかに先行して取り込んでいくのかということが最重要課題となります。

　こうした観点から，最近では，オピニオン・リーダーになりうる人たちに頼んで，自社製品の開発段階から参加してもらうケースも増えています。

〈3．前期多数採用者と後期多数採用者〉

　次に続く前期多数採用者と後期多数採用者は，流行の最先端を行くのは怖いし，かといって遅れたヤツだと思われるのも嫌だと感じるような，一般消費者によくあるタイプの人たちです。ただ，そのなかでも，比較的早い段階で流行に乗るタイプの人たちが前者で，世の中で半数以上の人が購入するようになってから流行に乗るような慎重なタイプの人たちが後者です。前者の前期多数採用者が飛びつくようになると，市場は本格的に急成長を遂げることになります。

　初期少数採用者は，自分にとっての価値を重視して，新製品のメリット・デメリットを検討し，リスクも理解した上で，納得づくで購入に踏み切るタイプの人たちです。多少の冒険は辞さないし，価値さえあれば多少の不便は我慢します。

　一方の前期多数採用者や後期多数採用者は，自分にとっての価値があるだけではダメで，使い勝手がよく，サポート・サービスも充実しているなど，不安感やストレスなしに利用できることを重視します。新製品を購入することで冒険をしたいなどとは露ほども思っていないので，自分と同じような普通の人たちのなかでの採用事例を重視します。こうした傾向は，前期多数採用者よりも後期多数採用者で特に強く見られます。

　もう少し具体的には，職場の「エース」の○○さんが颯爽とPCを使いこなしているのを見るだけでは，消費意欲は喚起されるものの，自分が使いこなせるかどうか不安でなかなか購入に踏み切れないのですが，電化製品にあまり詳しくないはずの△△さんも使ってるとなると，安心して購入に踏み切ることができる。そうした，どこにでもいるタイプの人たちをイメージするとよいでし

よう。

　このように，初期少数採用者と，市場の多数を占める前期多数採用者・後期多数採用者の志向はまったく異なっており，両者の間の断絶は「キャズム(Casm：溝)」と呼ばれることもあります（Moore, 1991）。

　この時期，企業にとっては，いたずらに機能の向上や充実を追うよりも，とにかく使い勝手の向上やサポート・サービスの充実に力を注ぎ，普通の人たちが新製品を購入するにあたって感じるであろう心理的障壁を取り除くことに全力を尽くす必要があります。

　PCの例であれば，テレビや洗濯機のようにスイッチ一つで稼働するのが理想であり，ネットワークや周辺機器との接続，ソフトのインストールなど，面倒な作業はなるべく不要にしなければなりません。

〈4．採用遅滞者〉

　最後の採用遅滞者は，非常に保守的な人たちで，周りのみんなが全員買ってからようやく自分もその製品を試してみるとか，情報に疎く，この頃になって初めてその製品の存在を知った，などといったタイプの人たちです。

　周囲のほとんどすべての人が電子メールや携帯電話を使うようになって，なおも電子メールや携帯電話は一切使わない主義を貫いているといった，とにかく新しいモノ嫌いの人をイメージすればいいでしょう。

　製品ライフサイクルの衰退期になって初めて購入を行うようなこの層まで購買するようになれば，普及過程は終了することになります。

　以上，普及曲線と採用者カテゴリーの5分類に関するロジャーズのモデルを見てきましたが，製品ライフサイクルの曲線がそうであったように，普及曲線の形状も常に正規分布型となるわけではなく，製品によって分布の形状は大きく異なります。

　その最大の理由は，製品や地域や時代ごとに，買い手の行動様式やその背後にある社会構造，社会的信念，文化などのありようが異なっており，それによって全体的な普及パターンが違ってくるためです。要するに，普及曲線のようなパターンは，その背後にある社会の特徴が異なれば，やはり違ったものとな

るのだということなのです。

　ですから，企業のマネージャーにとっては，自社製品が対象とする市場の社会的特徴がどのようなものであるのかを理解し，その結果，製品普及のプロセスがどのように進行すると予想されるのかを，まず押さえておくことが重要になります。

　その上でさらに，他人の購買行動に影響を与え，製品の普及の歯車を回す役割を果たすオピニオン・リーダーを把握し，ときにはそれを演出していくことも重要となるのです。

◯ 技術進歩のS字曲線

　一方，新製品を背後で支える技術の改善・改良のスピードも，新製品の売上高の推移と歩調を合わせて変化していきます。

　たとえば先に述べたように，元来は科学者やエンジニア向けの特殊な製品であった電卓は，事務職や大学生，主婦や子供にまで購買層を広げて市場を拡大し，やがてその伸びが鈍化していきました。その背景には，電卓を裏方で支える技術（特に半導体技術と高密度実装技術[5]）が進歩して，製品の小型・軽量・薄型・低価格化が急速に進み，その後に技術進歩のペースが鈍化するという，供給サイド（技術）の事情も存在していました。

　たとえば，1964年にシャープから発売された「CS10A・コンペット」は，横幅42cm，奥行き44cm，高さ25cm，重量が25kg，消費電力90ワットで，まさに卓上に置いて使用するための計算機でした。20桁の計算能力を持つとはいえ，価格も，当時の大卒初任給が9万円程度だった時代に，53万5千円と高額でした。一方，同じシャープから1973年に発売された「エルシーメイト EL-805」は，横幅7.8cm，奥行き11.8cm，厚さ2cm，重量が195g，消費電力が20ミリワットと，完全にポケットのなかに収まるサイズで，しかも単三電池1本で100時間連続使用可，8桁の計算ができて，価格も2万6千800円（この時点ではむしろ割高）と，個人が気軽に持ち歩いて使用できる製品へと

---

[5] 高密度実装技術とは，抵抗やコンデンサやトランジスタ，あるいは半導体チップなどの各種電子部品を，プリント基板上に高密度で装着する技術のことです。

進化していました。この間，わずか9年あまり。その間に，重量で約130分の1，容積で約14万分の1，消費電力で約4,500分の1，価格で約20分の1にまで低減されたのです（相田，1992）。

その後も，電卓の小型・軽量・薄型・低価格化はさらに進みましたが，1982年頃から名刺サイズで太陽電池で動く製品が5千円弱で市場に出回るようになると，電卓の技術進歩のペースは急速に落ちていきました（沼上・淺羽・新宅・網倉，1992）。

このように，新製品を背後で支える技術の改善・改良のスピードは時期によって変化し，それに伴って，製品ライフサイクルの段階もまた変化していくことになるのです。

こうした技術の改善・改良のスピードの変化に関して，フォスター（Foster，1986）は，ある一つの製品を取り上げて，技術開発のために投入された時間（より正確には技術開発への資源の累積投入量）を横軸にとって，当該製品のパフォーマンス（たとえば処理スピード，信頼性，耐久性，特定の機能スペックなど）を縦軸にとると，当初は緩やかなペースでしか進まない技術進歩が，やがて加速し，しばらくすると再び天井に近づくように鈍化していくというパターンが見られると主張しました。

こうした技術進歩のパターンは，経時的に追っていくとアルファベットのSの字に似た形状を描くことが多いため，「技術進歩のS字曲線（S-curve）」と呼ばれます（図3.3）。

技術進歩の初期の段階では，当該技術の基礎になる知識が確立されておらず，また補完的な技術に関する知識も十分に蓄積されていないため，試行錯誤が不可避であり，その結果，資源や努力を投入した割に技術進歩のペースは遅々としたものになります。この段階は，製品ライフサイクルにおける導入期に該当します。

ところが，知識が蓄積され，挑戦すべき問題と解決の方向がはっきりしはじめ，補完的な技術も整備されるようになるにつれて，開発は効率的になり，技術進歩のペースが加速するようになります。この段階は，製品ライフサイクルにおける成長期に該当します。

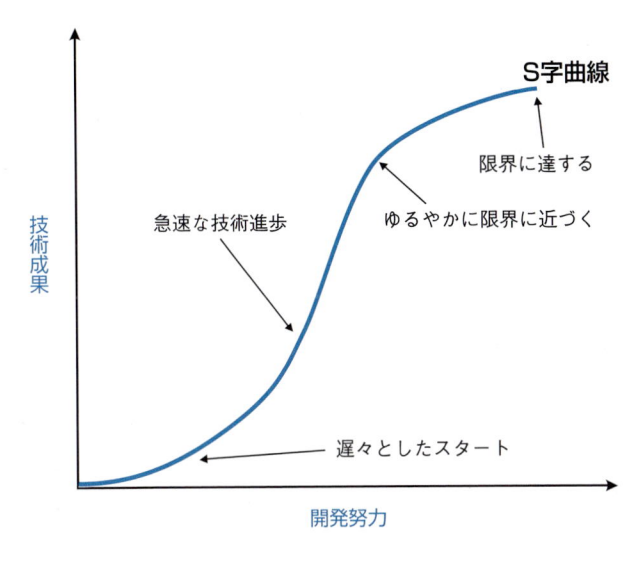

```
                                    S字曲線
                                ↗
                          限界に達する
              急速な技術進歩    ゆるやかに限界に近づく
技術
成果

                  遅々としたスタート

                      開発努力
```

（出所）Foster（1986，邦訳 p.28）を一部修正

図3.3 技術進歩のS字曲線

　しかし，やがて基盤になる技術が自然法則に起因する限界に近づくようになると，改善のペースは落ち，こうなると追加で資源や努力を投入しても，技術的な成果はほとんど得られなくなります。この段階は，製品ライフサイクルにおける成熟期と衰退期に該当します。

　このようにして，技術進歩の軌道はS字型のパターンを描くことになります。むろん，製品ライフサイクルの曲線がそうであったように，S字の全体的な形状や，S字の全体にどれぐらい時間がかかるのかは，事例によってさまざまです。とはいえ，急速な技術進歩を経験している製品も，やがては技術進歩のペースが衰えてくる，という程度のラフなパターンを描くことが多いことも事実です。

　実際にフォスターは，帆船，プロペラ・エンジンの飛行機，人工心臓，タイヤコードなど，さまざまな製品分野でこうしたパターンが観察されたとしてい

ます。

なお、具体的なS字曲線の事例については、後の3.3節で紹介します。

3.2　産業発展とイノベーションの発生頻度の推移パターン

○ A-Uモデル

上の3.1節で見てきたように、新製品の普及率がS字型のパターンをとり、新製品を支える技術もS字型のパターンで進歩を遂げていくことから、製品売上高の推移もまたS字型のパターンを描くことになります。

一方、こうしたS字型の産業発展のパターンの背後では、どれだけの数のイノベーションが生まれるのかというイノベーションの発生頻度もまた、時間的な経過に伴って変化していきます。

そこでこの節では、この点について詳しく説明していくことにしましょう。

アバナシーとアッターバック（Abernathy and Utterback, 1978）は、イノベーションを「製品イノベーション（product innovation）」と「工程イノベーション（process innovation）」の2種類に分けて捉えました。このうち、製品イノベーションとは、製品そのもの、およびそれを背後で支える各種の要素技術に関する技術進歩をもたらすタイプのイノベーションです。一方の「工程イノベーション」とは、そうした製品を生産するための工程（プロセス）、およびそれを背後で支える要素技術に関する技術進歩をもたらすタイプのイノベーションのことを意味しています。

その上で、ある製品分野における製品イノベーションと工程イノベーションを1セットの組み合わせとして見ていくと、一般に共通した発展のパターンを観察できることを発見しました。

彼らは、上記2つの種類のイノベーションの発生頻度の変化の組み合わせに

```
                    ドミナント・デザインの登場
主
要
な
イ
ノ
ベ
ー                         工程イノベーション
ショ
ン
の
発
生
頻
度        製品イノベーション

                                              時間
     流動期      移行期       固定期
```

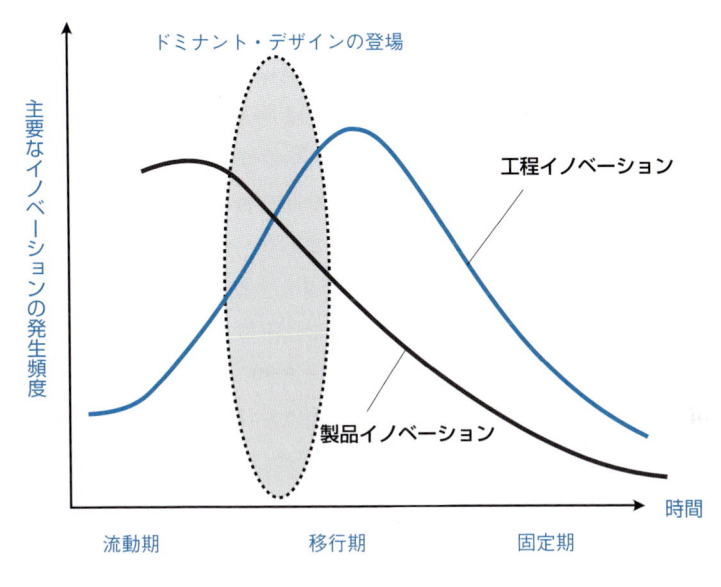

（出所）Abernathy（1978, p.72）を一部修正

図3.4　A-Uモデル

よって，産業は「流動期（fluid stage）」・「移行期（transitional stage）」・「固定期（specific stage）」という3つの段階を経て変化していくと論じました。このプロセスは，提唱者の名前をとって「A-Uモデル（Abernathy-Utterback model）」と呼ばれます。

その各時期の特徴を説明すると，以下のようになります（図3.4）。

〈1．流 動 期〉

流動期とは，産業が新たに立ち上がったばかりの時期で，製品ライフサイクルにおける導入期に該当します。

この段階は，イノベーションの発生頻度の観点からすると，製品イノベーションの発生頻度が非常に高く，工程イノベーションの発生頻度が非常に低いと

いう特徴を有しています。

　この段階では，製品がそもそもどういうものであるか（製品コンセプト）が固まっていません。製品として重視すべき機能は何か，それを実現する最適な技術は何かが不確定で，顧客も製品を評価する明確な基準を持たず，多様な製品を多様な軸で，試行錯誤しながら評価していきます。

　このような状況のもとでは，基盤となる製品技術がそもそも確定しないので，生産工程（プロセス）には柔軟性が不可欠であり，高度に自動化された生産プロセスを導入するとか，そのための高価な機械設備の購入に踏み切るといったことは，あまりにもリスクが高いため，通常は避けられます。そのため，人の技能に依存した，かなり労働集約的な生産方式が中心となり，その結果，技術開発の主たる努力は製品イノベーションに向けられ，工程イノベーションはほとんど生まれません。

　ところが，企業の側でも顧客の側でも製品に関する理解が蓄積されていくと，やがて支配的な製品デザイン（設計）である「ドミナント・デザイン（dominant design）」が登場します。この段階で初めて，製品として持つべき主たる機能と，そのための主要な要素技術，全体としてのデザインが明らかになるのです。

〈2．移 行 期〉

　このドミナント・デザインが登場すると，移行期がはじまります。

　移行期は，製品ライフサイクルにおける成長期に該当します。この段階は，製品イノベーションの発生頻度が中程度にまで落ちて，工程イノベーションの発生頻度が非常に高くなるという特徴を有しています。

　移行期がはじまると，製品イノベーションの面では，主たる開発努力の焦点が，確立されたドミナント・デザインのもとで特定の機能を向上することに移るので，実現される製品イノベーションは，技術的に小幅なものが中心となっていきます。

　一方，製品普及のテンポが早まり，増加する需要に応じられる効率的な生産プロセスを実現していくことが戦略的な課題になるので，工程イノベーションの重要性は飛躍的に増大します。材料はより特化したものになり，高価な専用

の機械設備が開発・導入され，生産プロセスの自動化も追求されるようになります。

そして，こうした活発な工程イノベーションの結果，いわゆる大量生産システムが確立され，その一方で，生産プロセスの柔軟性は失われていくことになるのです。

〈3．固定期〉

こうした状態がさらに進むと，3つ目の段階である固定期に入ることになります。

固定期は，製品ライフサイクルにおける成熟期と衰退期に該当します。この段階は，製品イノベーションの発生頻度も工程イノベーションの発生頻度も，両方とも非常に低くなるという特徴を有しています。

この固定期になると，すでに確立された大規模で効率的な大量生産システムの維持が大前提となり，その抜本的な変更をもたらしかねないような大きな製品イノベーションや工程イノベーションは，あまりにも大きなコストを伴ってしまうために避けられるようになります。したがって，努力はもっぱら品質とコストの改善に向けられ，生産性は向上していくものの，イノベーションの頻度はますます減っていくことになります。

このような，「生産性向上」と「イノベーション生起」の間に生じるトレード・オフの関係（「あちらを立てればこちらが立たず」の関係）は，「生産性のジレンマ (productivity dilemma)」と呼ばれます (Abernathy, 1978)。

○ ドミナント・デザインの登場

以上のプロセスのなかで最も重要となるのが，ドミナント・デザインの登場です。

すでに簡単に触れましたが，ここできちんと定義しておくと，ドミナント・デザインとは，「当該産業において確立される，その後の技術的基準となる製品デザイン」のことを意味しており，通常は，それまでに個々に導入されてきた複数の要素技術のイノベーションを，一つの製品デザインとしてまとめあげ

たものとして登場します。

　たとえば，後で述べる自動車における「T型フォード」や，携帯用デジタル音楽プレーヤーの「iPod」などが，代表的なドミナント・デザインの例です。

　ドミナント・デザインが登場するまでの段階では，そもそも製品の評価基準が定まっておらず，どのような要素技術によってどのような製品を具現化していけばよいかが不明なままです。また，顧客の側でも，その製品はどのような場面でどのように使用すべきものなのか，どのような機能を持っているべきなのかという，製品の本質的価値や使用スタイルをまだ理解していません。

　そのため，企業の側では，製品において重視すべき機能は何であるのか，それを実現する最適な技術や方法が何であるのかといった根本部分でさえも，試行錯誤を繰り返しながら探っていく必要があります。

　一方，顧客の側でも，さまざまな企業が提供する多種多様な製品を購買し，使用経験を積み重ねていくなかから，その製品はどのような場面でどのように使用すべきものなのか，そのため，どのような機能を備えているべきなのかといった評価基準を，次第に確立していくことになります。

　そして，こうした混沌としたプロセスを経て，企業の側でも，顧客の側でも，製品の中核的なコンセプト（core concept）が一つに定まり，ドミナント・デザインが登場します。ここまでの段階の競争環境はきわめて流動的であり，不確実性に満ちたものとなります。

　一方，ドミナント・デザインが登場した後は，製品イノベーションの重要性は低下し，逆に工程イノベーションの重要性が増していきます。もちろん差別化も図られますが，それはあくまでも確立したドミナント・デザインの範疇での話であり，製品コンセプトそのものを変えてしまうような大きな変化は，ほとんど生じなくなってしまいます。

　製品イノベーションは，確立されたドミナント・デザインの枠内で生じる小規模なものが中心となり，その産業における製品の評価基準は，製品技術からコスト（価格）へと移行していくことになります。また，顧客ニーズが明確になり，研究開発活動における目標の不確実性が減少することから，より大規模な合理化投資が重視されるようになります。

以上のようなA–Uモデルは，量産の組立型の製品をイメージしたものであって，どのような製品であっても常に当てはまるというものではありません。

一時期の半導体のように，工程イノベーションが製品革新を牽引していく場合もあります。また，鉄鋼や化学製品などの素材型の産業では，移行期において，生産プロセスの連続化などによる大幅な工程イノベーションが重要な役割を果たすことがしばしばあります（Utterback, 1994）。

とはいえ，製品イノベーションの発生頻度は市場の創生期に最も高く，この時期には互いにまったく異なる製品コンセプトが並立することもよく起こるのですが，やがて支配的な製品コンセプトや製品デザインが現れ，それとともに製品イノベーションの発生頻度は低下して工程イノベーションのそれが上昇する時期を迎え，最後には製品イノベーションも工程イノベーションも発生頻度が停滞する時期を迎える，という程度のラフなパターンを描くことが多いことも事実です。

実際にアッターバック（Utterback, 1994）は，電球，タイプライター，テレビ，PCなど，さまざまな製品分野でこうしたパターンが観察されると主張しています。

また，「製品」を「サービス」に，「工程」を「プロセス」に読み替えれば，議論の精度が劣るかもしれませんが，ある程度はサービス業にもA–Uモデルの議論を適用することが可能です。

たとえば「オンライン証券」を例にとると，製品イノベーションに該当するのは，顧客に提供する個々の商品やサービスの内容，および商品やサービスの集合体としてのパッケージの構築です。具体的には，取扱商品のラインナップの決定，手数料体系および金額の決定，情報提供の内容および幅の決定など，提供する商品やサービス自体に関わる種々の取り組みがこれに該当します。

一方，工程イノベーションに該当するのは，これらの商品やサービスをいかに効率的・安定的・低コストで顧客に提供するのかという，システム面やオペレーション面での種々の取り組みです（高井，2009）。

いずれにせよ，イノベーションの発生頻度が，幅広い業界で，たとえラフではあっても一定のパターンを描く可能性が高いのであれば，企業は事前に準備をすることができ，それぞれの段階に合わせたさまざまな施策を適切に打ち出

3.2 産業発展とイノベーションの発生頻度の推移パターン

すこともできるのです。

○ 事例：米国における自動車産業の発展

こうしたパターンについて具体的なイメージを持っていただくために，次に19世紀末から1920年代頃までの自動車産業の事例について詳しく説明することにしましょう[6]。

〈1．流動期〉

19世紀後半になって開発・実用化されるようになった自動車は，最初は「お金持ちの遊び道具」でした。

自動車の最初の動力源は蒸気でしたが，次いで登場した実用車は電気を動力源としており，ガソリンを動力源とする自動車が生まれたのはその後でした。ガソリン自動車の発明は，1886年頃，ドイツのG.ダイムラーとK.ベンツがほぼ同時に成し遂げたとされます。しかしその後も，ガソリン自動車だけではなく，電気自動車や蒸気自動車の開発も盛んに行われていました。

実際，1900年までの米国での自動車の売上げの大部分は，電気と蒸気の2つの方式が占めていたとされています。

たとえば，1900年に米国で生産された自動車のうち約40％は電気自動車であり，販売台数でトップシェアを占めていました。当時の電気自動車は，1回の航続距離が30キロほどでした。しかし，当時の自動車は，金持ちが単に自らの権勢を誇示するためのものであって，彼らはもっぱら自分の邸宅から町中にあるオペラハウスなどに行く際にだけ用い，郊外に長距離移動するための手段とは考えていなかったため，そうした難点は特に問題にはなりませんでした。

蒸気自動車は，当時，販売台数で第2位につけていました。ジェームズ・ワットによる発明以来，すでに100年以上の技術蓄積を有する蒸気機関は，ボイラーで水を熱して蒸気を発生させる必要があるため，発車するまでに相当な時間と手間がかかるのが難点でした。しかし，いったん発車した後は非常に効率

---

[6] 以下の記述は，アバナシー（Abernathy, 1978），アバナシーら（Abernathy et al., 1983），藤本（2001b），榊原（2005）などを再構成したものです。

的でパワーがあり，カーレースでは連戦連勝でした。そのため，スピードを誇示したい金持ちにとってはうってつけでした。また，当時自動車を所有する金持ちは住み込みの運転手を抱えており，出発前の準備や整備を自分で行う必要はまったくなかったため，蒸気機関の難点も特に問題にはなりませんでした。

　一方のガソリン自動車は，長らく，電気・蒸気に続く「劣勢の三番手」（a poor third choice）の位置にとどまっていました。こうした状況をくつがえし，米国でガソリン自動車が主流になったのは，1900年にシカゴで行われたカーレースで，ガソリン車が初めて勝った「事件」が契機になったと言われています。とはいえ，その後も電気自動車や蒸気自動車の開発は盛んに行われ，後に述べるT型フォードの登場で最終的な決着がつけられるまで，この争いは続いたのです。

　このように，初期の自動車産業では，電気・蒸気・ガソリン自動車が並立していました。また，三輪車も四輪車もあり，エンジンの方式や搭載箇所も車によって異なり，ハンドルも丸いものや船の舵のような形のものがあったりと，各企業は試行錯誤しながら，それぞれ独自の製品を市場に投入していました。つまり，「自動車とはいったいどういうものであるべきなのか」という根本部分においてさえ，企業も消費者も一致した理解を持っていなかったのです。

　一方，自動車に組み込まれる部品については，今日まで続く技術の多くが，ガソリン自動車が発明されてから20年ほどの時期に集中して現れました。現在の自動車では当たり前の，空気入りタイヤ，プロペラシャフト，アクセルペダル，スピードメーター，ショック・アブソーバ，バンパー，ヘッドランプ，電動スターターなどは，いずれもこの時期に開発されたものです。

　それから，生産面では，初期段階の自動車は，少量生産されるにとどまっていました。たとえば，1895年のベンツ（当時の世界トップクラスの自動車メーカー）の年間生産量は135台にすぎなかったとされます。また，1900年に米国全体で生産された自動車は約4千台でしたが，これでも米国は当時世界第2位の自動車生産国だったとされます。その後，1904年に米国は台数でフランスを抜いて世界一の自動車生産国になりましたが，それでも米国の生産台数の合計は，1907年当時で約4万台にすぎなかったとされています。

　初期段階の自動車はほとんど手作りの工芸品とも言うべきものであり，職人

が注文を受けてから必要な部品を買い集め，一部は自分たちの機械職場で作り，修理工場のようなところで車台（車体やエンジンを載せるフレームの部分）を1ヶ所に定置し，そこに部品を運んでは組み付けるという，「定置組立方式」と呼ばれるやり方で生産されていました。

　また，当時の自動車産業は参入が比較的容易であり，産業構造も画定していませんでした。実際，この時代の米国では，現在では存在しない群小自動車メーカーが全国各地に林立し，それぞれユニークな車を少量生産していました。彼らの生産量はおおむね年間数百台以下，同一モデルは数十台以下が一般的でした。

　こうした米国の初期の自動車メーカーは，多産多死でした。実際，T型フォードが発売された翌年の1909年の段階では，確実に確認できるだけで69もの自動車メーカーが存在していましたが，その後わずか7年間で半分にまで減ったとされます。

〈2．流動期から移行期へ〉

　以上のような，自動車産業の初期段階の混沌とした状況に終止符を打ったのが，ヘンリー・フォードによる1908年の**T型フォード**の発売と，その後の同モデルの圧倒的な大量生産・大量販売でした。

　T型フォードは，それまでに積み重ねられてきた要素技術のイノベーションの成果を総合的な製品デザインに結晶させた優れた製品で，価格が安く，使いやすくて頑丈，軽量・高馬力，機構が単純で修理がしやすい車でした。

　当初からよく売れたため，フォードは翌年にはその他のモデルの生産を中止して生産をT型フォードのみに一本化，しかも色を黒一色に限定し，分業を推し進めることで生産効率の向上に努めていきました。

　そして，1910年にハイランドパーク工場を建て，生産を既存工場から順次移転し，さらに大量生産による生産効率の向上を推し進めていきました。1913年に移動式組立ライン（ベルトコンベア方式）の導入に成功すると，1914年には，移動式組立ライン，部品互換性の徹底，作業の細分化・高度化，専用工作機の使用などから構成される，有名な「**フォード生産方式**」を確立しました。

　この結果，T型フォードの1台当たりの組立時間は，定置式生産システム時

代の平均12時間27分から，フォード生産方式が一応の完成を見た1914年には1時間33分へと，飛躍的に短縮されました。

またフォードは，1919年，デトロイト郊外のリバールージュに製鉄所やガラス工場などを含む新しい超一貫生産工場を建設し，鉄鉱石の高炉投入から自動車組立終了までおよそ48時間という，現在の日本企業でも考えられない驚異的な生産効率を実現しました。

一方でフォードは，こうした自動化された生産ラインの活用と単一車種戦略をてこに価格をどんどん下げ，膨大な規模の新たな需要を創造していきました。

T型フォードの年間生産台数は，1914年の30万台から，ピークの1923年には200万台以上にまで増加し，1908年から27年にかけての累計販売台数は，実に1500万台にも達しました。その間，T型フォードの価格は何度も下げられ，1908年には850ドル以上していたのが，1913年に550ドル，1916年には360ドル，1922年には300ドルを割る水準まで急激に低下しました[7]。

こうした「生産性向上→コストダウン→販売価格の低下→販売増加→生産性向上→…」という好循環を繰り返していくことで，米国の自動車市場は急拡大を遂げ，それまで金持ちの遊び道具にすぎなかった自動車は，「大衆のための便利な輸送手段」へとその意味合いを変化させたのです。

〈3．移行期から固定期へ〉

しかし，こうしたフォード方式にも弱点がありました。事実上，すべての生産設備をT型フォード専用にしたため，モデルチェンジに対する柔軟性がまったく失われてしまったのです。

すでに固定期に入っていた1920年代半ば頃，米国の自動車市場はほぼ飽和状態となり，新規需要中心から買い替え需要中心へと市場ニーズが変化していました。また，これに伴って，米国の一般消費者は，自動車を単なる「移動のための手段」ではなく，「自己表現の手段」と考えるようになっていました。

こうした市場の変化にいち早く対応したのは，フォードではなく，アルフレッド・スローン率いるゼネラル・モーターズ（GM）でした。最高級車の「キ

---

[7] 1926年にはなんと50ドルにまで価格が下げられましたが，これは売れ行き不振を打開するための原価割れのキャンペーン価格だったとされます。

ャデラック」から最廉価車の「シボレー」にいたるまで，消費者の所得に応じたフルラインの車種モデル（ブランド）を展開し，自己表現の手段として自動車を購入しようとする顧客層を急速に取り込んでいったのです。

その結果，1926年にGMがついにフォードの売上げを抜くと，さしものヘンリー・フォードもT型フォードをあきらめ，1927年に次のA型へとモデルチェンジを行いました。

ところが，工場の生産設備のほとんどすべてがT型専用となっていたため，これをA型用に切り替えるにあたって，約15,000台の機械装置を入れ替え，25,000台以上の機械装置を改修する必要がありました。結果として，当時のお金で2億ドル以上のコストと，実に半年以上の工場閉鎖を必要としました。その間にGMとの差はさらに開き，その後もフォードは販売台数でGMの後塵を拝し続けることになってしまったのです。

〈4．A–Uモデルによる説明〉

以上，米国を中心とした，初期の自動車産業のおおまかな歴史を見てきました。このような歴史的経緯をA–Uモデルの観点から説明すると，T型フォード（1908年発売）以前の自動車産業創成期が流動期，T型フォードがドミナント・デザイン，その後のフォード生産方式の確立期が移行期，そして，リバールージュ工場以降の徹底した自動化・量産化の時期が固定期であったと考えられます。

こうした自動車産業のイノベーションの進行において，決定的に重要なポイントは，T型フォードの登場＝ドミナント・デザインの登場であったと言えるでしょう。

こうしたドミナント・デザインの出現によって，製品デザインは，ガソリン・電気・蒸気自動車が拮抗し合う，いわば本命なき群雄割拠の時代から脱して急速に安定化・収斂化へと向かい，その結果，企業は安心して効率のよい専用設備に投資できるようになり，これがフォード生産方式の出現につながりました。このように，ドミナント・デザインの出現は，工程イノベーションを加速化したのです。

しかし，工程イノベーションのペースが収まるにつれて，生産設備の専門化

と自動化，部品・原材料の専用化と内製化，作業者の単能化と脱熟練化が進み，全体として生産プロセスの効率化が進む一方で，硬直化も進みました。

言い換えれば，T型フォードの末期には，生産プロセスはT型という特定の製品に特化し，その結果，専門化と自動化の進展などによって生産性は極限まで高まっていましたが，同時に製品デザインの変化に対する柔軟性を完全に失ってしまっており，まさに「生産性のジレンマ」が発生していたと考えられるのです。

3.3　ラディカル・イノベーションの発生

◯ インクリメンタル・イノベーションとラディカル・イノベーション

ここまで述べてきたことは，いったん誕生したイノベーションが，その後に続く革新性の程度が相対的に小さい，連続的・累積的なイノベーションの積み重ねによって進化を遂げていく場合についての議論でした。

こうした，イノベーションとイノベーションが一定のパターンでつながりながら進展していく（あるいは変化の方向が制約を受ける）というタイプの連続的・累積的なイノベーションは，「インクリメンタル・イノベーション（incremental innovation）」と呼ばれます。

しかし，イノベーションのなかには，そうした連続的なものではなく，より画期的，非連続的なものもあります。それは，既存の製品に類を見ないような，急進的で断続的なイノベーションです。たとえば，馬車から蒸気機関車への転換，帆船から蒸気船への転換，真空管からトランジスタ，そして集積回路（IC）への転換などが，その事例として挙げられるでしょう。

こうした，革新性の程度が相対的に大きく，既存の製品に類を見ないようなタイプの画期的・非連続的・急進的なイノベーションは，「ラディカル・イノベーション（radical innovation）」と呼ばれます。

ラディカル・イノベーションは，市場ニーズと技術進歩が相互に影響を与え合うなかから生じ，その後に，連続的・累積的なインクリメンタル・イノベーションが続きます。

　このように，ラディカル・イノベーションの誕生を契機に，また新たなイノベーションのプロセスがはじまることになるわけですが，以下，この点について説明することにしましょう。

◯ ラディカル・イノベーションとS字曲線のシフト

　本章の3.1節で説明した通り，S字曲線に沿ってインクリメンタル・イノベーションを積み重ねてパフォーマンス向上を遂げていくと，やがては技術的限界に近づくことになります。そうなると，製品改良のための投資も，コスト低下のための投資も，それに見合うだけの効果を得られにくくなります。

　しかしこうした限界は，製品や工程に関するまったく新しい技術が開発・導入され，画期的な機能向上やコスト低下がもたらされることによって打破され，新しいS字曲線が誕生することがあります。ラディカル・イノベーションは，旧来製品のS字曲線が，こうした新製品のS字曲線へと非連続的にシフトする動きとして理解することが可能です（Foster, 1986）。

　とはいえ，そうした画期的な新しい製品は，その初期においては，特定の機能だけは優れているかもしれませんが，他の機能の面では旧来の技術に劣っていたり，そのコスト（価格）が旧来の製品よりもはるかに高かったりすることがほとんどです。

　というのも，旧来の製品は，長年にわたってさまざまな技術的改良を積み重ね，総合的に優れた製品としての完成度を高めているからです。そのため初期においては，新しい製品の需要は，ごく一部の市場セグメントに限られるのが普通です。

　ところが，技術が改良され，大部分の機能やコストの面で旧来の製品を上回るようになるにつれて，新製品を需要する市場セグメントが増えていき，やがて，ほとんどの市場セグメントが新製品にとって替わられるようになります。

　こうしたラディカル・イノベーションに伴う新旧製品の世代交代プロセスを，

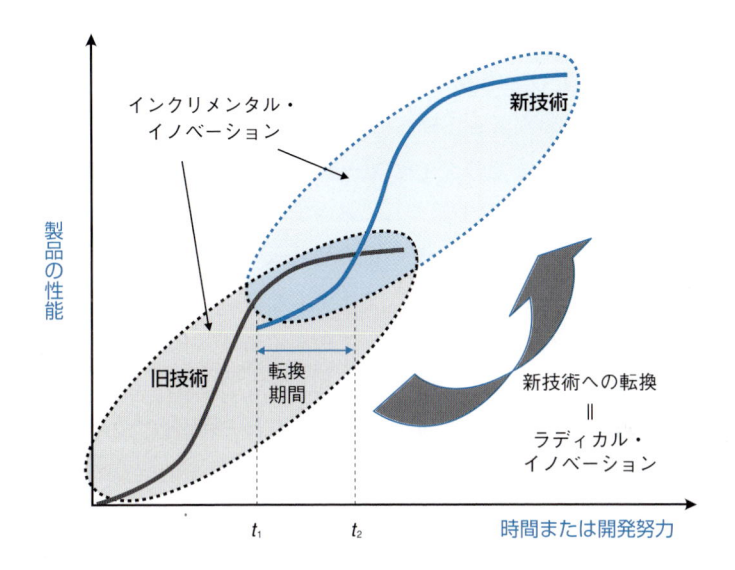

図中ラベル:
- 製品の性能（縦軸）
- 時間または開発努力（横軸）
- インクリメンタル・イノベーション
- 新技術
- 旧技術
- 転換期間
- 新技術への転換 ＝ ラディカル・イノベーション
- t_1, t_2

（出所）Foster（1986, 邦訳 p.96）を大幅修正

図3.5　S字曲線とラディカル・イノベーション

S字曲線を用いてモデル的に示したのが図3.5です。この図において，t_1 は新しい世代の新製品が出はじめた時点であり，t_2 はその新製品のパフォーマンスが既存製品のパフォーマンスを超えた時点です。

　新世代の先駆けとなる新製品は，まずは既存製品のパフォーマンスよりも低い水準のパフォーマンスを持った製品として登場し，その状態がしばらくの間続きます。2つの時点の差，すなわち t_2 と t_1 の差は，イノベーションの世代交代に要する時間の長さを示しており，その長さは事例によってさまざまです。既存技術のパフォーマンスの優位性が短期間に消滅する場合もあれば，長期にわたって維持される場合もあります（図3.5）。

○ 事例：タイヤコードの技術進歩

S字曲線を提唱したフォスター（Foster, 1986）は，こうした新旧S字曲線のシフトを，（データの出所と正確性に疑問の余地があるものの）1930年代後半から1970年代半ば頃までのタイヤコードの技術進歩のケースで具体的に描き出しているので，次にこれを紹介しておきましょう。

ここで言うタイヤコードとは，タイヤの接地面（トレッド面）の内側にゴムに覆われて入っている繊維のことで，タイヤの骨格にあたり，タイヤの性能にきわめて大きな影響を及ぼす部分です。このタイヤコードの性能の限界は，その素材として何を選択するかによって異なり，歴史的には，綿，レーヨン，ナイロン，ポリエステルの順番で市場に登場し，それぞれが以前の素材の限界を打破してきました。

このタイヤコードの技術進歩のパターンを描き出すにあたって，フォスターは，技術パフォーマンスの代理指標（分析のために用いる指標）として，タイヤコードの相対的な性能を縦軸に用いました[8]。一方，横軸には，累積の研究開発努力の代理変数として，物価変動分を除いた実質ベースの研究開発投資額を用いました。フォスターは，この2軸を縦軸横軸として，タイヤコードに用いられたレーヨンとナイロンの性能の軌跡をプロットし，図3.6のようなほぼS字型の曲線を描き出しました。

タイヤコードに採用された最初の合成繊維は，レーヨンでした。レーヨンは綿より丈夫なので，タイヤの厚さを薄くすることができ，また，綿のようには腐食しないので，タイヤの耐久性が増しました。

タイヤコード用の繊維としてまたたく間に綿を代替したレーヨンには，技術改良のための研究開発資金が累計で1億ドル以上投入されたと見られていますが，投入された研究開発資金は，タイヤコードの性能の向上に一様の成果を上

---

[8] タイヤコードには一般に，強靱性，耐熱性，粘着力，疲労特性などといった性能が求められます。ここでの総合的な性能特性は，タイヤコードの上記のような各機能について，消費者がタイヤに求める乗り心地，耐久性，パンク防止，低価格などの要件を実現する上で，それぞれがどれだけの重要性を持つか，という見地からウエートづけされ，それらを足し合わせて導き出されています。また，こうしたタイヤコードの総合的な性能特性値は，最初にタイヤコードに使われた繊維である綿の最大性能を1単位とする相対尺度に変換されています。

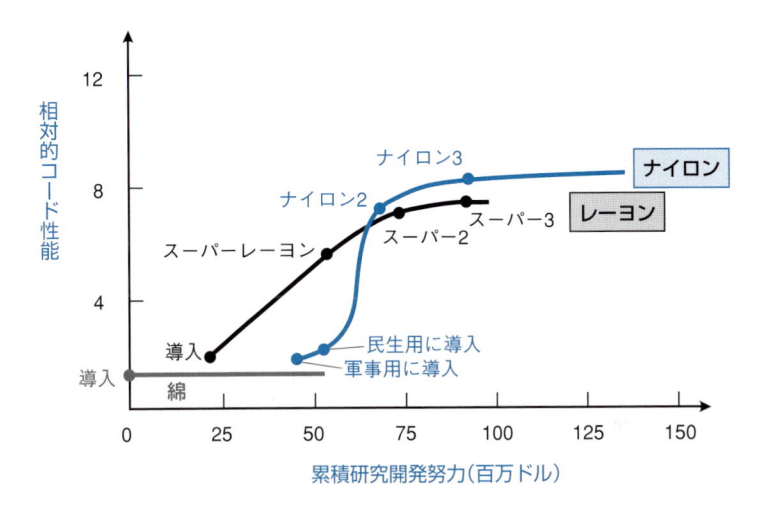

図3.6 タイヤコード素材の技術進歩

(出所) Foster（1986, 邦訳 p.117）を一部修正

げたわけではありませんでした。最初の6,000万ドルは、レーヨン導入時に比べ300%の性能向上をもたらしましたが、次の1,500万ドルでは25%、その次の2,500万ドルの投資はわずか5%の性能向上をもたらしたにすぎなかったのです。理由は、その時点でレーヨン技術が限界に近づいていたからでした。

一方、タイヤコード用の合成繊維として次に登場したのが、ナイロンです。初期のナイロン製タイヤコードは、レーヨン製の製品に対して、耐久性では著しく優れていましたが、柔軟性では劣っていました。また、初期段階では、ナイロン製のほうがレーヨン製よりも高価でした。つまり、初期時点では、総合的に見て、旧来技術であるレーヨンのほうが、新技術であるナイロンよりも優れていたのです。図において、ナイロンのS字曲線がレーヨンのS字曲線と初期の時点で交差して描かれているのは、この状況を示しています。

そのため、ナイロン製のタイヤコードは、まずは軍事用の車両に導入され、次いでトラックや大型の建設機械用車両など、特に耐久性が求められるニッチ（隙間）市場から浸透していきました。

しかし，ナイロンは，その後の改良によって総合的な機能でレーヨンを上回るようになり，レーヨン製のタイヤコードを急激に代替していきました。これは，レーヨンよりもナイロンの技術限界点のほうが高かったため，同じ研究開発努力を投じたとしても，ナイロンの性能向上のスピードが速かったからだと考えられます。

フォスターは，以上のような議論を踏まえ，S字曲線に基づいて技術進歩の将来的な可能性を予測し，必要であればラディカル・イノベーションにあらかじめ備えて新技術の開発へと重点をシフトしておかなければ，競争に敗れ去ることになるだろうと述べています。

ただし，S字型の進歩のパターンは，事後的には当てはまっても，どの限界レベルにどの時点で到達するかを事前に予測することは難しいと言えます。というのも，技術進歩は決して自然法則のみで規定されるわけではなく，企業の戦略や，その技術に関する社会的に構成された信念などが関わってくるからです。

たとえば，半導体製造装置の光学式露光装置の分野では，1980年代初頭，その当時予想されていた技術的な限界から，10年以内にエックス線か電子ビームに取って代わられるというのが「常識」でした。しかし実際には，その後の要素技術の予想を上回る進歩や，あるいは使い手のノウハウのレベルアップなどを背景に，光学式の性能は当初の限界を超えて進歩し，未だに主役の座を譲っていません（Henderson, 1995）。

このように，ある時点で一見客観的に見える技術的限界も，実は当事者の思い込みや努力不足に基づいている可能性があり，決して絶対的なものではありません。その意味で，S字曲線は有益ではありますが，場合によっては危険な道具ともなりうるのです。

○ ラディカル・イノベーションと A–U モデル

一方，こうしたラディカル・イノベーションの発生は，A–U モデルに従って説明することもできます（図3.7）。

提唱された当初（1978年当時）の A–U モデルでは，産業が成熟すると，技術革新の余地はなくなり，市場も飽和するので，その産業の発展は技術面でも市場面でも停滞すると想定されていました。

しかしその後の研究で，成熟産業であっても，新しい技術の導入によって再び技術革新が競争の焦点になり，市場の拡大も伴って産業全体が再び活性化することもありうることが分かってきました。すなわち，新たな科学的発見や技術アプローチの進展，市場ニーズの変化といったものを契機として，固定期から再び流動期に突入する場合がありうると言うのです。

こうした，産業の成熟化がいわばリセットされる現象は，「脱成熟（de-maturity）」と呼ばれます（Abernathy et al., 1983）。この脱成熟が起きると，従来の成熟化の過程で精緻に確立された製品や工程に関する技術体系は陳腐化し，

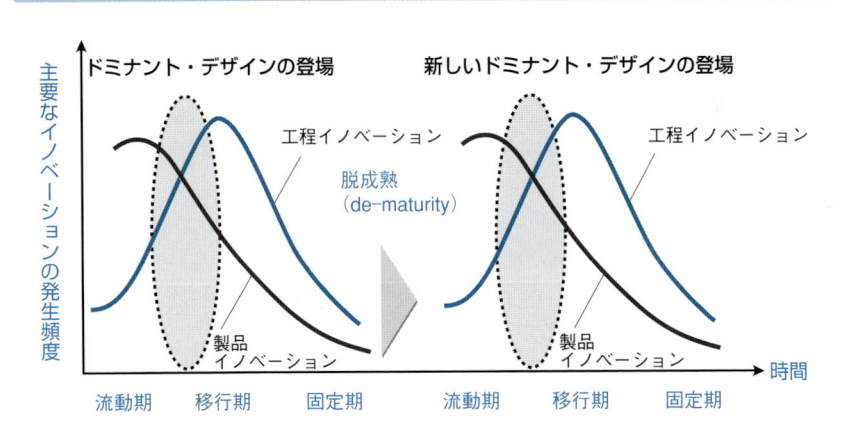

（出所）新宅（1994, p.6）を一部修正

図3.7　A–U モデルと脱成熟

改めてイノベーションが競争上のカギになり，産業は再び活性化し，新しい産業発展がはじまることになります。

脱成熟によってもたらされた新しい成熟化過程は，従来の成熟化過程と区別するために「再成熟化過程」と呼ばれます。このような再成熟化過程では，新技術への変化にどのように対応したかによって，その後の企業の競争力は著しく異なってきます（新宅，1994）。

たとえば，カラーテレビにおける真空管からトランジスタ，そしてICへの変化，時計における機械式ウオッチからクオーツ式ウオッチへの変化，計算機における機械式から電卓への変化は，新しい技術的アプローチ，具体的には新しい半導体技術の導入によって再成熟化過程が生じ，企業の競争力にも大きな変化が生じた事例だと言えます。

演習問題

3.1　現在，製品ライフサイクルで「導入期」「成長期」「成熟期」「衰退期」にあると考えられる産業を1つずつ挙げて下さい。その上で，それぞれの産業が，普及曲線，技術進歩のS字曲線，A-Uモデル上のどの時期にあると考えられるのかを，その理由とともに説明して下さい。

第4章

企業の競争力への影響①：ラディカル・イノベーションと既存大企業の不適応

　本章と次章の2つの章では、「イノベーションが企業の競争力に与える影響」について、詳しく説明していきます。

　まず本章では、ラディカルなイノベーションが発生した際に、なぜ少なからぬ既存大企業が適応に失敗してしまうのかを、①チャレンジ精神の喪失、②組織的な柔軟性の喪失、③過去の資産の負債化、という大きく3つの切り口から説明していきます。

○ KEY WORDS ○
企業家（アントルプレヌール），既存大企業，新興企業，
サンク・コスト，
カニバリゼーション，
オーバーシューティング

4.1 はじめに

　イノベーションは，企業にとって大きなチャンスであると同時に，大きな脅威でもあります。

　もし，首尾よくイノベーションを成し遂げることに成功すれば，多大な利益を得ることができます。たとえば，マイクロソフトやインテル，アップル，グーグルといったIT業界の世界的企業の多くは，最初は小規模なベンチャー企業にすぎませんでしたが，イノベーションをきっかけとして急成長を遂げ，今日の地位を築き上げました。

　他方，イノベーションへの対応に失敗すれば，市場からの退場を迫られかねません。実際，イノベーションをきっかけに業界のリーダーが取って代わられたり，市場から駆逐されたりするケースは，少なからず存在しています。企業が淘汰されてしまう理由は他にも多く考えられるのですが，イノベーションが重要な理由の一つであることは間違いありません。

　このように，イノベーションは企業の競争力に大きな影響を与え，ときには主役交替をも演出します。こうした「イノベーションが企業の競争力に与える影響」についての問題は，イノベーション研究のまさに中核的なテーマとして，この分野の研究の発展の推進力となってきました。

　そこで，本章と次章の2つの章では，この問題について詳しく説明していくことにしたいと思います。

4.2 イノベーションの連続性と企業の競争力

◯ **イノベーションを主導するのは大企業か？ 新興企業の企業家か？**

イノベーションが企業間競争へ与えるインパクトについては，長い間にわたって，業界内の新興企業と既存大企業を対比させながら議論が行われてきました[1]。そのきっかけは，そもそもイノベーション論の創始者であるシュンペーター自身が，「イノベーションを主導するのは既存大企業なのか，あるいは新興企業なのか」という点について，異なる2つの議論を行ったことにありました。

彼は，初期の著書においては，新興企業の企業家（entrepreneur；アントルプレヌール）がイノベーションの重要な担い手である，ということを強調していました。イノベーションの登場で，旧来の製品やサービス，旧来のやり方といったものの優位性が破壊され，イノベーションを主導した新興企業が中枢へと躍り出てくるのですが，初期のシュンペーターは，この事実のなかに資本主義経済発展の原動力を見ました。こうした既存大企業と新興企業との間のダイナミックな入れ替わり，新陳代謝こそが経済発展のダイナミズムの源泉だ，と考えたのです。

ところが，彼は途中でその主張を変えてしまい，後の著書では，独占的な地位を占めている既存大企業がイノベーションを担う存在である，と論じました。独占的な地位を占めた大企業でなければ，将来性が不透明で大きなリスクを伴う技術開発には十分な資源を投入できない，というのがその理由でした。こう

---

[1] 既存研究での「新興企業」には，一般に，文字通り当該業界に新規に参入した企業だけでなく，既存企業ではあるが従来は業界の中心的な存在ではなかった，いわゆる業界下位企業も含まれています。一方，既存研究での「既存企業」や「既存大企業」には，業界下位企業は含まれておらず，新たなイノベーションが起きる前まで業界を牽引してきた，業界上位企業だけを指す言葉として用いられています。本書でも，記述の煩雑化を避けるため，こうした慣例に従って表記することにします。

して後期のシュンペーターは，現代の資本主義経済では，イノベーションは大企業組織のなかに制度化され，企業家はその使命を失うと予測したのです。

後にフリーマン（Freeman, 1982）は，こうしたシュンペーターの議論の変遷を整理し，企業家の役割を重視する初期のモデルを「シュンペーター・マークⅠ」，大企業内部でのイノベーションの役割を重視する後期のモデルを「シュンペーター・マークⅡ」と分類しました。

この2つの仮説のどちらがより妥当であるのかは，研究者にとってだけでなく，政策担当者にとっても，大企業の独占に対する政策（独占禁止法）やベンチャー企業への支援策を考える上で非常に重要な意味を持っていました。そのため，主に産業組織論の分野で，企業規模や市場の集中度（独占の程度）とイノベーションの関係について多くの実証研究が行われました。

しかし，その結果はまちまちで，これまでに決定的な結論は出ておらず，大企業や独占的な市場のほうがイノベーションを生み出しやすいとも，出しにくいとも言えません（後藤，2000）。

◯ イノベーションの連続性と新旧企業の競争力

一方，経営学の分野では，「タイプの違いによって，イノベーションが既存大企業と新興企業の競争力に与える影響はどのように異なるのか」という点に，議論の焦点が置かれてきました。

イノベーションを類型化する上で最も重要な要因は，革新性の程度（レベル）です。それによって，前章でも述べたように，一般的に，漸進的・連続的・累積的なインクリメンタル・イノベーションと，急進的・非連続的・画期的なラディカル・イノベーションの，大きく2つに分けられます。こうした2種類のイノベーションは，素朴に考えても，企業の競争力に対して異なる影響を与えることが予想されます。

インクリメンタル・イノベーションが進む局面では，その連続的な性格からそれまでの蓄積が活きる可能性が高いので，一般的には経営資源の豊かな既存大企業が優位に立てると言えるでしょう。一方，ラディカル・イノベーションが生じた場合には，その非連続的な性格のため，それまでの蓄積が活きない可

能性があるので，経営資源が豊かといっても，既存大企業が必ずしも優位に立てるとは限らないでしょう。

つまり，一般的に言って，インクリメンタル・イノベーションでは既存大企業が優位であり，ラディカル・イノベーションでは相対的に既存大企業の新興企業に対する優位は劣る，という傾向が見られると予想されるのです。

こうした仮説を検証しようとすると，ラディカル・イノベーションとインクリメンタル・イノベーションの概念を客観的指標としていかに操作化するのか，サンプルとなる業界や企業を偏りなく抽出するためにはどうすればよいのか，といった点が大きな問題になってきます。そうした事情から，十分に厳密な実証研究があるわけではありませんが，クーパーとシェンデル (Cooper and Schendel, 1976)，フォスター (Foster, 1986)，クーパーとスミス (Cooper and Smith, 1992)，アッターバック (Utterback, 1994) といった諸研究が，この仮説を支持する結果を得ています。

それにしても，ラディカル・イノベーションが生じた場合，それまでの蓄積が活きない可能性があるとは言っても，既存大企業が新興企業に負けてしまうことが少なからずあるというのは，いかにも不思議な話に思われます。

というのも，既存大企業は，ヒト・モノ・カネ・情報のすべての面で圧倒的な経営資源を有しているので，大規模な研究・技術開発や製品開発への投資を行うだけの十分な余裕があり，したがって，他社に先駆けて画期的な新技術や新製品を創出できる可能性が高いはずだからです。

また，仮に研究・技術開発や製品開発で遅れをとったとしても，他の補完的技術や，生産や物流の設備，販売チャネル，ブランド力など，豊富な経営資源を活かして巻き返すチャンスも大きいはずです。

さらに既存大企業は，失敗を許容できるだけの余裕があるという点でも有利なはずです。新興企業であれば命取りになりかねない失敗であっても，大企業なら持ちこたえることができ，仮に失敗しても次があるので，そこで得られた成果や教訓を別の関連したイノベーションで活かすことも可能でしょう。

それにもかかわらず，確固たる地位を確立した既存大企業が，無視できないほどの頻度で，ラディカル・イノベーションをきっかけに主役の座から転落す

るような事態が起こりうるのだとすれば、そこにはむしろ、「持てる者」であるがゆえの大きな「落とし穴」が存在するのではないかと考えられます。

そこで、本章の以下の部分では、こうした問題意識のもとに、ラディカルなイノベーションが発生した際に、なぜ少なからぬ既存大企業が適応に失敗してしまうのかを、

(1) チャレンジ精神の喪失
(2) 組織的な柔軟性の喪失
(3) 過去の資産の負債化

という、大きく3つの切り口から説明していくことにしたいと思います。

4.3　既存大企業にラディカル・イノベーションへの不適合が生じる理由

(1) チャレンジ精神の喪失

大企業になればなるほど「挑戦する気風」が失われてしまうといった話は、日常的によく耳にします。また、これが、既存大企業がラディカルなイノベーションへの適応に失敗する理由になるのだと言われれば、なるほどと、すぐに納得できるでしょう。

それでは、なぜ、大企業になればなるほど「挑戦する気風」が失われてしまうのか、そのことがなぜ、ラディカルなイノベーションに適応することを困難にするのかを、ここではもう少し掘り下げて説明したいと思います。

〈理由①　心理的エネルギーの喪失、知恵と工夫の欠如〉

既存大企業がラディカルなイノベーションに適応することを妨げる理由の第1番目としては、逆説的ですが、あり余るほどの経営資源の存在が挙げられます。

ヒト・モノ・カネ・情報という経営資源の存在は、事業の遂行にとって必須

のものであり，一般論として言えば，それらの不足は決して望ましいものではありません。しかし，一方で，あり余るほどの経営資源は，困難にチャレンジする心理的エネルギーを喪失させ，知恵や工夫を働かせる余地を奪ってしまうという意味で，イノベーションを阻害してしまう側面があるのです。

思想家のケストラー（Koestler, 1964）は，「創造とは過剰な心理的エネルギーからもたらされる」と述べていますが，新興企業では，現状に対する不満足が，イノベーション創造のための心理的エネルギーをもたらすことになります。現状に留まればじり貧なので，もとより保守性などとは無縁だし，仮に失敗したとしても失うものが小さいので，冒険ができるのです。

他方，既存大企業では，成功がもたらした満足と豊かさそのものが，イノベーションから遠ざかる原因となってしまいます。成功すればするほど，事業に対する情熱が薄れ，関心が事業以外のもの，社会的な名誉や地位などの方向に向かってしまうからです。

たとえば，既存大企業は，次第に同業を集めた協会や連合会のなかで「長」になることを目指すようになり，「長」になったらなったで，今度は業界秩序の維持や業界のステータス向上というようなことにエネルギーを割くようになります。こうなると，イノベーション創造のために割ける心理的エネルギーが，どんどん小さくなってしまいます。

また，豊かな経営資源を持っていれば，あまり知恵を使わないで従来のやり方を踏襲していても，ある程度の成功を収めることができます。一方，新興企業は，経営資源の不足を補うために，資源を持っている企業以上に徹底して知恵を使わなければなりません。しかし，常識を破壊するような創造的なアイデアや画期的なイノベーションは，えてしてそのように工夫に工夫を重ねるなかから創造されるものです。これを，「ダブル・バインド（二律背反）の状態が創造性の源泉である」と表現している研究者もいます（Nonaka and Takeuchi, 1995）。

実際，画期的なイノベーションを創造した企業者たちのほとんどは，きわめて困った状態に直面し，それを解消するアイデアを苦労して考え出すなかから新しい事業構想を作り出しているのです。

たとえば，かつて世界の名だたる学者や企業が研究・開発競争に参加しながらも「20世紀中には実現不可能」と言われていた青色発光ダイオード（Light-Emitting Diode：以下「LED」）を世界ではじめて製品化したのは，もともと主に照明器具用の蛍光体材料を製造販売していた徳島県の中堅化学メーカー，日亜化学工業でした。また，その会社で技術開発の中核を担っていたのは，地元の徳島大学の修士課程を修了した（博士号を持たない）中村修二という，当時無名の技術者でした。

彼は日亜化学工業に入社後，ほぼ独力で赤外線LEDと赤色LEDを製品化することに成功したのですが，その際，会社が開発予算をろくにつけてくれなかったので，社内から必要な部品をかき集めて，実験装置をほとんどすべて自作しなくてはならなかったと言います（中村，2001）。

また，社内にLEDのことが分かる営業がいなかったため，自分が製品化した製品を，自分で売りに歩く必要がありました。その際，営業先では，サンプルによる品質試験には合格するのですが，会社の実績のなさ，知名度の低さ，品質保証体制への不安などを理由に，なかなか製品を購入してもらえず，悔しい思いをしたということです。

さらに中村氏は，1987年から1年間，客員研究員としてフロリダ州立大学へ留学したのですが，修士号しか持っておらず，執筆論文もまったくなかったため，研究者（researcher）と見なしてもらえず，技術者（engineer）もしくは職人（technician）として低く扱われたことに屈辱を感じたと言います。

1989年，中村氏は会社から青色LED開発プロジェクト立ち上げの許可をもらうと，開発の予算や人員が十分ではないという逆境をものともせず，逆に，自らの手で実験装置の改造を手掛けられるという利点を活かし，超高速サイクルで実験を繰り返していきました。

当時，大手企業の研究者たちのほとんどは実験装置の改造を外注していたので，装置を改造するのに優に1ヶ月以上はかかり，良いアイデアが浮かんでもなかなか実験で試すことができませんでした。一方，中村氏は装置の改造を自分で手掛けていたので，1つのアイデアを試してその結果を得るのに，せいぜい1日か2日程度あれば十分でした。実際，中村氏は，前の晩に考えたアイデアをもとに午前中に装置の改造をし，午後に実験を開始するなどして，多いと

きには1日に5回も実験を行ったと言います。

　中村氏が開発を開始してから青色LEDの製品化まで約4年かかっていますが，この間，中村氏は寝食を忘れて実験に没頭したということです。世界で誰も成し遂げたことのない技術の開発を手掛けているという高揚感だけでなく，先に述べたような屈辱感が逆にバネとなり，「絶対に世間を見返してやる」という反骨心が，中村氏のモティベーションを根底部分で支えていたことは間違いありません。

　このように，地方の中堅企業である日亜化学工業が，世界の名だたる企業に先んじて青色LEDを製品化することに成功した背景には，経営資源の不足ゆえに開発者の知恵や工夫が促進され，また，不遇ゆえの反骨心が「過剰な心理的エネルギー」を供給したという事情があったと考えられるのです。

　多くの企業は，二律背反の状態で挫折しますが，ごく一部の企業は，この二律背反を高次のレベルで解消し，それをイノベーションへとつなげていきます。それができるのは，皮肉なことに，豊かな経営資源に恵まれた既存大企業よりも，むしろ，経営資源に乏しい新興企業なのです。

〈理由②　慢心や奢り，過度の楽観〉

　既存大企業がラディカルなイノベーションに適応することを妨げる理由の2番目として，慢心や奢り，過度の楽観が生じがちだという点が挙げられます。

　たとえば，新しい技術が現れたとき，新しいライバルが新たな顧客サービスの方法を見つけたとき，新しい政策，ないし社会的出来事が競争環境を大きく変化させたときなど，自社を苦境に追い込みかねないこうした不吉な兆候が出てきても，既存大企業の社員はもっぱら企業の内側にばかり目を向け，居心地のよい現状にあぐらをかいてしまいがちなものです。トップやマネジャーを含め，多くの人が，自分たちの会社は変化とは関係ないとか，変化があってもたいしたことはないと高を括ってしまうのです。

　たとえばソニーは，自ら開発した「トリニトロン技術」によって，世界のブラウン管テレビの市場で確固たる地位を築いてきました。1995年には家庭用カラーテレビ市場で世界のトップシェアに躍り出，1997年には世界初の平面ブラウン管型テレビ「ベガ」を発売し，さらに市場シェアを伸ばしました。

しかし，それゆえに慢心が生じ，薄型テレビへの転換に遅れをとってしまったのです。

同じ1990年代後半，有力他社は薄型テレビの開発に資源を大幅にシフトし，シャープは液晶で，松下電器（現パナソニック）はプラズマディスプレイ（PDP）で，次第に確固たる地位を築きつつありました。しかしソニーは，薄型テレビの開発では有力テレビメーカーのなかで最も遅れをとってしまいました。

当時のトップは，2005年〜06年になってもまだ，薄型パネルよりもブラウン管が優勢だろうと考えていました。そのため，依然としてブラウン管技術の改善に取り組むとともに，薄型パネルの技術としては液晶やPDPよりも大型化が難しく，寿命も短いため，テレビとして利用するには技術的な難度の高い有機EL（Organic Electro-Luminescence）の開発に力を注いでいたのです[2]。

確かに当時は，1インチ当たりのコスト，応答速度，コントラスト比，視野角など，多くの技術的な側面でブラウン管は液晶やPDPよりも優れていました。しかし，液晶やPDPの技術はソニーの甘い予想をはるかに超えるペースで進歩し，消費者の圧倒的な支持を得て，またたく間にブラウン管に取って代わり，同社のテレビ事業の凋落を招いてしまったのです。

ソニーは2002年度に世界で約300万台のテレビを販売しましたが，その9割以上がブラウン管方式でした。しかし，2003年度の日本の国内市場におけるテレビ出荷金額は，液晶およびPDPの薄型テレビがブラウン管テレビを上回り，ソニーのブラウン管テレビの売上げは急激に低下して，同社のテレビ事業は2003年9月中間決算期に27億円の営業赤字に陥りました。

この点について出井伸之元会長は後に，自社のブラウン管技術が圧倒的に強かったために奢りが出ていたのかもしれないと認めています（山田，2004a）。

〈理由③　リスク回避の傾向〉

既存大企業がラディカルなイノベーションに適応することを妨げる理由の3

---

[2] なお，ソニーは2007年に世界ではじめて有機ELテレビを販売しましたが，2010年3月，わずか2年あまりで日本市場からの撤退を決めました。世界累計販売台数は1万台以下と見られており，市場投入が時期尚早であったと考えられます。

番目として，大企業になればなるほど新規プロジェクトへの投資を評価するための仕組みや組織が整備されていくことになるのですが，一般に，このことが一層のリスク回避の傾向をもたらすことになる，という点が挙げられます。

たとえば，新規事業を評価する際には，一般的に割引キャッシュ・フロー法（discount cash flow：DCF）が用いられますが，この手法自体がラディカル・イノベーションへの投資を正当化する上での障害となりかねないのです。

割引キャッシュ・フロー法とは，ある投資によって得られる将来のキャッシュを利子率で割引いて現在の価値に引き直し，すべてを足し合わせて投資の現在価値を求める方法です。この考え方自体は合理的なのですが，実際には，近い時点で得られると予想されるキャッシュの確率を高く評価し，遠い将来において得られると予想されるキャッシュの確率を不確実性があるとして低く見積もりがちになります。

したがって，割引キャッシュ・フローの手法は，長期間に及ぶ，これまでに経験がない，問題を多くはらむラディカルなイノベーションへの投資よりも，投資コストとそれに対するキャッシュがより確実に予測できる，インクリメンタルなイノベーションへの投資を好意的に評価することになります。

また大企業では，新規プロジェクトへの投資を評価するための組織的仕組みとして，企画部門や調査分析部門などに専門のスタッフが置かれることが多く，彼らは提案されたプロジェクトがもたらすであろう予想収益とリスクを数量化し，トップ・マネジメントが意思決定を行うための判断材料を提供する役割を担っています。しかし，彼らは職業柄，新しいことを創造するというよりも，むしろ，既存事業を守る者としての役割を果たすようになりがちです。

というのも，革新的なプロジェクトを承認して成功を収めたとしても，経営トップやそのプロジェクトの推進者はヒーローになれるかもしれませんが，プロジェクトを評価する立場のスタッフはさほど褒められることはありません。その一方で，承認したプロジェクトが万が一にでも大失敗すれば，彼らは間違いなく責任を負わされることになります。

このように，プロジェクトを評価する立場のスタッフに課せられたインセンティブがそもそも後ろ向きであるため，彼らは何かと言えば「リスクが高すぎる」「市場が小さすぎる」「利益率が低すぎる」と言って，ハイリスク・ハイリ

ターン型の新規プロジェクトへの投資提案を却下しがちになるのです。

実際，革新的な試みの多くは失敗に終わります。したがって，新規プロジェクトの評価に対してリスク回避的な態度をとることは，彼らにとってはいたって合理的と言えるでしょう。しかし，こうした傾向は，既存大企業を変化への抵抗者へと変えてしまうのです。

〈理由④　事業評価のハードルの引き上げ〉

既存大企業がラディカルなイノベーションに適応することを妨げる理由の4番目として，大企業になればなるほど，一般に，新規プロジェクトが越えなければならない事業評価のハードルが高くなりがちだということが挙げられます。

たとえば，ある重工業メーカーでは，社内で提出する報告書には，売上高と利益額の指標として「億円」が用いられており，評価表の記入欄に「億円」という単位があらかじめ印刷されていたということです（山田，2004a）。このような評価表の場合，既存部門ならば，たとえば「今年度の売上高目標は2,000億円，営業利益目標は100億円」と記入すればよいのでしょうが，当初見込める市場規模が小さな新規事業の場合には，たとえば「今年度の売上高目標は0.7億円，営業利益目標は0.005億円」などと記入しなくてはならなくなります。

こうした評価表は，事実上，立ち上がり当初から数十億円以上の売上高が見込めないような新規事業は手掛けるなと言っているに等しいでしょう。これでは，小さくスタートして大きく育てるタイプの事業は，なかなか社内で評価されません。

また，事業規模や利益率といった目に見えやすい部分ばかりでなく，「品質へのこだわり」といった，もっと目に見えにくいソフトの部分が，既存大企業における新規事業の取り組みを阻害することもしばしばです。

こうしたすでに確立された既存事業のビジネスを反映した価値基準は，既存大企業が新規事業を手掛ける場合に，その新規事業が越えなければならないハードルを高める方向で作用しがちです。それゆえに既存大企業は，いつの間にか，ラディカルなイノベーションがもたらす競争環境の激変に対する適応力を失ってしまうことになるのです。

〈理由⑤　成功体験の呪縛〉

　既存大企業がラディカルなイノベーションに適応することを妨げる理由の5番目として、過去の成功体験の蓄積が、かえって新たなイノベーションへの適応を妨げる足かせになってしまうという点が挙げられます。

　企業のかつての成功パターンは、「基盤となるものの考え方」として企業のなかに定着し、構成員の思考や行動を支配してしまうため、それを変えることは容易ではなくなってしまいがちです。

　既存大企業は、勝ち戦を続けてきたからこそ大企業なのであって、その結果、特にトップ・マネジメント層には、若い頃に自分が体験してきた成功パターンがすり込まれています。ですから、ラディカルなイノベーションの登場によって競争環境が大きく変わってしまったとしても、かつてと同じやり方でしか発想できないという事態が生じやすいのです。

　あるいは、「従来のやり方が通用しなくなってきたようだ」と頭では気づいていても、これまでの成功パターンを否定するということは、即、これまでの自分自身の経験を否定することにもなりかねないので、それを言葉や態度に出せないという場合もあるでしょう。

　どちらにしても、そのようなトップ・マネジメントが経営の中枢を担う限り、すでに有効ではなくなった、かつての成功パターンが繰り返されることになってしまいます。

　また、同じようなことは現場レベルでも生じます。組織論では一般に「能力の罠（competency trap）」と呼びますが、ある特定のやり方を繰り返し用いることによってその習熟度が高まると、そのことがさらにそのやり方への依存度を高め、結果として他のより良いやり方への転換が困難になるという現象が生じてしまうのです（Levitt and March, 1988；Levinthal and March, 1993）。

　「平時」はこれで問題ないかもしれませんが、イノベーションによって旧来のやり方の優位性が失われかねないような場合には、こうした「能力の罠」現象が生じると、環境変化への適応失敗をもたらす恐れが大きくなってしまいます。

　こうした「成功体験の呪縛」は、洋の東西、業界の別を問わず、一般的に見られる現象です。たとえば、前章で詳しく説明したフォードの事例では、消費

者の嗜好が完全に多様化した1920年代半ばになっても，なお，「安価な標準車を量産することが消費者にとって利益になる」という成功体験にとらわれてT型フォードを作り続け，GMが主導した市場の変化に柔軟に対応することができませんでした。

　また，石油ショックの後，アメリカの自動車産業がエネルギー価格の高騰に対応した小型車への生産移行に手間取ったのも，「アメリカの消費者はより大きい車を欲しており，より大きい車がメーカーにとっても利益につながる」という成功体験の呪縛があまりにも強すぎたことが一因となっていました（Abernathy et al., 1983；加護野，1988）。

（2）組織的な柔軟性の喪失

　大企業になればなるほど組織的な柔軟性が失われてしまうという主張も，日常的によく耳にしますし，それが，既存大企業がラディカルなイノベーションへの適応に失敗する理由となるというのも，直感的に分かりやすい話です。

　ここではなぜ，大企業になればなるほど組織的な柔軟性が失われてしまうのか，そして，そのことがなぜ，ラディカルなイノベーションに適応することを困難にするのかを，もう少し掘り下げて説明することにしましょう。

〈理由⑥　セクショナリズムの蔓延〉

　既存大企業がラディカルなイノベーションに適応することを妨げる理由の6番目としては，セクショナリズム，つまり，自分たちの部署の利害得失を最優先し，他の部署のそれを顧みないような独善的傾向が生じがちで，そのために競争環境の変化に柔軟に対応することが難しくなるという点が挙げられます。

　企業が成功し，その規模が大きくなると，社員の権限責任関係や役割分担をきっちりと決め，職務遂行の手続や規則を制定しなければならなくなってきます。たとえば，新製品の企画・開発から発売にいたるまでの社内の承認プロセスや予算配分のルール，経理のルールなどが整備され，その結果として，事前に想定された事態にはスムーズに対処できるようになります。

　しかしその一方で，事前に想定された範囲外の事態（例外事項）に対処する

ことは難しくなります。手続や規則の順守が最優先になると，部門間の連絡調整などに柔軟性が失われ，その結果，競争環境の変化に迅速な対応を行うことが困難になってしまうことが多いからです。

　また，一般的に，企業規模が大きくなると細分化された分業制をとることになりますが，組織内で分業構造が発達するにつれて，異なる部署に所属している人々の間でコンフリクト（争い）が生じやすくなってきます。

　各部署の担当者は，一般に，自らが担う部分の業務遂行に対してだけ責任を問われて評価されることになるので，往々にして自分の責任だけを守ろうとする風潮が蔓延し，「部門のタコツボ化」に陥ってしまうことになります。また，部署ごとにそれぞれ独自の価値観が形成され，思考パターンや話す「言葉」まで異なってしまうこともあり，こうなると部署間でコミュニケーションをとることもままならなくなって，ラディカル・イノベーションがもたらす競争環境の変化に柔軟に対応することは，一層困難になってしまいます。

　たとえば，一橋大学「組織の〈重さ〉プロジェクト」では，「ミドルによる現場レベルでの調整活動を困難にする組織の劣化現象」を「組織の重さ」と命名し，その現状を日本の大企業18社のデータで検証しました（沼上他，2007）。

　その結果，たとえば，主力商品のモデルチェンジに要する日数は平均で454日（約1年3ヶ月），新規事業開発に要する日数は平均で659日（約1年10ヶ月），撤退に要する日数は平均で420日（約1年2ヶ月）でした。また，調整に費やされている時間が全体に占める比率は，それぞれ約36％，44％，46％でした。

　このように，周期的に巡ってくるモデルチェンジで，全体の3分の1以上の時間が組織内調整に費やされており，新規事業開発や撤退などでは，全体の実に半分近い時間が調整に費やされていました。この事実は，日本の大企業における調整業務の負荷の重さを示唆しています。

　しかも，調査対象となった18社は日本を代表する優良企業であり，平均的な日本の大企業における現状はもっとひどい可能性が高く，これは筆者たちの実務経験からの実感とも一致します。

　これに対して，規模が小さい企業は，一般にコミュニケーションの伝達効率が良く，組織構造も過度に細分化されておらず，職務遂行の手続や規則が大企

業ほど厳密ではないので，一般に競争環境の変化を機敏に捉え，迅速かつ柔軟に対応することが可能です。

　規模の小さい企業がすべてそうだというわけではないにせよ，他の条件を等しくして比較する限りにおいては，大企業よりもラディカル・イノベーションがもたらす競争環境の変化に柔軟に対応することが可能だと考えられるのです。

〈理由⑦　政治的パワーを持った既存事業部門の抵抗〉

　既存大企業がラディカルなイノベーションに適応することを妨げる理由の7番目として，大企業になればなるほど，一般に，政治的パワーを持った既存事業部門の抵抗が強くなり，その分だけ競争環境の変化への適応が難しくなるということが挙げられます。

　ラディカルなイノベーションをもたらすような新技術への投資は，多くの場合，人材を含めて，旧技術からの大幅な資源シフトを伴うことになります。しかし，旧技術を基盤とした既存事業部門は，社内で強大な政治的パワーを持っていることが多いので，しばしばそうした大幅な資源シフトに対する抵抗勢力と化してしまうのです。

　実際，売上高，収益，キャッシュ・フローが大きい既存事業部門は，多くの場合に社内の有力ポストをその事業部門の出身者で占めています。そうなると，企業内の組織構造や管理システム，資源配分のルールといったものも，その部門の経営が最もやりやすいように構築されることになりがちです。

　たとえば，優秀な人材は優先的にその事業部門に配置されます。その部門から提案されたプロジェクトは，比較的承認されやすくなります。他の部門の人たちは，全社会議で，その事業部門に反対する意見を表明しにくくなっていきます。こうして，リーダー製品を抱える部門の経営のやり方は社内で正当化され，一層強化されていき，次第に当該部門は不可侵の存在になっていくのです。

　そうした政治的パワーは，特定の事業部門だけではなく，特定の機能部門にも生じます。たとえば，技術系の部門が支配的な企業では，一般的にマーケティング系の部門の政治的なパワーは限られたものとなってしまいがちです。逆に，マーケティング系の部門が支配的な企業では，技術者たちはおそらく，社内で無意識のうちに下方に位置づけられることになるでしょう。

「わが社ではそんなことはない」と考える人もいるかもしれませんが、たとえば日本の多くのエレクトロニクス企業では、工業デザイナーたちが自分たちは製品設計の技術者に比べてステータスが低いと感じているし、日本の多くの自動車メーカーでは、ソフトウェアの開発技術者が、同じ製品設計部門のなかでも、自分たちはエンジンやボディなどのハードウェア設計の技術者に比べてステータスが低いと感じています。

企業内の従業員が無意識のうちに共有しているこのような部門間のステータスの違いは、決して無視することはできません。仮にラディカルなイノベーションによって技術や市場の面で大きな変化が生じ、大幅な資源シフトを伴うような社内改革が不可避な情勢になったとしても、そうした動きが社内ステータスの高い者たちから政治的なパワーを奪いかねない場合には、経営幹部はこれを変更するような提案に抵抗しがちです。その結果、新しい提案はしばしば却下されたり骨抜きにされたりして、改革の動きが止まってしまうことになるのです。

たとえば日本の携帯電話メーカーの多くは、2000年代前半、後発のサムスン電子やLG電子といった韓国の携帯電話メーカーがデザインを重視した製品で世界シェアを拡大しているのを見て、同様の戦略で対抗しようとしました。しかし、製品デザインを優先して製品設計を行う（製品デザインを前提条件にして、それに合わせて製品設計で機能を大胆に削っていく）という考え方や体制になかなか転換できず、どうしても機能優先の製品設計となってしまい、「機能は優れているがデザイン的にいまひとつ」で「しかも価格が高い」製品を作り続け、世界シェアをどんどん落としていきました。

その理由の一つは、「自分たちのほうがステータスが上だ」と感じている製品設計技術者たちが、「デザイナーの下に立つ」ことに（無意識のうちにであれ）反発し、なかなか社内の意識改革が進まなかったからだったと考えられます。

(3) 過去の資産の負債化

栄華を誇った大企業が没落したり、倒産などにまで追い込まれたりした理由

を説明する際に,「競争環境が大きく変化したために,企業のこれまでの強みが逆に弱みに転じてしまった」と語られることは少なくありません。

ここでは,既存大企業がラディカルなイノベーションに適応することが困難な理由を,ラディカルなイノベーションに伴う競争環境の変化が,大企業のどのような強みをどのような弱みに変えてしまうのかという点を中心に,もう少し掘り下げて説明することにしたいと思います。

〈理由⑧　新市場の将来性軽視〉

既存大企業がラディカルなイノベーションに適応することを妨げる理由の8番目として,既存大企業はラディカルなイノベーションが生む新市場の将来性を軽視しがちだという点が挙げられます。

一般に,まだ存在していない市場の将来的な規模や成長性を予測するのはとても困難なことで,ラディカルなイノベーションが実際に現れた後であってさえも,初期段階で,はたしてそれが大きなインパクトをもたらすものになるかどうかを予測するのは難しいものです。

その上,ラディカルなイノベーションと言われるものも,その中身を見てみると,個々の構成要素は既存のものの流用にすぎず,単に「組み合わせ」や「パッケージ」,「コンセプト」が新しいだけということが少なくありません。また新技術にしても,それが登場した時点では,重要な指標で既存の技術に比べて劣っていることが多く,それゆえに「スジの悪い技術」「劣悪な技術」と受け取られることが多くなります。

そのため,既存技術でトップクラスの技術力を誇る既存大企業は,ラディカルなイノベーションがはじめて出現したときに,「何も新しいものはない」「たいしたことはない」と考えて,それを無視したり軽視したりすることが多くなってしまうのです。

たとえば,PC(パソコン)が登場した際,IBMやDEC(デジタルエクイップメント)といった既存のコンピュータ・メーカーは,PCが「スジの悪い技術」であると見なしてしまいました[3]。

PCが世に出たのは1970年代半ばのことでしたが,当初のPCで使われてい

---

[3] 以下の記述は,榊原(2005)などを再構成したものです。

た部品は，インテルのCPUをはじめとしてすべて市販のものであり，なんら新しい技術は含まれていませんでした。

また当初のPCは，その頃主流であったメインフレーム・コンピュータ[4]やミニコンピュータ[5]に比べて，多くの点で明らかに劣っていました。当時のコンピュータで重視されたのは，スピード，メモリ，入出力処理能力，プログラムサイズ，プログラム言語，FLOPS（1秒間に実行可能な浮動小数点演算回数）当たりのコストなどであり，これらの指標のいずれをとってみても，PCには取り柄がなかったのです。

このため，大手コンピュータ・メーカーの経営者は，PCを「ハンデを背負ったマシン」（a handicapped machine）と呼び，「このようなマシンを家庭で買う人などいるはずがない」と公言していました。インテルの創業者の1人であるゴードン・ムーアですら，その回想のなかで，同社のCPU「8080」が今のPCのような製品に使えるという社内提案を冷たくあしらったことを認めています。

一方，アップルや，コモドール，タンディなどの新興の企業群は，PCには巨大な可能性があると考え，この分野にいち早く情熱を注ぎ，急成長を遂げていきました。

彼らの大成功の陰には，もちろん，彼ら自身の努力や実力，優れた戦略があったことは疑いないでしょう。しかし，もし仮にIBMやDECといった既存のコンピュータ・メーカーがPC市場を軽視して参入を手控えることがなかったとしたら，彼らが急成長を遂げるだけの時間的余裕を得ることは不可能だったと考えられます。

このように，ラディカル・イノベーションが生み出す新市場の将来性を予測することは誰にとっても難しいのですが，特に既存大企業は，旧来の製品，旧来の技術，旧来のやり方といったものの尺度で眺めてしまいがちなので，ラディカルなイノベーションがはじめて現れたときに，それを無視したり軽視した

---

[4] メインフレーム・コンピュータとは，企業の基幹業務システムなどに用いられる大型コンピュータのことです。
[5] ミニコンピュータ（ミニコン）とは，1960年代半ば以降に登場した，当時としては「小型」のコンピュータのことです。当時のメインフレームは一部屋全体を占めるほどのサイズでしたが，ミニコンの本体は家庭用冷蔵庫くらいのサイズでした。

りする傾向が強くなります。そのため，新興企業に致命的な遅れをとってしまう恐れも大きくなるのです。

〈理由⑨　サンク・コストの回避〉

　既存大企業がラディカルなイノベーションに適応することを妨げる理由の9番目として，サンク・コストを回避したいという意識が先に立つため，ラディカルなイノベーションへの投資を後回しにしがちだという点が挙げられます。

　サンク・コスト（埋没費用）とは，事業に投下した費用のうち，事業の撤退や縮小を行ったとしても回収できない費用のことを意味します。サンク・コストは，本来，将来の投資の意思決定の際に含めて考えてはならないものです。これは，経済学的にも管理会計学的にもよく知られた基本原則ですが，それにもかかわらず，既存大企業には，それができないことが多いのです。

　既存大企業は，人材，設備，工場，流通チャネルなど，その技術に関連するあらゆるものに対して莫大な投資を行ってきています。そのため，それが無駄になりかねない事業領域への投資を決断することには，どうしてもためらいを感じてしまい，その恐れが大きいイノベーションに対しては，どうしても取り組みが鈍くなってしまうのです。

　一方の新興企業にとっては，守るべき既存の基盤があるわけではなく，失うものはほとんど何もありません。むしろ，既存のやり方を覆すだけの「経済的な動機」を持っているので，ラディカルなイノベーションに積極的に投資することが可能です。

　たとえば，1984年，テキサス大学オースティン校の学生であった19歳のマイケル・デルによって設立されたデル・コンピュータ（以下「デル」）は，「ダイレクト・モデル」と呼ばれる，卸売業者や小売店を介さず，FAXや電話，インターネットを通じて顧客に直接に販売し，出荷後のサポートも基本的には電話やeメールを通じて24時間直接に対応するというサービスで，法人顧客の圧倒的な支持を集めて急速な成長を遂げ，2001年にはPC業界のトップメーカーにまで上り詰めました[6]。

　とはいえ，デルのダイレクト・モデルは，少なくとも1990年代半ば頃まで

---

[6] デルのダイレクト・モデルについての詳細は，第12章で紹介しています。

は必ずしも先進的で複雑なものとは言えず，当時もっと規模の大きかったIBMやコンパックなど既存のPCメーカーが模倣することは十分に可能でした。実際，直販も手掛ける既存大企業はいくつも現れました。

しかし既存のPCメーカーは，その当時すでに，全米中に代理店網や流通網を整備していました。そのため，直販という新たな流通のやり方に本格的に取り組むことになれば，せっかくこれまで築き上げてきた既存の代理店網や流通網を切り捨てることにつながり，これまでの投資が無駄になってしまうというジレンマに立たされました。

この足かせゆえに，既存大企業はデルのダイレクト・モデルを真似することを躊躇しました。直販を手掛けた企業にしても，既存の代理店網や流通網も残したままにしたため，すべて中途半端な取り組みに終わってしまい，デルとの差が開く一方になってしまったのです（青島・加藤，2003）。

〈理由⑩　カニバリゼーション（共食い）への恐れ〉

既存大企業がラディカルなイノベーションに適応することを妨げる理由の10番目として，カニバリゼーションを回避したいという意識が先に立つため，投資を後回しにしがちだという点が挙げられます。

一般に，ラディカルなイノベーションによって生み出される新市場の利益率が既存市場のそれに比べて低く，新市場の拡大がドル箱（大事な収益源）である既存市場を侵食する恐れが大きい場合，既存大企業の取り組みは鈍くなりがちです。これは，新市場の開拓に本格的に取り組めば取り組むほど，低い利益しか生み出さないような自社の新製品が，高い利益をもたらしてくれている自社の既存製品を代替してしまうからです。

このように，自社の利益率の高い製品を自社の別の利益率の低い製品が代替してしまうことを一般に「カニバリゼーション（共食い）」と呼びますが，こうしたカニバリゼーションへの懸念は，ラディカル・イノベーションに対応する上で不可欠となる改革への取り組みを鈍らせることになってしまうのです。

最近では，インターネットを利用したオンライン販売という新たな流通チャネルにおいて，こうしたカニバリゼーションへの恐れから，既存大企業がオンライン販売に積極的に取り組まず，新興企業が成功を収めるケースが増えてい

ます。

　たとえばオンライン証券業界では，野村證券，大和証券，日興証券（現日興コーディアル証券）といった既存の大手証券会社をおさえて，イー・トレード証券（現SBI証券），DLJディレクトSFG証券（現楽天証券），松井証券，マネックス証券，カブドットコム証券といった新興のオンライン証券専業会社が主要プレーヤーとなりました[7]。

　オンライン証券市場の規模は，1999年4月にはゼロに近い状況だったにもかかわらず，2009年3月の段階では，個人の取引に限れば9割を超える規模へ，機関投資家を含めた全取引に占める割合でも見ても2割を超える規模へと，急速な成長を遂げました。そして，個人取引の売上高（個人株式委託売買代金）に占める上記の新興オンライン証券5社のシェアは，2000年4月の段階では5%を切っていたと見られますが，2009年3月の段階では7割強にまで達しました。

　この7割強という数字は，大手・準大手を含む全証券会社の営業店での店頭販売を含めた場合の数字であり，新興のオンライン証券専業会社が，オンライン証券市場の競争で大手証券会社をまったく寄せ付けなかったことを如実に物語っています。

　とはいえ，オンライン証券へ参入した時期は既存の大手証券会社のほうが早く，大和証券は業界のトップを切って1996年4月に営業を開始しているし，日興証券は業界2番目の1996年7月に営業を開始，野村證券も業界4番目の1997年1月に営業を開始しています。

　一方，松井証券のオンライン証券事業開始は1998年5月，DLJディレクトSFG証券の営業開始は1999年6月，イー・トレード証券とマネックス証券は1999年10月，カブドットコム証券の前身である2社（日本オンライン証券とイー・ウイング証券）の営業開始はそれぞれ2000年の2月と4月と，決して早くありませんでした。

　このように，当初はオンライン取引へ積極的に取り組む姿勢を見せた既存の大手証券会社でしたが，彼らの狙いは，従来型の店舗営業の中心顧客であった

---

[7] 以下の記述は，高井（2004），高井（2005），高井（2006），高井（2009）などを再構成したものです。

中高年の富裕層以外の，これまで証券取引の経験がなかったような一般層の取り込みを図ることにありました。そして，あくまでも中高年の富裕層が主な収益源である以上，店舗営業では彼らに対してこれまでと同様に手厚い投資助言などの高度なサービスの提供を続け，オンライン取引では利便性を武器に新たな顧客層を呼び込み，店舗営業とオンライン取引とで顧客層の住み分けを図ろうと考えました。実際，店頭営業の顧客がオンライン取引へ移行してしまう可能性を踏まえて，カニバリゼーションを防ぐために，店頭営業とオンライン取引とで手数料にほとんど差をつけませんでした。

しかし，オンライン証券専業の各社は，業界への参入こそ既存大手証券会社より後でしたが，そもそも店舗営業との間でカニバリゼーションが発生する恐れがなかったため，当初から積極果敢な手数料の引き下げ競争に走りました。

一方，オンライン証券部門を別会社化せずに参入した既存大手証券会社，準大手・中堅会社のほとんどは，カニバリゼーションを恐れるあまり，そうした動きに追随することは難しく，手をこまねいている間に反撃の機会を失ってしまったのです。

このように，既存大企業は，カニバリゼーションへの恐れゆえに，ラディカルなイノベーションがもたらす変化に対して迅速に対応することが困難です。一方，そうした恐れと無縁な新興企業は，ラディカルなイノベーションに対してどんどん投資を行うことが可能です。

そのため，ビジネスモデルの完成度を高め，市場への浸透を図り，ブランドイメージを強化する時間的余裕を得ることができれば，新興企業であっても，既存大企業が後から本気になったとしても逆転不可能なほどの差をつけることが可能なのです。

〈理由⑪　オーバーシューティング現象〉

既存大企業がラディカルなイノベーションに適応することを妨げる理由の11番目として，既存顧客の声を聞きすぎてしまうために「オーバーシューティング」を起こしがちだという点が挙げられます。

世間ではあまりにも繰り返し「顧客のニーズを把握することが大切だ」と唱えられているので，「顧客の声に耳を傾けすぎるということはない」と考える

人もいるかもしれません。しかし，平均的な製品のスペックが，多くの顧客が「もう十分だ」と考える水準を上回るようになっても，当該製品の主要顧客たち（特にヘビーユーザーたち）は，さらに高度な水準を求め続けることが多いものです。そうした声に耳を傾けすぎると，製品のスペックが，しばしば普通の顧客が求める水準を上回って進歩しすぎてしまうことになります。

この現象は「オーバーシューティング」と呼ばれ，これが生じると，その後にシンプルで安価な製品が登場して爆発的な人気を博し，一気に価格破壊が進むことが多いとされます（Christensen and Raynor, 2003；延岡他, 2006）（図4.1）。

たとえば，据え置き型の家庭用ゲーム機業界では，長い間，データ処理のスピード，グラフィックス，サウンド，動画再生，メモリの容量など，コンピュータとしての処理性能を競う風潮がありました。これはゲーム機の性能が，スピード感，グラフィックスの美しさ，サウンドの臨場感，動画再生の滑らかさなど，提供できるゲームソフトの質を規定し，それゆえに消費者の購買を左右するという面が強かったからです[8]。

しかしその一方で，操作やストーリーがあまりにも複雑化して，初心者が気軽に遊んで楽しめるようなものではなくなってしまった結果，ゲーム機に「ゲーマー（ヘビーユーザー）が独りでのめり込んでプレイする」「暗い」というイメージが定着してしまいました。

また，ゲームソフトの開発コストが増大を続けたことから，販売価格が値上がりして，小中学生がお小遣いで気軽に買えるような値段ではなくなり，そのことがさらに，確実に需要が見込めるゲーマー（そのほとんどが高校生以上）のニーズを取り込むことをますます重視する傾向を生み，オーバーシューティング現象をもたらしました。

すなわち，「もうこれ以上のグラフィックスやサウンドの性能向上は必要ない」「もっと気軽にゲームを楽しみたい」「みんなでゲームを楽しみたい」といった，ヘビーユーザー以外のニーズは取り残されてしまったのです。

2006年11月に発売されたソニーの「プレイステーション3」（以下「PS3」）は，従来と同様にヘビーユーザー重視の路線の延長線上に開発されたゲー

---

[8] 以下の記述は，井上（2009），安部・池上（2008）などを再構成したものです。

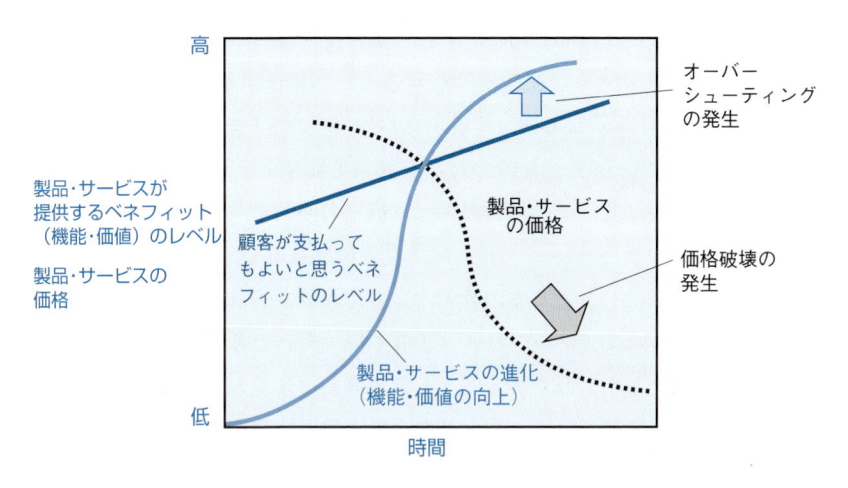

図4.1　オーバーシューティング現象と価格破壊

（出所）延岡・伊藤・盛田（2006, p.37）を参考に，筆者作成

ム機でした。前世代のゲーム機で一人勝ちを収めたPS2の後継機種として期待を集めたPS3は，スーパーコンピューターなみの処理能力を備え，実写と見間違うほど美しく動きが滑らかなグラフィックス，圧倒的な臨場感を誇るサウンド，よく練られ，精緻に組み立てられたストーリーを備えた大作ゲームソフトがプレイできることを最大の訴求ポイントとしていました。

しかしその一方で，前々世代のゲーム機でPSに，前々世代でPS2に完敗した任天堂が翌12月に発売した「Wii」は，機能こそPS3より圧倒的に劣っていましたが，初心者でも直感的に遊べるよう，リモコン型のコントローラーで操作できるゲーム機とソフトウェアを提供していました。

たとえばテニスなら，まるでラケットを振るようにリモコンを振るだけでボールを打つことができ，一度もゲームをしたことがない人がはじめて触っても十分に楽しむことが可能でした。またWiiでは，テレビCMなどで，たとえば恋人同士がテニスを，夫婦がゴルフを，親子がボウリングをするといった具合に，さまざまなシチュエーションでゲームを誰かと一緒に遊ぶ姿を流しまし

た。

　任天堂は，こういったWiiの機能の作り込みやプロモーション展開を通じて，ゲーム機から「ゲーマーが独りでのめり込んでプレーする」「暗い」というイメージを払拭し，「みんなで楽しく遊ぶためのツール」「コミュニケーションのためのツール」というゲーム機の新たな価値を訴求し，累積売上台数でPS3に圧倒的大差をつけて，この世代のゲーム機での勝利を収めたのです。

　このように，オーバーシューティング現象が生じると，「もうこれ以上の機能の向上は必要ない」と考える消費者たちの声が置き去りにされ，そこに「市場の隙間」が生まれて，ノーフリル（実質本位）だったり，文字通りのローテク技術を用いたりした製品が爆発的な人気を博す余地が生まれます。

　こうした際，固定的なヘビーユーザーを最も手厚く抱える既存のリーダー企業は，チャンスを活かす上では，むしろ不利なことが多いのです。

演習問題

　4.1　イノベーションをきっかけに，業界のリーダー企業が新興企業（新規参入企業や業界下位企業）にその地位を奪われてしまった事例を，いくつでも挙げて下さい。その上で，各々の事例について，本章で紹介した「既存大企業がラディカル・イノベーションに適応することを妨げる要因」のどの項目が該当し，どの項目が該当しないのかを考えて下さい。

第5章

企業の競争力への影響②：
3つのタイプの
イノベーションと企業の競争力

　本章では，既存大企業の競争力に対して負の影響を与えるイノベーションとして，①能力破壊型イノベーション，②アーキテクチャル・イノベーション，③分断的イノベーション，の3タイプを取り上げて，これら3つのタイプのイノベーションがどのようなものなのか，なぜ既存大企業の競争力に負の影響を与えるのかを，詳しく説明していきます。

○ KEY WORDS ○
能力増強型イノベーション，能力破壊型イノベーション，
アーキテクチャル・イノベーション，
持続的イノベーション，分断的イノベーション

5.1　はじめに

　前章では，ラディカル・イノベーションが生じた際に，少なからぬ既存大企業が適応に失敗するのはどうしてなのかについて説明してきました。一言で言えば，確固たる地位を確立した既存大企業であっても，あるいは，そうした既存大企業だからこそ，ラディカル・イノベーションをきっかけに，「持てる者」であるがゆえの大きな「落とし穴」にはまってしまうのです。

　しかしそうなると，今度は，たとえば「あらゆるタイプのラディカル・イノベーションが，既存大企業の競争力に負の影響を及ぼすのだろうか？」，あるいは「インクリメンタルなイノベーションであっても，既存大企業の競争力に負の影響を及ぼすことはないのだろうか？」といった，別の疑問が湧いてきます。このような疑問に突き動かされる形で，イノベーション研究は進んできました。

　そこでこの章では，こうした研究の成果を受けて，既存大企業の競争力に対して強い負の影響を与えるイノベーションとして，①能力破壊型イノベーション，②アーキテクチャル・イノベーション，③分断的イノベーション，の3タイプを取り上げて，イノベーションと企業の競争力の関係について，さらに突っ込んだ議論をしていきたいと思います。

5.2　能力破壊型イノベーションと既存大企業の競争力

○ 既存大企業は，なぜ能力破壊型イノベーションに対応することが困難なのか

　既存大企業の競争力に対して負の影響を与えるタイプのイノベーションの第

1番目は,能力破壊型イノベーションです。

前章で述べた通り,イノベーションが企業の競争力に与える影響力は,技術そのものというよりも,むしろ,人間や組織に関するもののほうが大きいと言えます。ですから,イノベーションが企業の競争力へ及ぼすインパクトの程度は,単に技術の革新性が高いか低いかということよりも,むしろ,企業の競争力のもととなっている資源や能力にどのような影響を及ぼすのかということで左右されると考えられます(Abernathy and Clark, 1985)。

こうした観点から,イノベーションを,過去に蓄積した資源や能力(特に知識やノウハウ)がそのまま有効に活用できるタイプの「能力増強型イノベーション(competence enhance innovation)」と,それらがまったく役に立たなくなってしまうタイプの「能力破壊型イノベーション(competence destroy innovation)」とに分類したのが,タッシュマンとアンダーソン(Tushman and Anderson, 1986)です。

彼らによれば,前者「能力増強型」のタイプのイノベーションが起こった場合には,製品や生産に関してそれまでに蓄積した知識やノウハウが役に立つので,先行している既存の企業が優位に立ちやすいのですが,後者「能力破壊型」のタイプのイノベーションが起こった場合には,技術体系の根本的(ラディカル)な転換が生じてしまうので,過去の知識やノウハウは役に立たなくなります。それだけではなく,これまでは強みであった過去の蓄積が,逆に「過去のしがらみ」としてマイナス要素に転じてしまうこともあるため,新興企業のほうが有利になる,と論じています。

このような仮説に基づいて,アッターバック(Utterback, 1994)は,46のラディカルなイノベーションの事例を取り上げ,それぞれのイノベーションが能力増強型と能力破壊型のどちらに分類されるのか,そして,そのイノベーションを既存大企業と新興企業のどちらが主導したのかを実際に調べてみました。

その結果,17件の能力増強型のイノベーションの事例のうち,新興企業が主導したケースは4件(24%),既存大企業が主導したケースは11件(65%)で,残りの2件はイノベーションの発生前に産業が存在していなかったため分類不能でした。

それに対して,29件の能力破壊型のイノベーションの事例のうち,新興企

業が主導したケースは23件（79%），既存大企業が主導したケースは4件（14%），残りの2件はイノベーションの発生前に産業が存在していなかったため分類不能でした。

イノベーションのタイプと主導する企業のタイプの間には1%水準で統計的に有意な相関があり，（サンプルの選定にバイアスがかかっている可能性は否定できませんが）能力増強型イノベーションでは既存大企業が，能力破壊型イノベーションでは新興企業が，それぞれ主導する傾向が強いことが明らかになったのです[1]。

○ 能力破壊型イノベーションの事例

具体的には，トヨタの「プリウス」やホンダの「インサイト」などに代表される，世界的に人気上昇中のハイブリッド車は「能力増強型イノベーション」であり，一方，シリコンバレーや中国のベンチャー企業などが手掛ける電気自動車は，「能力破壊型イノベーション」だと考えられます。

たとえばトヨタのプリウスでは，シリーズ・パラレル型と呼ばれる，非常に複雑・精密なハイブリッド・システムを採用しています。この方式では，発進時と低速時には電動モーターのみを用い，通常走行時にはガソリンエンジンのみ，そして高速加速時には両者を併用するという具合に，3通りの走行を使い分けています。そのためには，車載コンピュータ（Electonic Control Unit：通称「ECU」）が，車内外の無数のセンサから集められた情報を通じて車の運航状況を判断し，リアルタイムにモーターとエンジンの最適な切り替えを行わなければなりません。

こう書くと簡単そうですが，実際の制御はきわめて高度，かつ複雑です。たとえば，ハイブリッド車用ECUのプログラムには，速度や加速・減速，道路の状況（勾配や舗装，路面の状態），乗車人数（重量），バッテリ電圧，外気温など，車の走行に影響を及ぼすありとあらゆる要因の，発生しうるすべての条件の組み合わせのもとで正常に動作し，最適な切り替え制御を行うことが求め

---

[1] この結果は，アッターバック（Utterback, 1994）の245～246頁のデータを用いて，筆者が再分析を行ったものです。

られます。しかも，PC（パソコン）などと違い，切り替え制御にわずかでも不具合があったり，リアルタイム処理がほんのちょっとでも遅れたりすれば，最悪の場合，人命に関わる事故を引き起こしかねません。

　また，制御プログラムの開発は，ガソリンエンジン車で培ったエンジン制御の技術や自動車制御技術の蓄積なしには実現不可能です。たとえば，車内外のセンサから集められた情報がどうであれば車がどのような状況のもとにあるのか，それを正確に判断するには，過去の膨大なデータの蓄積が必要になります。エンジン回転数，エンジン冷却水温度，吸入空気温度，吸入空気量，燃料圧力，混合気の酸素濃度などが，どのような値のパターンを描くとき，ガソリンエンジンの燃料消費効率が最適範囲内に入っているのか。最適範囲内からどの方向に，どの程度逸脱したら，何をどう操作して最適な範囲内に戻すべきなのか，あるいはモーターへの切り替えを行うべきなのか。そうしたことを瞬時に判断するプログラムを備えていなければ，最適な制御はできませんが，そのようなノウハウを新規参入者が一朝一夕に身につけることは，到底できません。

　このように，シリーズ・パラレル型のハイブリッド車は，既存のガソリンエンジン車で培った知識やノウハウを開発に活かせるタイプの「能力増強型イノベーション」であり，トヨタのような既存大企業が対応するのに有利なタイプの技術変化であると言えます。

　一方，電気自動車の構造は，通常のガソリンエンジン車とは比較にならないほど簡単で，その主要な構成要素はモーター，インバータ（モーターをコントロールする装置），電池だけであり，非常にシンプルです。

　もともと，モーターの動作原理や機構は，ガソリンエンジンよりもはるかにシンプルです。さらに，近年開発された4つの車輪の内部にそれぞれモーターを搭載して直接駆動する（インホイールモーター）方式を採用すれば，ガソリンエンジンのような，動力を車輪にまで伝達するための大掛かりな装置（トランスミッションやプロペラシャフトなど）が一切必要なくなり，構造はさらにシンプルになります。ですから，電気自動車では部品点数が大幅に減少し，開発コストも削減されます。また，主要部品のモーターとバッテリは汎用性が高いため調達は容易で，各部品さえ手に入れて組み合わせれば，簡単に車を完成させることができます。

このように，電気自動車は「能力破壊型のイノベーション」であり，大手自動車メーカーがガソリンエンジン車で培ってきた既存の知識やノウハウは，あまり活用されません。新興企業であっても，既存大企業と同じスタートラインに立つことが可能なのです。そのため電気自動車には，新興企業の参入が相次いでいます。そうした無数の新興電気自動車メーカー群は，「スモールハンドレッド」と呼ばれることもあります（村沢，2010）。

たとえば，2003年に設立された米国のベンチャー企業テスラ・モーターズは，電気自動車のスーパーカー「テスラ・ロードスター」を2008年3月に発売しました。1千万円を超える高価格にもかかわらず，2009年9月にはすでに累計で700台を納車したそうです。ちなみに，同社のCEOイーロン・マスク氏はIT業界出身で，自動車業界の経験はまったくありません。また他にも，2005年設立のアプテラ・モーターズ，2007年設立のフィスカー・オートモーティブなど，米国のシリコンバレーには，いまや続々と電気自動車のベンチャー企業が設立されています。

経済の急成長を続ける中国でも，1995年に設立された中国最大手の携帯電話用電池メーカーBYD（比亜迪）が，2003年に中国の中堅自動車会社を買収してBYDオート（比亜迪汽車）を立ち上げ，2008年12月に世界初の量産型プラグイン・ハイブリッド車[2]を発売し，2010年1月には「年内に米国で電気自動車を発売する」と発表しています。

一方，本格的に電気自動車に取り組んでいる既存の自動車メーカーも多いのですが，こうした企業にとっては，電気自動車へのシフトを進めることはあえて自らの強みを放棄することにつながりかねないというジレンマがあり，なかなか本腰を入れにくいという面があります。

そのため，これから先，もし仮に電気自動車がガソリン自動車を完全に代替しかねない状況になった場合には，新興企業のほうが既存大企業よりも有利に戦いを進めていける可能性が高いと予想されます。

---

[2] プラグイン・ハイブリッド車とは，家庭用のコンセントから直接バッテリに充電することのできるハイブリッド車です。

5.3 アーキテクチャル・イノベーションと既存大企業の競争力

◯ アーキテクチャル・イノベーションを巡る問題

〈アーキテクチャル・イノベーションとは〉

既存大企業の競争力に対して負の影響を与えるタイプのイノベーションの第2番目は，アーキテクチャル・イノベーションです。

ここで言う製品アーキテクチャとは，製品を構成する個々の部品や要素の間のつなぎ方，製品としてのまとめ方のことを意味しています（Baldwin and Clark, 2000）。

一般的に言って，製品の設計とは，個々の部品や要素と，それがどのように構成されるのかというアーキテクチャの両方から成り立っています。そのため，イノベーションにも，(1) ある製品システムを構成する個々の部品や要素が「個別に」どの程度変化するのか，(2) ある製品システムを構成する個々の部品や要素の間のつなぎ方，製品としてのまとめ方——アーキテクチャ——が「全体として」どの程度変化するのかという，2つの技術変化の次元がありえます。

このうち，後者の (2) の軸で革新的な技術変化が生じる場合を，本書ではアーキテクチャル・イノベーションと呼ぶことにします。

〈既存企業の製品開発能力形成〉

こうしたアーキテクチャル・イノベーションが生じる場合，既存大企業は対応に苦労することになります。それは，こうしたアーキテクチャに革新をもたらすような技術変化は，既存大企業がこれまで培ってきた製品開発能力を根こそぎ破壊してしまうからです（Henderson and Clark, 1990；田路, 2005）。

アーキテクチャ——つまり，部品や要素の間のつなぎ方や製品としてのまとめ方——が安定的な場合，それを前提に製品開発を繰り返しているうちに，企

業の製品開発プロセスも組織構造も，そのアーキテクチャだけに合致したものになっていくことになります。

たとえば，実験中，当初の設計の際には想定していなかったような原因不明の振動に見舞われた場合，担当技術者は，そうした事態を引き起こしうるすべての選択肢を検証し直すのでなく，まずは過去の問題解決に役立った方法から試してみることになります。

ベテランの技術者であれば，「○○が原因ではないか。そうであれば△△を施せば大丈夫なはずだ」といった処方箋がすぐに，それも20も30も思い浮かぶので，それらを経験上考えられる優先順位にしたがって検証していく，というのが普通のやり方です。そして，そのような「発生事象→処方箋→対策を施した結果」という経験が積まれていくにつれて，設計の際に守るべきルールが整備されていきます。

また，「部品Aの設計を変えるたびに部品BとCの設計も変更せざるをえなくなる」といった経験が積み重なると，それが「部品Aの設計を変更する際には，その担当者は部品BとCの設計担当者とあらかじめ相談する」という非公式のコミュニケーション・パターンに反映されるようになります。

それがさらに繰り返されれば，「部品Aの設計を変更する際には，その担当者は部品BとCの設計担当者に報告し，その上司からあらかじめ承認を受けなければならない」というルールができ，最終的には「部品A，B，Cの設計担当者を同一の部署に配置する」という具合に，企業の組織構造にまで反映されることになります。

さらには，この部品A，B，Cの設計の担当部署と，部品A，B，Cとの相互依存関係が比較的高い部品E，Fの設計を担当する別の部署との間の調整ルールといったものも，次第に整備されていくことになります。

このように，一定のアーキテクチャを前提に，定型的な思考パターンや設計ルール，組織の公式・非公式のコミュニケーション・パターン，組織構造，部署間の調整ルールといったものすべてが形成されていきます。そして，こうした過程を通じて，製品開発の仕事はますます効率化され，結果として，製品の構造（アーキテクチャ）と組織の構造とは相似形になります。これは，組織の構成を製品の構成に合わせることで，部署間の調整作業が一番効率的に行える

ようになるからです。

しかし逆に，こうした効率化の進展が，アーキテクチャの変更を伴うような技術変化への適応を難しくしてしまうことになります。

〈既存企業の対応の問題①：認識の難しさ〉

まず問題となるのは，既存アーキテクチャのもとで製品開発の実績を豊富に積み上げてきた組織ほど，ある特定のイノベーションをアーキテクチャル・イノベーションとして認識することが難しいということです。

上の例で，「部品AとBとCの間に相互依存関係がある」という知識が蓄えられてくると，たとえば部品Aに何か原因不明の異常が生じたとき，部品Aとの相互依存関係が非常に低い部品XやYの関与を疑ってみることは，個人レベルではほとんどなくなるでしょうし，仮に疑いを抱いたとしても，その検証に着手する優先順位はずっと低くなってしまうでしょう。

あるいは，部品Aの設計者は，設計上の関係が深い部品BやC，あるいは部品E，Fについての知識を蓄えようとは考えても，部品XやYについての知識を蓄えようとはしなくなります。

組織レベルで見ても，部品A・B・Cの担当者と部品X・Yの担当者は部署的に分けられてしまうので，たとえ非公式にであっても，コミュニケーションをとる頻度は著しく減っていくでしょう。

一方で，実際にアーキテクチャル・イノベーションが生じるということは，たとえば，それまで相互依存関係がほとんどなかった部品A・B・Cと部品X・Yの間に，ある日突然，強い相互依存関係が生じるようになったり，あるいは，それまで相互依存関係が比較的強かった部品A・B・Cと部品E・Fの間の相互依存関係が，ある日突然，完全に切れてしまったりするということを意味しています。

ところが，上で述べたような製品開発プロセスの効率化の過程を経ている製品開発の現場では，部品Aの不具合について部品XやYの関与などまったく疑わない思考プロセスがすでにでき上がっており，さらには，それらの関与を疑わせるような情報は，部品Aの設計者のもとまでなかなか届かなくなってしまっているのです。

これと思い込んでいた不具合の原因候補が全部ダメだと分かり，あるいは設計上で重大な失敗を繰り返し，予期しない問題が何度も生じるようになってはじめて，自分たちがしていることがまったくの的外れなのではないかと気づき，ようやくそうした情報が部品Aの設計者のもとまで届き，検証のための実験が開始されることになりますが，それまでには相当の時間が浪費されてしまうことになるのです。

〈既存企業の対応の問題②：既成システムの束縛〉

次に問題となるのが，苦労の末に，特定の技術変化の正体がアーキテクチャル・イノベーションだと正確に認識できたとしても，修正後のあるべき姿がよく分からないままでは変更が困難だということです。技術者の定型的な思考パターン，設計ルール，組織の公式・非公式のコミュニケーション・パターン，組織の構造，部署間の調整のルールなどを手探り状態ですべて変更しようと試みても，それはゼロから作り上げること以上に困難です。

既存大企業では，なまじ精緻な仕組みができ上がっているだけに，一部を不用意に変更すると，他の部分との整合性がとれなくなって大混乱状態に陥ってしまう恐れが大きいのです。

この点，新興企業は，同じく手探り状態であっても，試行錯誤を繰り返しながらすべてをゼロから作り上げていけばよいので，既存大企業よりはるかにスピーディにこうしたプロセスを行うことが可能です。

以上のように，企業においては，製品開発に関わるプロセスや組織の構造は，ある一定の部品や要素のつなぎ方，製品のまとめ方を前提に構築されているので，それを変更するのは簡単ではありません。むしろ，前の世代のアーキテクチャで成功を収めていた企業ほど，組織の仕組み全体がそれに合うように構築されているため，かえってアーキテクチャル・イノベーションが生じた場合には不利になりやすいのです。

◯ アーキテクチャル・イノベーションの事例

またヘンダーソンとクラーク（Henderson and Clark, 1990）は，こうした

アーキテクチャル・イノベーションが生じる場合には，仮に当該製品システムを構成する個々の部品や要素が技術的にほとんど変化しない場合でも，既存大企業が対応することは難しく，それゆえに深刻な窮地に陥ってしまうことが多い，と述べています。

たとえば，1970年代後半，石油ショック後のガソリン価格高騰を背景に，米国の自動車市場で日本製小型車が猛烈な勢いで売上げを伸ばし，それに対抗すべく，それまで大型車を得意としていた米国ビッグ3が相次いで小型車の開発計画を立ち上げました。

大型車と小型車の間に部品技術の違いはほとんどないので，ビッグ3は当初，日本製の小型車を単に自社製品の模倣にすぎないと見なしていました。しかし，両者の間には部品同士の関係，製品としてのまとめ方において本質的な違いがありました。

当時の米国製大型車はすべて，エンジンを車の前方に配置し，車の後輪を駆動する「フロントエンジン・リアドライブ」（以下「FR」）方式と，車体下部のハシゴ型のフレームの上に別に作った車体上部のボディを載せ，ボルトやナットで取り付ける「ボディ・オン・フレーム」（以下「BOF」）構造を採用していました。

一方，日本製の小型車は，エンジンを車の前方に配置し，車の前輪を駆動する「フロントエンジン・フロントドライブ」（以下「FF」）方式と，フレームとボディが溶接によって一体化された密閉型の箱構造である「モノコックボディ」（以下「MCB」）構造を採用していました。このように，両者のアーキテクチャは完全に異なっていたのです。

FF方式は駆動機構を簡素化でき，MCB構造は車体を小型・軽量化しながら十分な室内空間を確保することが可能なので，FF方式／MCB構造は小型車の設計に向いた設計方式です。

しかし，その一方で，この構造は車両の設計を困難にする重大な問題を抱えています。というのも，FR方式であれば，自動車の二大振動発生源であるエンジンと車輪駆動装置とが車両の前方と後方とに分かれて配置されるので，両者が共振現象を引き起こすのを防ぐことが比較的簡単にできます。しかも，BOF構造であれば，車体下部のフレームと上部のボディとが別構造なので，

フレームの振動がボディになるべく直接伝わらないよう遮断することも，それほど難しくありません。

ところがFF方式では，エンジンと車輪駆動装置が車両の前面に近接して配置されるので，両者の振動が共振によって増幅されやすくなってしまいます。しかも，MCB構造ではフレームとボディが完全に一体化されるので，フレームの振動はボディ全体にすべてダイレクトに伝わることになります。さらに，エンジンと車輪駆動装置の2つは非常に場所をとる部品ですが，それらが車両前面に集中するので，エンジンルーム内の部品配置のスペースがどうしても窮屈になってしまうという難点があります。

つまり，FF方式／MCB構造は，小型車用としての利点は大きいものの，振動や騒音への対策がきわめて難しく，しかも，部品配置にかなりの工夫が求められる設計方式だと言えます。

そのため，FF方式／MCB構造の車の開発には，ありとあらゆる部品の設計を相互に微妙に調整し合うような組織的仕組みが必要で，それなしには，各部品を狭い場所へうまく配置しながら，なおかつ高い品質や機能を確保することはできないのです。

しかし，伝統的に，FR方式／BOF構造のアーキテクチャを前提に，各部品の設計を独立して進めていくような組織的仕組みができ上がっていた米国ビッグ3は，こうした問題の存在そのものを認識できず，旧来の技術開発の組織やプロセスを踏襲したまま開発に着手してしまいました。

その結果，膨大な費用と時間を投入したあげく，結局のところ，米国ビッグ3は競争力のある小型車を開発することに失敗し，その後，小型車の開発ノウハウを持つ欧州の子会社を利用することによって，ようやく開発に成功したのです。

上の例もそうですが，日本企業が伝統的に得意としてきた「製品の画期的な小型・軽量化」は，多くの場合に，こうした個々の部品技術にはほとんど変化がないが，製品としてのまとめ方に革新的な変化が生じるタイプのイノベーションでした。

そのため，それは一見，既存大企業に有利なタイプの小さなイノベーション

のように見えるのですが，実は既存の資源や能力を破壊するアーキテクチャル・イノベーションでした。それゆえに，先行していた欧米の既存大企業は対応が遅れてしまい，後発の日本企業に逆転されてしまうことが多くなったのだと考えられます。

5.4 分断的イノベーション

◯ 分断的イノベーションを巡る問題

〈分断的イノベーションとは〉

　既存大企業の競争力に対して負の影響を与えるタイプのイノベーションの第3番目は，分断的イノベーションです。

　クリステンセン（Christensen, 1997）やクリステンセンとレイナー（Christensen and Raynor, 2003）は，主として，それが従来から重視されている既存の評価軸上でパフォーマンスを向上させる否かという基準で，イノベーションを2つに分類しました。

　その第1のタイプは，既存の評価軸上でパフォーマンスを向上させるタイプのイノベーションで，「持続的イノベーション（sustaining innovation）」と呼ばれます。

　それに対して第2のタイプは，既存の評価軸上でパフォーマンスを（少なくとも短期的には）引き下げる一方，別の評価軸上ではパフォーマンスを引き上げ，しかも既存の評価軸上でも，その後急速にパフォーマンスを向上させて既存技術との差を詰めていく（後述するように，追いつく必要はない）タイプのイノベーションであり，「分断的イノベーション（disruptive innovation）」と呼ばれます[次頁3]。

　ほとんどの場合に，技術は一定の進歩の軌道上を滑らかに進みます。たとえば，HDD（ハードディスク・ドライブ）であれば，性能の向上とは，一般的に言って，データ容量，単位データ容量当たりのコスト，アクセスタイムとい

ったパフォーマンスの向上のことを意味します。こうした面でのパフォーマンス向上をもたらすようなタイプの技術変化は，その程度にかかわらず，技術進歩の軌道から外れないという意味で，持続的イノベーションに分類されることになります。

ところがごく稀に，こうした面でのパフォーマンス向上をもたらさず，むしろ，少なくとも短期的にはこうした面でのパフォーマンスを引き下げてしまう，しかしその代わりに，たとえばHDDであればサイズや重量といった，別の面でのパフォーマンス向上をもたらすようなタイプの技術変化が生じる場合があります。こうした技術変化は，従来の技術進歩の軌道を途切れさせ，そこから外れた新たな別の技術進歩の軌道の開始をもたらすという意味で，分断的イノベーションに分類されることになります（図5.1）。

クリステンセン（Christensen, 1997）は，この種の分断的イノベーションが生じた場合には，既存大企業が十分に対応できずに市場からの退出を迫られる一方で，新興企業が主役に躍り出る可能性がきわめて高いとしています。

このように，分断的イノベーションが既存大企業の競争力に対して破壊的なインパクトを及ぼす理由は，主として以下の3点にまとめられます。

〈なぜ分断的イノベーションは破壊的インパクトを持つか〉

第1は，このタイプの技術変化が，従来から重視されている既存の評価軸上でのパフォーマンスを，（少なくとも短期的には）引き下げてしまうからです。

重要な評価指標でのパフォーマンスが下がってしまうような新技術は，既存の顧客から「あれはオモチャだ」といった評価を下されてしまい，そっぽを向かれてしまうことになりがちです。

たとえばHDDで，既存顧客が重視する評価指標であるデータ容量や，単位データ容量当たりのコスト，アクセスタイムといった属性ではるかに劣っている新技術を考えてみれば，既存大企業が抱える重要な既存顧客がそうした新技

---

3 "disruptive innovation" は，一般に「破壊的イノベーション」と訳されることが多いのですが，本来は，「従来の技術進歩の軌道を分断し，そこから外れた新たな別の技術進歩の軌道の開始をもたらすようなタイプのイノベーション」ということを意味して名づけられた用語です。そこで本書では，原語のニュアンスを活かすという観点から，高橋伸夫編・東京大学ものづくり経営研究センター著（2005）にならって，「分断的イノベーション」と訳すことにしました。

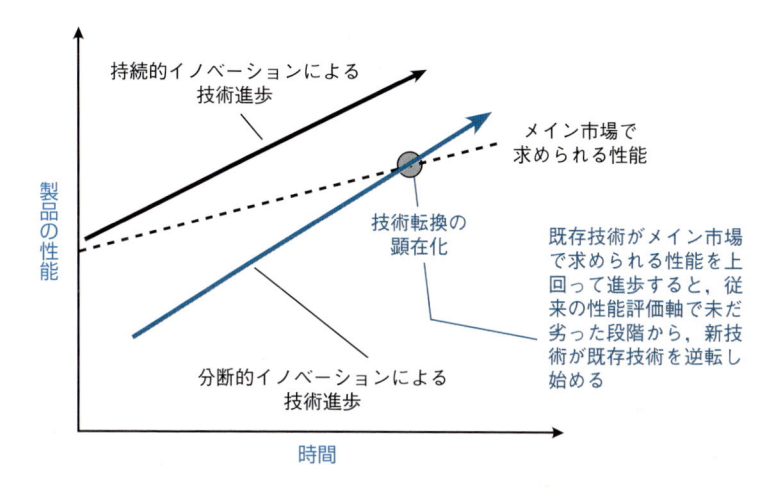

図中テキスト：
- 製品の性能
- 持続的イノベーションによる技術進歩
- メイン市場で求められる性能
- 技術転換の顕在化
- 既存技術がメイン市場で求められる性能を上回って進歩すると、従来の性能評価軸で未だ劣った段階から、新技術が既存技術を逆転し始める
- 分断的イノベーションによる技術進歩
- 時間

（出所）Christensen（1997，邦訳 p.10）を一部修正

図5.1 分断的イノベーションと持続的イノベーション

術に注目せず，欲しいとも思わないことは明らかでしょう。

　第2は，新技術が，別の評価軸上でパフォーマンスを向上させるからです。

　このタイプの新技術は，既存の評価軸上では旧来の技術に劣っていても，別の評価軸上でパフォーマンスが優れているので，その分だけ，新しい用途や市場を開拓していける可能性が高いのです。

　既存の顧客が重視しない評価指標であっても，それを重視する新規顧客はどこかに存在するかもしれないし，あるいはどこかに生まれるかもしれません。試行錯誤を繰り返すことで，そうした新規用途・新規顧客を開拓できれば，とりあえずその新技術は生き延びることができます。

　理由の第3は，新技術が，既存の評価軸上でも急速にパフォーマンスを向上させて，旧技術との差を詰めていくからです。

　新技術が限られた用途のみで利用されている状態が続くのであれば，仮にその新市場の規模が拡大したとしても，特に深刻な問題は生じません。既存大企

業には，新市場を逃したという機会費用が生じるものの，新市場と既存市場が両立し，新技術と旧技術が住み分けをしながら共存することができます。

しかし，新技術が既存の評価軸上でも急速にパフォーマンスを向上させて差を詰めていくことになると，やがて新技術の用途が広がり，市場が拡大し，ついには既存の市場にも侵食するようになります。こうなると，新技術を過小評価していて出遅れた既存大企業は，その地位を追われることになりかねないのです。

ここで重要な点は，既存技術の側にオーバーシューティング現象が生じている場合には，新技術が既存の評価軸上で旧技術に完全に追いつく必要はないということです。

すでに第4章で説明したように，メイン顧客のニーズばかりを聞いていると，技術はしばしば，普通の顧客が求める性能を上回って進歩してしまいます。そうなると，新技術は，そうした取り残された普通の顧客が求める性能に追いつきさえすれば，仮に旧技術に完全に追いつかなくても，旧技術を代替することが可能となります。つまり，オーバーシューティング現象が生じている場合には，従来の性能評価軸において未だ劣った段階から新技術が旧技術を逆転しはじめることになり，結果として代替のスピードが早まることになるのです。

〈分断的イノベーションがさらに破壊的インパクトを持つ場合〉

以上に加えて，新市場が既存市場に比べて価格水準が低く，利益水準も低く，しかも市場規模が小さいという条件が満たされる場合には，分断的イノベーションの破壊力はより一層強力になります。

というのも，第1に，この条件が満たされるような場合には，新市場が既存大企業の関心の対象になりにくいからです。

立ち上がったばかりの新興企業が，圧倒的な資源や能力を備えた既存大企業と正面からぶつかったのでは，もちろん勝ち目はありません。既存大企業が当初は新市場に関心を寄せず，参入を決意するまでに相当の時間が経過し，その間に新興企業が新市場で十分な知識とノウハウを積むことができてはじめて，後からあわてて参入してきた既存大企業と互角に戦うことが可能になるのです。

第2に，この条件が満たされる場合には，既存大企業は第4章で説明した

「カニバリゼーションへの恐れ」によって足を引っぱられることになるからです。

　新市場がある程度の規模にまで成長したとしても，「カニバリゼーションへの恐れ」が強いと，既存大企業は，分断的イノベーションに力を入れれば入れるほど，自らの既存のドル箱事業の衰退を早めてしまうというジレンマに直面し，参入にどうしても二の足を踏んでしまうことになります。そして結果的に，新興企業に対し，既存大企業と戦えるだけの十分な資源や能力を蓄積するための，さらなる時間的余裕を与えることになるのです。

　第3に，この条件が満たされる場合，新興企業は，新市場での競争に生き残るべく，低価格で低利益率，市場規模の小さい製品を扱いながらも収益を上げられる，リーンな（贅肉のない）コスト構造を作り上げていかざるをえなくなるからです。

　この結果，新技術のパフォーマンスが既存の評価軸上でも急速に向上し，旧技術との差を詰めて，やがて既存の市場に攻め上がっていける状況になったときには，新興企業はこうしたリーンなコスト構造を武器に，既存大企業に対して価格戦争を仕掛けることができるようになります。そうなると，たとえ既存大企業が旧技術から新技術への転換を図って対抗しようとしても，自身の豊富な経営資源が仇となって，リーンな体質に転換するのに苦労し，有効な反撃が加えられなくなってしまうのです。

　なお，ここで重要な点は，いざ新興企業が新技術と低コストを武器に既存市場に攻め上がってきたとき，既存大企業には「逃げ道」が用意されているということです。それは，新興企業の侵食によって失われつつある市場のローエンドのセグメントを捨て，旧技術の高いパフォーマンスを活かして既存の評価軸上でのパフォーマンスをさらに向上させ，より付加価値の高い製品を投入していくという道です。

　既存大企業にとって，新興企業が既存市場に攻め上がる際に最初に参入を図るローエンドのセグメント（既存の評価軸上でのパフォーマンスが比較的低くても満足するような顧客のセグメント）は，市場規模が小さく，利益率も低いので，ここから撤退することによる痛みは小さく，むしろ多くの場合に，撤退によって，少なくとも短期的には採算性が改善されます。そのため既存大企業

は，初期の段階では，コスト構造を徹底的にリーンにするための痛みに耐え，攻め上がってきた新興企業と徹底抗戦するという道は選ばず，撤退という安易な道を選びがちとなります。

撤退の余地がなければ，既存大企業は死に物狂いで反撃せざるをえません。そうなれば，いくらリーンなコスト構造の新興企業といえども，豊富な資源や能力を備えた既存大企業から圧倒的な勝利をもぎ取ることは難しいでしょう。しかし，既存大企業にはこのように戦わずに逃げるというインセンティブがあるので，新興企業はそうでない場合よりもずっと，容易に戦いを進めていくことができるのです。

ところが，こうした既存大企業の撤退戦略は，新技術が既存の評価軸上でのパフォーマンスをさらに向上させ，新興企業が次に市場のボリュームゾーンへと攻め上がってくると，完全に裏目に出てしまう運命にあります。

熾烈な価格戦争によって市場のボリュームゾーンの採算性が悪化すれば，既存大企業の反撃する体力はすぐさま奪われてしまいます。かといって，ここでも徹底抗戦の道を避けて，さらに上位セグメントへと撤退すれば，確保できる市場セグメントはさらに小さくなり，やはりジリジリと反撃する体力を失って，市場からの完全撤退を迫られることになります。

つまり，ひとたび新興企業の既存市場への侵入を許してしまえば，後になって反撃に出ても，すでに手遅れになる可能性が高いのです。

〈他のイノベーションとの次元の相違〉

最後に，「持続的」対「分断的」というイノベーションの2分類は，第一義的には既存の評価軸上でパフォーマンスを上げるか下げるかで定義されているのであって，他のイノベーションの分類とは分類軸（次元）が異なるという点には注意が必要です。

既存の評価軸上でパフォーマンスを向上させるタイプの持続的イノベーションの多くは，技術進化の軌道上を滑らかに進むインクリメンタルなイノベーションです。しかし，持続的イノベーションのなかには，既存の評価軸上でパフォーマンスを飛躍的に向上させるラディカルなイノベーションも含まれることがあります。

同様に、既存の技術蓄積が活かせないタイプの能力破壊型イノベーションであっても、あるいは、製品としてのまとめ方の大幅な変更を伴うようなアーキテクチャル・イノベーションであっても、どちらも持続的イノベーションでありえます。

　クリステンセンは、分断的イノベーションは一般に、ほとんどが既存の実証済みの技術からできた部品で構成されているが、それまでにない特性を顧客に提供できる新しい製品アーキテクチャを持っていることが多い、と述べています。その意味では、分断的イノベーションの多くは、アーキテクチャル・イノベーションでもあります。しかし、あらゆるアーキテクチャル・イノベーションが分断的イノベーションというわけではなく、「逆は真ならず」なのです。

◯ イノベーターのジレンマ

　このように、分断的イノベーションは、既存の評価軸と異なる価値基準では優れた面を持つものの、既存の評価軸では旧来技術よりも性能的に劣っています。そのため、既存の主要な顧客は、通常、そうした新技術に対しておおむね否定的な評価を下し、関心を向けません。

　合理的な経営が行われている既存大企業では、既存の主要顧客の声は重視するように日頃から訓練が積まれていますが、未だ存在していない市場の顧客の声を聞くことはできないので、既存の主要顧客が望んでいない新技術に積極的に投資することは困難です。

　一方、新興企業は、新技術の優れた面に着目して開発を進め、既存の市場とはかけ離れた別の新たな用途・市場を見つけ出します。当初、この新市場の規模は小さくて価格も利益率も低く、ある程度の規模に成長した後では、今度は既存市場とのカニバリゼーションを起こす可能性が高くなるので、どちらにしても、新参者の脅威が現実のものとなる前に既存大企業が本気になって参入することは困難です。

　しかし、そのうちに新技術が既存の評価軸でも進歩しはじめると、やがて用途が広がって市場が拡大し、ついには既存の市場をも侵食するようになります。こうなると、出遅れた既存大企業があわてて新技術に乗り換えようとしても、

シビアな環境の新市場で競争力を鍛え上げてきた新興企業には到底太刀打ちできません。

その結果，新技術に侵食されて儲からなくなったローエンドの市場セグメントを捨て，旧技術の強みが活かせる，より高いパフォーマンスが求められる高付加価値の市場セグメントへと撤退します。しかしそのうちに，そのセグメントにまで新技術を携えた新興企業に攻め上がられ，ついには市場からの撤退を迫られることになるのです。

これが，クリステンセンの唱える有名な「イノベーターのジレンマ（the innovator's dilemma）」仮説のロジックです。

◯ 事例：米国におけるHDD産業の変遷

クリステンセン（Christensen, 1997）は，米国のハードディスク・ドライブ（HDD）業界を対象とした調査から，上記の仮説を導きました。

最初のHDDはIBMサンノゼ研究所において1950年代に開発され，以後，この分野では1990年代までに116種の新技術が現れました。そのうち111種は，既存の評価軸に沿ってHDDの性能向上に寄与したという意味で，持続的イノベーションと言えるものでした。

それに対して，残りの5種は，従来よりも低速で低容量の小型HDDの登場をもたらすものであり，既存の評価軸の上ではむしろ性能を引き下げているという意味で，分断的イノベーションに分類される技術変化でした。

クリステンセンの調査によれば，111の持続的イノベーションの製品を開発・導入した企業はすべて，従来から業界をリードしていた既存大企業でした。実績ある既存大企業が，持続的イノベーションの製品の開発と採用に成功する確率は100％でした。

これと対照的に，残りの5つの分断的イノベーションを担ったのは，市場で実績を持たない新興企業でした。分断的イノベーションが起こった後に，既存のリーダー企業のなかで市場トップの地位を維持できた会社は1社もありませんでした。その成功率はゼロだったのです。

なぜ，このような事態が生じたのでしょうか。クリステンセンによれば，た

とえば5.25インチのHDD全盛の時代（1980年代後半）に3.5インチのHDDが提案されたとき，後者の優位性は重量と大きさ（小さくて軽い），消費電力，耐久性にあり，記憶容量や単位記憶容量当たりコスト，アクセスタイムなどについては，5.25インチのHDDに比べて大きく劣っていました。

5.25インチHDDの主力ユーザーは，デスクトップPCのメーカーであり，当時，彼らが次世代のHDDに求めていたのは40～60MBの記憶容量でした。しかし，3.5インチHDDの当初の記憶容量はわずか20MBであり，単位記憶容量当たりコストでも割高だったため，彼らは3.5インチHDDにまったく関心を示さなかったのです。

そのため，彼らを主たる顧客としていた既存のHDDメーカーには，3.5インチHDDに力を入れるべき理由がありませんでした。社内の技術者が3.5インチHDDに興味を抱いても，上層部の会議では，主力の顧客向けの5.25インチHDDへの資源投入が優先されたのでした。

他方，3.5インチHDDで新規に参入した企業は，試行錯誤の繰り返しのなかで新しい顧客を見出していきました。その用途は，主にポータブルPCとラップトップPC，そして省スペース型のデスクトップPCでした。この分野の顧客は，重量と大きさ，消費電力，耐久性といった属性を重視しており，そのためであれば，記憶容量の少なさや単位記憶容量当たりのコストの高さは容認されたのです。

こうして市場を確保した新興の3.5インチHDDメーカーは，新技術のさらなる改良に投資することが可能になり，また，その生産に対する学習も進めることができました。その結果，3.5インチHDDの記憶容量の拡大と単位記憶容量当たりのコストの低下が進み，やがて3.5インチHDDはデスクトップPCにも装着されるようになっていきました。

こうしたなか，デスクトップPCのメーカーだけに目を向けていた5.25インチHDDの主力メーカーは出遅れ，結果的に3.5インチHDDでは主役の座をおろされる結果となったのです。

なお，同様の事態は，1970年代後半における14インチHDDから8インチHDDへの転換（主力ユーザーがメインフレームコンピュータからミニコンピュータへ移行），1980年代前半における8インチHDDから5.25インチHDD

への転換（主力ユーザーがミニコンピュータからデスクトップPCへ移行）でも生じたとされています（Christensen, 1997）。

○ 最終製品における分断的イノベーションの事例：通信カラオケ

上の事例のHDDは中間財（部品）でしたが，最終製品の場合でも同様の事態が生じえます。たとえば，業務用のカラオケ機器の業界におけるレーザーディスク・カラオケ（以下「LDカラオケ」）から通信カラオケへの交替は，最終製品における分断的イノベーションの典型事例だと考えられます[4]。

1992年，タイトーが「X2000」を，エクシングが「JOYSOUND」を相次いで発売したのをきっかけとして誕生した通信カラオケは，1980年代に市場を支配していたLDカラオケを瞬く間に駆逐し，業界のリーダー企業として君臨していたパイオニアの転落をもたらしました。ちなみに，タイトーは業務用アーケードゲームの会社，エクシングはミシンを主力とするブラザー工業の子会社であり，ともに業界外からの新規参入企業でした。

当時のLDカラオケ機器は，28曲入りのLDを50～200枚くらい収納し，リモコン操作で歌いたい曲の番号を入力すると，オートチェンジャーが該当する曲の入ったLDを自動的にプレーヤーのところに搬送・セッティングするという仕組みの，非常に図体の大きい代物でした。

演奏と映像の質は高かったのですが，オートチェンジャーが非常に高価で，しかも機構が複雑なため故障しやすく，頻繁な保守・点検，修理が必要でした。また，LDを収納する物理的なスペースが必要となるため，最大でも数千曲を収納するのがやっとでした。

さらに，新譜が出ても，LDを新たに作成し，それを全国のLDカラオケのオートチェンジャーのなかに据え付けるまでには，相当な時間と手間がかかりました。しかも，オートチェンジャーのLD収納枚数が限られているので，新しいLDを設置するとなると，古いLDをその枚数分だけ取り除かなければな

---

[4] 以下の記述は，山田（2004b），野口編著（2005），片岡編（2005）などを再構成したものです。

りませんでした。そのため，新譜は毎月1枚＝28曲分に限られていました。

一方，新たに登場した通信カラオケでは，リモコン操作で歌いたい曲の番号を入力すると，業者に置かれたサーバから，演奏と歌詞のデータが機器宛に配信される仕組みに変わりました。通信カラオケ機器は，配信された演奏データを保存して再生するとともに，機器に備え付けられた映像ライブラリ（最初はLDに収納，後にビデオCDやDVDなどに収納）の映像に歌詞を重ねて，モニターに表示しました。

ただし，当時は電話回線を介してデータを配信していたので，一度に送ることのできるデータ容量に限界があり，通信カラオケの音はLDカラオケの音と比べて明らかに貧弱でした。また，モニターに表示される映像も，曲や歌詞の内容には全然関係のないトンチンカンな映像が流れたり，約1時間ごとに同じ映像が繰り返し流れました。つまり，演奏や映像の質は，LDカラオケとは比べようもないほど劣っていたのです。

その代わり通信カラオケでは，LDを設置店舗に届けてオートチェンジャーに据え付ける必要がなくなりました。そのため，LDカラオケの時代には新譜が発売されてからカラオケで歌えるようになるまでに早くて1ヶ月以上の時間がかかっていたのが，通信カラオケでは新譜が発売された直後からすぐに歌えるようになりました。

また，LD配布用の人件費が不要になったので，ランニングコストが格段に安くなりました。オートチェンジャーもなくなったので故障が少なくなり，メンテナンスもほぼ不要になりました。さらには，オートチェンジャーがない分だけ機器がコンパクトになり，価格も大幅に安くなりました。

加えて，歌える曲数も大幅に増えました。LDカラオケの時代にはせいぜい数千曲単位だった曲数が，通信カラオケでは一気に数万曲単位に増えたのです。しかも，毎月の新譜の数は，LDカラオケの時代には28曲に限られていたのが，通信カラオケでは100曲以上に増えました。

このように，初期の通信カラオケは，当時のLDカラオケと比べて，演奏や映像の質では著しく劣っていたのですが，それ以外の部分では優れた点をいくつも有していたのです。

ところが，1980年代における業務用カラオケ機器のメイン顧客はスナックやバーなど（通称「ナイト市場」と呼ばれる）であり，そこではカラオケ好きの酔客（中高年層）にいかに気持ちよく「自慢ののどを披露してもらうか」が重要であったため，演奏や映像の質は絶対条件でした。そのため，初期の通信カラオケは，ナイト市場ではまったくと言っていいほど売れませんでした。

　その一方で，1980年代後半から1990年代前半にかけて，カラオケは定番の娯楽として若者の間に急速に浸透し，業務用カラオケ機器のメイン顧客は次第にカラオケボックス（通称「デイ市場」と呼ばれる）に移っていました。

　新たな顧客としての若者たちは，「歌いたい曲が歌える」ことを最も重視していました。流行りの新譜が未だ入っていないので歌えない，（収納できる曲数が限られているので）得意な曲が入っておらず歌えないというのは，彼らにとっては論外でした。一方，音が貧弱であったり，映像が曲や歌詞の内容と合ってないといった欠点は，彼らにとっては我慢がきく問題でした。

　要するに，通信カラオケ機の登場は，業務用カラオケ機器の主要顧客がナイト市場の酔客（中高年層中心）からデイ市場の一般人（若年層中心）へと転換していく流れに乗って，重視される評価軸を，「演奏や映像の質」から「新譜の豊富さ／収納曲数の豊富さ」へと転換させたのです。そのため，当初の通信カラオケは，若者を主なターゲットとする，格安を売りにしたカラオケボックスにおいて最も急速に設置が進みました。

　こうした市場の大変化に伴って，主要な供給メーカーも大きく変化しました。

　LDカラオケの時代は，パイオニアが圧倒的なリーダー企業でした。当時パイオニアは，自社ブランドのカラオケソフトの製造・販売も手掛けており，豊富なカラオケソフトの資産を有していました。また，サポート・サービス網を全国津々浦々に整備し，自社のLDカラオケを置いている店に毎月1回必ずLDを入れ替えに訪問していました。

　最盛期の同社は，自社ブランドで業務用カラオケ機器の市場シェアの50%以上，他社へのOEM供給分も含めると市場シェアの70%以上を占めていたとされます。

　ところがパイオニアは，1992年に通信カラオケが登場した後も，同市場へ

の取り組みになかなか本腰を入れようとはしませんでした。

　その理由は，第1に，既存の評価軸ではLDカラオケのほうが圧倒的に優れていたからです。そのため同社は，通信カラオケなんてまだまだオモチャだ，当分の間はLDカラオケで大丈夫だろうと過小評価してしまったのです。

　第2に，LDカラオケから通信カラオケへの転換は，同社が営々として築いてきたサポート・サービス網への投資をサンク・コスト化するものであり，なおかつ自らのこれまでの強みを捨て去ることを意味していたからです。

　第3に，パイオニアは，機器のリース料は安くおさえ，サポート・サービス（保守・点検，毎月1回のLDの入れ替え，修理など）で儲けるビジネスモデルを確立していたため[5]，メンテナンスを不要とする通信カラオケへのシフトは，同社の収益源を失うことを意味していたからです。

　こうしたサンク・コストの回避とカニバリゼーションへの恐れから，同社はできる限り通信カラオケへの取り組みを遅らせたいと考えたのです。

　しかし，新曲がすぐに入る，曲数が多い，LDの入れ替えが不要，故障が少なくメンテナンスがほぼ不要，価格が安いといった圧倒的な価値が評価されて，通信カラオケの市場は関係者の予想を大幅に超えて急拡大を遂げました。しかも，高速通信のインフラが急速に整備されるのとあいまって，通信カラオケは演奏や画像の質の面でも瞬く間にLDカラオケとの差を詰めていきました。それに伴って，当初はLDカラオケを支持していたスナックやバーなども，急速に通信カラオケへとシフトしていったのです。

　パイオニアは，ようやく1995年になって，「Be-MAX's」という通信カラオケを出しました。しかし，市場の立ち上がりからすでに3年が経過し，先行するエクシングのJOYSOUNDや第一興商の「DAM」が独走態勢に入りつつあるなかでの参入であり，しかもLDカラオケも引き続き手掛けながらの中途半端な取り組みに終始したため，売上げは低迷を続けました。そしてついに，2000年には業務用カラオケ市場から撤退しました。

　パイオニアは，カラオケ用の豊富な音楽・映像ソフトと強い流通網，抜群のブランド力を有していたにもかかわらず，この業界の主役からの転落を余儀なくされてしまったのです。

---

[5] こうしたビジネスモデルについての議論は，第12章を参照下さい。

このように，通信カラオケは，既存の評価軸上でのパフォーマンスを当初の段階で引き下げ，しかし別の評価軸上では優れた点を有していることから新しい顧客層をひきつけ，既存の評価軸上でも急速にパフォーマンスを向上させて既存技術を代替し，産業構造を一変させてしまった，文字通りの分断的イノベーションだったのです。

　以上紹介した2つの事例からも分かるように，分断的イノベーションで主役企業の交替が生じてしまう最大の理由は，「顧客が変化する」からです。顧客が変化する場合には，既存の重要顧客の声にばかり耳を傾けていると落とし穴にはまってしまうことになるのです。

　その意味で，新技術の登場を伴う下位セグメントの誕生・伸張は，既存大企業にとって要注意です。具体的には，「すごく『しょぼい』製品なのだが，これまでとは違う顧客層には受けている」といった兆候が見られるときには，分断的イノベーションを疑う必要があります。そして，既存顧客の声を盲信することなく，新たな顧客の声に耳を傾けることが必要とされるのです。

演習問題

5.1　分断的イノベーションの事例だと考えられるものをいくつでも挙げて，そうした事例で既存大企業の競争力がどうなったのかを調べて下さい。

　その上で，そうした事例で，もし仮に既存大企業の転落があったとしたらそれはどうしてなのか，もし仮に既存大企業の転落がなかったとしたらそれはどうしてなのか，理由を考えて下さい。

第 6 章

研究・技術開発のマネジメント①：技術ロードマップの作成と活用

　本章からは，いよいよイノベーション・プロセスのマネジメントの中身について説明していきます。
　まず，イノベーション・プロセスの一番はじめに位置する研究・技術開発の段階（フェーズ）のマネジメントについて，技術ロードマップの作成と活用を中心として，具体的に説明していくことにしたいと思います。

◦ KEY WORDS ◦
技術セレクション，技術ロードマップ

6.1　研究・技術開発と競争優位

　第2章で説明したように,「研究・技術開発（research and technology development）」とは,新しい製品を実現するための基礎となる,重要な要素技術を生み出していく活動です。

　繰り返しになりますが,要素技術とは,製品を構成する要素,および製品や製品を構成する要素の生産に関わる技術のことを意味しています。研究・技術開発活動では,こうした要素技術が新たに生み出され,高度化されることになります。一方,そうした要素技術をまとめ上げて具体的な新しい製品を生み出していく活動は,イノベーション・プロセスの次の段階である製品開発が担うことになります。

　研究・技術開発のマネジメントは,財務やマーケティングや生産のマネジメントなど同様に企業経営を構成する要素ですが,企業独自の技術力を確立し,競争優位を構築する上での・・となり,ひいては長期的成長性を大きく左右するため,そのなかでも最も重要なものの一つになっています。

　実際,技術開発のマネジメントの重要性は,個別企業がたどってきた長期的推移を振り返ってみれば明らかです。

　たとえば東レは,第二次世界大戦前にはレーヨンの生産・販売だけを行う専業メーカーでしたが,日本が未だ戦後の混乱期にあった1951年に,いち早く米国のデュポンと技術提携してナイロンを導入し,1957年には英国のICIと技術提携してポリエステル繊維を導入しました。

　また,1962年には基礎研究所を設立して高分子化学（ポリマー・サイエンス）分野を中心に新しい領域での研究を進め,その成果をベースに,自社で新たな合成繊維の研究開発を行い,市場導入を進めて技術力を高めていきました。

　さらに同社では,「脱繊維」を進めて「高分子化学を基盤にした新事業展開」を本格化すべく,1971年には新事業推進部を設立。各種プラスチックやフィルム,半導体や液晶ディスプレー用の各種材料,逆浸透膜,血液透析用関

連機器など，実に幅広い分野に多角化を進めていきました。

その結果，1970年当時の東レの売上高構成は繊維分野が80%以上を占めていましたが，2009年3月期段階ではその割合が40%以下にまで低下し，高度な技術力で世界の化学業界を牽引するトップ・レベルの企業にまで成長したのです。

また，たとえばシャープは，かつてはテレビ・ラジオなどのAV機器と，冷蔵庫・洗濯機・掃除機などのいわゆる白物家電[1]を中心とした下位の家電メーカーでしたが，1960年代半ばに電卓へ多角化し，その過程で半導体や液晶ディスプレイなどを自社の中核的技術として育て上げました。

さらに同社は，こうした中核的技術をベースにした多種多様な製品を展開し，現在では液晶テレビで確固たるブランドイメージを確立して，世界でもトップ・レベルの液晶ディスプレー・メーカーとなっています。

これら2社の成長は，自社の技術の延長上にどういう技術の発展がありうるかを見極め，積極的かつ的確に先行的な研究・技術開発に取り組んできた成果だと言えるでしょう。このように，企業の長期的な成長にとって，研究・技術開発の果たす役割は非常に大きいのです。

6.2 研究・技術開発マネジメントの難しさ

◯ 技術セレクションの難しさ

このように，企業にとって決定的に重要な研究・技術開発活動ですが，そのマネジメントはきわめて困難です。第2章で述べたように，多くの企業が，「投資に見合っただけの有望技術が出てこない」，「せっかくの有望な新技術が

---

[1] 「白物家電」とは，冷蔵庫，洗濯機，炊飯器，電子レンジなど，どこの家庭でも一般に使用されるような，生活必需品としての家庭用電化製品のことを指す言葉です。こうした家庭用電化製品が日本において普及した当時，筐体の色に白色が多かったことから，一般的にこのように呼ばれるようになったとされます。

有効活用されない」という事態に苦しんでいます。

　こうした事態が生じる最大の理由が,「技術セレクション」の失敗です。ここで技術セレクションとは,さまざまな角度から技術を評価し,どの開発プロジェクトにどのくらい資源（ヒト・モノ・カネ）を配分し,どの開発プロジェクトには配分しないのか,あるいは,どの技術を次の製品開発のフェーズに移行させ,どの技術は移行させないのか,といった意思決定を行うことを意味しています。

　技術セレクションでは,競合するいくつかの技術について,それぞれの強みと弱みを将来的なポテンシャルを含めて的確に評価し,どの技術が将来的に最も有望なのかを予測していくことが求められます。しかし,そうした新技術の評価・将来予測は,後で述べる理由によって著しく困難であり,しばしば失敗してしまいます。そのため,研究・技術開発活動から十分な成果を得ることができないのです。

　この技術セレクションの作業は,技術を専門的に評価する必要があるため,多くの企業では,事実上,技術の専門家のみで行っています。

　たとえば,対象となる技術がどのくらい革新的なのか,今後さらにどのくらいの技術進歩が見込まれるのか。また,当該技術の開発の成功確率がどのくらいで,最終的な成果が得られるまでにどの程度の資源投入と開発期間が必要だと想定されるのか。自社の既存の技術資産との関連性がどの程度あって,将来的に自社のどういった製品への展開が見込まれるのか。あるいは,知的資産としての価値はどのくらいになりそうなのか。こういったことを,他の競合する技術と比較しながら一つひとつ個別に判断した上で,総合的な最終評価を的確に行うためには,技術そのものに対する広く深い知識が欠かせません。したがって,技術の専門家の参加は必要不可欠です。

　しかしその一方で,現在では,以下に述べるような理由から,技術セレクションは,技術の専門家だけに任せれば済む仕事ではなくなっています。

〈マネジメントの視点の重要性〉

　第1に,技術の評価を的確に行うためには,市場動向や顧客ニーズに対する

深い理解が必要不可欠だからです。

　技術評価においては，当該技術の技術的ポテンシャルだけではなく，当該技術を開発することによって，自社にとってどのようなメリットがどのくらい生じるのかを見極めなければなりません。

　この際には，たとえば，当該技術の応用で生まれる製品の市場の魅力度について，製品市場の想定規模，成長性，安定性といったことを見積る必要があります。また，そうした製品市場のなかで，自社がどの程度のシェアを収めることができるのか，想定される自社の売上げ規模はどのくらいで，売上げ成長率はどのくらいなのか，利益率はどのくらいなのか，といったことも見積る必要があります。さらには，自社の他製品への波及効果や，自社のブランド価値への寄与度なども考慮に入れる必要があり，ここでは市場動向や顧客ニーズを，できるだけ正確に予測することが求められます。

　ところが，研究・技術開発で取り組まれるテーマの多くは，未だ具体的な製品化が見えていない状況にあり，10年以上先の長期を見据えたものも少なくありません。そのため，あまりにも不確定な要素が多く，上記のような技術の市場性についての予測はとても困難です。

　さらに現在では，市場動向や顧客ニーズの変化が速く，しかもますます予測し難くなっています。個人のニーズが多様化し細分化している反面，情報の共有が進んで，ニーズの画一化の傾向も強くなっているので，爆発的なブームが生じる一方，そうしたブームが去るのも早くなっています。

　また最近の顧客は，製品の基本的な機能だけでなく，それにプラスアルファした，嗜好や感性に関わる価値を強く求める傾向を強めており，そのニーズを正確に把握することはますます難しくなっています。

　こうしたことから，当該技術の応用が見込まれる製品がどれだけ売れ，どれだけの利益に結びつくのかを予測することは著しく困難であり，そうした仕事をすべて，技術の専門家だけに任せることは適当ではないのです。

　第2に，技術の評価を的確に行うためには，競合他社のマーケティング戦略についての深い理解が必要不可欠だからです。

　一口に技術のポテンシャルを評価すると言っても，実際には大抵の場合，いくつもある技術的選択肢のうちのどれにも一長一短があるので，将来的に技術

のどの側面が重要視されるようになるのかということを抜きにして，単純に技術ポテンシャルの大小を論じることはできなくなっています。そして，将来的に技術のどの側面が重要視されるようになるのかということは，まさに将来的な顧客ニーズに他ならず，その予測は上で述べたようにきわめて難しいのです。

また，こうした顧客ニーズの動向は，社会全体の動向だけでなく，競合他社のマーケティング戦略によっても左右されることになります。たとえば，競合他社が低価格戦略による全面対決を仕掛けてくるのか，差別化戦略によって住み分けを図ってくるのか，あるいは同じ差別化戦略をとるにしても，どういった顧客価値を中心に据えたプロモーション戦略を仕掛けてくるのかなどによって，顧客ニーズの動向は大きく左右されることになります。

したがって，技術評価を的確に行うためには，その前提条件として，社会全体の動向だけではなく，競合他社のマーケティング戦略をも，できるだけ正確に予測しなければならないことになるのですが，そうした仕事をすべて，技術の専門家だけに任せることは適当ではないのです。

第3に，技術の評価を的確に行うためには，業界を超えた幅広い関連企業の動向や，競合他社の提携戦略についての深い理解が必要不可欠だからです。

当該技術のポテンシャルというものは，実は，競合技術を含めた各技術に対する人々の努力投入量や，あるいは各技術を補完する他の技術の発展に応じて大幅に左右されることになります。特にハイテク産業では，製品のシステム化・ネットワーク化による技術間の相互依存性の高まりと，分業の著しい進展によって，この傾向はさらに一層顕著になっています。

たとえば，部品や材料などの供給業者がどの程度の資源を研究・技術開発に投入してくれるのか，生産設備メーカーがどれほど優れた設備を開発してくれるのか，世界中の大学などの研究機関がどれほど優れた研究をしてくれるのか。あるいは，ソフトメーカーがどれだけ魅力的な実用ソフトを開発してくれるのか。これらの力を，どの技術が一番ひきつけるかが，勝負を分けることになるのです。

こうした，業界を超えた幅広い関連企業を自社陣営にひきつけることができるか否かは，競合他社の提携戦略によっても左右されることになります。つまり，当該技術自体の特性の違いだけでは「正解」は決まらないのです。

したがって，技術評価を的確に行うためには，その前提条件として，業界を超えた幅広い関連企業の動向と，競合他社の提携戦略をも，できるだけ正確に予測しなければならないのですが，そうした仕事をすべて，技術の専門家だけに任せることは適当ではないのです。

○ 2002年頃の薄型テレビ用のディスプレイの事例

以上の点を，具体例で説明してみましょう。

たとえば，薄型テレビの売上げが本格的に急拡大をはじめた2002～03年頃の段階で，薄型テレビ用のディスプレイ（フラットパネル・ディスプレイ）の技術方式では，大きくはシャープを中心とする「液晶方式」と，松下電器（現パナソニック）を中心とする「プラズマ方式」の2つが拮抗していました。

両者の技術方式の長所・短所を列挙すると，まず液晶方式は，最大のライバルであったプラズマ方式に比べると消費電力が低く，比較的長寿命，高精細化が比較的容易，反射性が低いのでちらつき（フリッカー）が気になりにくい，色域を広くとることができる，という長所がありました。

一方，プラズマ方式に比べると，応答速度が遅く，速い動きのあるシーンでは残像感があり，大型化が難しい，コントラスト比が低いために立体的な映像表現に難がある，視野角が狭い，という短所がありました。

一方のプラズマ方式は，大画面を低コストで製造可能であり（特に大型になればなるほど，液晶ディスプレイよりも製造コストが安くなる），応答速度が速く，自己発光なので視野角が広く，コントラスト比が高いので立体感のある映像を表現できる，という長所がありました。

一方，液晶方式に比べると，消費電力が高く，寿命が短めで，高精細化が難しく，反射性が高いためちらつき（フリッカー）が気になりやすい，色域が狭い，画面の焼き付けが生じやすい，という短所がありました。このように，どちらの方式も，他方を完全に凌駕できる技術的優位性を有していたわけではありませんでした[次頁2]（表6.1）。

そのためシャープは，「（液晶は消費電力が低いので）環境にやさしい」，松下は，オリンピックやサッカー・ワールドカップなどの世界的スポーツイベン

表 6.1 薄型テレビ用技術としての「液晶方式」と「プラズマ方式」の比較

	液晶	プラズマ
メリット	・消費電力が低い ・高精細化が比較的容易 ・反射性が低いので，ちらつき（フリッカー）が気になりにくい ・比較的長寿命 ・色域を広く取ることができる	・大画面を低コストで製造可能（特に大型になればなるほど，液晶ディスプレイよりも製造コストが安くなる） ・応答速度が速い ・自己発光なので視野角が広い ・コントラスト比が高いので，立体感のある映像を表現できる
デメリット	・応答速度が遅く，速い動きのあるシーンでは残像感がある ・大型化が難しい ・コントラスト比が低いため，立体的な映像表現に難がある ・視野角が狭い	・消費電力が高い ・寿命が短め ・高精細化が難しい ・反射性が高いため，ちらつき（フリッカー）が気になりやすい ・色域が狭い ・画面の焼き付きが生じやすい

注）表は 2002〜04 年頃の時点における比較。

トの冠スポンサーになって，「（プラズマは大画面化がしやすく，応答速度が速く，視野角が広いので）動きの激しいスポーツを大画面で楽しむならプラズマです」と訴求し，顧客にそれぞれの技術の長所の部分を重要視してもらうようにプロモーション戦略を展開していったのです（徳重，2006）。

その一方でシャープは，「倍速表示」の技術を開発して残像感の解消を図り，

---

2 さらにつけ加えると，その当時まだ実用化されていなかった「有機 EL 技術」は，他の方式よりもモニターをさらに薄くすることができ（紙のように薄くできる），低電圧，低消費電力，視野角が広い，高画質，という長所を備えていました。しかしその一方で，寿命が短い，量産が難しいので価格が高く，大型化が難しい，という短所がありました。また，その当時はもちろん，現在でもまだ実用化されていない「SED 技術」は，高画質，低消費電力，薄くできる，という長所があり，次世代の薄型テレビ方式として期待が高いものの，低コスト化の難航に加えて特許問題も抱え，製品化の延期を繰り返しています。

大型化のための製品・生産技術の開発に努め，液晶技術の弱点を一つひとつ潰していきました。また松下も，高精細化が難しいという弱点を克服するための技術の開発に努め，2005年以降はフルハイビジョン対応モデルを投入できるまでにプラズマ方式の画質を向上させました。

　また，そうした技術開発の過程では，部品や材料，生産設備などの供給業者がどのくらい協力してくれるのかが競争の行方を左右するということで，シャープと松下は，「自らの技術が本命なのだということを確信している証」「自らのコミットメントの強さを示すシグナル」として，両社とも一歩も引かない強気の設備投資を繰り返していきました。たとえば，両社の競争が佳境に入っていた2004年には，5月に松下が「次世代プラズマを生産するための新工場を，投資額950億円で兵庫県尼崎市に建設する」と発表する一方で，12月にはシャープが，「最新鋭の大型液晶パネルを生産するための新工場を，投資額1,500億円で三重県亀山市に建設する」と発表しました。

　以上のような状況のもとでは，いくら技術自体の内容や動向に詳しいとは言っても，技術の専門家だけでは，どちらの技術を選択すべきなのかを判断することは難しかったと言えるでしょう。

　それは，技術自体のポテンシャルだけでなく，少なくとも，将来の市場動向や顧客ニーズの動向，各技術に対する各社の覚悟や体力，各社のマーケティング戦略や提携戦略，部品や材料，生産設備などの供給業者の動向を読み切らなければ，正確な判断ができなかったからです。

○ 幅広い関係者を巻き込んだ技術評価の必要性

　こうした市場と技術の不確実性がきわめて高い状況のなかで，できる限り適切な技術セレクションを行うためには，技術の専門家だけではなく，社内外の幅広い関係者を巻き込んだ技術評価を行う必要があります。もちろん，最終的には経営トップが判断しなければならないのですが，そのための判断材料として，全社の知識を集約していく意義は大きいと言えます。

　しかしその一方で，技術の専門家以外は，比較される各技術の細かい点をまったく理解できない場合がほとんどです。そのため，技術の専門家以外の社内

外の幅広い関係者を巻き込み，全社レベルで技術や市場の先行きについての理解を共有し，できる限り適切な技術セレクションを行うための方法として，近年になって盛んに用いられるようになってきたのが「技術ロードマップ（technology roadmaps）」です。

次節からは，この技術ロードマップとその活用方法について説明していくことにしましょう。

6.3 技術ロードマップ

◯ 技術ロードマップとは何か

技術ロードマップについては，多くの研究者や実践家がさまざまな定義づけを行っています。本書では，いくつもある定義の最大公約数をとり，「技術の将来像と，それを達成するための道筋を描き出したもの」と定義することにしたいと思います[3]。

技術ロードマップでは，一般に，技術発展の将来的な方向性が，市場・製品・技術の3つのレベルで，時間軸に沿って工程表的に描かれます。

具体的には，時間軸に沿って，将来の市場動向を描き，市場に投入される将来製品のラインナップを描き，それに必要とされる技術の道筋を描き，さらにはそれらを実現するために必要とされる研究・技術開発戦略や投資戦略を入れ込むという形で，多層構造で描かれます。しかも，5年後・10年後，あるいは2015年・2020年といった区切りの時期を明示した上で，定量化しうる指標などによって各段階の特徴づけが行われます。

個別企業の技術ロードマップは入手困難なので，ここでは参考までに，経済

---

[3] たとえば，ブランスコム（Branscomb, 1993）は，「技術ロードマップとは，科学的知見による裏づけを持った，技術の魅力的な未来像についてのコンセンサスある表現である」と定義しています。また，コストフとシャラー（Kostoff and Schaller, 2001）は，「技術ロードマップとは，科学および技術の進むべき方向性と未来像を示し，意思決定者たちにコンセンサスある見解あるいはビジョンを提供するための道路地図のようなものである」と定義しています。

技術分野	大項目	中項目	小項目	重要課題	評価パラメータ	2007	2008	2009	2010	2011	2012	2013	2014	2015	2016
					DRAMハーフピッチ(nm)→	65	57	50	45	40	36	32	28	25	22
					Flashメモリハーフピッチ(nm)→	57	51	45	40	36	32	28	25	23	20
					ロジックM1ハーフピッチ(nm)→	68	59	52	45	40	36	32	28	25	22
					ロジックノード(nm)→	45			32						
半導体	LSTPデバイス技術	デバイス微細化	ゲート長およびゲート絶縁膜厚	パターン寸法の微細化	LSTP/LOP物理ゲート長(nm)	45/32	32/28	32/25	28/22	25/20	22/18	20/16	18/14	17/13	16/11
					LSTP/LOPゲートの寸法ばらつき(nm)(加工後の物理長 3σ)	5.4/3.8	4.4/3.4	3.8/3.0	3.4/2.6	3.0/2.4	2.6/2.2	2.4/1.9	2.2/1.7	1.9/1.6	1.7/1.3
					LSTP 実効ゲート酸化膜厚EOT：物理的膜厚(nm) 実効ゲート酸化膜厚EOT：電気的膜厚(nm)	1.9 2.53	1.6 1.93	1.5 1.82	1.4 1.71	1.4 1.72	1.3 1.61	1.2 1.51	1.0 1.4	0.9 1.3	0.8 1.2
					LOP 実効ゲート酸化膜厚EOT：物理的膜厚(nm) 実効ゲート酸化膜厚EOT：電気的膜厚(nm)	1.2 1.84	1.1 1.76	1.0 1.67	0.9 1.22	0.9 1.23	0.9 1.22	0.8 1.2	0.8 1.2	0.8 1.2	0.7 1.1
		ナノGMOSへ向けた新技術	トランジスタ構造	低コスト 短チャンネル効果抑制 不純物ランダムばらつき抑制 高移動度化	バルクCMOS FDSOI Double Gate (FinFET) ナノワイヤートランジスタ	バルクCMOS →				UTB FDSOI → Double Gate →					ナノワイヤー →
			性能向上策	移動度向上	Process Strain Substrate Strain 基板面方位	stress Liner →			Embedded SiGe on S/D →	SGOI, GOI → (100) and (110) →					
				電気的ゲート絶縁膜厚の薄膜化 ゲート電流の低減	メタルゲート/High-K		メタルゲート/Hf系 →			メタルゲート/La系 →					
			新構造トランジスタ	バリスティック係数の向上	Geチャネル 準バリスティック動作					Geチャネル → 準バリスティック →					
			パラメータ・ばらつき制御技術	製造後のトランジスタ特性調整	Vthコントロール	基板バイアス →				独立マルチゲートコントロール →					
		混載技術	メモリ混載技術	ロジック埋め込み用6Tr. SRAM	6Tr.SRAMセル面積(μm²)	0.45	0.35	0.28	0.22	0.17	0.13	0.11	0.084	0.066	0.052
				ロジック埋め込み用 6Tr.SRAM代替RAMメモリ	SRAM延命技術 マスクレスSOI DRAM 高速アクセスNVRAM	7Tr or 8Tr SRAM →			Bodly-floating SOI DRAM → FeRAM、MRAM、Resistive Switching Memory、など →						
			アプリケーション用混載技術	ロジック混載RF	NMOSFETのfT(GHz)とfmax(GHz)	170,270	200,310	240,370	280,420	320,480	360,530	400,590	440,650	490,710	550,790
					インダクタのQ値(5GHz、1nH)	29	30	32	34	36	38	40	42	44	46
				新アプリケーション用 混載素子	新混載チップ例	ICタグ →	ポイントオブケアチップ → センサーチップ スマートダスト →			大規模ネットワーク →	大規模ネットワーク →				
			薄膜トランジスタ	ディスプレイ混載TFT	薄膜LGDドライバ										
		シミュレーション技術	デバイスシミュレーション技術	新規モデルの取り込み	物理モデル	バリスティック伝導 →					原子レベルプロセスモデ →				
					統計的モデル	信頼性モデル →	統計的信頼性モデ →		ナノレベル材料設計モデル →						
					コンパクトモデル	ノンクラシカルCMOSコンパクトモデル →			量子効果を入れた回路モデル →						

＊青網部分は要求スペック、灰色の網部分は要求スペックを実現するための技術を示す。

（出所）NEDO ホームページ：http://www.nedo.go.jp/roadmap/2007/data/info_rm1.pdf

図 6.1 『技術戦略マップ 2005』情報通信分野の技術ロードマップ（半導体分野：抜粋）

産業省が作成した『技術戦略マップ2005』の情報通信分野の技術ロードマップの一部を掲載しておきます[4]（図6.1）。

こうした技術ロードマップでは，技術評価に必要とされるさまざまな側面からの情報がワンセットに関連づけられ，時間軸に沿って，概略の部分から詳細の部分まで一貫性を持って多層構造で視覚化されます。ですから，専門を異にする幅広い関係者の共通理解を得るためのコミュニケーション手段として有用です（丹羽，2006）。

たとえば，企業内の技術ロードマップの場合には，企業内のさまざまな専門部署が，その作成プロセスのなかで議論し合うだけでなく，でき上がった技術ロードマップを見ながらさらに議論し合うことによって，技術と市場の先行きに関するお互いの理解がはるかに深まり，企業全体としての知識の共有化が図られ，より的確な技術セレクションを行うことが可能となるのです。

◯ 村田製作所の事例

こうした技術ロードマップを活用している企業として，日本では村田製作所が有名です。

同社は日本屈指の高収益を誇る電子部品メーカーであり，セラミック・コンデンサーで世界一のシェアを占めるなど，セラミック技術を中核に据えた製品展開を行っています。

ただし，一口にセラミック技術と言っても，そのなかには細かく分けると100近い要素技術が含まれ，大きく括っても，セラミックを焼く技術や，セラミックのパウダーをさらに細かく粉砕してしかも均一にする技術など，8つほどの核となる技術分野があります。仮にそのうちのどれか1つでも研究・技術開発のペースが遅れれば，そこがボトルネックとなって，同社のセラミック技術全体の研究・技術開発のペースが遅れ，技術的優位性が失われてしまうことになりかねません。

また，同じセラミック技術をベースにした電子部品と言っても，用途に応じ

---

[4] 民間企業の技術ロードマップについては，各社の経営戦略の根幹に直結する重要機密のため，きわめて概略的なものしか公表されていません。

て求められる技術スペックはさまざまであり，仮に市場の動向を読み間違え，必要とされるスペックの製品を適切な時期に市場に投入できなければ，同社のシェアが一気に失われてしまうことにもなりかねません。

　そこで同社では，市場・製品・技術の3つを連動させた技術ロードマップを作成して意思決定に用いています。

　まず，市場の動向を10年先まで見通した「市場ロードマップ」を描き，次にそれをもとにして，今後10年間製品をどのように展開していくかを「製品ロードマップ」として描きます。さらに，そのために必要とされる10年先までの技術開発の道筋を，「技術ロードマップ」として描いているのです。

　たとえば，「キーレスエントリーシステム」を搭載する乗用車が今後主流になることが予想されるのであれば，それを市場ロードマップに描きます。次に，このキーレスエントリーシステムには高性能の「表面波発振子」という電子部品が必要とされるので，今度はその開発計画を製品ロードマップに描きます。そうすると，表面波発振子には，たとえば，基板に櫛形電極を作り込む技術などが新たに必要とされるので，今度はその開発計画を技術ロードマップに描くのです。

　そうした一連の作業を行った上で，同社では，この3つのロードマップのすり合わせと修正の会議を，年に1〜2回，部長クラス以上で行い，さらにその下のクラスでも細かいすり合わせをしながら，この3つのロードマップの整合性がとれるようにして，技術セレクションの意思決定に役立てているということです[5]。

◯ 技術ロードマップ作成の留意点：①用途の発見

　このように，企業が技術セレクションを的確に行うためのコミュニケーション・ツールとして技術ロードマップを作成する際には，第1に，研究・技術開発の結果としてどのような技術進歩がもたらされるのかを描き出すことよりも，むしろ，「その進歩した技術を用いてどのような顧客価値を提供することがで

---

[5] 村田製作所HP（http://www.murata.co.jp/corporate/vision/system/marketing.html）などより。2010年3月10日，アクセス確認。

きるのか」を考えながら，当該技術の将来的な用途を描き出していくことが重要です。

　ここでは，技術者の側の視点からではなく，顧客の側の視点に立って，その技術をてこにした新たな需要を意識的に探索し，描き出していかなければなりません。というのも，需要が伴わない技術の開発は，当然のことながら市場において成功を得ることはできないからです。

　技術者は，ともすれば，「高度な技術を確立しさえすれば，あるいは，それを用いた（機能的に）優れた製品を開発できさえすれば成功である」と考えがちです。

　しかし，いかに画期的で高度な技術であったとしても，あるいは，そのような技術を用いた製品であっても，それが人々の必要や欲求を満たすと認められない限りは，需要を獲得して新たな市場を開拓することはできません。大多数の顧客にとっては，新製品がもたらしてくれるベネフィットだけが重要なのであって，それがどのような技術によってもたらされるのかは関心の対象外なのです。

　だからこそ技術ロードマップでは，技術そのものについての知識が十分ではない人々に対して，「その新技術が提供することのできる顧客価値がいったい何なのか」を，明確に伝えることが必要とされるのです。

　ただし，「その新技術が提供することのできる顧客価値」＝「顧客のベネフィット」を見つけ出すことは，当該新技術が画期的なものであればあるほど難しくなります。

　たとえば，「アルミよりも軽く，鉄よりも強い」次世代素材として現在注目されている炭素繊維は，もともと欧米では1950年代から宇宙・航空機産業向けに研究開発が進められていましたが，1972年に東レが世界初で量産化にこぎつけた際の最初の主要用途は釣り竿用でした[6]。

　東レでは1960年代に入ってから炭素繊維の研究を進め，1970年には量産化へのめどをつけたのですが，市場調査をいくら行っても，炭素繊維はコストが高すぎて需要がありませんでした。

---
[6] 東レに関する以下の記述は，青島・河西（2005）などを再構成したものです。

そのため同社では，全社員を対象にアンケート調査を行ったり，技術者自らがサンプルを鞄に詰め込んでさまざまな業界の企業を回ったりなどして懸命に用途を探した結果，ようやくオリムピック釣具（現在はマミヤ・オーピー）との炭素繊維製アユ竿の共同開発にこぎつけ，1972年に製品を市場に投入して大好評を博しました。

その後も東レは，1973年に炭素繊維製のゴルフクラブのシャフトを，1975年には一部に炭素繊維を用いたテニスラケットを，翌1976年には全面的に炭素繊維を用いて，従来のテニスラケットと重量が同じで打球面を大幅に広げた通称「デカラケ」を共同開発して市場に投入し，大成功を収めました。

このように，初期の炭素繊維を支えた需要は，当初ターゲットと考えられていた宇宙・航空機産業向けではなく，当初は予想もしなかった，趣味性が高くて，機能さえ高ければ高価格をいとわない，スポーツ用のプレミアム・セグメントだったのです。

このように，新技術の用途は，当初の段階では誰も予想しなかったところにあることが多いのですが，そうであってもなお，「新技術が提供することのできる顧客価値」＝「顧客のベネフィット」を多くの人にも理解できるコンセプトに落とし込んだ上で，できる限り分かりやすい形で表現することに最大限の努力を払う必要があります[7]。

もちろん，提案された顧客のベネフィットがすべて実現されることは望むべくもないのですが，常にこの点を意識しておくことが，現時点では未だ見えていない将来的な顧客のベネフィットをキャッチするアンテナの感度を高めることにつながっていきます。

また，提案する顧客のベネフィットが具体的であればあるほど，それが内外に向けて発信された段階で，思いもよらなかった方向からの新たな用途開発の提案が寄せられる可能性が高まるのです。

実務の世界では，「技術をスペックで語るな，顧客ベネフィットで語れ」と

---

[7] たとえば，マイクロソフトが提案する「2019年のコンピュータ技術が提供することのできる顧客価値」＝「顧客のベネフィット」は，「Microsoft Office Labs vision 2019」で動画検索すれば，非常にわかりやすい映像で見ることができます。2010年3月10日，YouTubeにてアクセス確認。

よく言われますが，これは技術ロードマップ作成の際にも当てはまります。予想される顧客のベネフィットをできる限り明確化し，できる限り分かりやすい形で表現することこそが，技術ロードマップに"生命"を吹き込むための最も重要な作業なのです。

○ 技術ロードマップ作成の留意点：②連続的な用途開発の道筋の明確化

技術ロードマップを作成する際には，第2に，「当該技術の連続的な用途開発の道筋」を描き出していくことが重要です。というのも，分野によって違いはあるものの，技術の研究・開発や，それを利用した製品の開発には，一般に長い時間を要するからです。

クリアーすべき技術的目標が野心的なものであり，越えるべきハードルが高くなればなるほど，そのために要する開発期間はますます長期化します。しかしその一方で，あまりに長い期間にわたって市場で成果を上げることのできない技術の研究・開発は，民間企業では通常認められませんし，大学や公的な研究機関ですら，こうした短期的な成果志向は強まっています。つまり，技術の研究・開発では，短期的に市場成果を出しつつ，長期的な目標に向かって着実な進歩を遂げていくことが求められるのです。

そのため，こうした短期と長期の難しいバランスをとっていくためには，市場規模はさほど大きくないが，技術的な難度がさほど高くないので比較的短期間で立ち上がると予想される用途から，市場規模は大きいが，技術的な難度が高いので立ち上がるまでに長期間を要すると予想される用途に至るまで，用途開発の対象をいくつかポートフォリオとして用意し，あらかじめ道筋の目星をつけておくことが重要となるのです。

たとえば東レにおける炭素繊維の研究開発では，上で述べたように，そもそも宇宙・航空機産業向け用途がメインだと考えられていました。実際に，宇宙・航空機産業では，機体軽量化が燃費の向上に直接結びつくため，強度が高くて軽量な炭素繊維への期待は当初から高かったのです。

しかし，初期の炭素繊維では，コストはもちろん，「売り」であるはずの強

度や耐久性でさえも，一次構造材（それが破損すると墜落に直結する重要部材）に使用できるだけの性能に達していませんでした。

その後，技術改良を積み重ねていった結果として，東レの炭素繊維「トレカ」がボーイング製航空機の内装部品の材料としてはじめて採用されたのが1973年，ボーイング757および767の二次構造材（損傷しても運行に支障のない部材）に採用されたのが1975年，ボーイング777の尾翼やフロアビームなど一部の一次構造材に採用されたのが1989年，ボーイング787の主翼・胴体を含む機体構造材の半分近くに採用されることが発表されたのが2003年と，そもそもターゲットだと考えられていた宇宙・航空機産業向け市場が大きく花開く（見込みとなる）までに，同社の研究開発の開始から，なんと半世紀近い歳月が経過しています。

いかなる企業であれ，これだけの長期にわたって十分な市場成果を出さないままに研究開発を続けることは不可能です。実際に東レも，すでに述べたように，最初はスポーツ用途を開拓して新市場を立ち上げ，1980年代の釣り・ゴルフ・テニスのブームを受けてこの市場を拡大していく一方で，1980年代からは航空機産業向け市場を徐々に拡大。1990年代に入ってからは産業用市場の開拓を本格化し，2009年現在では，こうした産業用途，具体的には，橋脚・橋梁の耐震補強，圧力容器，自動車用部品，風力発電用ブレード，船舶，PC（パソコン）の筐体といった用途の部材などが，同社の炭素繊維売上高の半分以上を占めるに至っています。

東レが半世紀近くにわたって炭素繊維の技術開発を継続することができたのも，一つには，こうした地道な用途開発があったからこそなのだと考えられます。

むろん，当初から，こうした中長期にわたる新技術の用途開発の道筋が明確に描けることは稀だと思われます。しかし，そうであってもなお，開発の時間軸を明確に意識し，短期的に実現可能と思われる用途から，長期間を要すると予想される用途に至るまでのポートフォリオをあらかじめ組んでおくことは，新技術の研究・開発のリスク・マネジメントにとってきわめて重要です。

だからこそ，技術ロードマップでは，技術セレクションに責任を持つ経営トップ層に対して特に，「その新技術によって実現可能となる連続的な用途開発

の道筋」を明確に伝えることが必要とされるのです。

◯ 技術ロードマップ作成の留意点：③研究・技術開発と製品開発のスパイラル

　技術ロードマップを作成する際には，第3に，自社のコア技術が何であるのかを明確化した上で，「コア技術の研究・技術開発と具体的な製品の開発とのスパイラルな相互進化の道筋」を意識して描き出していくことが重要です。

　ここで言うコア技術とは，企業が有する技術のうちで，特定の製品や製品グループを超えて，あるいは特定の事業部を超えて，また現在だけでなく過去から未来まで含めて，企業全体として共有されるもののことを意味しています。たとえて言うならば，コア技術は木の幹に相当し，各事業は木の幹から生えた枝に相当し，最終製品は木の枝に実った果実に相当します。最終製品も各事業も，幹であるコア技術なしでは存在しえないという意味で，このコア技術こそが，企業にとって持続可能な競争優位の最も重要な源泉だと言えます（Praharad and Hamel, 1990）。

　一般に，研究所などで生み出された技術は，実用性という観点からすると多くの点で課題が残り，そのままでは製品化できないのが普通です。そのため，研究所などでの研究開発に並行して，実際に製品化することによって技術革新は加速されることになります。

　このため，コア技術の研究・技術開発と具体的な製品の開発とのスパイラルな相互進化の道筋をあらかじめ描き出しておくことは，技術革新の方向性を明確化し，そのスピードを加速し，最終的に経済的成果を獲得していく上で手助けとなるのです。

　こうした点を意識してマネジメントしてきた企業として有名なのが，液晶技術をコア技術とした製品展開を行っているシャープです[8]。

　シャープは，1970年頃から本格的に液晶の技術開発に取り組み始め，1973年には，電卓の「エルシーメイト EL-805」ではじめて製品化しました。その

---
[8] シャープに関する以下の記述は，加藤（2004）や延岡（2006）などを再構成したものです。

後も同社は，液晶表示装置をデジタル時計，携帯用のゲーム機（任天堂の「ゲーム＆ウォッチ」や「ゲームボーイ」），コピー機やファクシミリ，ワープロ，電子システム手帳，ノートPC，携帯用ビデオカメラ，フルカラーのPC用液晶モニター，液晶テレビ，カーナビ，携帯電話などの用途に向け次々と製品化し，市場に投入していきました。

　その一方で同社は，液晶技術そのものについても急速に発展させ，1970年代・80年代には，当初のDSM（Dynamic Scattering Mode）型液晶からTN（Twisted Nematic）型液晶へ，その発展形としてSTN（Super Twisted Nematic）型，DSTN（Double STN）型，FSTN（Film compensated STN）型，TSTN（Triple STN）型，CSTN（Color STN）型の液晶を実用化し，大画面ワープロや初期のノートPC，電子システム手帳などの開発・導入に結びつけました。

　1980年代後半にはTFT（Thin Film Transistor）型液晶を実用化し，フルカラーのPC用モニターやテレビを中心に展開し，さらに2000年代に入ると，TFT型液晶を液晶テレビ向けに発展させたASV（Advanced Super View）型液晶を実用化し，その技術を応用して携帯電話用のモバイルASV型液晶も実用化しました[9]。

　シャープにおけるこうした最終製品と液晶技術の共進化は，密接に結びついていました。というのも，新製品での実用化を図る過程でコア技術である液晶技術が向上し，それを土台とすることによってさらに新たな製品への展開の可能性が生まれ，その実用化を図る過程で液晶技術がさらに一層高度化されるという具合に，両者が相乗効果を持ちながら発展したからです。

　実際，液晶技術をある特定の新製品に応用する際には，その製品だからこそ求められる機能があるため，その製品に合わせて液晶技術のレベルを向上させる必要がありました。

　たとえば，シャープが任天堂のゲームボーイ用のSTN型液晶を開発する際

6.3 技術ロードマップ

---

[9] 細かい話になってしまうので各液晶技術の詳細については省きますが，DSM型液晶よりもTN型液晶およびその派生型のほうが表示情報量が大きく，TN型液晶よりもTFT型液晶およびその派生型のほうがコントラスト比に優れ，細かい色彩を表示できるという特徴を有しています。詳しくは，沼上（1999）や鈴木（2005）などを参照下さい。

には，ボタン操作に映像が機敏に対応するよう画像の応答速度を高め，なおかつ子供が手荒に扱っても少々のことでは故障しないように耐久性を高めることが求められました。また，液晶モニター付きの携帯用ビデオカメラ「液晶ビューカム」を開発する際には，太陽光のもとの明るい場所でも画像が見えるようにすることが求められました。電子システム手帳「液晶ペンコムザウルス」を開発する際には，ペンで文字を直接入力できる機能が求められました。ノートPCやフルカラーのPC用モニター，液晶テレビを開発する際には，それまでとは比べものにならないレベルの表示情報量，色域，視野角，応答速度などが求められました。カーナビ用の液晶表示装置を開発する際には，マイナス30度からプラス80度近い過酷な温度条件のもとでの動作を保証し，なおかつ10年近い寿命を保証することが求められました。

このようにシャープでは，液晶という技術を多様な製品に応用してみることによって，今までにない高付加価値の新しい製品を作り出していきました。またその過程で，液晶に求められる新しいニーズを具体化し，今までにない領域の要素技術を取り込んで既存の技術と融合させながら，そうした新しいニーズを満たす従来にない新しい液晶を作り出していきました。こうした，液晶技術と製品の間に相乗効果を持たせながら，両者をともに発展・深化させていく技術進化の戦略を，同社では「スパイラル戦略」と呼んでいます（加藤，2004）。

このようなスパイラルのサイクルを連続して回していくことで，シャープの液晶技術は，業界内で「世界一」と評価されるレベルにまで到達することができたのです。

6.4　産業レベルでの技術ロードマップの活用

◯ 半導体技術ロードマップ

ここまで，企業レベルでの技術ロードマップの作成と利用についてだけ述べてきましたが，実際には，技術ロードマップは産業レベルでも活発に利用され

ています。

そもそも技術ロードマップは，1970年代後半に米国のモトローラで，技術の発展と製品の展開との関連を表示するために使われたのが最初だとされています。そして，これが一般に本格的に普及するきっかけを作ったのは，米国国防総省と米国半導体業界が共同出資して1987年に設立した半導体共同研究コンソーシアム「SEMATECH (Semiconductor Manufacturing Technology)」が作成した半導体ロードマップの成功でした。

半導体業界では，第2章で述べたように，関連する要素技術の数が膨大です。そして，たとえば従来の半分の線幅の半導体回路を設計できるような技術が開発されても，それを回路に焼き付けるための適切な半導体露光装置が開発され，なおかつ半導体回路を焼き付けるシリコンウェハーの平坦度のレベルをさらに向上させる技術が開発され，なおかつ空気中の細かいチリを完全に取り除くことのできるクリーンルームを開発する技術が開発され，さらになおかつシリコンウェハーを洗浄するための超純水を大量に安定的に供給する技術が開発されない限り，その技術が日の目を見ることはありません。つまり，それぞれの企業が自らの技術を高めるだけでは不十分で，お互いに他社の技術と補完し合わなければ最終製品ができ上がらないという宿命を負っているわけです。

さらには，いくら高度な技術を体現した新しい半導体チップの開発・量産に成功したとしても，その用途が生み出されない限り，「宝の持ち腐れ」になってしまいます。つまり，需要が伴わなければ，新しい半導体チップの開発・量産のために投じる莫大な投資が回収不能になるので，信頼できる将来需要の見取り図が示されない限り，関連する企業すべてが同じ方向に向かって研究開発を進めることはありえないのです。

そこでSEMATECHは，1992年に，半導体需要を支える製品分野の進展の将来像を示すとともに，半導体に関連する膨大な数の要素技術の発展の方向性と進歩のペースを揃えるために，米国半導体業界の共通ロードマップである『NTRS92 (National Technology Roadmap for Semiconductor)』を制定しました。

このときはじめて，委員会での議論・検討を踏まえて，半導体の将来の用途と，そのために満たされるべき将来の半導体の技術スペック，およびそれを実

6.4 産業レベルでの技術ロードマップの活用

現するために必要とされる半導体製造に関わるさまざまな装置・材料が満たすべき技術スペックが，達成されるべき期限とともに明示されるようになったのです。

　その後，SEMATECHには欧州，日本，韓国，台湾の半導体関連の企業も加わって「SEMATECH International」となり，ここが母体となって，99年からは『国際半導体技術ロードマップ（International Technology Roadmaps for Semiconductors：ITRS）』が作成・公表されるようになりました。

　そしてその後，この成功に触発されて，世界の先進国では，情報通信技術，鉄鋼技術，医療用機器技術，電力技術，光技術，ナノテクノロジーなど，実にさまざまな業界で技術ロードマップが作成されるようになったのです。

○ 産業レベルでの技術ロードマップの意義

　ところで，一口に産業レベルの技術ロードマップと言っても，実際にはさまざまなレベルのものがあります。

　一番高いレベルには国をまたぐ国際的なものがあり，上で挙げた国際半導体技術ロードマップはその典型例です。また，その下には一国のレベルのものがあり，例としては，図6.1で一部を掲載した，経済産業省が中心となって作成した『技術戦略マップ』などが挙げられます。さらに下のレベルには，特定の有志企業連合で作成されたものがあります。

　こうした産業レベルの技術ロードマップは，対象となる技術分野に関連する各企業が自社の研究・技術開発計画を策定したり，政策当局者が政策選択における優先順位を討議したりする場合などの各局面で，大きな役割を果たすことになります（藤末，2005）。

　たとえば，各企業や大学，各種研究機関の研究者たちは，技術ロードマップによって製品や技術の将来像が明らかにされることで，いつまでに何を開発すればよいのか，そのためにはいつまでに何の技術を実用化しなければならないのか，という目標が示されることになります。さらには，当該技術の将来的な拡大分野，すなわち，現在はその技術体系から抜け落ちているが将来は取り込まれていくと予想される分野も明らかにされることになります。

このように，技術ロードマップの作成は，関連する諸分野の関係者（ステークホルダー）たちに，今後どの技術が最も必要か，自社はどの技術開発に注力すべきか，その開発期限はいつまでか，その技術開発を通じてどのようなビジネスを行うべきかといった，研究・技術開発に関わるさまざまな戦略の選定や評価の基盤を提供し，ひいてはより適切な技術投資ができるように，手助けをすることになるのです。

　また技術ロードマップは，産業政策を策定する際にも，企業や大学や政府といった諸関係者たちが議論を進めていく上での「対話の共通の土台」となります。

　特にハイテク産業の場合，技術革新のペースが速く，産業全体で分業化が進み，なおかつ各社が持つ要素技術間で相互依存性が高いという特徴を持っています。そのため，技術ロードマップを通じて，一つの業界を形成するさまざまな企業が技術を進歩させるために実行すべき研究・技術開発計画の見取り図を共有することで，技術の不確実性を取り除き，各社がどのような具体的な技術を，いつまでに開発しなければならないのか，そのめどを明らかにする意義は大きいのです。

◯ さまざまなレベルの技術ロードマップの使い分け

　一方，個別の企業が自社の競争力を強化していくためには，こうしたさまざまなレベルの技術ロードマップを適切に使い分けていくことが重要になります。

　企業は，国際レベルや一国レベルの技術ロードマップづくりに積極的に参加することで，競合他社や，部品・原材料メーカーや生産設備メーカーといった当該技術の開発者サイドだけでなく，当該技術の利用者サイド，あるいは政府サイドなど，ふだんはなかなか接触することが難しい，関連する非常に幅広い関係者の意向を知ることが可能になります。

　よく，「技術ロードマップを作成していく過程は，完成した技術ロードマップそのものよりも価値がある（"Roadmapping is rather important than roadmaps."）」と言われますが，実際に技術ロードマップの作成プロセスに参加することではじめて，でき上がった技術ロードマップからでは窺い知れないよう

な，広く深い知識を吸収することが可能になるのです。

　そして，そうして得た知識を活かしていくことではじめて，競合他社や関連業界，そして市場の動向を踏まえた，的確な自社技術ロードマップを描いていくことが可能となります。

　また，そうした産業横断的な技術ロードマップづくりのプロセスに参加することで，議論のなかに自社の意見を反映させて，最終的にでき上がる技術ロードマップを，できるだけ自社に有利な方向へと誘導していくことも可能になります。

　技術の方向性というものは，あたかも物理法則のように，客観的に，関係する当事者たちの意図と無関係に存在するものではありません（沼上，1999）。むろん，多種多様なバックグランドを持った幅広い関係者たちの意図を自社の思い通りに操作することなど不可能ですが，未だ各関係者たちの予測や思惑が十分に固まりきっていない初期段階であれば特に，自社が考える技術の将来的な方向性を広く知ってもらい，できる限り多くの関係者の賛同を得て，共有してもらうことを通じて，技術進歩のベクトルをそちらのほうへと向けていくことは不可能ではないのです。

　さらに，こうした産業横断的な技術ロードマップづくりのプロセスのなかで関係者の合意形成に働きかけを行う活動は，国際レベルや一国レベルの技術ロードマップづくりの場が業界標準づくりの活動と連動していることが多いため，近年，さらに重要度を増しています。

　業界標準のマネジメントについては次の第7章で詳しく論じますが，せっかくの研究・技術開発の成果がその後の経済的成果に結びつくかどうかを決める非常に重要な要因になります。そのため，国際レベルや一国レベルの技術ロードマップづくりの場に参加して，ここで自社の意向をなるべく反映させることができるかどうかは，その後の業界標準づくりの活動を自社に有利なように展開できるかどうかを左右することになり，ひいては企業の競争力を左右する重要な要因になるのです。

　ただし，こうした国際レベルや一国レベルの技術ロードマップ作成の場は，どうしても参加者が多岐にわたり，各技術分野で競合するライバル企業同士が参加する形になるため，合意形成に時間がかかり，総花的な議論に終始してし

まうことが多くなります。

そのため，変化の激しいハイテク業界では特に，各分野の有力企業の多くが，国際レベルや一国レベルの技術ロードマップ作成に積極的に関与していく一方で，比較的少数の各分野の有力企業と組んで，独自の自社専用の技術ロードマップづくりを行っています（安藤・元橋，2002）。

このように，国際レベルや一国レベルの技術ロードマップと自社独自の技術ロードマップをうまく連動することによってはじめて，「技術の先行きを的確に読む」か，あるいは「技術の先行きを『適切』な方向へと誘導する」ことが可能になり，ひいては自社の研究・技術開発の成果をうまく経済的成果獲得へと結びつけることが可能になるのです。

こうした共通技術ロードマップと独自の技術ロードマップを戦略的に用いる点で最も優れた成果を上げてきたのが，米国大手半導体メーカーのインテルです（安藤・元橋，2002）。

同社は，国際半導体技術ロードマップ（ITRS）の主要メンバーとして，「ムーアの法則[10]」に基づいた国際的半導体技術ロードマップの作成を推進すると同時に，関連する技術を有した少数の企業群とともに独自の半導体技術ロードマップを作成し，技術開発の進捗状況をたえず点検しています。

さらに同社は，「エンドユーザーはCPUを購入するのではなくコンピュータを購入している」との観点に立ち，半導体の枠を超えて，PCやサーバーといった最終製品の技術に関する技術ロードマップも作成し，業界標準づくりの活動にも力を入れています（Gawer and Cusumano, 2002; Burgelman, 2002; 立本・高梨，2008）。

このようにインテルは，半導体技術のみならず，PCやサーバーといった最終製品の技術全体に関する技術ロードマップをも作成し，業界全体を引っ張っ

---

[10] インテルの創業者の1人であるゴードン・ムーア氏は，1965年に「18ヶ月ごとに半導体の集積度が2倍になる」という内容の「ムーアの法則」を提唱しました。この「ムーアの法則」は，単なる現象の解説ではなく，技術ロードマップの一形態だと言えます。ムーアの法則は，半導体の開発技術がどのようなペースで微細化・高度化するのかを示すことで，関連企業群に開発すべき具体的な技術目標と達成期限を明示し，それに向かって努力を集中させる役割を果たしているのです。

ているのです[11]。

　インテルが，きわめて技術変化の激しい半導体業界で20年近くにわたってトップクラスの業績を上げ続けているのも，同社がこうした役割を率先して果たし，技術の先行きを的確に読みつつ，技術の先行きを自社にとって「適切」な方向へと誘導し続けることに成功したからだと考えられます。

演習問題

6.1 たとえば，脚注7で紹介した「Microsoft Office Labs vision 2019」を見た上で，情報・通信技術の発展によって，10年後の私たちの生活がどうなっているのか，どのような新たな顧客価値が実現されているのかを，できるだけ具体的に予想して下さい。

---

[11] 非常に概略的なものにとどまっていますが，たとえばインテルの2009年の一般公開された技術ロードマップについては，同社HP（http://ipip.intel.com/go/wp-content/uploads/2009/06/6-09-roadmap_treger.pdf）を参照下さい。2010年3月10日アクセス確認。

第7章

研究・技術開発のマネジメント②：業界標準のマネジメント

　技術セレクションを適切に行い，「魔の川」を首尾よく乗り越えることができたとしても，研究・技術開発のマネジメントはもう十分，製品開発の段階（フェーズ）に入る前の段階で考えておくことはもはやない，というわけにはいきません。

　仮に，せっかく優れた研究・技術開発の成果を得ることができ，その成果を次の製品開発の段階につなげることができたとしても，研究・技術開発のマネジメントの段階で，業界標準のマネジメントと製品アーキテクチャのマネジメントの2つで失敗すると，最終的な経済的成果の獲得が難しくなってしまうのです。

　そこで本章では，このうち前者の業界標準のマネジメントについて，具体例を交えながら詳しく説明していきたいと思います。

○ KEY WORDS ○
標準／規格／スタンダード，業界標準，
デジュリ・スタンダード，デファクト・スタンダード，
コンソーシアム型スタンダード，規格間競争，世代間競争，
ネットワーク外部性，クローズド・ポリシー，オープン・ポリシー，
インストールド・ベース，クリティカル・マス，
互換性，キラー・アプリケーション

7.1 はじめに

かつての日本企業には,「良い技術さえ開発していれば, 自ずと事業が成長し, 収益を上げることができる」という認識が広く共有されていたように思われます。しかし, 現在のような激化する一方のグローバル競争の環境下では, この認識は完全に間違っています。

実際, 近年, DVDプレーヤー, 携帯電話, 薄型テレビなどで, 日本企業が研究・技術開発の面では世界の最先端を走りながらも, 経済的成果 (利益) の獲得には失敗するケースが増えています (榊原, 2005;延岡他, 2006)。

こうした事態に陥ってしまう理由はさまざまですが, そのうちの重要な要因のうちの一つが, 業界標準をめぐる問題です。後で詳しく説明しますが, 業界標準とは, 当該業界において広く標準 (スタンダード) であると認められた製品規格のことです。そして, 業界標準の確立とは, 多くの企業が, 現在その規格にのっとった製品を供給し, 多くの消費者がそれを使用しており, 今後もそうした状況が続くと予想されるにいたったことを意味します。

仮に, せっかく優れた研究・技術開発の成果を得ることができたとしても, 業界標準をめぐるマネジメントで失敗すれば, 主に以下の3つのような理由から, 経済的成果が獲得できない恐れが大きくなります。

第1に, エレクトロニクス業界や通信業界など, 業界標準の行方が重要な役割を果たすような製品の市場における競争では, ひとたびある規格が業界標準の地位を獲得しそうな兆しが現れると, 消費者の購買がその規格に集中してしまうからです。

しかも, それがさらにその規格の製品の供給者を増やし, それがまたさらにその製品のユーザーの数を増やし, ……といった具合に,「成功が成功を呼ぶ」という現象が生じて, 最終的には1つの規格だけが勝ち残り, 他の規格はすべて市場からの敗退を余儀なくされることになります。

さらに, この競争においては, 必ずしも技術的に優れたものが業界標準を獲得するとは限りません。そのため, 仮に優れた研究・技術開発の成果を得て,

それが技術的に最も優れていたとしても，業界標準を獲得することができずに市場から消えてしまい，経済的成果の獲得に結びつかないことが十分にありうるのです。

たとえば，家庭用のビデオテープレコーダー（Video Tape Recorder：以下「VTR」）のVHS方式とベータ方式の競争では，1975年にソニーのベータ方式，翌76年に日本ビクターのVHS方式のVTRが発売され，その後に価格面や製品機能面で激しい競争が繰り広げられました。

両者の技術を比較すると，ベータ方式のほうが画質は優れていてカセットの大きさもコンパクトであり，テープの痛みも生じにくい構造であったとされます。つまり，技術的にはベータ方式のほうが優れていたと考えられ，それゆえにAVマニアの間ではVHS方式よりもはるかに人気があったとされます（山田，1993）。

しかし，競争の結果はVHS方式の圧倒的な勝利に終わり，1980年代半ばにはVHS方式がVTRの事実上の業界標準になりました。そして，1988年にはソニーもVHS方式のVTRの販売に踏み切り，ベータ方式のVTRは市場からほとんど姿を消してしまったのです（正式な生産終了は2002年）。

第2に，業界標準を獲得しても，その後の競争が激化して，成果獲得が難しくなるケースが多いからです。

業界標準が重要な役割を果たすような製品の市場では，自社の規格を業界標準にするために，他社に対して積極的に自社技術を公開したり，重要部品や製品そのものを供給したりする，といった企業行動がしばしば観察されます。

この種の戦略は，自社規格の採用企業数を増やし，消費者の支持を得て業界標準獲得競争を有利に進める上では有効なやり方ですが，将来の競争相手を増やすという意味では，業界標準を獲得した後の競争にマイナスの影響を及ぼすことになります。すなわち，仮に自社の技術が業界標準を獲得することができたとしても，その過程で競争相手に便宜を与えすぎてしまうと，その後の競争に勝ち抜くことが難しくなってしまい，結局は経済的成果の獲得に結びつかないことが十分にありうるのです。

たとえば，上で挙げたVTRのVHS方式とベータ方式の競争では，両陣営が全世界を舞台に激烈な市場争奪戦を繰り広げました。その過程で，VHS方式

を推進する日本ビクターは，他社に対して非常に低いライセンス料（使用許可の対価としての代金）で積極的に技術を供与し，日立など他社のVTR機のOEM生産（相手先ブランドでの生産。たとえば，日本ビクターが日立のロゴの入ったVTR機を生産し，日立はそれを自社の製品として自社の流通網に乗せて販売するというやり方）を積極的に引き受けたり，試作機も無料で他社に貸し出したりするなどして，俗に「ファミリー」と呼ばれる，自社規格を採用してくれる仲間づくりを積極的に進めました。

その一方でソニーは，当初OEM生産に消極的で，技術供与を行う際のライセンス料を相対的に高めに設定したことから，なかなか自社規格を採用してくれるファミリーが増えず，それがVHS方式に敗れる一つの大きな要因になったとされます（山田，1993）。

しかし，日本ビクターの積極的なファミリーづくりの活動は，一方ではVHS方式に関する技術情報の流布を極端に早めることになり，業界への参入障壁を低め，技術に基づく製品差別化を困難にする方向に作用しました。その結果，業界標準確立後の激烈な価格競争を招き，長期的に見た場合，ビクターの収益力の低下を招いてしまったのです（淺羽，1995）。

第3に，いったん自社規格が業界標準を獲得することができ，業界標準確立後の競争で優位に立てたとしても，すぐに次世代の新規格との競争に敗れてしまい，十分な経済的成果を獲得することができないケースが多いからです。

たとえば，上で例に挙げた家庭用のVTRは，1995年に業界標準が確立されたDVD（Digital Versatile Disc）機器に出荷台数ベースで2003年に抜かれ，2000年代半ばにはほぼ完全に代替されるにいたりました[1]。この結果，日本ビクターでは，VHS方式に関連したライセンス料収入がほぼ完全に途絶え，そのことも一因となって経営危機に陥り，最終的には2007年にケンウッドの傘下に入ることになりました。

また，VTRを代替したDVDにしても，2008年にはすでに次世代DVDの規格である「ブルーレイ方式（Blu-ray Disc）」が業界標準を獲得しており，今後は現行の規格を急速に代替する可能性があります。そうなると，現行のDVDの規格では主要特許の多くをおさえていたが，（別の「HD DVD方式

---

[1] ただし，これにはDVDプレーヤーとレコーダーの両方が含まれています。

（High-Definition DVD）」を推進していたため）次世代DVDのブルーレイ方式では特許をほとんど有していない東芝は，現行の規格から十分な経済的成果を得られない可能性が高くなってしまいます。

　つまり，仮に自社の技術が業界標準を獲得することができたとしても，その後の世代間競争への対処を誤れば，経済的成果の獲得に結びつかないことが十分にありうるのです。

　このように，業界標準の問題は，研究・技術開発の成果を経済的な成果にまで結びつけていくというイノベーション・プロセスのマネジメントを考える際に，避けては通れない問題なのです。

　なお，業界標準をめぐる競争には，大きく分けて規格間と世代間の2つがあります。このうち「規格間競争」とは，異なる規格間での業界標準獲得をめぐっての競争のことで，VHS対ベータなどの例がこれにあたります。一方，「世代間競争」とは，業界標準となった旧世代規格と，新たに提案された新世代規格の間の競争であり，VTR対DVDなどの例がこれにあたります。

　この2つの戦い方には共通する点もありますが，大きく異なる点もあるので，以下，業界標準のタイプについて簡単に解説した後，まずは規格間競争のための戦略を論じ，次に世代間競争のための戦略について論じていくことにしたいと思います。

7.2　業界標準とは何か

○ 業界標準とは何か

　「標準」や「規格」，あるいは「スタンダード」という用語は，英語ではどれも"standard"であり，多少のニュアンスの違いがあるものの，実際にはほぼ同義で使用されます。本書でも，以下ではこの3つを使い分けしないで用いることにします。

標準／規格／スタンダードとは，形，寸法，質，重さ，データの記録や読み取りの方式，電気や信号のやり取りの方式などにおける，定められた共通のルール（取り決め）のことを意味しています。こうした標準／規格／スタンダードに従うことで，自由に放置すると多様化・複雑化・無秩序化してしまうモノや事柄に秩序を与え，互換性を保つことができるようになります（古川，1989）。

たとえば，日本国内の電気器具用のコンセントの形や電圧・電流は，すべてJIS規格によって統一されており，同じ規格によって統一されている日本国内用の電気器具のプラグであれば，どれでも差し込んで使用できるようになっています。しかし，別の規格によって統一されている米国や欧州の電気器具のプラグを差し込んで使用することはできません。

こうした標準／規格／スタンダードのうち，ある業界内で広く認められた共通ルールを，「業界標準（industry standard）」と呼びます。逆に言うと，「業界標準が存在しない」＝「業界で広く認められた共通ルールがない」ということであり，そうした産業では複数の規格が並立し，それらの規格間での互換性は保証されないことになり，結果として消費者が大きな不便を被ってしまう恐れが高くなるわけです。

たとえば電子マネーの規格では，2009年時点で，JR東日本の「Suica（スイカ）」とビットワレットの「Edy（エディ）」をはじめとして，「iD（アイディ）」「QUICPay（クイックペイ）」「Smart Plus（スマートプラス）」「VISA Touch（ビザタッチ）」「nanaco（ナナコ）」「WAON（ワオン）」など複数の規格が乱立しているので，それぞれの規格の電子マネーのカードは特殊な端末を除いて他の電子マネー用の端末では使えず（たとえばスイカのカードはエディ端末では使えないし，エディのカードはスイカ端末では使えない），消費者の利便性は大いに損なわれています[2]。

---

[2] 正確には，スイカもエディも，ソニーが開発した非接触型ICカードの技術方式である「FeliCa（フェリカ）」を採用しているため，データを物理的にやり取りする方式（データの読み取り，記録，送受信などの方式）は同一です。しかし，やり取りされるデータの形式などが各規格によってバラバラなため，互換性を図るためには，データ形式の変換などを行うことのできる特別な端末（価格が高い）を備える必要があるのです。

○「業界標準」のタイプ

業界標準は，その決まり方の点でいくつかのタイプに分かれます（山田，2004b）。

第1に，「デジュリ・スタンダード（"dejure standard"：公的標準）」と呼ばれる，国際的機関や行政機関などが定める標準があります（「デジュール」と発音する場合もあります）。ちなみに"dejure"とは，ラテン語で「プロセスに正統性がある」という意味で，かつては標準といえば，国などが定めるこのデジュリ・スタンダードのことを意味していました。

このデジュリ・スタンダードは，その適用範囲に応じて分類できます。まず，最も広範に適用される標準として「国際標準」があります。国際標準とは，ISO（International Organization for Standardization：国際標準化機構）やIEC（International Electrotechnical Commission：国際電気標準会議），ITU（International Telecommunication Union：国際電気通信連合）のような，世界的な公的標準化機関で合意された標準規格です。

次に適用範囲が広いのが，「地域標準」です。地域標準とは，CEN（ComitéEuropéen de Normalisation：欧州標準化委員会）やCENELEC（ComitéEuropéen de Normalisation Électrotechnique：欧州電気標準化委員会）のような，地域内の公的標準化機関で合意された標準規格です。ただし，現時点で地域標準を有しているのは欧州のみです。

その次に適用範囲が広いのが，「国家標準」です。国家標準とは，JISC（Japanese Industrial Standards Committee：日本工業標準調査会）やANSI（American Nation Standard Institute：米国規格協会），DIN（Deutsches Institut für Normung：ドイツ規格協会），BSI（British Standards Institution：英国規格協会）のように，各国内の公的標準化機関で合意された標準規格です。

最後に，「団体標準」と呼ばれる業界標準があります。団体標準とは，日本電子機械工業会や日本鉄鋼連盟のような事業者団体や，電気学会のような学会などで作成される標準規格です。

なかでも，IEEE（The Institute of Electrical and Electronics Engineers：電気・電子技術者協会）は，1884年に設立された電気電子技術に関する世界最

大の学会であり，コンピュータ，バイオ，通信，電力，航空，電子などの幅広い技術分野で標準化の取り組みを進めています。ここでの合意は必ずしも学会外に対して拘束力を持つわけではありませんが，ISO や IEC，ITU などの国際的な公的標準化機関での交渉のなかで相当に尊重されるので非常に重要です。

第2に，「デファクト・スタンダード（"defacto standard"：事実上の標準）」と呼ばれる，競争の結果として市場の大勢を占め，事実上の標準として機能するような規格があります。ちなみに"defacto"とは，ラテン語を起源とする英語であり，"in fact"（事実上の）という意味です。これについては，3節以降で詳しく説明します。

第3に，市場での競争を経ることなく，事前に複数の企業が協議して1つの規格を標準とするように合意するタイプの標準が存在します。

このような上市（市場に出すこと）前に企業間で規格を一本化する組織は，コンソーシアム，フォーラム，コミッティ，アソシエーション，グループ，イニシアティブなど，さまざまな名称で呼ばれています。しかし実際には，こうした呼び方が厳密に使い分けられているわけではなく，名称の違いにはあまり意味がないので，以下，このようなタイプの標準を，「コンソーシアム型スタンダード」と呼ぶことにします。

ここで注意すべきなのは，デファクト・スタンダードとコンソーシアム型スタンダードとの違いが，規格が競争を経て決まるのか，それとも競争を経ないで決まるのかという点にあるということです。

つまり，たとえば複数の企業が，ある特定の規格を業界標準とするべくグループを組んで行動していたとしても，その規格が他の規格と競争となり，消費者の選択を経た結果として業界標準になったのであれば，当該規格はデファクト・スタンダードということになるのです。

◯ 3つのスタンダードの関係

以上説明してきた3つのスタンダードの獲得をめぐる戦いは，独立したものではなく互いに連動しており，各企業・各国政府は，自らにとって最も有利な形で戦いを進められるように，戦略的な駆け引きを繰り広げています。

最近では，市場のグローバル化に伴って，業界標準の国際的統一がますます強く求められるようになってきています。また法制面でも，1995年に発効した「貿易の技術的障害に関する協定（WTO／TBT協定）」では，WTO加盟国が国家規格を新たに策定する場合は，ISOやIECなどの国際規格を基礎として用いることが求められるようになり，デジュリ・スタンダードの存在感は増す一方です[3]。

　とはいえ，デジュリ・スタンダードが国際的な公的標準化機関で決定されるからといって，一企業や一国家の利害を超えて，中立・公正に標準が決められるというわけではありません。

　国際規格は国際的な競争のルールであり，このルールづくりの際に自分が有利になるように持っていくことができるか否かが，その国の国際競争力を左右します。こうしたことを各国政府が認識するようになった結果，自らに最も有利な規格を国際規格とするべく，デジュリ・スタンダードの決定を巡り，舞台裏での各国政府・各企業の駆け引きが激化しているのです（山田，2005）。

　一方，コンソーシアム型スタンダードでは，市場での競争によって事実上の標準が決まる前に，あるいはそもそも製品が市場に導入される前に，業界の代表的企業が自前の技術を持ち寄り，評価し合いながら合意を形成していきます。

　近年では，ネットワークによりつながって機能する製品が増えたため，いかに巨大な企業であろうとも，関連する分野をすべて一社でおさえることは不可能です。また，各社の技術レベルが拮抗し，DVDのように，機器を生産するには，どの企業であれ他社がおさえている特許を使う必要がある，といった事態が当たり前になっています。そのため，コンピュータ業界におけるかつてのIBMのような圧倒的に強い独占的企業がなくなり，一社では標準を決められず，企業間の連携が必須となってきました。

　さらには，規格競争が長引けば長引くほど負けた場合のコストが増大してしまうことを学習し，非互換の規格を乱立させることなく，規格を統一して新市場をスムーズに立ち上げたほうがみんなにとって得だ，との認識が高まってきました。

　こうしたことから，コンソーシアム型スタンダードも，一貫して増加傾向に

---

[3] デジュリ・スタンダードに関する詳細は，たとえば小野（2008）などを参照下さい。

あります。とはいえ，このスタンダードでは，自らの利害得失だけを考慮して行動する各企業が直接に交渉し合う形になるため，ドロドロした駆け引きは日常茶飯事であり，関係者の利害が一致せずに交渉が破綻することも多くなります（山田，2004b）。

こうした3つの標準のなかで，どれをどの程度重視するのかは，国や地域により，あるいは企業によってさまざまです（山田，2005）。

たとえばアメリカの政府や企業は，主として，先にデファクト・スタンダードやコンソーシアム型スタンダードを確立してしまうことで，デジュリ・スタンダードをも獲得しようとするやり方をとっています。そして最近では，その技術力の高さと国内市場規模の大きさを武器に，国際的な公的標準化機関での交渉の行方にも相当の影響力を行使しています。

欧州の政府や企業は，主としてデジュリ・スタンダードの交渉を有利に進めることで，コンソーシアム型スタンダードの交渉をも促進し，デファクト・スタンダードの獲得にもつなげようとするやり方をとっています。

欧州はEC統合の際に各国の規格を共通化していった経験があるため，その際の交渉ノウハウを武器に，欧州の域内標準を国際標準にすべく，官民一体で強力な国際標準化政策を進めています。また，国際的な公的標準化機関の小委員会を構成する先進国メンバーのなかでは欧州諸国が圧倒的な票数を握っており，こうした票数の多さを武器に，交渉の行方に相当の影響力を行使しています。

一方の日本は，言語的・地理的ハンディキャップから伝統的に国際交渉が苦手で，また技術力の高さを過信していたこともあって，デジュリ・スタンダードの獲得に向けた国際標準化活動は欧米任せとし，各企業がデファクト・スタンダードの獲得に向けてバラバラに行動する傾向が見られました。その結果，特に1990年代後半，日本はその技術力の高さと市場規模の大きさにもかかわらず，デファクト・スタンダードの獲得でもデジュリ・スタンダードの獲得でも，圧倒的に欧米に遅れをとっていました。

最近になって，経済産業省が中心となって国際標準獲得のための取り組みを積極化していますが，まだ十分な成果が上がっているとは言い難い状況です[4]。

このように，近年ではデファクト・スタンダードだけではなく，デジュリ・スタンダードやコンソーシアム型スタンダードの重要性も増しています。

とはいえ，どの標準の獲得を狙うにせよ，たとえ話し合いが決裂してもデファクト・スタンダードを獲得できるような状況，すなわち，「実際に市場で競争して，その結果としてデファクト・スタンダードを決めましょう」と脅しをかけても大丈夫な状況を作り上げないと，デジュリ・スタンダードやコンソーシアム型スタンダードの獲得に向けた交渉を有利に進めることはできません。

その意味で，デファクト・スタンダードの獲得を目指した方法論は，デジュリ・スタンダードやコンソーシアム型スタンダードの獲得に向けた戦略的アプローチでも重要になります。

そのため，以下では，業界標準をめぐる戦略のうちでも，主にデファクト・スタンダード（事実上の標準）に関するものについてのみ議論することにし，表記の上でも，以後，業界標準＝デファクト・スタンダードとして用いることにします。

7.3　規格間競争：デファクト・スタンダードを確立するための戦略

○ ネットワーク外部性とは

デファクト・スタンダードが形成されるような産業は，一般に「ネットワーク外部性（network externality）」が比較的強いという特色を持っています（山田，1997）。

ネットワーク外部性とは，製品のユーザー数が増大するほど，その製品から得られるベネフィット（便益）が増大するという性質のことを意味しています。ネットワーク外部性には，直接的効果と間接的効果があります。

このうち，直接的効果とは，ユーザー数の増加自体が製品から得られるベネ

---

[4] より詳しくは，山田（2007），江藤（2008）などを参照下さい。

フィットを増大させる効果です。この直接的効果が発揮される典型的な例は，通信ネットワークです。通信ネットワークに加入する目的は他の人と交信することなので，どのネットワークにするかを決定づける最も重要な要因は交信可能な人数であり，加入者が多くなればなるほど，その通信ネットワークの魅力が増すことになります。

実際，アメリカの電話市場の初期には，同一地域内に複数の電話システムが並存していて，それぞれのシステム間では相互に接続できなかったので，いくつかの電話システムに加入して複数の電話機を保有していた消費者も少なくなかったと言われています。しかし最終的には，市外回線を有していたために国中の人と交信することのできたAT&Tが，他よりも高い価格を設定していながらも市場を制しました（名和，1990）。

つまり，ほとんどの消費者が，料金は高くても，より多くの人と交信可能なAT&Tの電話システムのほうがよりベネフィットが高いと判断したわけで，ネットワーク外部性の直接的効果の影響の大きさを物語っています。

一方，ネットワーク外部性の間接的効果とは，ユーザー数の増加に伴って当該製品に対する「補完財（complementary goods）」が多様，もしくは低価格になるために，当該製品から得られるベネフィットが増大するという効果です。

ここで補完財とは，ある製品やサービスに対して，それと組み合わせて使用することによって消費者のベネフィットを高めるような製品・サービスのことです（Katz and Shapiro, 1985）。たとえば，いかに画像・音声処理能力に優れたDVDプレーヤーであっても，再生するためのDVDソフトがなければただの箱にすぎません。逆に，いかに面白い映画が入ったDVDソフトであっても，再生するためのDVDプレーヤーがなければ，それはただの円盤にすぎません。

このように，ハードとソフト，機器と消耗品，メディアとコンテンツなどは，お互いが存在することによって消費者にとってのお互いのベネフィットが高まっているという意味で，典型的な補完財に該当します。そのためこの間接的効果は，ハードとソフトを組み合わせて使う製品に典型的に生じます。

ソフトはハードの補完財であり，一般に，その販売量はハードの保有台数が増えるにしたがって増大します。保有台数の最も多いハード向けのソフトは，大きな販売量が期待されるために開発が進んで多様なソフトが取り揃えられる

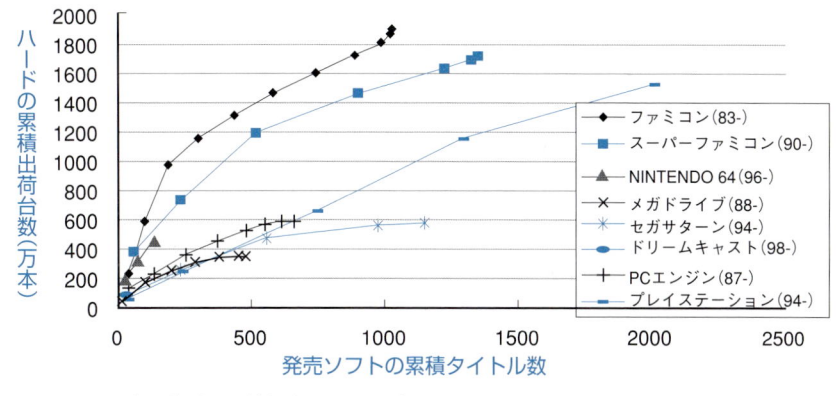

図 7.1 家庭用ゲーム機市場におけるハードとソフトの相関（1983～1998 年）

（出所）淺羽・新宅（2002, p.153）

ことになり，ハードの魅力を高めることにつながります。

　また，ソフトの開発や生産には規模の経済が強く働くので，保有台数の最も多いハードに対応したソフトは販売量が最も大きくなり，コストが最も低くなります。その結果，ソフトの価格も低下すれば，それと組み合わせて使用するハードの魅力が増すことになります。

　実際，図 7.1 は，日本の家庭用ゲーム機の市場において，ゲーム機の販売台数とソフトウェアの販売タイトル数の間に正の相関が存在していたことを示しています[5]。すなわち，日本の家庭用ゲーム機の市場においては，ネットワーク外部性の間接的効果が働いていたのです（図 7.1）。

---

[5] 田中（2003）は，日本の家庭用ゲーム機市場におけるソニーの「プレイステーション」（PS）とセガの「セガサターン」を対象として統計分析を行い，ソフトウェアの販売タイトル数がゲーム機の販売台数に正の影響を及ぼし，ゲーム機の販売台数がソフトウェアの販売タイトル数に正の影響を及ぼしていたことを，より厳密に実証しています。

◯ ネットワーク外部性が生む特異性

こうしたネットワーク外部性が強く働く製品の市場では，通常の製品の市場の場合とは異なり，"Winner takes all"（「一人勝ち」）と呼ばれる現象が生じやすくなります。

ネットワーク外部性が働く製品の場合，消費者は，当該製品の価格や性能だけではなく，それ以上に，すでに当該製品および当該製品の規格に沿った製品（以下では両者を含めて「製品」，あるいは製品の「規格」と表記する）を購入している人がどのくらいいるのか，また将来的に当該製品を購入する人がどのくらいいるのか，あるいは当該製品が今後いわゆる「売れ筋」になるのかどうか，といったことを予想しながら行動することになります。

たとえば，もし自分が購入した製品が将来支配的になれば，自分と同じ製品のユーザーが多くなるため，通信できる相手が広がったり，補完財の供給がより豊富になったり低価格になったりするという形で，ベネフィットを享受することができるようになります。それゆえに，ひとたびある規格が業界標準の地位を獲得しそうな兆しが現れると，消費者の購買がその規格を採用した製品に集中することになります。

そうなると，企業の側でもその規格の製品を次々に供給するようになり，それがさらにますます消費者をひきつける，という正のフィードバック（拡大循環）が生じ，最終的には一人勝ち現象がもたらされることになるのです。

一方，逆に，もし自分が購入した以外の規格の製品が将来支配的になれば，自分と同じ規格の製品のユーザーは少なくなるため，通信できる相手が限られたり，補完財の供給が不十分になったり高価格になったりするという形で，不利益を被ってしまうことになります。それゆえに，ひとたびある規格が業界標準の地位を獲得できないだろうという認識が共有されるようになると，消費者はその規格を採用した製品を買わなくなります。

そうなると，企業の側でもその規格の製品の供給を避けるようになり，それがさらにますます消費者を遠ざけることになるという負のフィードバック（縮小循環）が生じ，最終的には市場からの撤退を余儀なくされることになるのです。

ここで，ある規格の製品がすでに獲得している総ユーザー数のことを「インストールド・ベース（installed base）」と言いますが，ネットワーク外部性による正のフィードバックが働き出すためには，このインストールド・ベースがある一定水準を超えなければならないことが知られています。こうした，ネットワーク外部性による正のフィードバックが働き出す最低限のインストールド・ベースは，一般に「クリティカル・マス（critical mass：臨界値／閾値）」と呼ばれます。

　ユーザー数（市場普及率）がこのクリティカル・マスを超えると，自己増殖的に市場普及率が増加して，最終的には一人勝ちを収めることができる可能性が高くなりますが，逆にこれを超えられなければ，その規格の市場は収縮して消滅する可能性が高くなります。

　この点に関連して，山田（1993）では，日本の場合，一般に普及率2～3％を最初に突破した規格がデファクトを獲得することが多いと主張しています。言い換えると，日本の場合，クリティカル・マスは普及率2～3％だということになります[6]。これは，第3章で説明した普及曲線において，マニア的な性格を有した革新的採用者からオピニオン・リーダー的な性格を有した初期少数採用者へと顧客層が切り替わる時期に当たります。すなわち，オピニオン・リーダーに支持された規格が，デファクト・スタンダードになる可能性が高いということを意味しているのです。

　したがって，企業としては，新規格の製品を市場投入した一番はじめの時期に購買する顧客たちの要望を聞きすぎることなく，訴求のポイントを「技術そのもの」ではなく，「その技術によってどのような顧客価値が実現できるのか」という点に置き，オピニオン・リーダー的なユーザーをいかに先行して取り込んでいくのかが勝負のカギとなります。

　一方，ネットワーク外部性が強く働く製品の市場で，複数の新規格が並立している場合には，消費者がどの規格が支配的になるかがはっきりするまで買い

---

[6] 2005年に実施された国勢調査によると，日本の世帯数は約4,906万なので，日本におけるクリティカル・マスは，約98万～147万世帯ということになります。一般に「ユーザー数100万人が目安」と言われることが多いのですが，上記の数字は，こうした世間一般の言説とある程度整合的だと言えるでしょう。

控えたり，既存規格の製品から新規格の製品への買い替えを見合わせたりすることが多くなります。

　こうなると，当該規格を採用した製品への初期の需要が限られてしまい，当該製品や補完財の供給業者も様子見状態になり，さらにそれが当該製品への需要を押し下げる…，といった負のフィードバックが生じ，その製品の市場がまったく立ち上がらない，という事態が生じうることになります。

　したがって，ネットワーク外部性が強く働く市場では，自らの規格が支配的になるのだという確信を，早い段階で消費者や供給業者に抱いてもらうように仕向けることが必要不可欠となるのです。

○ クローズド・ポリシー

　以上のような特徴を備えた製品の市場において，自主開発した規格を業界標準にするために企業がとる行動は，大きく2つに大別されます（淺羽，1995）。

　一つは「クローズド・ポリシー」と呼ばれる戦略であり，自社規格の技術の仕様を他社に公開したり，あるいはその技術を他社に利用させることを極力避けつつ，自社規格の製品で単独で市場を支配しようとするやり方です。もう一つは「オープン・ポリシー」と呼ばれる戦略であり，自社規格の技術の仕様を他社に広く公開したり，あるいはその技術を他社に広く利用してもらうことを通じて，自社規格製品（自社製品，およびそれと互換性のある他社製品）で市場を支配しようとするやり方です。

　前者のクローズド・ポリシーによって成功した代表例は，コンピュータのメインフレームにおける IBM です。

　1960〜70年代の IBM は，他社製品とは互換性のないメインフレームの独自製品を市場に投入するとともに，製品で使用される OS や実用ソフト，半導体チップ，あるいは端末やデータ記憶装置，プリンタなどの周辺機器にいたるまで，すべてを自社で開発・生産していました。また，世界中に自社独自の流通網を張り巡らせて，リースやレンタルといったファイナンス関連のサービスからアフターサービスにいたるまで，すべてを自社で提供していました。

　このように IBM は，確固たる技術基盤，充実したサービスやマーケティン

グ，豊富な資金調達力をもとに，世界中でマーケット・シェアを拡大していきました。また，ユーザーの側でも，IBM 機のみで作動する実用ソフトやデータが蓄積されていったために他社製品に乗り換えることは困難であり，買い替え時にも結局 IBM 機を選ぶことがほとんどでした。こうして IBM は，メインフレーム市場で一時は世界の 70% 以上のマーケット・シェアを確保し，磐石の市場地位を築くことに成功したのです（坂本，1992）。

こうしたクローズド・ポリシーの戦略は，ネットワーク外部性が働かない通常の製品の市場における企業の競争戦略と大差なく，なるべく早期に，より機能や品質の優れた製品をより低価格で供給することが基本となります（淺羽，1995）。

ただし，クローズド・ポリシーをとる企業にとっては，「略奪的な価格の引き下げ（predatory pricing）」によるマーケット・シェア拡大への誘因が通常よりも大きくなります（Katz and Shapiro，1994）。

通常の製品では，マーケット・シェアの拡大によって経験曲線効果を通じたコスト優位が得られますが，業界標準が絡む製品では，これに加えてネットワーク外部性の効果を享受できます。そのため，ライバルよりも著しく低い価格を提示して，いち早く市場シェアを拡大することに成功した場合のメリットがはるかに大きいのです。

実際に IBM は，1960 年代に発売した「システム 360 シリーズ」において，その普及を促進するために，コスト以下の価格を設定して製品を販売したと非難されました（Farrell and Saloner，1986）。

クローズド・ポリシーのメリットは，ある企業の独自規格の製品が早期に圧倒的なマーケット・シェアを獲得し，その規格を首尾よくデファクト・スタンダードにすることができれば，その企業は排他的に大きな利益を獲得することができるようになる，という点にあります。

ただし，そうなると，互換製品を出して，業界標準の確立から生じる利益の一部を獲得しようと動くライバル企業が必ず現れるので，たとえば，特許によって模倣に対抗するとか，頻繁に技術を変更するなどの方法で，互換製品の出現を防ぐことが必要になります。

一方で，クローズド・ポリシーには大きなデメリットもあります。複数の企

業がそれぞれクローズド・ポリシーを追求すると，当初は業界標準が定まらず，複数の互換性のない規格の製品が市場に並存することになってしまうのです。

この場合，ネットワーク外部性が働く市場では，どの規格が支配的なのかが明らかになるまで消費者が買い控えるようになり，市場の成長が鈍るとか，ときには市場そのものがまったく立ち上がらない事態に陥ってしまうことがありえます。

また，近年ではネットワークを介してつながって機能する製品が増えたため，いかに巨大な企業であろうとも，メインフレーム業界におけるかつてのIBMのように，関連する分野のハードとソフトをすべて1社で供給することは事実上不可能になってきました。

このような事情から，最近では，純粋な意味でのクローズド・ポリシーを採用する企業はほとんどなくなったと言えます。

○ オープン・ポリシー

近年，自社規格の技術仕様を他社に広く公開したり，あるいはその技術を他社に広く利用してもらうオープン・ポリシーを採用することが一般的になってきました。そうすることによって，他社製品を含めた自社規格製品の供給を増やし，同時に補完財の供給も増やすことで，普及へのユーザーの期待を高め，最終的に自社規格をデファクト・スタンダードにしようとする狙いがあります。これを，俗に「ファミリーづくりの戦略」と呼びます。

たとえば，メインフレームでクローズド・ポリシーをとったIBMは，遅れて参入したPC（パソコン）市場では，徹底したオープン・ポリシーをとりました。IBMは，OSはマイクロソフト，CPUはインテルから調達し，さらには自社のPC規格の仕様を外部に広く公開し，自社製品向けの実用ソフトや周辺機器を外部の企業に自由に開発・販売させたのです。この戦略が功を奏し，IBMは参入の翌年には先行するアップルを抜いて，販売額で首位に立つことができました（佐久間，1989）。

ただし，他にもオープン・ポリシーを採用する企業がある場合には，単に自社規格の仕様を公開するだけでは十分ではなくなります。自社技術の採用を積

極的に促すために，技術供与のライセンス料を引き下げたり，ときには無償で供与したりすることが重要となるのです。

また，他社に積極的に自社規格製品を OEM 供給したり，重要部品を他社に積極的に供給したりすることも重要になります。さらに，継続的な技術開発や補完財の供給に対して投資を行うことによって，自社製品の将来性に対する期待を高めることも重要になります。

それから，オープン・ポリシーを採用する企業同士の戦いでは，最終的な勝負の行方がキラー・アプリケーションの登場によって左右されることも多くなります。たとえば PC の事例の場合，初期の段階では，アップルも IBM も同様にオープン・ポリシーをとっていました。IBM の PC は当初から売れ行きが好調でしたが，先行するアップルを決定的に引き離すきっかけとなったのは，表計算ソフト「ロータス 1-2-3（Lotus1-2-3）」の発売でした。米国では日本と違って，会社員であっても確定申告が必要とされるため，表計算ソフトへの需要が強かったのです。

世界初のパーソナル・ユースの表計算ソフトは，1979 年に発売されたアップルの PC「アップルⅡ」向けの「ビジカルク（VisiCalc）」であり，これがアップルⅡの売上げ急拡大をもたらしました。しかし，このビジカルクよりもはるかに処理スピードが速く，機能が充実し，使い勝手も良いロータス 1-2-3 が IBM-PC 用の実用ソフトとして登場したことが，IBM 機の売上げ急拡大をもたらし，ひいては業界標準の獲得を決定づけたのです（相田・大墻，1996b）。

一方，こうしたオープン・ポリシーは，デファクト・スタンダードの獲得をめぐる規格間の競争で勝利する上では有効な戦略ですが，反面で，デファクト・スタンダードを獲得した後の当該規格内の競争では，強力なマイナスの効果を及ぼすことになります。

第 1 節の VTR における日本ビクターのケースで説明したように，オープン・ポリシーを採用すれば，自社規格を業界標準にすることはできるかもしれませんが，技術の仕様を広く業界内に公開してしまうことから，技術的な参入障壁が低くなって互換製品を供給する参入企業が増え，デファクト・スタンダードを獲得した後の当該規格内の競争が激しくなってしまうのです。

さらに，同一規格を採用していることから，自社製品とライバル企業の製品

の間に本質的な差を付けることが難しくなり，価格競争が激化し，利益率が低下してしまう恐れが高いという問題点もあります。

つまり，オープン・ポリシーをとると，自社規格を業界標準にすることと引き替えに，排他的に行動して成功すれば得られたであろう大きな利益を放棄せざるをえなくなるのです。

○ オープンとクローズドのミックス・ポリシー

以上述べたように，クローズド・ポリシーにもオープン・ポリシーにも，メリットとデメリットがあります。

とは言え，デファクト・スタンダードの獲得が重要となるような業界では，クローズド・ポリシーを追求して失敗したり，あるいは，そもそも新市場が立ち上がらなかったりしたら元も子もありません。そのため，多くの場合に，オープン・ポリシーでファミリーづくりを行わざるをえないことになります。

こうした，オープンな環境下で利益を上げていくためには，オープン・ポリシーでデファクトを獲得しつつ，一部分をクローズド化することで，ある程度の利益の確保を可能にしていく戦略が重要になります。

この戦略は，「製品技術」の面でクローズド・ポリシーをとるのかオープン・ポリシーをとるのか，「補完財供給」の面でクローズド・ポリシーをとるのかオープン・ポリシーをとるのかという2つの軸で分類すると，より理解しやすくなります（図7.2）。

まず製品技術の面では，技術仕様の公開や，技術供与のライセンス料の引き下げや無償化，他社への自社規格製品のOEM供給や主要部品の供給といった方法が，オープン・ポリシーの代表的なやり方です。

一方の補完財供給の面では，ソフトや周辺機器などの補完財の開発に必要となる部分でのハードの技術仕様の公開，開発ツール（主としてソフトなどを開発するための専用コンピュータと，プログラムを効率よく書くためのさまざまなソフトウェア）の安価な提供，開発へのインセンティブ提供（ロイヤルティの引き下げや開発補助金の提供など）といった方法が，オープン・ポリシーの代表的なやり方です。

	製品技術面での政策	
補完財面での政策	クローズド	オープン
クローズド	かつてのIBMのメインフレーム・コンピュータ	
オープン	家庭用ゲーム機 iPod など	DVDプレーヤー など

吹き出し（上）：
・ライセンス・フィーの引き下げや，無償供与
・製品のOEM供給
・主要部品の供給

吹き出し（左）：
・ソフト開発へのインセンティブ提供（ロイヤルティの引き下げなど）
・ソフト開発ツールの安価な提供

吹き出し（下左）：こちらは，デファクト獲得後の利潤確保が比較的容易

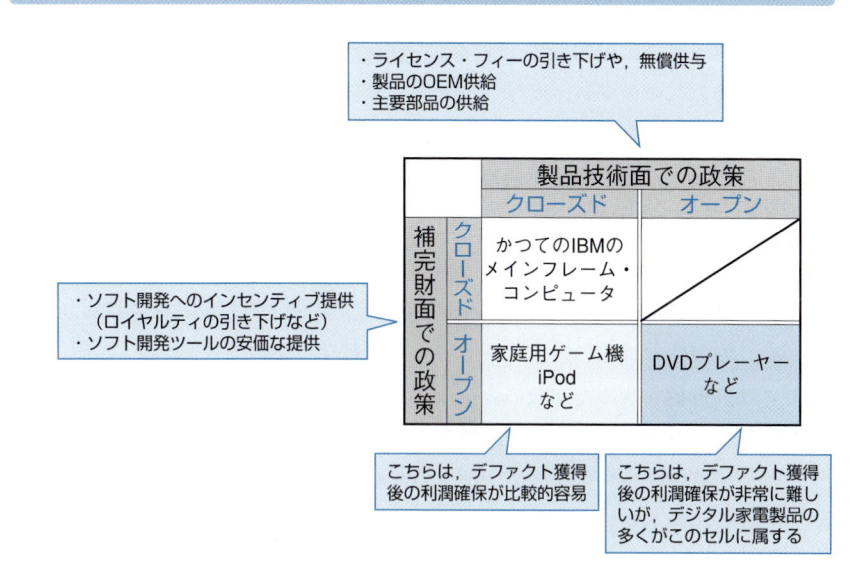

吹き出し（下右）：こちらは，デファクト獲得後の利潤確保が非常に難しいが，デジタル家電製品の多くがこのセルに属する

図7.2 ミックス・ポリシーの考え方

このうち，ソフトが重要になっている製品では，補完財供給の面で現在完全なクローズド・ポリシーをとっている企業は見あたりません。ライバル規格に勝てるだけの魅力あるソフトや周辺機器を安価に大量に供給することは，どのような巨大企業であっても難しいからです。

補完財供給の面でオープン・ポリシーをとっている企業のうちで，製品技術の面でクローズド・ポリシーをとる例としては，PS（プレイステーション）やWiiなどの家庭用ゲーム機が挙げられます。

これらは自社規格の製品を自社だけで供給しており，互換機の存在を認めていませんが，その一方で，ソフトの供給を促進するため，程度の差はあれ，ソフト開発に必要となる部分でのハードの技術仕様の公開，開発ツールの安価な提供，開発へのインセンティブ提供といった政策を実行しています。

このセルは，「ハードはクローズドにしつつ，ソフトはオープンにして，ライセンス料で儲ける戦略」としてまとめることができますが，デファクト獲得

後の利益確保が比較的容易なやり方だと言えるでしょう。

　一方，補完財供給の面でオープン・ポリシーをとっている企業のうちで，製品技術の面でもオープン・ポリシーをとっている（とらざるをえなくなっている）例としては，DVD プレーヤーなど，多くのデジタル家電製品が該当します。これらは，自社が採用する規格の製品を他社も供給していることから製品で儲けが出にくいだけでなく，ソフトの供給もオープンになっているので，一般にソフト販売に関わるライセンス料をとることも困難です。

　このセルで儲けを出す方法としては，自社は製品システムの特定の部分に特化して，他の部分は他の企業に任せるという戦略があります。

　まずは，自社も含めた複数の企業が参加して製品自体の規格（製品全体の設計概要や主要な技術仕様など）を作り上げていき，規格制定後はそれをオープンにして業界標準を獲得する一方で，自社が手掛ける事業範囲は当該製品システムの特定の部分に絞り込み，そこで圧倒的な地位を築き，利益を確保するというやり方です。

　この場合，製品のすべてを自社で供給すれば，1 ユーザー当たりから獲得できる利益は大きくなるのですが，それでは他社の協力を得ることができず，そもそも自社の規格を業界標準にすることが難しくなります。もし仮に，自社規格を業界標準にすることができなければ，ユーザー数自体が限定されたものになり，総体として獲得できる利益は小さなものにとどまってしまうでしょう。

　一方，特定の部位に限って供給するとしても，自社の規格（自社も規格づくりに携わった規格）をオープンにして業界標準化することができれば，1 ユーザー当たりの利益は小さくても，多数のユーザーが顧客になるので，全体的な利益はむしろ増えることになります。

　たとえばソニーは，フィリップスと共同で開発した CD に関する基本特許を非常に低いライセンス料で他社に開放して CD の普及を早める一方，中核部品である光ピックアップについては，特許で防衛した上でそれを競合他社に供給する事業を積極的に展開し，圧倒的なシェアを占めることで十分な利益を確保しました（柴田，2000）。

　同様に，CPU のインテルや携帯電話の通信モジュールにおけるクアルコムなど，製品技術の面でも補完財供給の面でもオープン・ポリシーをとらざるを

えない領域で巨額な利益を挙げることに成功している企業の多くは、この戦略をとっていると考えられます。

とはいえ、この戦略で長期的に成功するためには、どうしても一定期間ごとに新技術を取り込んで、規格を適切にグレードアップしていくことが欠かせません。そしてそのためには、「プラットフォーム・リーダー[7]」(Gawer and Cusumano, 2002) としての役割を主体的に担っていくか、あるいは、プラットフォーム・リーダーの企業と組んでいくことが必要不可欠となります。

つまり、越えなければならないマネジメント上のハードルは一段と高くなるのですが、この点については、次の第8章にて詳しく論じることにしましょう。

7.4 業界標準の世代交代に伴う戦略

◯ 業界標準の世代交代

熾烈な競争の末、いったん確立された業界標準であっても、その支配が永遠に継続するわけではありません。

そもそも、ある製品についての規格を定めるということは、技術的な選択の自由度を狭めることを意味しています。技術的仕様がきわめて詳細、かつ厳格に定められた規格のもとでは、技術的な選択の余地は非常に小さくなり、極端な場合には、製品差別化や製品進歩の余地はなくなるでしょう。

実際には、そのような極端な例は見られませんが、その時点での技術、あるいは現時点で実現可能性が高い技術を前提にして規格が決定される場合が多いことは事実です。したがって、現在の規格には取り込むことのできない新しい技術や、規格を定めた時点では予測できなかった新しい技術が開発されると、現在の業界標準を変更しなければその技術成果を活用することが困難になるという問題が生じてきます。

そこで、前節で取り上げた業界標準の確立のための戦略に加え、業界標準の

---

[7] 「プラットフォーム・リーダー」の詳しい議論については、第8章を参照下さい。

世代交代という問題が重要なテーマとして上がってきます。この世代交代という現象は，ほとんどすべての業界で見られることですが，技術進歩のスピードが急速な業界で特に顕著です。

もちろん，世代間競争においても前節での議論は有用ですが，以下では世代間競争に固有の要因に焦点を当てて議論を進めることにします。

○ 新旧業界標準の互換性の重要度を規定する要因

業界標準の世代交代の機会に直面した際に最も重要となる意思決定のうちの一つは，新旧規格の互換性を維持するのか否かという問題です。

新技術に基づいた新しい規格は，既存の業界標準の技術的な限界を打破するものとして市場に投入されます。したがって，新技術の導入効果を最大限活かし，圧倒的な顧客価値をもたらす製品機能を実現するという観点からは，既存の業界標準とは互換性のない新たな規格を作り，それに基づいた新製品を開発したほうが望ましいと言えます。

しかしその一方で，新規格が市場に投入される段階では，一般に，業界標準を獲得した旧規格が，圧倒的なインストールド・ベースを有しています。そのため，ネットワーク外部性によってもたらされる顧客価値をそのまま引き継ぐという観点からは，新旧の規格の間で互換性を維持して，新規格が旧規格のインストールド・ベースをそのまま引き継いだほうが望ましいと言えます。

とはいえ，新旧の規格の間で互換性を維持するためには，余計なコスト負担が必要となったり，あるいは達成される技術的改善の幅を狭めることになりがちです。

というわけで，ここに，互換性を捨てて技術的な飛躍を最大限に狙うのか，それとも技術的な飛躍やコストを犠牲にしてでも互換性を維持するのかという，供給側（企業サイド）のジレンマが生じることになるのです[8]。

一方，需要側（消費者サイド）からすれば，新旧の規格にどの程度の互換性を求めるのかは，「スイッチング・コスト」の大きさによって決まってきます。

スイッチング・コストとは，ある製品や規格を利用している消費者が，別の

同様の製品や規格へと乗り換える際に発生するコストのことであり，これには金銭的負担だけでなく，使用方法に慣れるまでの手間や，煩わしいといった心理的な負担も含まれます。

　この消費者のスイッチング・コストを規定する要因としては，主として「他者とのやり取りの必要性」と「ソフト資産の資産価値」の2つが挙げられます（図7.3）。

　他者とのやり取りの必要性とは，文字通り，他者との間でデータをやり取りしたり，ソフトをやり取りする必要性が高いのか低いのかということです。たとえば，携帯電話などの通信機器は，まさに他者とやり取りすることを本質機能としています。こうした製品で，もし仮に新しい世代の規格の製品では旧式の製品と交信できないとなったら，それはまったく普及しないでしょう。そのため各社は，ローミングという方法で新旧の規格の互換性を確保し，交信を可能にしているのです。

　一方，ソフト資産の資産価値とは，さまざまなデータ，製品で利用する各種のソフトウェア，製品およびソフトウェアの操作の習熟度など，旧規格に関連して蓄積されたソフト資産の総合的な資産価値が高いのか低いのかということです。

　たとえば年賀状作成ソフトでは，ひとたび住所録を作成すれば相手が転居しない限りずっと使えますが，ソフトを他社製品に買い替えると，一般にはその

8　新旧規格の間で互換性をとるといった場合，正確には，「上位互換（upward compatibility）」と「下位互換（backward compatibility）」の2つのやり方がありえます。前者の上位互換とは，機能面でより上位に位置づけられる新規格が，機能面でより下位に位置づけられる既存の旧規格との互換性を備えることを意味しています。この場合，旧規格の製品で作成したデータは新規格の製品で利用可能ですが，新規格の製品で作成したデータは旧規格の製品では利用できません。一方，後者の下位互換とは，機能面でより上位に位置づけられる新規格の機能を制限することで，機能面でより下位に位置づけられる既存の旧規格との互換性を備えることを意味しています。

ソフトウェア分野やエレクトロニクス分野で「バージョンアップ」と呼ばれるやり方は，ここで言う上位互換のことを意味しています。たとえば，マイクロソフトの「パワーポイント2003」で作成したファイルは「パワーポイント2007」で読むことができますが，その逆はできないのは，両者の互換性が上位互換だからです。

ただし，上位互換にせよ下位互換にせよ，新旧規格の間で互換性を保とうとすると，余計なコスト負担がかかったり，あるいは達成される技術的改善の幅を狭める結果となってしまうことには，変わりはありません。

他者とのやり取りの必要性

	低	高
ソフト資産の資産価値 高	A 年賀状作成ソフト	B VTR, パソコン
ソフト資産の資産価値 低	C 通常の製品	D 電話, FAX

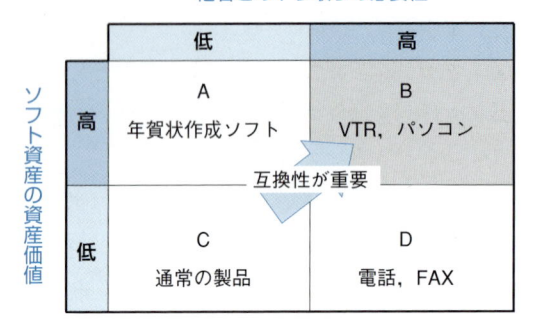

互換性が重要

(出所) 山田 (2004b, p.228) を参考に, 筆者作成

図 7.3　互換性の重要度を規定する要因

住所録が使えなくなってしまいます。また，ソフトによって細かい操作方法が異なるので，買い替えると新しい操作方法に習熟するまでに時間がかかります。したがって，年賀状作成ソフトのソフト資産価値は比較的高く，互換性のない複数のメーカーの製品を同時に使い分けたり，他メーカーの製品へと気軽に乗り換えたりすることは，通常は起こらないのです。

こうした他者とのやり取りの必要性とソフト資産の資産価値の両方が大きいほど，消費者にとっての規格のスイッチング・コストは大きくなり，したがって，規格間の互換性の維持が重要になります。

たとえば PC では，他の人と文書や図表ファイルなどをやり取りすることが多いため，旧規格の PC と新規格の PC との間でまったく互換性がなくなってしまえば，それこそ不便極まりないでしょう。また，旧規格の PC のもとで過去に蓄積された文書や図表，画像・音声ファイルなどが新規格の PC で一切利用できないとなれば，これまた不利益を被ること甚だしいと言えます。つまり PC では，他者とのやり取りの必要性とソフト資産の資産価値の両方が大きいのであり，したがって，新旧規格間の互換性の維持がきわめて重要になるのです。

以上を踏まえると，新旧業界標準の互換性を維持するのか否かという問題に対する模範解答は，「既存規格の枠を超える新技術を導入することによるプラス効果」と，「既存規格との互換性を絶ってユーザー側の『他者とのやり取りの必要性』と『ソフト資産の資産価値』を犠牲にするマイナス効果」を比較検討し，総合してプラスであれば互換性を捨て，総合してマイナスであれば互換性を保つ，ということになります。

○ クリティカル・マスに達するための戦略

さて，上で述べたような比較を行った結果，世代交代を狙うにあたって，既存の規格との互換性を維持すべきでないとの結論が出たとしても，そうした（既存の規格と互換性のない）新規格を急速に普及させて，業界標準がスムーズに世代交代するように仕向けることは容易ではありません。

旧規格は，技術的には劣るかもしれませんが，圧倒的なインストールド・ベースを有しています。一方，新規格は，技術的には優れているかもしれませんが，それが普及して成功するか否かは未だ不確実です。

すでに第2節で説明したように，業界標準の行方が重要な役割を果たすような製品の市場における競争では，ユーザーは「勝ち馬」に乗ろうと考えて，どの規格が支配的になるのかが明らかになるまでは買い控えようとする傾向が非常に強くなります。

こうした状況のもとで互換性のない新旧規格が対立した場合には，新規格が支配的になるまでユーザーが様子見を決め込んでしまい，そもそも新規格の普及が進まなくなって，最終的には市場から消えてしまう恐れが高くなってしまいます。ほとんどのユーザーは，既存の業界標準の規格に基づく製品をすでに保有しているので，わざわざ「負け馬に乗ってしまう」リスクを冒してまで新規格の製品を買おうとは考えないのです。

こうした阻害要因を克服し，新規格へのスムーズな移行を成功させるためには，第3節の規格間競争のところで説明したことに加えて，主として以下の3つのやり方が重要となります。

第1は，圧倒的な顧客価値の実現です。これは，革新的な新技術を取り込むこ

とによって，既存の規格では不可能なレベルの機能を実現したり，まったく新しい機能を付加したり，あるいは圧倒的な低価格を実現するというやり方です。

たとえば1982年に市場に登場したCDプレーヤーは，それ以前のアナログ・レコード・プレーヤーに比べて高音質で，針音やノイズがなく，針との接触によって盤が痛まないので音質の劣化がなく，ゴミや埃の影響を受けにくく，寿命が半永久的で，さらには瞬時に選曲ができるランダム・アクセスという新しい機能を付加した規格でした。

そのため，当初は高額であったために市場が伸び悩んだものの，1984年に各社から10万円を切る普及型のCDプレーヤーが発売されると人気に火がつき，その後はアナログ・レコード・プレーヤーを急速に代替していきました。そして1987年には，発売からわずか5年で，CDプレーヤーがアナログ・レコード・プレーヤーの出荷台数を逆転するにいたったのです（柴田，2000）。

第2は，大量に売れる他製品との「バンドル化」です。バンドル化とは，そもそも単体でも販売しうる製品やサービスをセットにまとめ，消費者に対して一括して販売する（セットであることを条件に売る）ことを意味しています。

大量に売れる他製品とバンドル化して販売すれば，新規格は一気に大量のインストールド・ベースを獲得することができます。それによってクリティカル・マスを越えることができれば，ネットワーク外部性の正のフィードバック効果が働き出し，既存規格に対する不利は急速に解消されることになるのです。

たとえば1997年に市場に登場したDVDプレーヤーは，非接触のため画質が劣化しない，テープ損傷などの事故がない，見たい場面からのランダム・アクセスが可能，臨場感あふれる音声再生が可能，吹き替えや字幕などの設定が自由にできる，余った容量にメーキング映像などを追加することが可能といった，既存のVTRに対する圧倒的な機能的優位性を備えていました。しかし，既存のVTRのインストールド・ベースが圧倒的に大きかったため，当初はなかなか普及が進みませんでした。

この状況を劇的に変えたのが，ソニーが2000年3月に発売した家庭用ゲーム機のプレイステーション2（PS2）でした[9]。

ソニーのPS2は，3万9千800円という価格設定ながら，DVDも再生できました。PS2は，前の世代の家庭用ゲーム機で業界標準を獲得した初代PS

（プレイステーション）の後継機ということで，発売前から消費者の期待が高く，わずか1ヶ月間で141万台が出荷されるほどの人気を博しました。これは，それまでのDVDプレーヤーの累計販売台数82万台をはるかに上回る数字でした。つまり，DVDプレーヤーのインストールド・ベースは，わずか1ヶ月でいきなり3倍近くに膨らんだのです。

これに刺激され，家電各社は，入門機や携帯型のDVDプレーヤーを実勢価格3万〜5万円という価格で相次いで出しました。また，ソフトに関しても，PS2の発売が契機となり，2000年12月には国内のDVDソフト出荷金額がVTRソフトを逆転しました。こうして，DVDの普及は一気に加速したのです（山田，2004b）。

第3は，圧倒的なキラー・アプリケーションの投入です。これは，旧規格の製品では提供できないような圧倒的な顧客価値を実現する新規格用の補完財（特にソフト）を投入することで，ネットワーク外部性の間接効果により，新規格のインストールド・ベースを一気に増やすという戦略です。

この戦略を実行するにあたっては，大きく分けて，自ら魅力あるソフトを開発するというやり方と，自分以外の他社に魅力あるソフトを開発してもらうというやり方の2つがありえます。そして，後者の戦略を採用する場合には，規格間競争の場合にも増して，ソフトメーカーへの優遇的なオープン・ポリシーを徹底的に行うことが必要になります。

たとえば，家庭用テレビゲーム機の市場における第二世代（16ビットCPU）から第三世代（32ビットCPU）への規格の世代交代期の競争で，ソニーのPSが，第二世代の「スーパーファミコン」で業界標準を獲得していた任天堂を退けて業界標準を獲得した際の戦略は，この典型でした[10]。

具体的には，ソニーは第1に，外部のソフトメーカーから受け取るライセンス料を大幅に引き下げ，また，有力なソフトメーカーを自陣営に勧誘する際には，さらに大幅なライセンス料の低減を行いました。

---

9 PSおよびPS2を販売したのは，当時ソニーの子会社であったソニー・コンピュータエンタテインメント（以下「SCE」）であったが，SCEは2004年4月にソニーの完全子会社となったため，本文中でもすべてSCE＝ソニーと表記しています。
10 以下の記述は，小川（1999），淺羽・新宅（2002），小橋（2003），柳川（2003），山田（2004b）などを再構成したものです。

第2に，ソフトの製造を請負う際の最低発注量を大幅に引き下げ，製造発注から出荷までのリードタイムも大幅に短縮しました。また，流通に関わるソフトメーカーの資金負担を大幅に軽減するためのさまざまな施策も行ったので，ソフトメーカーは，ソニーと取引する場合，任天堂との場合と比較して資金負担が格段に軽くて済むようになりました。

　第3に，開発ツールを貸与する価格を大幅に引き下げました。任天堂では，ソフトメーカーに開発ツールを1セットで貸与する際の費用を1,000万円以上に設定していましたが，ソニーはそれを200～300万円で貸与して，ソフトメーカーの開発コストを大幅に低減したのです。

　第4にソニーでは，比較的規模の小さいソフトメーカーや新興のソフトメーカーに対しても参入を認め，開発されたソフトは，基本的に彼らの自由な判断で市場に投入できるようにしました。任天堂では，自社のゲーム機向けにソフト開発を行うことのできるソフトメーカーの数を比較的少数に絞り込んだ上で，ソフトメーカー一社あたりが年間に発売できるソフトのタイトル数を制限し，発売前のソフトの評価もかなり厳しく行っていました。ソニーは，そうした制限を基本的に全廃したのです。

　このようなソフトメーカーに「優しい」オープン・ポリシーの施策によって，新規参入だったにもかかわらず，当初からソニーのPS向けには数多くのソフトが開発され，それがハードの普及に貢献しました。

　また，1994年にナムコの「リッジレーサー」，1996年にスクウェアの「ファイナルファンタジーⅦ」，1997年にエニックスの「ドラゴンクエストⅦ」がPS向けに発売されるなど，スーパーファミコン人気を支えた有力ソフトメーカーからPS向けの大人気ソフトが相次いで発売され，そのことがPSの売上げをさらに急拡大させました。

　この結果，PSは，1997年に市場シェアを前年の40％強から一気に60％強へと急拡大して市場の半分以上を占めるにいたり，第三世代の家庭用ゲーム機で業界標準を獲得することに成功したのです。

○ インセンティブの違い

　以上見てきたように，新規格で業界標準の旧規格を代替していくための戦略としては，大きくは2つが考えられます。

　第1は，余計なコスト負担や，達成される技術的改善の幅が狭まってしまうことは覚悟の上で，互換性を保ってなるべく旧規格のインストールド・ベースを引き継ぐやり方です。

　第2は，旧規格との互換性は捨てて技術的な飛躍を最大限に狙い，その代わりに，圧倒的な顧客価値の実現や，大量に売れる他製品とのバンドル化，あるいは圧倒的なキラー・アプリケーションの投入などによって，一気にインストールド・ベースの新規大量獲得を目指すやり方です。

　一般に，既存規格でのリーダー企業は前者の戦略を，既存規格でのリーダー以外の企業は後者の戦略を，それぞれ採用するインセンティブが大きくなります。

　既存規格のリーダー企業にとっては，すでに他社を圧倒する大きなインストールド・ベースを保有していることから，互換性のない新規格への移行によってこれを失ってしまうリスクにさらされることをなるべく避けたいという意識が働きます。

　また，互換性を保つだけでなく，できるだけ新旧規格の技術的連続性を保ち，新規格のもとに多くの既存規格の特許を引き継ぐことができれば，多額のライセンス料収入が見込めるようになります。

　一方，仮に互換性が保たれるにしても，新規格への移行は従来の競争条件をかなりの程度リセットしてしまう恐れがあるので，既存規格のリーダー企業は，既存規格のグレードアップを図るなどの方法で，なるべく世代交代を阻止する行動に走ることが多くなります。

　あるいは，新規格への移行が不可避な状況となっても，新規格の製品の発売をなるべく遅らせたり，新規格の製品の発売予定時期を早めに告知して後で発売延期するなどの方法によって，補完財メーカーが自社陣営から離脱することを阻止したり，ユーザーの買い控えを誘発したりしようとすることが多くなります（Brandenburger and Nalebuff, 1997）。

　逆に，既存規格で業界標準がとれなかった企業にとっては，同じ土俵で戦っ

ている限り逆転はほぼ不可能なため，一刻も早く新たな規格を立ち上げて，その規格で業界標準の獲得を目指そうというインセンティブが大きくなります。また，新旧規格で互換性が保たれると既存リーダー企業が有利になってしまうので，できるだけ互換性を排除したいという意識が働きます。

たとえば，DVD プレーヤーでは，東芝・松下陣営にソニー・フィリップス陣営が歩み寄る形で 1995 年に現行の統一規格が決定されたのですが，これは東芝にとって有利な（東芝のライセンス料収入が非常に大きい）規格だったとされます。

その後，記録容量を格段に増やす次世代 DVD の規格づくりでは，ソニー・フィリップス・松下・シャープ・日立・パイオニアらが，記憶容量が 10 倍以上になるが現行の DVD との互換性がまったくない「ブルーレイ方式」を，東芝・NEC らが，記憶容量が 6 倍強にとどまるが現行の DVD との互換性が高い「HD DVD 方式」をそれぞれ提唱しました。

そして，一時は歩み寄りに向けた交渉も行われたのですが，結局は最終的に決裂しました。この背景には，こうしたソニー・フィリップス連合と東芝との互換性に対するインセンティブの差があったと考えられます[11]。

なお，2006 年から両規格の製品が実際に市場に投入され，規格間競争に突入したのですが，2008 年 2 月に東芝が HD DVD からの完全撤退を表明し，次世代 DVD の規格はブルーレイに一本化されました。

このブルーレイと現行の DVD との業界標準の世代間競争が本格化するのはこれからですが，ブルーレイ陣営では，映画 1 本分をまるまるハイビジョン録画可能という高機能性のアピール，ソニーの家庭用ゲーム機 PS3 へのバンドル化，米国映画産業と組んだ人気映画ソフトのハイビジョン版の市場投入など，前述の戦略を忠実に実行しています。

演習問題

7.1　デファクト・スタンダードが重要となる業界で，非常に高い収益力を誇っている企業の事例を，いくつでも挙げて下さい。その上で，各々の事例について，なぜ当該企業が成功することができたのか，その理由を考えて下さい。

---

[11]『日経ビジネス』2004 年 10 月 4 日号，『日経ビジネス』2005 年 10 月 24 日号，『日経ビジネス』2007 年 6 月 18 日号など．

第 8 章

製品アーキテクチャのマネジメント

　「魔の川」を首尾よく乗り越えることができた企業が，研究・技術開発のマネジメントの段階で十分に考えておかなければならないことの第2が，製品アーキテクチャのマネジメントです。

　近年，エレクトロニクス製品の業界を中心として，日本の代表的メーカーの国際的競争力が低下していますが，製品アーキテクチャのフレームワークを通してみると，その理由がよく理解できます。

　そこで本章では，内容的にやや難しいのですが，製品アーキテクチャのマネジメントについて，具体例を交えながらできるだけ分かりやすく説明していきたいと思います。

○ KEY WORDS ○

製品アーキテクチャ，システム，
モジュラー型，インテグラル型，インターフェイス，
オープン型，クローズド型，
デザインルール，システム統合部品，
プラットフォーム・リーダー，リファレンス・デザイン，
機能的価値，情緒的価値

8.1 はじめに

　近年，エレクトロニクス業界を中心とする多くの分野で，産業構造や市場競争の様相が激変し，そのなかでの勝ち負けを左右する企業戦略やマネジメントのあり方まで大きく変化するという現象が頻繁に見られるようになりました。また，このことが，日本の代表的メーカーの国際的なプレゼンスの低下や，韓国や台湾，中国といった他の東アジア地域のメーカーの国際的なプレゼンスの高まりにもつながっています。

　このような状況を説明するためのフレームワーク（概念枠組み）として，近年，注目されているのが「製品アーキテクチャ」です。この観点から見ると，最近になって，多くの製品分野で製品アーキテクチャが転換しており，それに伴って市場競争の様相も大きく変化しています。具体的には，エレクトロニクス製品の多くが，PC（パソコン）のように，汎用的な部品を市場で調達して組み合わせるだけで誰でも製品を作ることができるようになり，その結果として，参入障壁が事実上消滅してしまい，価格低下が急速に進み，十分な利益を確保することが難しくなっているのです。

　こうした状況への対処を誤ってしまうと，仮に研究・技術開発で素晴らしい成果を挙げて，技術面では世界の最先端を走っていても，経済的成果の獲得には失敗するということになりかねません。事実，PC，DVDプレーヤー，携帯電話，薄型テレビなどを手掛ける日本企業のほとんどが，こうした苦しい状況に陥っています。

　このように，製品アーキテクチャのフレームワークは，研究・技術開発の成果を成果獲得に結びつけていくためのマネジメントを考える上で，きわめて重要な概念的基盤の一つを提供するものだと言えます（延岡，2006；妹尾，2009）。

　そこで本章では，この製品アーキテクチャについて詳しく説明していくことにします。

8.2　製品アーキテクチャの分類軸

◯ 製品アーキテクチャとは何か

　第5章でも述べたように，製品アーキテクチャとは，製品を構成する個々の部品や要素の間のつなぎ方，製品としてのまとめ方のことを意味しています（Baldwin and Clark, 2000）。そして，より具体的には，「システムとしての製品を，どのようなサブシステムの，どのような関係性を有した集合体として構成するのかに関しての基本的設計思想」のことと定義することができます（藤本, 2001a；青島・武石, 2001）。

　ここで言うシステムとは，複数の要素から構成され，そうした構成要素間の少なくとも一部に相互依存関係が存在するために，各構成要素の性質を単純に足し合わせただけでは説明のできない全体的特性を持った複合体のことを意味しています。また，サブシステムとは，システムの下位の構成要素の一つであり，なおかつ，それ自身がシステムとしての全体的特性を持った複合体のことを意味しています[1]。

　なお，本書では，製品もサービスも含めて「製品」と表記しているので，以下ではサブシステムを「部品」と言い換えて用いることにします。そのなかには，物理的な部品も，ソフトウェアのような無形の部品も，また，ソフトウェアが書き込まれた半導体チップのような無形物が付加された物理的な部品も含まれます。

---

[1] このように，システムの概念は非常に汎用的であり，アーキテクチャのフレームワークも，本来はシステム的な特性を持つものには何にでも応用できる汎用的な概念です。たとえば，組織のなかでの部門間関係や，企業間関係などを考える場合にも，同じようにアーキテクチャの概念を用いることができます。
　しかしながら，あまり話を拡げすぎると理解しにくくなってしまうので，本書では，特に断らなければ製品システムだけを対象として，アーキテクチャの概念とそのマネジメントについて説明していくことにします。

ここで，(言い換えた) 上記定義の「どのような部品の，どのような関係性を有した集合体として構成するのか」という部分は，主として2つの要素 (軸) に分けて考えることができます。

その第1の軸が，製品を構成する部品間の相互依存性の高低 (あるいはその逆数としての独立性の高低) であり，本書ではこれを以下，「部品間特性」と呼ぶことにします。

第2の軸は，製品を構成する部品の汎用性の高低 (あるいはその逆数としての特殊性の高低) であり，本書ではこれを以下，「オープン化特性」と呼ぶことにします。

では，それぞれを説明していきましょう。

○「部品間特性」の軸：「モジュラー型」と「インテグラル型」

まず，第1の部品間特性の軸ですが，これは，「当該製品が，どれだけ独立性の高い (相互依存性の弱い) 部品の集合から構成されているのか」ということを意味しています。この軸では，製品アーキテクチャは「モジュラー型」と「インテグラル型」の2つに分類されます (Ulrich, 1995；Baldwin and Clark, 2000)。

前者のモジュラー型のアーキテクチャとは，事前に部品の組み合わせ方のルールを決めておき，開発の際にはそのルールを順守することによって，部品間の独立度合いを高めるタイプの設計方式です。

こうしたモジュラー型アーキテクチャの製品では，独立性の高い部品 (「モジュール」と呼ばれる) を積み木やレゴのように組み合わせれば，製品システム全体を構成することが可能になります。その代わり，個別の製品に合わせて各部品の最適設計を行うことはできないので，最高の機能を実現することが求められるような製品には不向きです。

ここで，「部品間の相互依存性が高い」とは，1つの部品の設計に変更を加えた場合に，他のほとんどすべての部品の設計に変更を加えなければならなくなるような状況を意味しています。その逆に，「部品間の独立度合いが高い」とは，1つの部品の設計に変更を加えたとしても，他のほとんどすべての部品

の設計に何ら変更を加える必要のない状況を意味しています。

　こうした後者の状況は，一般に，インターフェイスを標準化することによって実現されます。ここで「インターフェイス（interface）」とは，部品同士が物理的に接している部分，あるいは，部品間でエネルギーや信号のやり取りが行われる部分のことを意味しています。たとえば，ネジとネジ穴のような物理的なもの，通信回線における接続プロトコル（接続規格）のような電子的なもの，PCと各種周辺機器とをつなぐコネクター端子のような電子的，かつ物理的なものなどがあります。

　いずれにしても，このインターフェイスを標準化すれば，ある一つの部品の設計に変更を加えたとしても，他の部品の設計に変更を加える必要はなくなります。電球が，普通の白熱灯からLED灯に変わったとしても，照明器具とのインターフェイス部分であるソケットの規格さえ守られるのであれば同じように利用可能である，といったことをイメージすると理解が容易かもしれません。

　一方，後者のインテグラル型のアーキテクチャとは，事前に部品間の相互依存関係のあり方や部品の組み合わせ方のルールを完全には決めず，開発を行う段階で，全体の最適性を考え，各部品間の調整を十分に行いながら完成度を高めていくタイプの設計方式です。

　一般に，自動車のような非常に複雑な製品では，部品間の相互依存関係のあり方を，あらかじめすべて決めておくことには限界があります。というのも，製品開発をはじめなければ分からない問題が多々あるので，事後調整によって理想的な設計を追求する余地を残しておいたほうが，より顧客価値の高い製品を開発できる場合が多いからです。

　このような場合には，インテグラル型のアーキテクチャのほうが適していることになりますが，その代わり，個別の製品に合わせて各部品の最適設計を行わなくてはならないので，どうしてもコストが高くなりがちになります。

　以上のように，部品間の独立度合いの高い設計がモジュラー型で，低い設計がインテグラル型ですが，以下では藤本（2004）にならって，必要に応じてモジュラー型を「組み合わせ型」，インテグラル型を「事後すり合わせ型」と，日本語表現で読み替えて呼ぶことにします。

なお，ある製品システムのアーキテクチャが，相対的にインテグラル型な領域から相対的にモジュラー型な領域へとシフトすることを「モジュール化」（ないし「モジュラー化」[2]），逆に，ある製品システムのアーキテクチャが，相対的にモジュラー型な領域から相対的にインテグラル型な領域へとシフトすることを「インテグラル化」と呼びます。

○「オープン化特性」の軸：「オープン型」と「クローズド型」

「どのような部品の集合体として構成するのか」という部分についてのもう一つの軸は，製品を構成する部品が，どのくらい標準的な仕様なのか，あるいは逆に，どのくらい特殊な仕様なのか，言い換えると，製品を構成する部品が，どのくらい汎用的なものであり，したがって，どのくらい市場で一般的に入手可能なのかという軸です[3]。

こうした部品の標準化度には 3 段階があり，レベル 1 ＝企業内での標準化，レベル 2 ＝産業内での標準化，レベル 3 ＝産業を超えた標準化，となっています。このうち，レベル 3 の標準化が最も広範でオープンですが，最も重要なのは，レベル 2 の産業内での標準化です。たとえば，PC や携帯電話などの特定産業における部品（ソフトウェアを含む）の標準化は，その程度によって当該産業の構造や競争のルールが決まるので，最も重要だと考えられます。また，ここでの「標準」には，前章で説明した「公的な標準」と「事実上の標準」の両方が含まれています。

この軸では，製品アーキテクチャは「オープン型」と「クローズド型」の 2 つに分類されます。

オープン型に分類されるのは，製品を開発する際に標準的な仕様の部品を利

---

2 「モジュラー化」と「モジュール化」の意味・ニュアンスの違いを強調して使い分ける論者もいますが，本稿では両者を同じ意味で用いることにします。
3 製品アーキテクチャの「オープン」「クローズド」の軸は，一般には，「インターフェイスの設計ルールが広く外部に公開されているかどうか」で定義されており（國領，1999；藤本，2001a），「製品を構成する部品の汎用性の高低（あるいはその逆数としての特殊性の高低）」で定義する本書の定義とは若干異なっています。しかし，実質的な意味はさほど変わりませんし，（ソフトウェア製品を除く）実証的な研究では，（操作性に優れているため）むしろ本書の定義のほうが一般的に用いられています。

用すれば十分で，したがって部品の標準化度が高く，それゆえに幅広い調達先を利用することが可能となっているタイプの設計です。

一方，クローズド型に分類されるのは，製品を開発する際に固有で特殊な仕様の部品が必要になり，したがって部品の標準化度が低く，その部品を入手するためには特別に発注を行わなければならないので，幅広い調達先を利用することが難しいタイプの設計です。

なお，ある製品システムのアーキテクチャが，相対的にクローズド型な領域から相対的にオープン型な領域へとシフトすることを「オープン化」と呼び，逆に，ある製品システムのアーキテクチャが，相対的にオープン型な領域から相対的にクローズド型な領域へとシフトすることを「クローズド化」と呼びます。

◯ マトリックスの代表的な2つのセル

さて，以上述べてきた2つの軸，すなわち，「部品間特性」と「オープン化特性」によって，製品アーキテクチャを4つのタイプに分類する枠組みを図示したものが図8.1です。

容易に想像がつくことですが，この2つの軸の間には相関関係が存在します。一般に，モジュラー型とオープン型，インテグラル型とクローズド型の相性がよく，つまり，独立性が高く，なおかつ標準化された部品を多用した製品と，独立性が低く，なおかつ標準化されていない部品を多用した製品の2つが，代表的な製品アーキテクチャのタイプとなっています。

本書では，前者のタイプの製品アーキテクチャを「モジュラー・オープン型」，後者のタイプを「インテグラル・クローズド型」と呼ぶことにします[次頁4]。

以下，この2つのタイプのそれぞれについて，もう少し詳しく説明していきましょう。

〈モジュラー・オープン型〉

モジュラー・オープン型タイプの典型的な製品は，PCです。

PCの各部品は，データ処理機能がCPU，一時的なデータ保存がメモリ，恒

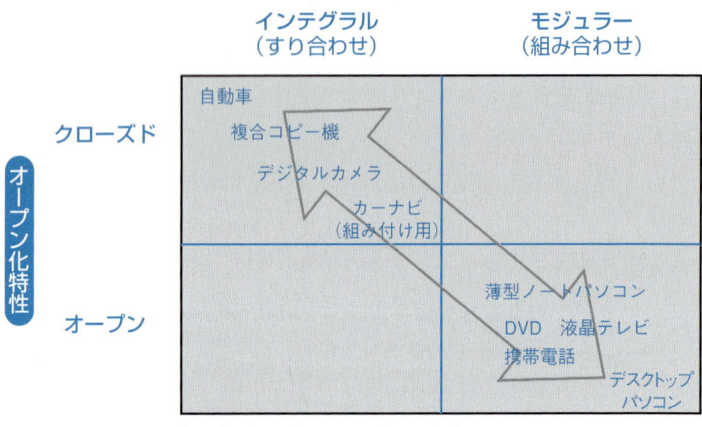

```
                        部品間特性

           インテグラル           モジュラー
           (すり合わせ)           (組み合わせ)

   クローズド  自動車
            複合コピー機
            デジタルカメラ
            カーナビ
            (組み付け用)
                              薄型ノートパソコン
   オープン                    DVD  液晶テレビ
                              携帯電話
                                   デスクトップ
                                    パソコン
```

（出所）延岡（2006, p.75）を一部修正

図8.1 製品アーキテクチャの基本タイプ

常的なデータ保存がHDD（ハードディスク・ドライブ），表示機能がディスプレイなどといった具合に，部品ごとにどのような機能を担うのか，どのように相互依存し合うのかが明確に規定されており，部品間のインターフェイスも業界レベルで標準化されています。そのため，それらを組み合わせるだけで，PCとして求められる機能のほとんどすべてが実現されます。

また，こうした部品のそれぞれに独立の供給メーカーが多数存在しており，

---

4 こうした区分は，あくまでも理念的なものです。1つの製品を構成する部品は一般に数多く存在しており，そのすべてが完全に独立している「完全にモジュラー型」の製品や，逆にそのすべてが強く相互依存し合っている「完全にインテグラル型」の製品は，仮に存在するにしても稀です。実際の製品は，一部の部品同士は比較的相互依存性が強く，一部の部品同士は比較的独立性が強く，両者の割合によって，完全なモジュラー型と完全なインテグラル型を両端とするスペクトル上のどこかに位置づけられることになります。同様に，1つの製品を構成する数多くの部品のすべてが標準仕様の「完全にオープン型」の製品や，あるいは逆にそのすべてが特別仕様の「完全にクローズド型」の製品も，仮に存在するにしても稀です。したがって実際の製品は，完全なオープン型と完全なクローズド型を両端とするスペクトル上のどこかに位置づけられることになるのです。

市場で調達することがきわめて容易です。そのため，ちょっと詳しいユーザーであれば，さまざまなメーカーの部品を買い集めてきて，自作でPCを組み立てることも可能です。

〈インテグラル・クローズド型〉

　一方，インテグラル・クローズド型タイプの典型的な製品は，自動車です。

　自動車は，エンジン，サスペンション，シートなど，ほとんどすべての部品が，部品間インターフェイスの設計も含めて，それぞれの企業や車種に固有の設計になっています。たとえば，トヨタ「ヴィッツ」のボディ，ホンダ「フィット」のエンジン，日産「マーチ」のトランスミッション，マツダ「デミオ」のサスペンションなどを持ち寄って組み立ててみても，とても実用に耐えるような車にはなりません。

　これは，たとえば，エンジンの重心がボディのどのあたりに来るのか，ボディ剛性とサスペンションとのバランスがどうか，といったことがほんの少し微妙に異なっただけで，安定性・振動・ノイズといった乗用車にとって重要な性能がガラッと変わってしまうからです。そのため，タイヤのように，サイズや物理的なインターフェイスが業界で標準化されている部品でさえ，乗り心地や振動・ノイズを最適化するため，車種ごとに事後的にすり合わせされた特別な仕様のものが利用されています（完成車組み付け用タイヤの場合）。

8.3　モジュラー型とインテグラル型の特徴とメリット・デメリット

　次に，モジュラー型とインテグラル型の違い，そして両者のメリット・デメリットについて，より詳しく説明していくことにしましょう。

◯ モジュラー型とインテグラル型の機能配分構造の違い

すでに述べたように、インテグラル型の製品の場合には、部品間の設計の独立性が低いので、たとえば部品Aの設計を変更すれば、他の多くの部品の設計が、ドミノ倒しのように次々と変更を余儀なくされることになります。そのため、多数の部品の設計を、事後的に微妙にすり合わせていく作業が必要不可欠となります。

このように、インテグラル型の製品において部品間の事後的な調整が必要とされるのは、1つの機能を複数の部品が統合的な形で実現するような機能配分構造になっているからです。

水泳選手が速く泳ぐためには、足と手の力はあまり関係なく、それらと体全体との微妙なバランスが大事だと言われます。これと同じように、インテグラル型の製品では、各部品の機能だけではなく、それらの全体としての調整のあり方の微妙なバランスが機能向上をもたらすことになるのです。

一方、モジュラー型の製品の場合、部品間の設計の独立性が高いので、事後的なすり合わせなしに簡単に組み合わせることができます。このように、モジュラー型の製品において部品間の事後的な調整が必要とされないのは、1つの機能を1つの部品が単独で実現するような機能配分構造になっているからです。

つまり、インテグラル型かモジュラー型かは、技術的には部品と機能の配分構造によって決まることになるのです（Ulrich, 1995）（図8.2）。

たとえば、インテグラル型製品の典型である自動車では、主要な機能だけでも、走行性能、制動性能、操縦性能、振動、ノイズ、耐久性、安全性、燃費（これは特に車両重量の影響が大きい）など多岐にわたります。それらの機能はそれぞれ、エンジン、ボディ、サスペンション、シート、タイヤなど、無数の部品が複雑に組み合わさり、全体としてバランスするなかで実現されており、機能と部品の配分は多対多のきわめて複雑な構造をなしています。そのため、部品間の事後的な調整は、それだけ膨大で微妙な作業となってしまうのです。

一方、モジュラー型の製品においては、機能と部品が1対1で対応するような機能配分構造になるよう、あらかじめ「デザインルール」が事前に設定されており、製品や部品の開発・生産者にはそのルールにしたがうことが求められます。

図8.2 モジュラー型とインテグラル型の機能配分構造

モジュラー（組み合わせ）型
- 演算処理 ─ CPU
- データの恒常的記憶 ─ ハードディスク
- データの一時的記憶 ─ メモリ
- 入力 ─ キーボード，マウス
- 表示 ─ モニタ

（例）パソコン

インテグラル（すり合わせ）型
- 走行安定性
- 乗り心地
- 燃費

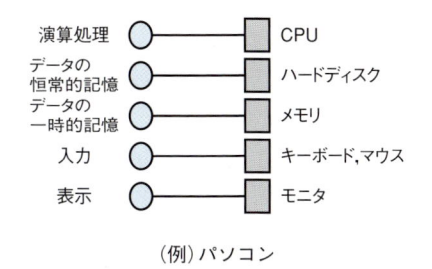

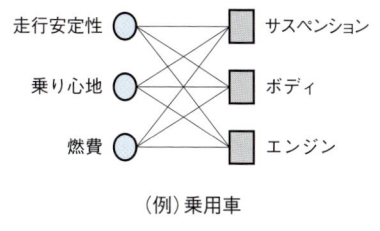

─ サスペンション
─ ボディ
─ エンジン

（例）乗用車

（出所）藤本（2004, p.125）を一部修正

　ここでデザインルールとは，「製品システムのなかで，各部品がどのような機能を担い，どのようなインターフェイスを介してどのように相互作用し合うのかに関する設計ルール」（Baldwin and Clark, 2000）のことで，このルールが事前に設定されて，はじめてモジュール化が可能になるのです。

　逆に言うと，製品アーキテクチャをモジュール化するためには，製品システムを構成する全部品が，どのような機能を担い，どのようなインターフェイスを介してどのように相互作用し合うのかに関して，あらかじめデザインルールを設定しておけるだけの高いレベルの知識を確立しておくことが必要不可欠だということになります。

　たとえば，モジュラー型製品の典型であるPCでは，データ処理はCPU，データ一時保存はメモリ，データの恒常的な保存用記憶装置はHDD，表示はディスプレイといった具合に，それぞれの部品が独立して単独の機能を果たすことができるように，事前に部品間の調整が完了しています。

　部品間の調整作業は，基本的にCPU（ないしチップセットかマザーボード[次頁5]）とOS（オペレーションシステム）が集中的に担っていて，それ以外の複数の部品の間で相互依存関係が生じてしまわないようなデザインルールが事

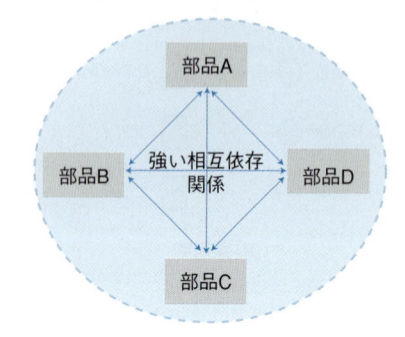

```
  インテグラル（すり合わせ）型              モジュラー（組み合わせ）型

         部品A                                    部品A

   部品B  強い相互依存  部品D              部品B ← 部品E → 部品D
          関係

         部品C                                    部品C
```

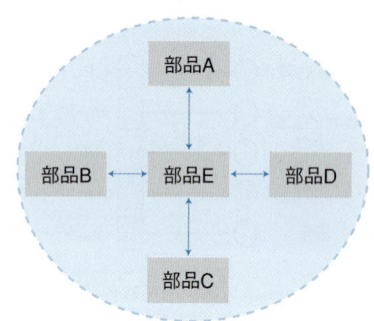

部品E（たとえば制御ソフトやシステムLSIなど）を間に噛ませることによって，部品B，部品C，部品Dの間の相互依存関係が解消されている

部品E＝システム統合部品

（出所）新宅他（2006，p.106）を大幅修正

図 8.3　部品間の相互依存関係の処理の違い

前に設定されており，インターフェイスの規格も詳細に決められているので，製品や部品の開発・生産者にはそのルールを順守することが求められるのです。

こうした部品間の相互依存関係の処理の違いを概念化したものが，図8.3です。

たとえば，A～Dまで4つの部品から構成される製品があった場合，その4つの部品すべての間で相互依存関係が生じることを許容し，それを事後的な調整作業によって最適化することで製品システム全体として高いパフォーマンスを発揮する，というタイプの設計がインテグラル型のアーキテクチャです。

---

5 チップセットとは，PCに内蔵される，CPUの周辺回路を備えた複数の半導体チップの集合のことを意味しています。一方，マザーボードとは，同じくPCに内蔵され，主要な電子部品（CPUやメモリなど）が搭載されたプリント基板（回路基板）のことを意味しています。このチップセットやマザーボードは，PCのほとんどすべての基本機能を担う，まさにPCそのものと言ってもいいほどの中核部品です。

その一方で，モジュラー型のアーキテクチャでは，新たに部品 E（具体的には製品システム全体を制御するソフトウェアを組み込んだシステム LSI など）を間に噛ませることによって，部品 E と部品 A から D までの 4 つとの間に強い相互依存関係を作った上で，部品 A，B，C，D のそれぞれの間での相互依存関係は一気に切断してしまいます。このように，モジュラー型のアーキテクチャでは，一部の部品だけが，製品内の部品間の相互依存関係の調整を集中して担うことになるのです。

本書では，延岡（2006）にならって，こうしたタイプの部品を「システム統合部品」と呼ぶことにします[6]（図 8.3）。

◯ 部品間の調整時点の違い：事前調整と事後調整

上でも少し説明したように，PC のようなモジュラー型製品であっても，決して部品間のすり合わせが行われていないわけではありません。たとえば，CPU とビデオボードと通信モジュールなど，中核的な部品間での技術的な調整では，きわめて高度で複雑なすり合わせ作業を必要とします（Baldwin and Clark, 2000）。

しかし，すでに述べたように，モジュラー型とインテグラル型には，部品間の調整時点において決定的な違いがあります。

インテグラル型では，各企業が実際に製品開発を行いながら，部品間の調整を実施しなくてはなりません。一方，モジュラー型の場合，各企業が製品開発に取り組む時点では，すでに部品間調整のほとんどは終わっています。つまり，「事前の調整」の結果としてデザインルールが定められており，インターフェイスの規格も詳細に決められているので，各部品の開発・生産者はそれを順守しなければならない。それがモジュラー型のアーキテクチャなのです。

事前の調整を担当し，部品間の調整を一手に引き受けたシステム統合部品を開発・生産・販売しているのは，たとえば PC ならインテルやマイクロソフト，ネットワーク・ルーターならシスコシステムズであり，そうした企業は「プラ

---

[6] 新宅他（2006）では，こうしたタイプの部品を，「すり合わせノウハウがカプセル化された部品」と呼んでいます。

ットフォーム・リーダー」(Gawer and Cusumano, 2002) としての役割を果たしています。

　この点は，きわめて重要です。つまり，「モジュラー化すれば，積み木やレゴのように，組み合わせるだけで製品システム全体を構成することが可能になる」という点ばかりが強調されがちですが，その陰には，デザインルールを設定し，各部品のインターフェイスを定義している企業群があり，後で述べるように，そうした企業群が存在しなければ，モジュラー型製品は長期的に成立しえないのです。

○ モジュール化のメリット

　近年，世界的な傾向として，多くの製品がモジュール化しています。それは，モジュラー型の製品アーキテクチャには，普遍的な優位性があるからです。

　一般に，モジュール化された製品では，各モジュールの開発がデザインルールを順守する限りにおいて，比較的少数のモジュールを組み合わせるだけで，非常に多種類の最終製品を生み出していくことが可能となります。あるいは，仮に大部分のモジュールを共通化したとしても，一部分のモジュールを交換したり追加したりするだけで，製品全体の機能やパフォーマンスのレベルをさまざまに変えていくことが可能となります。こうしたメリットは，副次的ないくつものメリットをさらに生じさせることになります。

　以下では，モジュール化によってもたらされるこうした副次的メリットを，（1）製造現場のレベル，（2）開発現場のレベル，（3）製品進化という3点から，それぞれ見ていくことにします。

〈製造現場レベルでのメリット〉

　モジュール化による製造現場レベルでのメリットは，主として2つあります。

　第1に，製品をモジュール化すれば，部品の標準化が容易になります。

　標準化されたモジュールは，比較的長期にわたって大量に生産することができるので，規模の経済性や経験効果が働くことになり，その結果，そうしたモジュールにおいては著しいコストの低下や品質の向上が期待できます。

第2に，製品の生産プロセスを2つの段階に分けてマネジメントすることにより，生産プロセスを大幅に効率化することができます。

　すなわち，前の段階では，需要予測をもとに，ある程度の汎用性を残した中間製品（モジュール）を見込み生産して，必要最小限の在庫を保有しておきます。そして，後の段階では，実際の顧客からの注文に基づいて，そうした中間製品を組み合わせたり，必要最小限の特別な仕様の部品を組み込んだりすることで，各顧客の要求に応じた多様な仕様の製品を迅速に生産・納入するのです。

　こうしたミックス・アンド・マッチ（mix and match）型のやり方をとることにより，顧客の確定注文が入ってから最終製品を完成するまでの生産リードタイムを短くすることができるので，多様な最終製品をジャスト・イン・タイムで生産・納入することが可能となり，最終製品の在庫も減らすことができるようになります。もちろん，モジュール化を推進しても中間製品の在庫は残るのですが，これらは比較的場所をとらず汎用性も高いので，在庫リスクは小さいと言えます（土屋，1994）。

　これが，デル・コンピュータがPCで手掛けて一躍有名になった「BTO方式（build to order：受注生産方式）」の本質的な考え方です[7]（図8.4）。

〈開発現場レベルでのメリット〉

　第5章でも説明した通り，製品アーキテクチャに対応して，開発組織の最適なアーキテクチャも変わってきます。

　自動車のようなインテグラル型の製品の場合であれば，部品間の相互依存性が非常に大きいので，各部品の開発作業を相互に緊密に調整していくことが非常に重要となります。そのため，各部品の開発者同士が頻繁なコミュニケーションを図ることができるようにプロジェクト・チームを組んだり，さらには，プロジェクト・マネージャーが，製品システム全体のバランスを考慮するなかで設計上の最終決定を下していくことが重要になります。この点については，第10章でもう一度詳しく説明します。

　一方，PCのようなモジュラー型の製品の場合には，それぞれの部門内では調整が必要ですが，部門を超えて，他の部品を担当する部門と調整する必要は

---

[7] デルのBTO方式については，第12章も参照下さい。

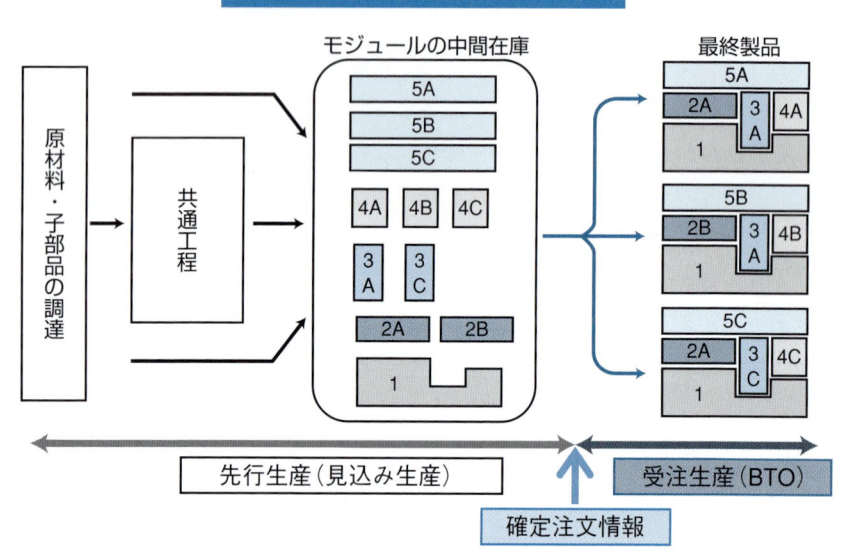

図8.4 モジュラー化によるBTO方式

ありません。ですから，調整作業に時間をとられることなく，ミックス・アンド・マッチ型のやり方で，多様な機能やパフォーマンス水準の製品を迅速に開発し，市場に投入していくことが可能になるのです。

　また，モジュラー型の製品では，このように各部品の開発作業の間でほとんど調整を行う必要がないことから，それらの開発を同一の企業内で行う必要性は薄れてきます。実際，デジタル家電製品のように製品のモジュール化が進んだ業界では，近年における情報通信技術の飛躍的発展と交通・輸送網の整備に伴って，各モジュールの開発・生産委託先が世界中に分散するのはごく当たり前のこととなっています。

　こうした業界においては，すべての開発活動を自社内で抱え込むのではなく，むしろ，自社ではデザインルールの決定や強みを有するモジュールの開発・生産だけに特化し，それ以外の部分はすべてその時々に最適な企業に委ねること

によって，より競争上優位なポジションを確保することが可能となります。

〈製品進化上のメリット〉

インテグラル型製品の場合，ある個別の部品技術を転換する際には，最終製品を開発する企業との間で緊密に調整しなければならないことが多くなります。たとえば自動車の部品メーカーは，自社の部品の設計や使用素材などを変更すると，その影響が他の無数の部品にまで及ぶことになるので，自動車メーカーや他の部品メーカーとの調整なくして新しい部品を開発することはできません（具，2008）。

一方，モジュラー型製品では，部品間の相互依存性を断ち切るように事前に部品間の調整ルール（デザインルール）が設定されているので，各部品の独立性・自律性が高くなります。すなわち，デザインルールさえ守れば，後は最終製品の開発とは独立した形で，最終製品を構成する他のモジュールの設計と調整することなく，自由に技術開発を進めることができるのです。

これによって，各モジュールの開発主体は，デザインルールで規定された以外の部分については，自分たちが最適であると考える方法を自由に試してみることが可能となります。したがって，各モジュールのレベルで「実験を通じた学習」が急速に進められ，イノベーションが頻繁に生じることになるのです。

それでも，デザインルールさえ守られていれば，そうしたモジュールは製品システム全体のなかで確実に機能するので，各モジュールのレベルで生じたイノベーションの成果は，製品システム全体の機能向上に直ちに結びつきます。その結果，製品システム全体の機能は，劇的なスピードで進歩を遂げることとなるのです。

◯ モジュール化のデメリット

一方，モジュール化を図るためには，各モジュールごとに余分な「あそびの部分」（design margins）を持たせ，各部品間の相互依存関係を遮断するバッファー（緩衝材）にすることが必要とされます（Kogut and Bowman, 1995）。つまり，モジュール化を図るためには，製品システム全体でムダな部分を増や

すことが必要不可欠となるわけです。

そのため，そうしたあそびが許されない，非常にコンパクトで軽量な製品を開発する場合には，各部品の枠を超えて製品システム全体の最適化を図っていくことが必要不可欠となるため，インテグラル型の設計のほうが望ましいことになります。

また，モジュラー化を図るためには，先に述べたように，あらかじめデザインルールを設定しておけるだけの高いレベルの知識を確立しておくことが必要であって，それができる状況になければ，そもそもモジュラー化を図ることは不可能です（Baldwin and Clark, 2000）。

あるいは，デザインルールの順守という制約条件が加わることで，製品の基本設計が固定化されてしまい，一定期間ごとにデザインルールを適切にグレード・アップしていくことができなければ，イノベーションの停滞を引き起こしてしまう恐れもあります。

さらには，モジュラー化によって部品の標準化が進むと，機能面で差別化を図ることが難しくなり，コモディティ化の問題を引き起こすことになります（Robertson and Ulrich, 1998；Fisher, Ramdas, and Ulrich, 1999）。これについては，次の8.4節で詳しく説明します。

以上のように，モジュラー型とインテグラル型の製品アーキテクチャにはそれぞれの特徴があるため，要求される機能水準や顧客ニーズに応じて両者を使い分けることが大切です。

しかしながら，近年における半導体技術や高密度実装技術の目覚ましい進歩によって，少なくとも電子部品に関しては，あそびの部分を作ってインターフェイスの標準化を図ることが非常に容易になりました。

実際，PCやDVDプレーヤー，液晶テレビ，携帯電話といった，われわれが日常的に使用するほとんどの製品では，製品機能の大半が，半導体チップやプリント基板のような電子部品のなかに収められ，他の部品との間のインターフェイスが標準化されています。

このように，モジュラー・アーキテクチャに適した製品領域が飛躍的に比重を増しつつあるというのが，目下の現状なのです。

◯ インテグラル型とモジュラー型を規定する要因

では，インテグラル型とモジュラー型は，どのような要因によって決まってくるのでしょうか。

まず第1に，製品デザインは，市場の成熟化とともに自然にモジュール化される傾向にある，ということが挙げられます（Henderson and Clark, 1990）。

第3章で説明したA-Uモデル（アバナシー=アターバック・モデル）の流動的段階では，最適な製品アーキテクチャのあり方についても試行錯誤が続きます。しかし，業界のなかでその製品に関しての「共通のコンセプト」が形成され，ドミナント・デザインが登場するようになると，支配的な製品アーキテクチャも確定することになります。

この段階で，産業の発展は流動期から移行期へと移り，競争の焦点も，確立された製品アーキテクチャのもとで，標準的な仕様の製品を「いかに大量に，かつ安く」生産するかへと移行することになります。もちろん，差別化も図られるのですが，それはあくまでもドミナント・デザインの範疇のもとでの話であり，製品の性格（コア・コンセプト）を変えてしまうような大きな変化は，ほとんど生じなくなってしまいます。

この段階では，モジュール化は，製品の供給側（企業）にとっても需要側（顧客）にとっても，メリットが大きいと言えます。

供給側としては，コストの低下や迅速な市場投入のメリットが享受できるし，特に，差別化が難しくなればなるほど，モジュール化によるこうしたコストの低下や迅速な市場投入のメリットは大きくなります。一方，需要側，つまり顧客にとっても，モジュール化のメリットは大きく，コスト低下により製品価格は低下し，また，自由に多様な組み合わせを選択することができるようにもなります。

このような背景のもと，製品の誕生から衰退までのライフサイクルを見ると，たとえ初期にはインテグラル型であっても，通常は徐々にモジュール化が進むことになります。たとえばデジタルカメラも，徐々に中核部品であるイメージセンサ（CCD）やレンズモジュールなどでモジュール化が進んでいます（伊藤，2005）。これは，供給側も需要側も，モジュール化によって部品を標準化

し，コスト・価格を下げたほうがメリットが大きい段階に達してきたからだと考えられます。

ただし，自動車のように，モジュール化があまり進まない製品もあります。これは大半の顧客が，今のところ，モジュール化による低コストや組み合わせの多様性よりも，インテグラル型設計によって実現できる商品性向上を評価し，それに対して十分な付加的対価を支払っているからだと考えられます。

言い換えると，自動車を構成する無数の部品の設計を微妙に調整し合い，安全性・乗心地・静粛性・運転操作感などを統合的に最適化することが，自動車の商品性を高め，より高い価格で販売できることにつながっているので，自動車は今のところインテグラル型にとどまっているのです。

このように，インテグラル型にとどまるための条件は，モジュール化するメリットよりも，すり合わせによって創造される価値のほうが高い場合，ということです。この点を自動車とPCで比較して，概念的に表したのが図8.5です（延岡，2006）。

モジュラー型よりもインテグラル型のほうがコストは高くなるので，そのコスト上昇以上に，インテグラル型にする価値を顧客が評価しなければ意味はありません。言い換えると，事後的なすり合わせによる「顧客の支払い意思額（どの程度の対価を支払ってもよいと考えるのか）」（willingness to pay：WTP）の増分が，事後的なすり合わせによるコスト増分を上回るか否かが，製品がインテグラル型にとどまれるかどうかを左右することになるわけです。

PCの場合，インテグラル型にすれば，薄型・軽量化などによって多少の顧客価値向上が期待できるかもしれませんが，コスト上昇分を補うことはできない場合が多いでしょう。一方で，自動車は，インテグラル型を採用する追加コスト以上の顧客価値を実現できる可能性が高いと思われます。

図8.5で，「顧客価値」と「コスト」の差が付加価値です。PCではモジュラーにしたほうが付加価値が大きく，自動車ではインテグラルのほうが大きくなります。だからこそ，自動車は今のところインテグラル型にとどまっているのです。

しかし，中国やインド，ロシアなど，自動車需要が急成長を遂げている新興国でこの条件が満たされるとは限らず，日本でも，若者の「クルマ離れ」が進

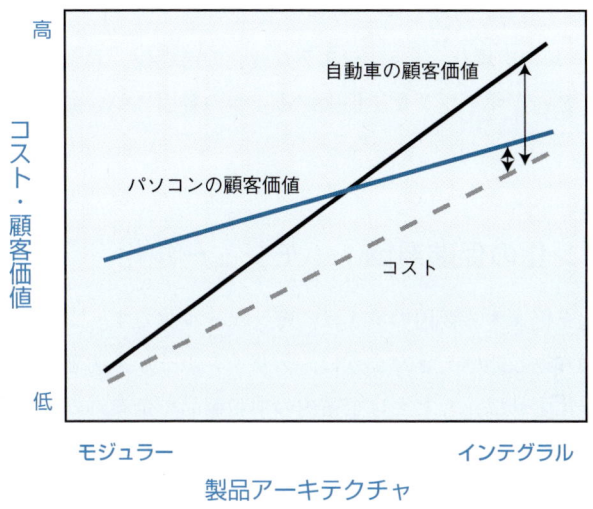

図中のラベル:
- 縦軸: コスト・顧客価値（高／低）
- 横軸: 製品アーキテクチャ（モジュラー／インテグラル）
- 自動車の顧客価値
- パソコンの顧客価値
- コスト

（出所）延岡（2006, p.88）を一部修正

図 8.5　製品アーキテクチャの選択要因

むなかで，今後ともこの条件が満たされ続けるとは限りません。そして，ひとたびこの条件が崩れてしまえば，自動車の製品アーキテクチャの転換が不可避になってしまうということには，十分な注意が必要だと考えられます。

8.4　オープン型とクローズド型の特徴

　近年，デジタル家電分野の多くの製品がオープン化してきて，製品全体のなかで汎用部品の占める割合が高まり，市場で調達することが容易な部品による寄せ集め設計的な色彩を強めています。また，このことが，新興国企業による市場参入の障壁を著しく引き下げ，製品価格の急速な低下につながっています。

なぜこうした現象が生じているのかを明確に理解するために，以下では，基本的に延岡他（2006）のフレームワークにならって，（1）モジュール化，（2）モジュールの市場化，（3）システム統合の市場化，および（4）顧客価値の頭打ち，というオープン化を促進する4つの要因について説明していくことにします。

○ オープン化の促進要因①：モジュール化

オープン化を促進する要因の第1は，モジュール化です。

ここまで繰り返し述べてきたように，デザインルールを明確に設定し，製品をモジュール化すれば，たとえば企業内の他の製品や企業外の製品との間で部品の標準化を図ることが容易になります。

○ オープン化の促進要因②：モジュールの市場化

オープン化を促進する要因の第2は，モジュールの市場化です。

製品がモジュール化されても，モジュールを市場で購入できなければ，オープン化は進みません。これは，「社内モジュール化」と呼ばれる段階で，たとえば日本のデジタルカメラメーカーの多くが，製品のモジュール化を進めつつ，そのモジュールを外部の企業には基本的に販売していません。

しかし逆に，モジュールを市場で一般的に入手することが可能になれば，オープン化は一気に進み，開発・生産能力が低い企業でも最終製品（完成品）市場に参入できるようになります。たとえば，PCの場合には，CPU，OS，メモリ，HDD，ディスプレイなど，主要部品（モジュール）のほとんどすべてが市場で容易に入手できます。それゆえに，PCを組み立てて販売する企業は，世界中に数え切れないほど多く存在するのです。

こうしたモジュールの市場化の傾向は，部品生産と最終製品生産の最小最適規模の量的なギャップの存在によって助長されています。一般に，部品生産は最終製品生産よりも資本集約度がはるかに高い生産プロセスのもとで行われるので，部品生産の最小最適規模は，最終製品のそれを上回ることが多くなりま

す。その結果，自社の最終製品で用いる分を超える部品を生産したほうが経済的ということになり，余った分を他の企業に販売する動きが加速してきたのです（榊原，2006；沼上，2009）。

近年，こうした傾向をさらに大きくしているのが，半導体チップへの付加価値の集中です。半導体の集積化の進展により，さまざまな電子回路が1つの半導体チップ上に統合されるようになり，最終製品の重要な機能や性能の大きな部分が1つの半導体チップのなかに盛り込まれることになりました[8]。しかしその一方で，そうした半導体チップを生産するために必要とされる投資額も，半導体の集積化に伴って2009年時点で最低数千億円のレベルにまで増大しており，もはや自社の最終製品向けの需要だけで賄える範囲をはるかに超えてしまいました。

そのため，たとえばパナソニックや東芝のように，自らが最終製品とその重要部品（そのほとんどに半導体チップが組み込まれている）の両方を生産している日本企業の多くは，当該部品の開発投資・設備投資を回収するため，他の完成品メーカーにその部品を積極的に外販するようになっています。

第7章でも説明した通り，DVDプレーヤーのように規格を支配することが重要な製品の場合には，「ファミリーづくり」を行って自社規格を業界標準とすべく，世界中の企業に自社が手掛ける重要部品の供給を積極的に行うので，この傾向はさらに強まることになります。

◯ オープン化の促進要因③：システム統合の市場化

オープン化を促進する要因の第3は，システム統合の市場化です。

仮に製品がモジュール化され，モジュールが市場化されたとしても，市販モジュールの単なる寄せ集めだけで十分な性能を発揮できる製品を開発・生産できるとは限りません。というのも，完全にモジュール化された製品というのは稀で，どうしても各モジュールに微妙な特性上の違い（「くせ」）が残ってしま

---

[8] こうして半導体への電子回路の集約が進み，製品システムを構成するほとんどすべての電子回路が1つの半導体チップ上に統合されることを，一般に「システム・オン・チップ（SOC：System on a Chip）化」と呼びます。

い，相性の良くない組み合わせが存在するため，どのようなモジュールを調達し，どのように組み合わせればよいのかという知識が必要になる場合があるからです。

しかし，デジタル家電の業界を中心として，こうしたシステム統合に関する知識──モジュールを組み合わせたりすり合わせたりして最終製品を開発・生産する技術やノウハウ──さえも市場化される傾向が強まりつつあります。

このシステム統合の市場化には2つのパターンがあります。

1つ目のパターンは，主要な部品（特に半導体チップ）の製造メーカーが，主にその部品の販売を促進するために，最終製品へ向けたシステム統合のやり方のノウハウを提供する場合です。

たとえばPCの場合，CPUを製造するインテルやAMD（アドバンスド・マイクロ・デバイセズ）は，CPUを広く販売するために，PCを開発・生産する完成品メーカーが参考にすべきリファレンス・デザイン（推奨設計）を公開しています。また同様に，DVDプレーヤーの場合は台湾のメディアテック（Mediatek：聯發科技）などが，液晶テレビの場合にはジニアス・マイクロチップ（Genesis Microchip）やピクセルワークス（Pixelworks），メディアテックなどが，自らが販売する部品とリファレンス・デザインをセットで完成品メーカーに提供しています。

リファレンス・デザインの内容は，ケース・バイ・ケースでさまざまですが，一般的には，そのまま量産用の図面として用いることのできるくらいに詳細な設計図面と，その設計で正確に動作することが検証された推薦部品のリスト（Bill of Materials：BOM）が提供されます。場合によっては，サンプル用・評価用として，実寸大の製品モデルであるリファレンス機が提供されることもあります。

こうしたリファレンス・デザインやリファレンス機の提供サービスは，新しい食材を販売するために，それを使用した料理のレシピを同時に提供するのと同じで，自社の半導体チップの販売量を増すことを意図して，技術力に乏しい企業でも最終製品の開発・生産に容易に参入できるようにするためのやり方です。

2つ目のパターンが，システム統合サービスの提供を事業の中心に据える企

業が存在する場合です。

たとえば携帯電話端末の場合，完成品メーカーに代わって最終製品の設計を専門に行うデザインハウスが台湾や中国で出現しました。また，第11章で詳しく説明しますが，クオンタやコンパルなどの台湾のODM企業は，完成品メーカーからノートPCなどの設計と生産を一括して請け負っています。これらのデザインハウス企業やODM企業は，完成品メーカーにシステム統合サービスを提供していると言えるでしょう。

さらに，インテグラル型製品の代表格である自動車の世界でも，自動車メーカーから車両設計や生産プロセス設計の一部を請け負う「自動車エンジニアリング会社」が，ドイツや日本，台湾を中心にいくつも設立されており，その多くが中国の自動車メーカーの製品開発の一部を請け負っています。

こうした自動車エンジニアリング会社も，まだレベルが十分とは言えないにせよ，事後的なすり合わせのサービスを提供しており，部分的なシステム統合サービスを提供していると解釈できるでしょう。彼らの実力が今後向上してくれば，自動車の製品アーキテクチャはオープン化していく可能性があります。

○ オープン化の促進要因④：顧客価値の頭打ち

オープン化を促進する第4の要素は，顧客価値の頭打ちです。

一般に，製品が成熟化するにつれて，基本的な機能が満たされていれば十分だと考える顧客が増えてきます。たとえばPCでは，ワープロや表計算ソフト，インターネットが使えれば十分だと考える顧客が増えているし，携帯電話端末でも，電話とメールが使えれば十分だと考える顧客が増えています。

これは，第4章のオーバーシューティング現象の項目で詳しく説明した通り，製品が成熟化するにつれて，平均的な製品のスペックが多くの顧客が「もう十分だ」と考える水準をしばしば上回るようになってしまうからです。

このようなオーバーシューティング現象が生じると，その後にシンプルで安価な製品が登場して爆発的な人気を博し，一気に価格破壊が進む可能性が高くなります。そうなってしまえば，できる限り汎用的な部品を多く使用するとともに，多数の部品供給メーカーを競わせてなるべく安く買い叩き，それらを組

み合わせて，できる限りシンプルで安価な製品を市場に投入することが，競争に打ち勝つための一つの有効なやり方となるのです。

ただし，このやり方は，他の多くの企業にとっても模倣可能であり，汎用的な部品を使いすぎてしまうと製品の差別化が困難になるため価格競争がひどくなり，結局はどの企業も儲からない，といった事態に陥りがちになります。

○ オープン化とコモディティ化：デジタル家電のケース

以上述べてきたような，（1）モジュール化，（2）モジュールの市場化，（3）システム統合の市場化，および（4）顧客価値の頭打ち，といった条件が満たされるにつれて，オープン化の動きは加速していくことになります。その結果として，汎用部品の使用比率が高まり，低価格化が一気に進むとともに，製品の差別化が困難になってきます（延岡，2006）。

一般に，「製品やサービスの本質部分での差別化が困難になり，企業の側がいくら差別化に向けて努力しても顧客の側がほとんど違いを見出すことができなくなった状況」のことを「コモディティ化」と言います（恩蔵，2007）。このコモディティ化が進むと価格競争が激しくなることが知られていますが，オープン化の動きは，このコモディティ化と低価格化の動きを加速させることになるのです。

特に，（4）の顧客価値の頭打ちが生じると，先に説明した「顧客の支払い意思額（WTP）の増分」＞「事後的なすり合わせによるコスト増分」の条件を満たすことが難しくなるので，上記（1）の製品アーキテクチャのモジュール化が生じることになります。そして，いったんそうなれば，残りの（2）・（3）の条件が満たされるようになるまではもう時間の問題なのです。

実際，PCなどの情報機器も含めた広義のデジタル家電（情報家電）の分野においては，こうした製品アーキテクチャのオープン化，あるいは「モジュラー・オープン型」への移行が急速に進展し，低コストを武器にした新興国企業の参入が相次いだため，価格低下が急速に進んでしまい，どの企業も利益を獲得することが困難になってしまいました（延岡他，2006；小川，2009）。

8.5 「モジュラー・オープン」化した産業での収益確保

　最後に,「モジュラー・オープン」化した産業のなかで,企業は競争力と付加価値の源泉をどこに見出すべきなのかについて論じることにします。
　ここでは,基本的に延岡他（2006）のフレームワークに基づき,組み立て型産業における付加価値の源泉として,部品と製品とに大きく分けて考えてみましょう。

◯ 部品による付加価値の獲得

　部品によって付加価値を獲得する上では,システム統合部品の生産・販売に特化することが最も望ましいと考えられます。
　ほとんどすべての製品で,当該製品を構成する部品群の間に何らかの相互依存関係が存在しており,これを完全になくしてしまうことは不可能です。よって,製品アーキテクチャをモジュラー・オープン化するためには,製品の下位の階層において集中的にすり合わせ作業を担う領域を作り出すこと,すなわち,システム統合部品がすり合わせ作業を一手に担うことが必要となります。言い換えると,製品レベルでの「モジュラー・オープン」化を進めるためには,部品レベルでのインテグラル化を進めることが必要不可欠となるのです。
　そして,こうしたシステム統合部品を自社で手掛け,市場で広く販売するようにすれば,高収益を獲得できる可能性が高くなります。
　まず,システム統合部品は,製品を構成するそれ以外の部品間のすり合わせ作業を独占的に担うことになり,一方では,すり合わせとは関係のない,したがって付加価値が低い部分を背負い込まずに済むので,付加価値がとにかく高くなります。しかも,部品の生産・販売に特化すれば,さまざまな完成品メーカーに売りさばくことが可能となり,その結果,市場で高シェアが獲得できれば,最終製品を手掛ける場合以上の規模の経済性や経験効果を享受できること

になります。

　こうした戦略の成功事例としては，インテルやクアルコムなどが挙げられます。たとえばインテルは，PCを自社で手掛ける実力は十分に備えているにもかかわらず，CPUやチップセット，マザーボードといった部品の販売に徹しています。クアルコムも，携帯電話事業に参入した当初はCDMA方式の携帯電話の端末を自ら製造していたのですが，同方式の携帯電話市場が完全に軌道に乗った2000年には，その携帯電話端末の製造部門を日本の京セラに売却し，チップセットを開発・生産・販売する部品ビジネスに特化しました（小川，2009）。

　ただし，この戦略で成功するためには，システム統合部品の市場において，少なくとも上位2社のうちに入るくらいのシェアを確保することが必要となります。というのも，こうしたシステム統合部品のほとんどは半導体チップですが，半導体生産における規模の経済性と経験効果がきわめて大きいので，市場シェアの多寡がコスト競争力に直結することになるからです。

　また，長期にわたってこの戦略で成功を収めるためには，システム統合部品の市場においてプラットフォーム・リーダーとしての地位を確保することが重要になります。

　すでに述べたように，モジュラー型の製品アーキテクチャのもとでは，デザインルールを守らなければならないという制約があるので，製品の基本設計が固定化されてしまい，そのままでは部品技術の進歩の成果をうまく取り入れることができなくなる時期がきます。それを乗り切るためには，どうしても，一定期間ごとにデザインルールを適切にグレード・アップしていくことが欠かせないのですが，こうした活動を牽引する役割を果たすのがプラットフォーム・リーダーなのです。

　言い換えると，プラットフォーム・リーダーが存在しなければモジュラー型製品は長期的に成立しえないのですが，この役割を主体的に担っていかないと，システム統合部品のビジネスで長期的な競争優位を確保していくことは難しいのです。

　一方で，プラットフォーム・リーダーとしての役割を十分に果たしていくことができれば，自社に有利な業界標準を設定し，市場での競争力を維持・増強

していくことが可能になります。たとえばインテルは，プラットフォーム・リーダーとして自社に有利な業界標準を次々に設定していくことで自社のCPUの価格低下を防ぎ，高い付加価値・利益を安定的に確保することができました（立本，2007）。

それから，この戦略のバリエーションとして，最終製品を手掛けつつ，システム統合部品の販売も行うというやり方もありえます。

この両面戦略で成功しているのが，液晶パネルにおける韓国のサムスン電子やLG電子です。両社は，自社の最終製品（液晶テレビ）に組み込む量の3～5倍以上の液晶パネルを製造し，他の完成品メーカーに外販していると見られています。

この両社は，液晶テレビ全体の設計能力を蓄積し，完成品メーカーとしてのブランドイメージを保つため，最終製品の開発・生産は保持しつつ，実際には液晶パネルの外販（＋自社利用）によって，規模の経済と経験曲線効果でコスト・リーダーシップを追求して利益を確保する，という戦略をとっています。つまり，付加価値の獲得手段としてはあくまでも部品がメインであり，完成品ビジネスは，付加価値の獲得手段としては付け足しにすぎないのです（小笠原・松本，2006）。

この点，日本の完成品メーカーの多くは，依然として付加価値の獲得手段としてはあくまでも完成品をメインに据え，部品ビジネスは付け足しとして位置づける傾向が強いようです。

しかし，このやり方には解消困難な矛盾があります。すなわち，重要部品の外販を抑制すれば，部品ビジネスによる付加価値の獲得は限られたものにとどまってしまうだけでなく，その部品の十分な生産量を確保できず，莫大な開発費・工場投資を回収することが困難になり，かといって，外販を積極的に進めれば進めるほど自社製品の差別化が難しくなる，というジレンマです。

これが「統合企業のジレンマ」と呼ばれるものですが（榊原，2006），完全にモジュラー・オープン化された市場環境のもとでは，完成品ビジネスをメインに据える限り，このジレンマから逃れることは難しいのです。

◯ 製品での価値の獲得

モジュラー・オープン化した産業のなかで最終製品を手掛けて価値を獲得するのはきわめて難しいのですが，このための戦略としては，以下の2つが考えられます（延岡，2006）。

第1が，コスト・リーダーシップ戦略です。たとえばデルは，台湾のODM企業に自社のPCの開発の大半を任せ，生産は彼ら（台湾のODM企業）の中国工場で行い，部品購買や販売，アフターサービスも含めたビジネスシステムのトータルな仕組みを徹底的に効率化することで，モジュラー・オープン型製品の典型であるPC業界で，圧倒的な国際競争力を一定期間保つことができました。

ただし，汎用的なモジュールを寄せ集めて製品の開発・生産を行うやり方では，トータルな仕組みをいかに工夫しようとも，競合他社による模倣や追随を完全に防ぐことは難しいので，この点，注意が必要です。

第2のアプローチは，差別化戦略です。ここでは，「機能的価値」（functional value）だけでなく，「情緒的価値」（emotional value）を訴求することが重要となります。

顧客が製品を使用することによって得られるベネフィットは，必ずしも機能から得られる利便性だけに限られるわけではありません。「その製品を使用することによる精神的な満足」，「所有することの誇り」，「作り手に対する共感」など，顧客の感情に訴えかける情緒的な価値は，それを高めることに成功すれば，機能的価値の場合以上に当該製品への顧客ロイヤルティ（忠誠心）向上に貢献することが知られています（Kotler, 2000）。

情緒的価値を訴求するためには，デザインやストーリー，感情や感動など，文字や言葉にすることが難しいブランド要素に磨きをかけ，顧客とのありとあらゆる接点で一貫したメッセージを訴求することが重要となります。また，そのためには，モジュラー・オープン型製品が席巻している市場環境のもとにあっても，製品システムのなかで顧客の感情に訴えかける上で重要な部分については汎用モジュールでなく独自仕様のそれを搭載し，情緒的価値増大を追求した徹底的なすり合わせを行うことが必要となってきます。

たとえば，アップルのマッキントッシュ・パソコン（以下「マックPC」）では，ブラウザ，ワープロ，表計算，プレゼン，メール，写真編集，ビデオ編集，作曲などの基本的な実用ソフトはもちろんのこと，OSやチップセットにいたるまで，すべて自社製ないし特別仕様のものとなっており，一貫した操作方法でストレスなくマックPCを扱うことができるよう，徹底的なすり合わせ開発がなされています[9]。ここには，「マックPCは，単なる部品とソフトウェアの寄せ集めではなく，心地よいPC体験をユーザーに与えるような，一つの統一された世界を提供しなければならない」という，スティーブ・ジョブズの基本的な考え方が反映されています。

こうして，アップルのマックPCは，完全にコモディティ化しているPC市場において，他社製品とは完全に差別化されたポジションを確保し，常に一定シェア以上を維持することができているのです。

技術力の高い日本企業の多くは，モジュラー・オープン化した市場環境のもとでも，このすり合わせによる差別化戦略を追求する傾向が強いように思われます。

ただし，アップルが情緒的価値増大を追求したすり合わせを行っているのに対して，日本企業の多くは，依然として機能的価値増大を追求したすり合わせを追求する傾向が強いように思われます。しかし，この戦略は必ずしもうまくいってないようです。

たとえば携帯電話端末では，日本企業は，モデルチェンジのたびごとに次から次へと新しい機能を組み込むことで，携帯電話端末をことさらに設計の難しいすり合わせ型製品に仕立て上げ，なんとか汎用部品寄せ集め型の携帯電話端末に対する競争力を維持しようと努力し続けてきました。

実際，最近日本で販売されている機種では，一般的な通話・メール機能のほかに，ワンセグ・テレビ受信，電子マネー（FeliCa），ブルートゥースと，4種類の電波を同時に送受信できるようになっていますが，複数の電波が同時に行き交うとなると，相互の干渉をどう避けるかという問題が生じ，開発が格段

---

[9] ただし，一口に特別仕様と言っても，ウィンドウズPC用を微修正しただけのものから，マックPCのみで使えるものまでさまざまです。

に難しくなります。

しかし，こうした世界最先端の技術の結晶である携帯電話端末も，日本以外の世界のユーザーにとっては「機能はスゴイが価格が高すぎて買う気がしない」代物であり，残念ながら，日本の携帯電話端末メーカーの世界的なプレゼンスは低下の一途をたどっています（丸川，2007）。

このように日本企業は，モジュラー・オープン化した製品において，依然として機能的価値増大を志向したすり合わせによる差別化戦略を追求すべく努力を続けています。これは，すり合わせ能力に長けた日本企業が，自らの強みを活かせる方向へと勝負の土俵を持って行くという意味では評価できる戦略ですが，顧客がその価値の増分を評価して対価を支払ってくれるのでなければすぐに破綻するでしょう。

機能的価値は，情緒的価値よりも顧客価値の頭打ちが生じやすくなっています。そして，ひとたび頭打ちが生じると，8.3節で説明したように「顧客の支払い意思額（WTP）の増分」＞「事後的なすり合わせによるコスト増分」の条件を満たすことが難しくなり，すり合わせによる差別化戦略は意味をなさなくなります。

最近になって低収益に悩む日本企業が増えている理由の一つは，この点にあると考えられるのです。

演習問題

8.1 かつては日本企業が抜群の国際競争力を誇っていた製品で，現在では国際競争力が著しく低下してしまった事例と，現在でもかなりの国際競争力を維持している事例を，それぞれいくつでも挙げて下さい。その上で，どうしてそのような差が生じてしまったのか，その理由を考えて下さい。

第9章

新製品開発のマネジメント①：製品開発プロセスのマネジメント

　本章と次の章では，イノベーション・プロセスの2番目に位置する製品開発の段階（フェーズ）のマネジメントについて，詳しく説明していきます。

　まず本章では，製品開発のプロセスをモデル化した上で，当該プロセスの各段階におけるマネジメントを，顧客ニーズに適合した製品を生み出していくためにはどうしたらよいのかという観点から，具体例を交えながら詳しく説明していきたいと思います。

○ KEY WORDS ○

製品アイデア，セグメンテーション，ターゲティング，
利用シーン，ニーズ発想，シーズ発想，
アイデア・スクリーニング，
ドロップエラー，ゴーエラー，
製品コンセプト，5W1H，
プロジェクト・スクリーニング，
プロダクト・インテグリティ，テスト・マーケティング

9.1　はじめに

　本書では，イノベーションを「新しい製品（サービスを含む），新しい生産や流通の手段・方法，および，それらを実現可能にする新しい技術のうちで，顧客にこれまでにない新しい価値をもたらして新規需要を創出するもの」と定義した上で，そうしたアウトプットとしてのイノベーションを生み出すためのプロセスを「イノベーションのプロセス」と呼び，そのマネジメントについて論じています。

　これから2章にわたって説明する新製品開発のフェーズは，このイノベーション・プロセスの時間軸のなかで中心に位置するだけでなく，このプロセスのまさに中核をなす，きわめて重要な段階だと言えます。

　第2章で述べたように，この製品開発活動には，「死の谷」と呼ばれる大きな障壁が存在しています。この障壁は，大きくは次の2つの問題に分けることができます。

　一つは，具体的な新しい製品を開発すること自体に失敗してしまうリスクが大きいということであり，もう一つは，顧客ニーズに適合した，市場で売れる製品を開発することに失敗してしまうリスクが大きいということです。

　後者の問題への対処では，いかにして顧客に価値をもたらすような新しい製品コンセプトを生み出していくのかという部分が特に重要であり，マーケティング論の分野で主として研究が進められてきました。

　一方，前者については，そうして生み出された製品コンセプトを，いかにして現実の世界で機能する具体的な製品へと結実させていくのかという「ものづくり」の部分が特に重要であり，技術管理論や組織論の分野で主として研究が進められてきました（Krishnan and Ulrich, 2001；川上, 2005）。

　このように，製品開発のマネジメントに関する既存研究は多分野にまたがっているのですが，企業がイノベーションからの果実を獲得し，高いパフォーマンス（売上高／利益／キャッシュフロー／成長率など）を得るためには，当然のことながら，製品開発のフェーズにおいて，前者の問題も後者の問題も，と

もに克服していかなくてはなりません。

そこで、主として後者の問題を本章で、前者の問題は第10章で扱うことにし、以下では新製品開発のプロセスについて説明していくことにします。

9.2 新製品開発活動の意義と困難

○ 新製品開発活動の意義

現代では技術が急速に発展し、国際競争は激しくなり、規制が緩和され、さらに、消費者の趣味嗜好は常に変化しています。こうした動きがある限り、もはや特定の製品だけで企業が成長し発展し続けることは不可能です。つまり、新製品開発の重要性は増す一方であり、企業の成長や発展にとって不可欠なものとなっているのです。

実際、もし仮に新製品で大ヒットを飛ばすことができれば、企業全体の売上げ・利益・成長に対する貢献も大きなものになります。

たとえばアサヒビールでは、戦後30年以上にわたってビール市場でのシェアが下落し続けた末、1980年代初頭にはついにシェアが10%を割り込み、倒産の危機がささやかれるまでになりました。しかし、1987年に発売された「スーパードライ」の大成功によってシェアはたちまち30%を超え、その後2001年にはキリンビールを抜いて、ついにビール業界のトップ企業にまで上り詰めることができました。

あるいは、1つの新製品が成功すれば、他の新製品の開発に投入できる資源の量が増大し、顧客からの認知度やロイヤルティも向上するので、他の製品や企業ブランドへの波及効果も大きくなります。

たとえばキヤノンは、かつてはカメラの開発・製造を専業とする小さな企業でしたが、1970年に、当時世界市場を独占していたゼロックスの特許を回避できる普通紙コピー機（PPC）の「NP1100」の開発・市場導入に成功したことを契機に、事務用機器の分野に多角化を進め、その後も、レーザー・プリン

ターやインクジェット・プリンター，デジタルカメラなどの新製品開発に成功して製品構成を大きく変え，精密機器分野における世界屈指の大企業へと成長することができました。

実際，たとえば河野らの調査によれば，企業の財務的な長期業績と，当該企業の売上高に占める新製品の割合との関係には，一貫して統計的に有意な正の関係が見られます。すなわち，1980年（205社），1985年調査（119社），2001年調査（102社）のすべてにおいて，高業績企業における新製品の割合は，低業績企業のそれよりも大きかったのです（河野，1987；河野編，2003）。

このように，製品開発活動は，企業の持続的競争優位の源泉として，きわめて重要なのです。

○ 新製品開発活動の困難

しかし，このように新製品開発が企業にとってきわめて重要であるにもかかわらず，その成功率は決して高くありません（藤本，2001b；青木，2004）。

古いデータですが，たとえばマンスフィールドとワグナーが行った調査では，化学，医薬品，石油，電子の各業界の16の米国企業が，1968年から1971年までの間に手掛けたすべての新製品開発プロジェクトを検証した結果，具体的な製品の開発に着手した（以下「着手した」）全プロジェクトのうち，技術的な目標を達成し，(A) 具体的な製品の開発まで完了したものは57%でした（Mansfield and Wagner, 1975）。つまり，着手した後に，具体的な製品を開発できずに失敗するケースが4割強あったということになります。

また，着手した全プロジェクトのうち，(B) 市場投入にまでたどり着いたものは37%でした。それ以外は，コストが想定を上回ってしまったり，あるいはテスト・マーケティングの結果が思わしくないなどの理由で，開発された製品のうちの35%で市場導入が見送られ，この段階で失敗したのです。

さらにまた，着手した全プロジェクトのうちで，(C) 市場で成功したものは27%でした。つまり，市場導入にまでたどり着いた製品のうちの26%が，その後の売上げが十分ではなかったためにコストを上回る利益を上げることができず，この段階で失敗したのです[1]。

また，グリフィンらが，サービス業を含めた幅広い業種にまたがる米国企業を対象に1995年に行った大規模なアンケート調査によれば（回答は383社），新製品開発プロジェクトで生み出されたアイデアのうち，アイデアを選別する段階を突破できたのが75%，事業収益性評価で選別する段階を突破できたのが50%，具体的な製品の開発に成功したのが37%，実験や市場テストを突破できたのが30%，市場導入の段階にまでたどり着いたのが28%，市場で成功を収めることができたのが17%でした（Griffin, 1997）。

これを，上のマンスフィールドらと比較するために，実際に開発に着手してから後の成功確率に計算し直してみると，(A) 具体的な製品の開発まで完了したものが74%，(B) 市場投入にまでたどり着いたものが56%，(C) 市場で成功を収めたものが34%ということになります[2]。

一方，河野が1980年に日本の東証一部・二部上場の製造企業を対象として行った調査によれば（回答は227社），新製品開発プロジェクトで生み出されたアイデアのうち，実際に開発着手にまでいたったのが全体の33%，具体的な製品の開発が成功して商品化段階に進んだのが全体の16%，市場導入の段階にまでたどり着いたのが全体の9%でした（河野，1987）。

また，このサンプルにおける市場での成功率は不明ですが，この調査の別のサンプルでは市場導入された新製品の成功率が66%だったので，この数字をそのまま援用して計算すると，アイデアのうちで実際に市場に導入されて成功を収めることができたのは6%ということになります。

これを，上と比較するために，実際に開発に着手してから後の成功確率に計算し直してみると，(A) 具体的な製品の開発まで完了したものが47%，(B) 市場投入にまでたどり着いたものが26%，(C) 市場で成功を収めたものが17%ということになります[次頁3]。

以上見てきた各調査では，調査対象となる国や時代，回答を寄せた企業の属

---

1 ちなみにこの調査では，新製品の開発や生産，販売などにかかったコストを上回る利益を上げることができた場合を，「経済的成功」と定義しています。
2 各段階の%の値は，グリフィン（Griffin, 1997）の図13より推定したものです。なお，この調査では，対象業種にサービス業も含まれている上に，回答企業が「事前の目標以上を達成した」と判断した場合を「市場での成功」と定義していることから，マンスフィールドらの調査に比べて「成功率」が上ブレしている可能性が高いと思われます。

する業種,「成功」の定義などがバラバラであり,結果を単純に比較することはできません。

しかし,こうした先行研究の結果からは,具体的な製品の開発に着手したプロジェクトのうちで,実際に製品が市場に投入されて,とりあえず成功と見なせるだけの成果を上げることができる(上記(C)に該当する)確率は,せいぜい2～3割程度だと言えます。つまり,7～8割のプロジェクトは失敗するということです。

さらに近年では,いったんは成功した製品であっても,飽きられるペースが非常に速くなってきています。たとえば,2004年11月に発表された中小企業研究所「製造業販売活動実態調査」によると,「ヒット商品でもライフサイクルは1年未満」と実感する経営者の割合は,1990年代の4.8%から2000年代の18.9%へと急増しています。

ですから,十分な経済的成果を享受できるという意味で「成功」するプロジェクトの率は,近年ではさらに下がっている可能性が高いと考えられるのです。

◯ 新製品開発のプロセス

こうした新製品開発のリスクを少しでも低くするためには,効果的な新製品開発のプロセスが欠かせません。

もちろん,開発プロセスの段階の数や要する期間(開発期間),各段階の内容,関わる人員の数などは,製品によってさまざまです。たとえば,新製品の標準的な開発期間は,自動車で4～5年,家電やスキンケア製品で2～4年,食品やアパレル製品で約1年と言われています。

また,マイクロソフトの「ウィンドウズ」のような大型ソフトウェアや,最先端の携帯電話端末の開発(ソフトウェア開発を含める)には500人以上が関

---

3 市場導入後の新製品の成功確率は,1980年の調査で回答を寄せた227社の358品目に関する数字です。一方,アイデア創出から市場導入にまでいたる成功率は,同調査で回答を寄せた企業のうちで,長期にわたって高業績を上げていた157社のデータ(品目数は不明)です。なお,ここでの「市場での成功」は,①売上高利益率がほぼ他の製品の平均と等しいかまたはそれ以上,ないしは,②売上高が計画通りまたは業界のリーダーに近い,という2つの条件のうちのいずれかを満たすものと定義されています。

【第1段階】製品コンセプトの開発	【第2段階】事業性の評価・検討	【第3段階】(狭義の)製品開発	【第4段階】市場導入
1-1：セグメンテーションとターゲティング 1-2：アイデアの開発とスクリーニング 1-3：製品コンセプトの開発とスクリーニング	2-1：暫定的事業計画の策定と事業性分析	3-1：機能設計 3-2：詳細設計 3-3：試作・実験と設計変更 3-4：工程設計と生産準備	4-1：マーケティング・ミックスの選択 4-2：テスト・マーケティング 4-3：市場導入とその後の対応

図9.1　新製品開発のプロセス

与するし，自動車の開発では，1,000人以上が関わることも珍しくありません。航空機の「ボーイング777」の開発には5,000人以上が関与しました。一方，食品やアパレル製品などでは，わずか数人で開発が行われることも少なくありません（延岡，2002）。

こうした差異は認めた上で，しかし一般的に言えば，新製品は，①「製品コンセプトの開発」→②「事業収益性の評価・検討」→③「(狭義の)製品開発プロセス」→④「市場導入」の，大きく分けて4つの段階を経て開発されると見なすことが可能です[4]。

むろん，このモデルは，読者の理解を容易にするために現象を過度に単純化・抽象化したフィクションであり，現実がこのプロセスの通りに進むわけではありません。現実の世界では，各段階は反復的，かつ同時並行的に進んでいくのが普通であり，一定の方向に連続的に進むことはほとんどありません。

しかしここでは，理解を容易にするための概念的道具として，このモデルに

---

[4] このモデルは，アーバン他（Urban et al., 1987）やコトラー（Kotler, 2000）といった，マーケティング分野の新製品開発研究で標準的なモデルをベースに，若干の修正を加えたものです。

基づいて議論を進めていくことにします（図9.1）。

以下では，4つの段階のそれぞれについて，ポイントとなる点に焦点を当てて概略を説明していきます。

なお，他の章と同様に，主として具体的な形を有した有形の製品を念頭において話を進めますが，本質的な部分は無形のサービスを開発する場合でも同じです。

9.3　新製品開発プロセスの第1段階：製品コンセプトの開発

新製品開発の第1段階は，製品コンセプトを作ることからはじまります。

ここでは，はじめに対象とするターゲット顧客グループを特定し，その顧客ニーズを把握した上で，彼らの「ニーズの核」（主要購買要因：KBF（Key Buying Factors））を満たすような製品コンセプトを作り出していくことが求められます。これが，製品コンセプト開発のフェーズです。

このフェーズでは，製品コンセプトの開発活動が，①-1「セグメンテーションとターゲティング」→①-2「アイデアの開発とスクリーニング」→①-3「製品コンセプトの開発とスクリーニング」といった段階を経ながら進んでいくことになります。

現実には，先に製品コンセプトがひらめき，その後でターゲットとなる顧客グループが特定され，その顧客ニーズの把握が行われることも多いのですが，以下ではこの順番に説明していくことにします。

◯ セグメンテーション

産業財の場合，対象とするターゲット顧客グループははじめから明確なことが多いので，ターゲット顧客グループの選定が問題となるのは，主として消費

財の分野です。

この分野では，一般的に，市場のなかにきわめて多くのタイプの顧客が存在する一方，あらゆる顧客のタイプがすべて根本的に異なっているわけではありません。

たとえば自動車市場は，技術やスタイルにうるさい中高年の車好き向け市場と，クルマに居住性と経済性を求めるファミリー向け市場，さらにはステータスや贅沢さを求める高所得者向け市場など，ある種の共通性を持った消費者の集合から構成されています。同じく CD や DVD の市場も，ジャンル別，年齢別，性別だけでなく，広告に敏感に反応する顧客層や，価格に敏感に反応する顧客層，価格よりもむしろ品質やデザインを求める顧客層など，ある種の共通性を持った消費者の集合に分けることができます。

このように，市場というものは，まったく同じような選好や行動を持つ消費者ばかりで構成されることはないし，まったく異なった選好や行動を持つ消費者ばかりで構成されることもありません。そこで生まれたのが，セグメンテーションとターゲティングの考え方です（Kotler, 2000）。

すなわち，不特定多数の消費者を，マーケティングの対象として同質として考えても差し支えない小集団に分け（＝「セグメンテーション」），そのなかの特定の細分化された市場（＝「セグメント」）だけに焦点を絞って経営資源を集中投下するのです（＝「ターゲティング」）。

このセグメンテーションとターゲティングが真っ先になされなければならない理由は，ターゲットが異なれば，応えるべき顧客ニーズや提供すべき価値が異なり，したがって，製品開発の大前提が異なってくるからです。

たとえば，アサヒ飲料が 2002 年 10 月に発売した缶コーヒー「ワンダモーニングショット」では，20 代後半〜30 代前半の働く男性をメインの顧客と考えました。そして，この層で缶コーヒーを飲む人の約 4 割が午前中に飲むという調査データをもとに，「朝の眠い頭をシャキッとさせる一杯」とのコンセプトを作り出し，味や香り，製法にも工夫をこらし，「朝専用の缶コーヒー」として売り出して大成功を収めました。

一方，森永乳業の「マウントレーニア」やサントリーの「スターバックスデ

ィスカバリーズ」は，20代後半～30代前半の働く女性をメインのターゲットとし，価格がやや高め（180～220円）のチルドコーヒー（プラスチック容器に入っていて，ストローをアルミ箔製のフタを突き刺して飲むタイプのコーヒー飲料）で成功を収めました。

この年代の女性は，上を向いてアゴを突き出しながら缶コーヒーを飲むのは「オシャレでない」と抵抗感があり，味や香りにこだわりもあります。この点，チルドコーヒーは加熱殺菌を行わないので鮮度が高く，豊かな風味が出せます。しかも，ストローで飲めるのでオシャレ感があり，彼女たちのニーズにマッチしたのです。

つまり，同じくコーヒー飲料で，同じ年齢層を想定していても，ターゲットが男性なのか女性なのかによって顧客ニーズが異なり，したがって，提供すべき価値が異なるのです。

このように，対象とする顧客ニーズを絞り込み，それにピンポイントで対応したベネフィットを提供することができれば，購買した顧客の満足度が上がります。逆に，誰にでも，どんな用途にでも使えるという製品では，誰のニーズにもピンポイントには対応しないので，誰が買っても何らかの不満が残ってしまうことになります。そのため，できる限り事前にターゲットを明確に絞り込むことが非常に重要となるのです。

また，よく「予想もしなかった成功」と言われることがありますが，仮にそうだとしても，明確なターゲット設定があってこそ製品コンセプトがはっきりし，ユーザーから見た製品の特徴もはっきりしてくるので，予想外の反応も顕在化しやすくなります。その逆に，ターゲットが不明確なままだと，予想外の顧客に売れたということさえ分かりません。

したがって，予想外の成功を収めるためにも，ターゲットを絞ることが望ましいのです。

○ セグメンテーションの分類軸

ここで，セグメンテーションを行う際の基準について，すこし詳しく説明しておきましょう。これらの基準のことを，マーケティングの世界では「変数」

や「次元」と呼びますが，実務の世界では「軸」と呼ぶことが多いので，本書でも，以後は変数や次元，軸という言葉を，同義語として用いることにします。

一般に，消費財市場のセグメンテーションを行う際の分類軸は，大きく分けて「人口統計的変数・地理的変数」と「心理的変数・行動的変数」とに分けることができます（和田他，2006）（表9.1）。

〈1．人口統計的変数・地理的変数〉

人口統計的変数の典型的なものは，年齢，性別，所得，職業，学歴，世帯規模，家族ライフステージ，世代などです。また，人種や宗教，国籍といった変数もこれに含まれ，業界によっては，疾病や体格などが有効な変数となる場合もあります。

たとえば，性別・年齢・所得・職業などが異なれば，欲しい車のタイプが変わるのは当然です。また，単なる年齢だけでなく，世代の違いも消費行動に影響を与えることは容易に理解できます。

ちなみに，世代とは特定の時代環境の変動を共有した生活者群であり，わが国の場合には，たとえば「団塊の世代」や「バブル世代」がこれにあたります。年齢は年とともに重ねていくものですが，団塊の世代（第1次ベビーブーム世代）は何歳になっても団塊の世代であり，2007年から2009年にかけて60歳定年を迎えた彼らが，それ以前の60歳と消費行動が同じということはないでしょう。

一方，地理的変数としては，地域，生活している都市の規模，都市化の進展度合い，人口密度，気候などが挙げられ，また，政府や地方自治体による規制，文化や慣習といった変数もこれに含まれます。

たとえば，温暖な場所と寒冷地，大都市と地方とでは，人々の暮らし方や製品の使い方などが異なります。寒冷地で不可欠な防寒用衣類は，温暖な場所ではまったく不要かもしれないし，電車など交通の発達した都会では，そうした手段のない地方と比べて自動車の使用状況が異なります。

〈2．心理的変数・行動的変数〉

消費者は，ライフスタイル（派手な生活を好む人／地味な生活を好む人な

表9.1 セグメンテーションの分類軸

変数	典型的な区分
人口統計的変数	
年齢	10代, 20代, 30代, 40代など
性別	男, 女
所得	年収300万円未満, 300万〜500万, 500万〜800万, 800万〜1000万, 1000万〜2000万, それ以上
職業	専門職, 技術職, 管理職, 公務員, 資産所有者, 事務職, 営業マン, 職人, 工員, 運転手, 農業・漁業・林業従事者, 定年退職者, 学生, 主婦, 無職
学歴	中学卒またはそれ以下, 高校卒, 大学卒, 大学院卒（修士・博士）
世帯規模	1人, 2人, 3〜4人, 5人以上
家族ライフステージ	若年独身, 若年既婚子供なし, 若年既婚最年少子供6歳未満, 若年既婚最年少子供6歳以上, 中高年既婚18歳以下の子供あり, 中高年既婚18歳以下の子供なし, 中高年独身, その他
地理的変数	
地域	関東, 関西, 中部, 北海道, 九州など
都市規模	1万人未満, 5万人未満, 10万人未満, 30万人未満, 50万人未満, 100万人未満, 500万人未満, それ以上
人口密度	都市部, 郊外, 地方など
気候	太平洋岸式気候, 日本海岸式気候, 内陸性気候など
心理的変数	
ライフスタイル	仕事志向／家庭志向, 貯蓄志向／消費志向, アウトドア志向／インドア志向など
所属集団に対する態度	権威主義的／民主主義的, 個人主義的など
属していると考える社会階層	下級階層, 中流階層, 上流階層など
パーソナリティ	能動的／受動的, 社交的／非社交的, 新しいモノ好き, 保守的, 野心的など
行動的変数	
過去の購買状況	非使用者, 旧使用者, 潜在的使用者, 初回使用者, 定期的使用者
使用頻度	少量使用者／大量使用者, 試用使用者など
求めるベネフィット	機能, 品質, コストパフォーマンス, プレステージなど
ロイヤルティ	無し, 低い, 中程度, 高い, 絶対
当該製品についての知識量	知らない, 多少知っている, かなり知っている, よく知っている, 非常によく知っている

（出所）Kotler（2000, 邦訳 p.326）を大幅修正

ど），所属集団に対する態度（権威主義的な人／個人主義的な人など），社会的階層（上流階層に属すると考える人／中流階層に属すると考える人など），あるいはパーソナリティ（社交的な人／引っ込み思案の人など）といった，その人の持つ心理的特性に基づいた変数によっても異なる集団に分類されます。これが心理的変数です。

　たとえば，同じ高級車でも，国産車を選ぶか外車を選ぶかは，人口統計的な違いというよりも，むしろライフスタイルに根差した心理的な違いでしょう。また，購読する新聞や雑誌などは，所属集団に対する態度や社会的階層といった心理的変数が最も大きな要因として影響してくる製品です。さらに，金融商品を選ぶ際に，先物に投資して一攫千金を狙うか，預貯金を重視するかは，「リスクとリターンに対する態度」というパーソナリティによる違いと考えられます。

　一方，消費者は，過去の購買状況（購買経験の有無など），使用頻度（ヘビーユーザー／ライトユーザーなど），求めるベネフィット（機能，品質，コストパフォーマンス，プレステージなど），ロイヤルティ（高い／低いなど），当該製品についての知識量（高い／低いなど）といった，その人の行動パターンに基づいた変数によっても異なる集団に分類されます。これが行動的変数です。

　近年では，ITの発達により，POSデータなどで顧客の購買履歴が的確に把握できるようになったことから，行動的変数の活用は増える一方です。

〈3．使用文脈〉

　以上が一般的なセグメンテーション変数ですが，もう一つ重要な変数として，「使用文脈」ないし「利用シーン」があります。

　セグメンテーションは，本来，消費者をそのニーズの共通性によってグループ分けしようという考え方ですが，現在では消費者のニーズが多様化しているだけにとどまらず，1人の消費者がTPO（T＝Time 時間，P＝Place 場所，O＝Occasion 場合）によってさまざまに豹変するという，「多人化」とでも言うべき側面が無視できなくなっています（片平，1987）。

　たとえばビール一つをとってみても，家では発泡酒や第三のビールで安く済ませるけれども，外の店で美味しい料理を食べる場合はプレミアムビールを飲

むといった具合に,「どこで」「誰と」「どんな場合に」飲むかによって,同じ一人の消費者の選択の基準はまったく別人のように異なりうるのです。

こうした「多人化」の生じているような一般消費財の分野では,顧客が当該製品を「いつ,どこで,どのような場合に,どのように利用するのか」という,利用シーンないし使用文脈と呼ばれる軸を取り込んでセグメンテーションを行わないと,有効なセグメントは見つかりません。そのため現在では,心理的変数・行動的変数を,さらに使用文脈ないし利用シーンに応じて細分化することが多くなっています。

このやり方では,具体的な製品やサービスをある程度想定した上で,使用文脈に応じた心理的特性や行動的特性によって,消費者を異なる集団に分類していくことになります。たとえば,家族で旅行に行くときにはどのようなベネフィットを求めるタイプの人なのか,ビジネスで旅行に行くときにはどのようなベネフィットを求めるタイプの人なのか,といった具合です。

なお,この使用文脈という「レンズ」を通して見ると,生産者の立場から見た場合には異なる製品が,消費者から見た場合には同一の市場ポジションに属していることが珍しくありません。

たとえば,1990年代前半,当時の自動車メーカーの間では,クルマの物理的な構造上,乗用車タイプのスポーツカー(日産の「シルビア」やホンダの「プレリュード」など)とジープタイプのRV(三菱自動車の「パジェロ」など)は,まったく異なったポジションに位置していると考えられていました。ところが実際には,若い男性たちの間では,この2つのタイプのクルマは,デートに使う車,彼女に格好良さをアピールする車として,非常に近い使われ方をしていました。つまり,消費者の側からすると,同じようなポジションに位置する競合車種となっていたのです。

しかし自動車メーカーは,生産者の立場に立って市場を見ていたためにこのことに気づくのが遅れ,スポーツカーからRVへのシフトに十分な対応を行うことができず,多くのスポーツカーのモデルが90年代半ばに消えることになってしまいました。

このように,消費者の使用文脈のなかでの各種製品の位置づけを絶えず意識しておかないと,ある日突然に厳しい状況に陥ってしまい,その時点では手の

施しようがなくなってしまう場合があるので，注意が必要です。

　いずれにしても，こうしたセグメントに分けるときの切り口（セグメンテーション変数）の発見こそが，製品開発プロセスの出発点となる，きわめて困難で，なおかつきわめて重要なポイントです。

　そのため，セグメンテーションを行うにあたっては，教科書に載っているような細分化の例をそのまま用いて細分化してはなりません。そのレベルの作業をいくら行っても，競合他社とは異なる，独創的なニーズは見つからないのです。

　製品開発の担当者は，人々の実際の購買行動を虚心坦懐に観察し，ああでもないこうでもないと仮説を立て，試行錯誤を重ねながら，さまざまな変数のなかから最適なセグメンテーションを行うための軸を見つけ出していくことが重要です。

　そのためには，常にアンテナを高く張って世の中の動向をキャッチし，社会について思いをめぐらせ，あるいは人間の本質について考え抜いていくといった，日頃の鍛錬を怠ってはならないのです（沼上，2008）。

○ ターゲティング（対象となるセグメントの選定）

　セグメンテーションによって各集団の違いが把握できたら，今度はいよいよ自社が狙う対象層を明確にして，具体的に自社にとって最も魅力的なセグメントを選んでいく必要があります。

　特定のセグメントに焦点を絞り込むことは，その後の開発プロセスや，製品の売上げ，収益性などに大きな影響を与えるので，自社や競合他社，市場環境を踏まえて，戦略的に意思決定をする必要があります。

　また，このステップでは，その企業独自の機会を見極めることが重要です。つまり，すべての企業にとっての機会ではなく，競合他社が真似できない，自社の強みを発揮できるセグメントを探し出さなくてはならないのです。

◯ アイデア開発

　ターゲットとなる市場セグメントが確定したら，今度は製品アイデアを出していくことになります。ここで製品アイデアとは，顧客に提供できる可能性のある，当該製品に固有の機能やベネフィットの候補のことを意味しています。

　新製品のアイデア創出は，大きく「ニーズ（needs）発想」と「シーズ（seeds）発想」に分類されます。このうちニーズ発想とは，「このような顧客ニーズがあるが，何か解決できる方法はないだろうか」という視点に立って考えを進めるなかからアイデアを生み出していくことを意味します。一方のシーズ発想とは，「このような新しい技術があるが，これを何かに利用できないだろうか」という視点に立って考えを進めるなかからアイデアを生み出していくことを意味します。

　この段階では，どちらか一方の発想に片寄りすぎることなく，さまざまな情報ソースを駆使しながら，できるだけ多くのアイデアを創出することが求められます。

　たとえば，花王から1994年に発売され，未だに根強い人気を誇る床掃除用具「クイックルワイパー」は，もともとは同社が開発した不織布の技術がベースになっています。同社が，紙おむつや生理用品用に，吸水性が高く，肌触りのよい不織布を目指して開発を進めている過程で，繊維が高密度に絡み合った不織布が生み出されました。そして，ある研究員が，たまたまこの不織布の異物を吸着する性能が高いことを発見し，「何かに利用できないだろうか」と考えたことが，開発の出発点になりました（シーズ情報）。

　一方で同社では，掃除用品の新たな顧客ニーズを探るうちに，当時増えつつあったフローリング床を備えたマンションに住む消費者が，掃除機に対して，「下の家に音が響いてしまうので夜に掃除ができない」，「小さいホコリを完全に吸い取ることが難しい」といった不満を持っていることを掴みました。また，当時あったフローリング掃除用のモップに対しても，「毛先を水で濡らしたり，拭いた後に洗わなければならないので面倒」，「大きくて重く，収納が不便」といった不満を持っていることを掴みました（ニーズ情報）。

　同社は，こうしたシーズ情報とニーズ情報をマッチングすることで，新たに

開発された不織布の技術を使って、軽く拭くだけでフローリング床のホコリを簡単に吸い付けることができ、雑巾部分を簡単に交換でき、軽量の伸縮型のアルミ製パイプを用いた軽くて収納が楽な、新しい掃除用具のアイデアをまとめ上げ、具体的な製品を開発し、市場に投入して見事に成功を収めることができたのです（西野，2004）。

なお、質の良いアイデアを数多く創出していくためには、一般に、一人であれこれ考えるよりも、多様なメンバーを交えながらブレインストーミング（実務の世界ではよく「ブレスト」と略される）を繰り返していくやり方のほうが効率的・効果的です（Osborn, 1953）。

ブレインストーミングとは、少人数のグループで、他のメンバーの意見の批判は絶対にしないというルールのもとで、全員が自由に意見やアイデアを出し合うようにして進行される会議のことです。

ブレインストーミングで議論が乗ってくると、誰かが発したアイデアが別の参加者の連想を引き出し、それがさらに誰かから別の連想を引き出すといった具合に発想が連鎖し、思いもよらないアイデアが多数生み出されるようになります。

○ アイデア・スクリーニング

アイデアの候補がある程度蓄積されてきたら、今度は、創出されたその候補をふるいにかけていくことになります。こうした、数多くのアイデアのなかから優れたアイデアだけを選び出していくプロセスを、「アイデア・スクリーニング」と呼びます。

これ以降も、製品開発プロセスには何段階かのスクリーニング（選別）の関門が設けられることになりますが、こうした過程では、一般に2種類のエラーが生じます（Kotler, 2000）。

まず第1が、市場に投入していれば成功していたであろう優れたアイデアやコンセプト、プロジェクトを、誤って捨て去ってしまうタイプのエラーであり、これを「ドロップエラー（Drop error）」と呼びます。

第2は，市場に投入しても失敗することが明らかな，できの悪いアイデアやコンセプト，プロジェクトを誤って採用し，そのまま開発段階を進めてしまうタイプのエラーであり，これを「ゴーエラー（Go error）」と呼びます。

　通常，ドロップエラーを防ぐために選別の規準を低めに設定するとゴーエラーが増え，逆に，ゴーエラーを防ぐために選別の規準を高めに設定すると，今度はドロップエラーが増えます。このようにドロップエラーとゴーエラーにはトレードオフ関係（あちらを立てればこちらが立たなくなる関係）があるため，選別の基準は高すぎても低すぎても問題が生じます[5]。

　ただし，このアイデア・スクリーニングの段階で選別の基準を厳しくしすぎると，次の段階でありきたりの製品コンセプトしか考えつくことができなくなるので，この段階では基準を緩めにしておいたほうが良いでしょう。

○ 製品コンセプトの開発

　スクリーニングを経たアイデアは，誰にどのようなベネフィットを与えるかを念頭に置きながら，「製品コンセプト」へとまとめ上げなくてはなりません。

　製品コンセプトとは，当該製品がユニークに満たす顧客ニーズの束を何らかの方法を用いて簡潔に表現したものであり，言い換えれば，顧客が当該製品を「欲しがる理由」を明確かつ簡潔に示したものです（Kotler, 2000）。

　一般に，製品コンセプトは，「5W1H」によって表現されます。すなわち，「Who（誰が）」，「When（いつ）」，「Where（どこで）」，「Why（どうして）」，「How（どのように）」して，この製品を利用するのか，それによって顧客は「What（どのような）」ベネフィットを享受できるのか，そうしたベネフィットを「どのように（How）」して顧客に提供するのか，といった要素を特定することを通じて，より明確かつ簡潔に表現することができるのです。

　このうち，製品コンセプトの中核となる絶対に外してはいけない項目は，

---

[5] 統計学では，仮説が実際には正しいにもかかわらず間違いであるとして捨て去ってしまうことを「第1種の過誤」，仮説が実際には間違っているにもかかわらず正しいとして採用してしまうことを「第2種の過誤」と呼びますが，上記のドロップエラーは第1種の過誤に，ゴーエラーは第2種の過誤に，それぞれ相当します。

Who（誰に），What（どのような）ベネフィットを，How（どのように）して提供するのか，という3点です[6]。

このほかの，いつ（When），どこで（Where），どのように（How）しては，顧客がその製品やサービスを使用する使用文脈（利用シーン）を特定するための要素であり，顧客に提供するベネフィットを明確化する上で役に立ちます。

それから，Why（どうして）この製品を利用するのかを問うことは，顧客がそれによってWhat（どのような）ベネフィットを享受できるのかを明らかにすることにつながるので，実質的にWhy＝Whatだと言えます。

この5W1Hに変化をつけることによって，同じカテゴリーに属する，一見すると同じような製品であっても，異なる顧客ニーズを満たす別の製品として差別化することも可能になります。

たとえば，第4章でも触れたソニーのPS3（プレイステーション3）と任天堂のWiiは，同じ2006年に発売された据え置き型の家庭用ゲーム機ですが，製品のコンセプトが大きく異なっています。

極端な表現をすれば，PS3の5W1Hは，「ゲーム好きの若者」が，「（学校や会社が終わった）夜中」に，「自分の部屋」で，「ゲームをクリアする達成感を得る」ために「没頭しながら」プレーするゲーム機であり，「最先端エレクトロニクス技術を用いたスーパーコンピュータなみの処理能力を備え，実写と見間違うほど美しく動きが滑らかなグラフィックス，圧倒的な臨場感を誇るサウンドを実現する」ことで，そうした顧客ニーズを満たすことを狙った製品です。

一方のWiiの5W1Hは，「ふだんゲームをやらない人やゲーム初心者を含めた，あらゆる性別の，あらゆる年代層の人」が，「家族や友人など，何人かが集まったとき」に，「リビングルームなど」で，「みんなでワイワイ談笑しなが

---

[6] 本書で説明している開発プロセスの流れからすれば，セグメンテーションとターゲティングが完了した時点ですでにWho（誰に）は決まっているはずであり，厳密に言えばコンセプト開発の段階でWho（誰に）を検討する必要はないことになります。しかし，実際の開発プロセスでは，セグメンテーション／ターゲティングとコンセプト開発は，行ったり来たりしながら進行するプロセスであり，大まかなセグメンテーション／ターゲティングが完了した後でも，コンセプト開発の途中でWho（誰に）が変更になり，それによって新たに独創的なセグメントが発見されることも多いのです。

ら」プレーする,「ゲームそのものを楽しむというよりは,ゲームを通じたコミュニケーションを楽しむ」ためのゲーム機であり,「特に先端的ではない一般的なエレクトロニクス技術を用いつつも,初心者でも直感的に遊べるよう,リモコン型のコントローラーで操作できる機能を取り入れる」ことで,そうした顧客ニーズを満たすことを狙った製品です。

PS3 は,既存の家庭用ゲーム機のコンセプトの延長線上にある製品でしたが,Wii は既存のゲーム機のコンセプトから大きく逸脱した,非連続的な製品であり,それゆえに年配者を含めた新たな顧客層を切り開いて,大成功を収めることができたのです。

このように,一見すると製品コンセプトに工夫の余地がなさそうに見える製品であっても,5W1H を変えていくことで,まったく新しい製品コンセプトを生み出していくことも可能になります。

いずれにせよ,この 5W1H を具体化していく過程を通じて,単なるアイデアは,顧客が当該製品を購買したいと思う理由,すなわち製品コンセプトへと昇華されていくことになります。

また,この 5W1H を手掛かりにすると,一つのアイデアをもとに,さまざまな製品コンセプトを展開していくことができるし,その過程で,当初は思いもよらなかった新しいアイデアが次々に湧いてくることも多いのです。

さて,こうして具体化された製品コンセプトは,キーワード(1語),ステートメント(1～2行),シナリオ(ショートストーリー)などの言語表現や,イメージスケッチや3次元外観モデル,モックアップ(模型)などの視覚的表現,最も重要な性能目標値の定量的表現など,さまざまな手段を用いて表現することが重要です(藤本,2001b)。また,サービスの場合には,簡単なドラマ仕立てでイメージを表現することもあります。

たとえば,1989年に発売されたマツダの初代「ユーノスロードスター[7]」の開発の場合,製品コンセプトのキーワードは「人馬一体」でした。これには,人馬が一体となって大自然のなかを駆けめぐるかのような,からだ全身で走る歓びが感じられるようなクルマづくりを目指す,という想いが込められていました。

一方，ステートメントは，「クルマに乗ること，ハンドルを持つことがこの上なく愉しくなるようなクルマ」で，なおかつ「若者が努力すれば手の届くらいの値段のクルマ」というものでした。

　シナリオとしては，「仕事に疲れたビジネスマンが週末に郊外へドライブに行き，峠を攻めた後で素晴らしい自然を展望できる場所に停車し，木々のざわめきや小鳥のさえずりを聞いて生きているという実感を取り戻す」，「若者が，彼女とのデートで，林のなかで幌を上げて風を感じながらドライブを続け，2人の親密度がますます上がる」といった，想定されるターゲット像に合わせたいくつものショートストーリーが作られました。もちろん，イメージスケッチや3次元外観モデル，モックアップなども多数作られました。

　このコンセプト開発の段階では，具体的な製品はこの世に存在していません。したがって，仮に同じ言葉を使っていても，開発メンバーのそれぞれがまったく違うイメージを想定してしまう恐れがあります。

　しかし，この段階で誤解や不明確な点があると，製品開発の後半の段階でだんだんと齟齬が拡がり，結果的に顧客の求める製品が具現化できない恐れが高くなります。そのため，徹底的に議論して製品コンセプトを確定し，なおかつなるべく具体的にイメージしやすいよう，さまざまな手段を用いて表現することが決定的に重要なのです。

　また，製品コンセプトをなるべく早い段階からできる限り具体化・可視化することには，さらなる発想の飛躍がもたらされるという別の効用もあります。

　コンセプトは，それが人の頭のなかにとどまっている限り，本人も含めて誰にも見ることができません。しかし，それをできる限り具体化・可視化し，誰

---

[7] マツダの初代ユーノスロードスターに関する以下の記述は，平井他著・小早川編（2003）を再構成したものです。
　なお，この車は，日本を代表するロードスター（2人乗りオープンカーのこと）です。1989年に発売された同車は，その完成度の高さゆえに発売後瞬く間に世界中で大反響を呼び，2000年には生産累計が53万台を突破し（1998年から販売された2代目のユーノスロードスターの売上げを含む），「世界で最も多く生産された2人乗り小型オープンスポーツカー」としてギネスブックに認定を受けました。2007年には，生産累計が70万台を突破しています（2005年から販売された3代目のユーノスロードスターの売上げを含む）。

かの頭のなかから外に出してやることによって，さまざまな人のイマジネーションが刺激されることになります。また本人も，そのコンセプトを客体化して相対的に眺めることができるようになります。この2つの効果によって，具体化・可視化を通じたさらなる発想の飛躍がもたらされることになるのです。

● コンセプト・テスト

　なお，こうした製品コンセプトが完成するまでには，数々の候補案が「コンセプト・テスト」を通じて絞り込まれていきます（河野編，2003）。

　コンセプト・テストでは，「誰がこのコンセプトに共感するのか」，「競合製品に対する優位性は何か」，「考えられる改良点は何か」，「価格帯はどのあたりを想定するのか」，「利用するのは誰か」，「購入決定者は誰か」などの詳細を明らかにした上で，想定される顧客像に沿ったモニターによって多面的に評価されることになります。

　ここでは，できる限り，消費者が実際に購買を行うのと近い状況で判断できるようにすることが重要です。たとえば，アンケートで好意的な回答をしてくれた人であっても，競合他社の製品も棚に並んでいる状況のもとで，しかも自腹を切ってお金を支払うということになれば，選択の基準ははるかに厳しくなり，実際に買ってくれるとは限りません。そのため，たとえばバーチャルな仮想店舗で買い物してもらったり，実際に仮想店舗をしつらえて買い物してもらったり，といった手の込んだ手法を用いる場合もあります。

　ただし，精密なテスト結果を得ようとすればするほど時間とコストがかかるので，想定売上げとのバランスで適切な方法の組み合わせを選択することが求められます。

　以上の作業が完了すると，自社が新たに開発する製品が，選定されたターゲット・セグメントのなかで，他社の同種の製品と比較した場合にどのように差別化されるのかという「ポジショニング」が確定することになります。

9.4 新製品開発プロセスの第2段階：事業収益性の評価・検討

○ 暫定的製品計画の策定と事業収益性分析

　次の段階では，コンセプトにしたがって暫定的な製品計画の基本骨子を策定し，収益性を検討することになります（石井他，2004）。

　具体的には，ターゲット市場の特性（顧客の人口統計・地理的，心理・行動的なプロフィールなど）と想定される市場規模を明確にした後で，当該新製品の競合製品に対するポジショニングを特定し，どのようなマーケティング・ミックス（製品・価格・流通チャネル・プロモーションなど）で攻めるのかを決め，販売計画（販売数量，販売価格，売上額，市場シェアなど）を明確にします。

　それと同時に，技術計画を策定し，当該製品を具体化するために必要とされるコアとなる製品仕様の検討や，その実現のために必要となる技術やノウハウ，設備，原材料や部品の見積り，それらを社内で調達するのか，あるいは社外から調達するのかの検討を行います。

　それが終われば，今度はその製品事業に関する収益性の検討を開始します。具体的には，技術計画で設定した仕様から予測されるコストと販売計画で設定した売上額とを比較し，収益性を検討します。

　ここでは一般的に，当該製品の予想売上高，コスト，利益をいくつかのシナリオ別（楽観的，現実的，悲観的という3パターンは最低限必要）に推定し，自社の戦略目標に合致するかどうかを検討します。

　この段階で採算性が否定されれば，もう一度，製品コンセプトや開発計画を練り直すか，あるいは開発プロジェクトの中止が決定されることになります。

○ プロジェクト・スクリーニング

　製品開発のプロセスが進み，後半の段階になるにつれて，加速度的にそれに関わる人数も増え，開発コストがかさんできます。したがって，失敗のリスクの高い開発プロジェクトをできるだけ早い段階でストップさせることは，結果として，全社的な新製品の開発効率を高める効果を持ちます。

　このように，市場での選別・淘汰に先立って組織内でプロジェクトを評価し，ふるいにかけることを，「プロジェクト・スクリーニング」と呼びます（藤本，2001b）。

　経営資源を大量に投入する新製品の導入は，経営者にとって重大な意思決定です。したがって，開発プロセスの各段階において新たな問題点が発見された場合には，フィードバックを随時行って計画を練り直すことが必要不可欠であり，また，どうしても成功の見込みが薄い場合には，プロジェクトを中止することが望ましいと言えます。

　これは当たり前のことですが，しかし，製品開発プロジェクトの成否を事前に判断することは容易ではないので，動き出した計画を全面的に見直したり，あるいは中止したりすることは，実際にはなかなか困難です。

　そのため，一般的な製品の開発では，多くの企業が，いよいよ本格的に開発活動に取り組んで開発費用がかさむ前の，この第2段階における事業性の評価プロセスを，開発プロジェクトの中止という選択肢も含めて自由に検討できる最大の機会として重視しています。

　逆に言うと，多くの製品開発担当者にとっては，この第2段階における評価プロセスこそが，最初に突破すべき，そして最も厳しい関門となるのです。

　すでにアイデア・スクリーニングの項で説明したように，このプロジェクト・スクリーニングの過程でも，ドロップエラーとゴーエラーが生じる可能性があります。

　前者の場合，たとえば，競合他社が画期的な新製品を出した後になって，「わが社も開発を途中まで進めていたのだが（途中で中止してしまった）……」と嘆くことになり，後者の場合，たとえば膨大な開発費用と開発人員をつ

ぎ込んだ新製品がまったく売れず，大失敗した後になって，「私はこの新製品はダメじゃないかと思ってたんだが（結局は中止しなかった）……」と嘆くことになります。企業にとっては，どちらも頻繁に起こりうる失敗であり，しかも深刻な結果を引き起こす事態です。

とはいえ，画期的な新製品の開発プロジェクトに話を限定すれば，ドロップエラーのほうが深刻です。

概して企業は，リスクの少なそうなプロジェクトに資源を集中する傾向が強く，その結果，大きな事業機会をみすみす逃すことが少なくありません。とかく経営陣は，競合先によってすでに開拓された成長市場への早期参入には積極的でも，潜在ニーズを拾い上げるような新製品の投入の意思決定では消極的になりがちなものです。

しかし，後追いばかりを繰り返していたのでは，さらなる飛躍は望めないばかりか，創造性のない企業というレッテルを貼られてしまいます。企業経営には，ときにはリスクを冒すだけの勇気が必要とされるのです。

そして，それと同時に，画期的な新製品の開発プロジェクト案を社内のプロジェクト・スクリーニングを越えて生き延びさせるためには，プロジェクトのメンバーに，したたかな戦術が必要とされます。

具体的には，すでに述べたように，まずは製品コンセプトを印象的なキーワードやステートメントへ，シナリオへ，イメージ図へ，モックアップへと，できるだけ具体的にイメージしやすい形に落とし込むことが大切です。サービスの場合には，シナリオをドラマ仕立てで演じて，その機能が想定顧客の日常的なニーズに合致しているのかどうかを容易にイメージできるようにしておくことも有効でしょう。

人間は，具体性を伴った，よりイメージが湧きやすいもののほうが理解しやすいものです。製品のコンセプトを，審査する側にいるメンバーにも共有してもらうためには，誰にでもイメージしやすい，人の共感を得るようなシナリオ＝物語を作り上げた上で，それをさまざまな形で（しかしイメージの一貫性を保ったまま）伝えることが望ましいのです。

第2に，数字による「理詰めの論理」と，人の感情に訴える「情」の，2本立てで説得することが重要となります。

経営陣をその気にさせるためには，合理的な説明と，彼らの感情に訴えかける何か，たとえば夢，志，会社の経営理念との一致，などが必要です。とはいえ，製品開発担当者は，往々にして自分が担当するプロジェクト案への思い入れが強すぎて，経営陣は全社的な立場から当該プロジェクトの意義を捉えているのだということを見失ってしまい，前者の合理的な説明が不足してしまいがちです。

この点では，マーケティング・リサーチの数字を，社内の審査で開発プロジェクト案を通すための説得材料として有効に活用する必要があります。マーケティング・リサーチの結果は，顧客ニーズの発見にはあまり役に立たず，実際にはむしろ，開発担当者の仮説が先にあって，それを補強するために用いられることが大半です。しかし，プロジェクト案を社内の審査で通すための道具としてはきわめて有効です。

最新の手法を駆使した分析結果は，年配の経営陣への目くらましにもなります。また，新製品開発の担当者が，自らの熱い思いを空回りさせないためには，「私は単なる思い込みで提案しているわけではありません。私ではなく，数字が物語っているのです」という具合に，熱いハートをクールに説明する論理を構成することこそが，最も重要になるのです。

9.5 新製品開発プロセスの第3段階：（狭義の）製品開発

第2段階の事業収益性分析において良い結果の出たものについては，設計開発部門が中心となって，具体的な製品設計に落とし込み，具体的な製品の形へと仕上げていくことになりますが，これが第3段階の（狭義の）製品開発のフェーズです（延岡，2002）。

このフェーズでは，（狭義の）製品開発活動が，③–1「機能設計」→③–2「詳細設計」→③–3「試作・実験と設計変更」→③–4「工程設計と生産準備」といった段階を経ながら進んでいきます。

最初に，製品コンセプトを具体的な製品の機能・性能に落とし込み，図面を作成していく作業が行われます。また，要素技術の確保も必要となるので，新たに必要な部品や技術を社内で調達する場合には，その設計や開発も進められます。他企業から調達する場合には，この段階で具体的な交渉を進めなければなりません。

　次に，設計と要素技術の開発・調達がある程度具体化してきた段階で，今度は試作品を作ってテストを繰り返すことになります。そうすることで，目標とする機能や性能が十分に達成されているのか，あるいは，製品コンセプトがどれだけ実現できたかなどをチェックしていきます。

　これらの結果から，さらに設計や要素技術の修正が行われ，続いて，製品を実際に生産するための設備の図面が作成されます。また，製品を生産するための作業員用のマニュアルなども作成されます。

　この段階のマネジメントについての詳しい説明は第 10 章に譲ることにして，以下では各段階について，主に機能設計のフェーズに焦点を当てて説明していくことにします。

○ 機 能 設 計

　機能設計とは，製品コンセプトを，製品の機能・性能に関する技術的目標の束（一般に「製品仕様（specification）」ないし「製品スペック」と呼ばれる）に展開（翻訳）していくプロセスのことを意味しています（藤本，2001b）。

　こうした製品コンセプトから製品仕様への翻訳については，複数の機能目標数値の間で，製品コンセプトとの首尾一貫性（プロダクト・インテグリティ）を確保することが重要です（Clark and Fujimoto, 1990）。

　そのためには，第 1 に，微妙なニュアンスを損なわないで製品コンセプトを製品仕様へと落とし込んでいく必要がありますが，それには製品開発担当者（特に開発リーダー）自らが翻訳を行うことが有効だとされます。

　たとえば，すでに例で挙げたマツダの初代ユーノスロードスターの開発の場合，開発リーダーの平井俊彦氏は，「人馬一体」という製品コンセプトの一貫性を維持するため，このコンセプトを「ダイレクト感」「タイト感」など複数

のサブ・コンセプトに分解し，さらに「タイト感」を，たとえば「車内寸法はコンパクトにまとめなければいけない」と読み替え，具体的なシートの寸法の数値にまで展開していきました。

また，他の主要製品仕様についても同様の読み替えを行い，バッテリーの搭載位置，エンジンフードの材料選択など，細部にいたるまで，平井氏自身が責任を持って製品コンセプトから製品仕様への翻訳を進めていきました。

プロダクト・インテグリティを確保するためには，第2に，コンセプトに照らし合わせて，メリハリをつけて機能項目間の複雑なトレードオフ関係を処理する必要があります。

構造や機能が複雑な製品の場合には，一般に仕様の各項目の間でトレードオフが生じますが，対立の中間をとった変な妥協案を採用していくと，最終的にはコンセプトからかけ離れた製品ができ上がってしまうことになるので，コンセプトに沿って徹底的な割り切りを行うことが求められるのです。

たとえば，1998年に発売された日産の初代「キューブ」[8]の場合，「若者向けの，シンプルでベーシックな，居心地・使い勝手の良いクルマ」という製品コンセプトのもと，「小さい車体と大きな車内」という矛盾した要求に応えるために，同車の開発リーダーであった出川洋氏が中心となって，「広い車内空間の確保」，「利便性の高さ」，「豊富な収納と簡単操作のシート・アレンジ」，「インテリアの高級感」，「走行性能」には徹底的にこだわる一方で，「乗車定員を5名から4名に削減」，「立体駐車場に入らない車高」の2点で妥協しながら，具体的な製品仕様への落とし込みを行いました。

しかし，マーケットリサーチの結果では，乗車定員を5人から4人に減らすと買わないという人が約10％おり，立体駐車場に入らない車高にすれば買わないという人も約10％いました。つまり，ターゲット顧客を最大20％減らす覚悟を決め，それでも「小さい車体と大きな室内」を実現したいということで，大胆な割り切りを行ったのです。

その結果，同車は発売後，またたく間に若者の支持を得て，当時の日産のな

---

[8] 日産の初代キューブに関する以下の記述は，出川（2001）を再構成したものです。
なお，この車は，エンジンが1.3ℓのコンパクトカーでありながら，車室空間を広く取った設計と，立方体をイメージさせる外観とで評判を呼び，若者を中心に大ヒットした車です。

かにあって最大の売上げを誇るヒット車となったのです。

　さらに，首尾一貫性（プロダクト・インテグリティ）を確保しつつ複雑なトレードオフ関係を処理するためには，第3に，トレードオフ関係を解決するための高次の解決案を見つけ出さなければならない場合があります。

　たとえば，ソニーが1997年に販売し大ヒットを記録した世界初の本格的B5サイズ薄型ノートPC（パソコン）「VAIO-505[9]」の開発では，「徹底的に薄く」，「とにかく持ちやすくて格好いい」を合い言葉に，設計責任者の伊藤進氏が中心となって製品仕様を固めていきました。

　その過程では，薄さを極限まで追求するため，通常はキーボードの下に配置していた電池を本体の外に出して後ろ側に置いたり，使用頻度が比較的少ない接続端子について，通常は背面に置かれていたものを1つにまとめて別ユニットを作って取り外しできるようにしたり（別オプションとする）といった具合に，随所に大胆な割り切りを伴ったこれまでにない設計デザインを取り入れました。こうした高次の解決案の創出こそが，10.4インチのモニターを備えつつ薄さわずか23.9ミリの，スタイリッシュなデザインを実現する上でのカギとなったのです。

　以上見てきたように，製品コンセプトの一貫性を保った上で機能設計を行っていくためには，①製品コンセプトから製品仕様への翻訳を正確に行う，②大胆な割り切りを行う，③高次の解決案を考え出す，といったことが重要になりますが，そのためには強力な開発リーダーが必要不可欠となります。

　この点については，第10章でもう一度詳しく説明することにします。

9.5 新製品開発プロセスの第3段階：（狭義の）製品開発

---

[9] ソニーのVAIO-505に関する以下の記述は，『日経エレクトロニクス』の753号から759号（1999年刊）を再構成したものです。
　なお，このPCは，世界初の本格的B5サイズ薄型ノートPCです。薄くて軽量，スタイリッシュなデザイン，それまでのノートPCが傷が目立たないように（メタリックでない，くすんだ）黒を基調としていたのに対して，メタリック系の薄紫色の外観が評判を呼び，若者を中心に大ヒットしました。このPCの大ヒットがきっかけとなって，「モバイルPC」という製品カテゴリーが新たに生み出されました。また，外観デザインやボディカラーに凝った「銀パソ」（銀色のPCの略）ブームの先駆けともなりました。

◯ 詳細設計

次の段階は，一般に詳細設計と呼ばれる，製品仕様を実際の設計図面に展開（翻訳）していくフェーズです。

この段階では，目標とする機能やコスト，製品コンセプトを実現することのできる製品の設計案を創出し，そうした設計案を実際の設計図面に落とし込んでいくことになります（延岡，2002）。

この詳細設計も，複雑で時間のかかる作業です。ある機能を実現するための設計のあり方は，工学的な理論を組み合わせれば1つの解として規定されるというものではありません。したがって，製品コンセプトで決めた機能的な目標と工学的な知識体系を考え合わせながら，設計者が独自に設計案を創出していくことが求められます。そして，生み出された設計案が，実際に目標機能や製品コンセプトに合っているかどうかが検証されていくのです。

このようにさまざまな代替案について「設計案の創出」と「検証」のサイクルを繰り返すことによって，設計図面が確定していきます。

◯ 試作・実験と設計変更

設計図面が大体固まってきた段階で，今度は試作品を製作し，さまざまな角度から繰り返し繰り返し実験が重ねられていくことになります。これが，試作・実験のフェーズです（藤本，2001b）。試作品は，機能はもちろん，デザインや使い心地などの感性面，安全性や耐久性などの実用面からも検討されていきます。

こうした，試作品を用いた実験やリサーチの結果，設計案が十分ではないとなった場合，通常は「設計変更」が必要になり，全体として要求仕様や目標とするコストを満たすまで，設計変更を伴いつつ，各部品および製品全体に関して「詳細設計→試作→実験」のサイクルが繰り返されます。

近年では，こうした設計・試作段階における3次元CAD（コンピュータ支援設計）の利用や，実物試作・実験に代わるシミュレーションを行う高精度CAE（コンピュータ支援エンジニアリング）の活用が進んでいます。また，

設計データベースの共有化や，再利用可能な部品設計図などの蓄積，CAD による編集設計の容易化，設計ルールの内蔵化による設計ミスの自動チェックなど，ツール面での進歩には著しいものがあります。

このようなツールを積極的に活用し，詳細設計の段階から問題になりそうな事項を事前に徹底的に洗い出して，早い段階から対処しておくことで，試作・実験の回数を減らし，大幅な開発期間の短縮が実現できるようになりました。

しかし，たとえば自動車のメカニカルな部品などでは，シミュレーションの精度が十分ではなく，どうしても試作・実験を行わないと問題点が判明しないことも多いため，まだまだ「詳細設計→試作→実験」の試行錯誤のプロセスを完全に省ける状態にはありません。

やはりこの段階が，依然として時間も資源もとられる，困難なプロセスであることは間違いないのです。

○ 工程設計と生産準備

最後に，量産段階において，製品設計どおりの製品を，繰り返し繰り返し，品質を保った上で最大限に低コストで生産することができるよう，最適な生産工程を設計・製作・調達する段階に入ります。これが，工程設計と生産準備のフェーズです（藤本，2001b）。

ただし，実際には，詳細設計が完了する前の段階で，工程設計や生産準備がはじまる場合がほとんどです。これが CE（コンカレント・エンジニアリング）や SE（サイマルテニアス・エンジニアリング）と呼ばれる開発手法です。この点については，第10章で詳しく論じることにします。

9.6 新製品開発プロセスの第4段階：市場導入

ここまで来たら，市場投入はいよいよ間近であり，具体的にマーケティング・ミックスを確定していく段階に入ります。これが，市場導入のフェーズです。

このフェーズでは，市場導入のための活動が，④-1「マーケティング・ミックスの選択」→④-2「テスト・マーケティング」→④-3「市場導入とその後の対応」といった段階を経ながら進んでいくことになります。

◯ マーケティング・ミックスの選択：「マーケティングの4P」

マーケティング・ミックスとは，一般に，「製品戦略（Production）」，「価格戦略（Price）」，「チャネル戦略（Place）」，「プロモーション戦略（Promotion）」を総称する「マーケティング4P」を指します。こうした4Pの各要素をどのように組み合わせてマーケティング目標を達成するのかが，このステップでのポイントです（石井他，2004）。

ただし，ここで注意したいのは，4Pの各要素は独立したものではなく，相互に密接に関わり合っているということです。マーケティング4Pを構成するすべての要素は，顧客に対して何らかのメッセージを発しているので，それらが顧客に対して一貫したメッセージを発し続けないと，顧客を混乱させかねません。

たとえば，長期にわたって低価格路線を続ける一方で，膨大な広告投資を注ぎ込むというような戦略は，価格戦略とプロモーション戦略の間の整合性を欠き，企業の健全な成長への阻害要因ともなりかねないでしょう。あるいは，1万円以上の品をコンビニエンス・ストアの店頭で売るということも，価格戦略ないし製品戦略とチャネル戦略の間の整合性を欠くので，一般的には考えにくいと言えます。

また，ターゲットとする顧客とマーケティング・ミックスの各要素との整合性も考えなければなりません。たとえば，PCの初心者層に向けて通信販売のチャネルを用いてセミ・オーダーメード型のPCを販売することを試みるといった流通チャネル選択や，幼児向けの商品を深夜のテレビスポットで広告するといった媒体選択は，一般的には不適当でしょう。

　したがって，マーケティング・ミックスの各要素を決定する際には，一つひとつ決めていくのではなく，ターゲット市場とポジショニングを踏まえて4つが整合性を持つように，トータルに検討することが必要なのです。

　それから，特に革新性の高い新製品については，この段階で顧客意識の変更を迫るプロモーション戦略を練っておくことが重要です。

　何も手を講じなければ，大多数の潜在的顧客は，なじみのある既存の製品との比較のなかで新製品の評価を行ってしまいます。そして，多くの場合に，既存の製品，あるいは，その確立された使用方法を前提として評価を行うと，それらとは根本的に異なる新しい製品が高い評価を獲得することは困難です。

　だからこそ，新製品を市場に投入していく際には，人々が既存製品とのつながりを連想することを遮断するように，あるいは人々が抱いている既成の概念や生活のスタイルを変革するように，相当インパクトのあるさまざまな取り組みを行っていかなければならないのです（石井他，2004）。

　たとえば，第1章でも紹介した通り，2001年に発売されたアップルのiPodは，自分の音楽コレクションのすべてをこれ1台に収納して持ち歩き，「好きな曲をいつでもどこでも楽しめる」という，顧客にとってまったく新しいベネフィットをはじめて提供した画期的新製品でした。

　しかし発表当初は，大半のメディアは「自分の音楽コレクションをすべて持ち歩きたいと思う人間などいない」，「携帯音楽プレーヤーにしては価格が高すぎる」，「技術的に何ら新しいものはない」と，非常に懐疑的な論調で紹介しました。

　そのためアップルは，iPodが，既存の常識を打ち破るまったく新しいタイプの携帯音楽プレーヤーであることを印象づけるべく，コンセプトを効果的に訴求するためのさまざまな仕掛けを行っていったのです。

なかでも，ビビッドカラーを背景にiPodを身につけた人物のシルエットが踊りまくるCMを大量に投入したことは話題を呼び，「いつでも，どこでも，踊っていても好きな曲を楽しめる」というメッセージと，iPodの新しさ，格好良さを，潜在的顧客に強烈に印象づけることに成功しました（大谷，2008；林，2007）。

こうした結果としてiPodは，従来までのテープやCD，MDをメディアとする携帯音楽プレーヤーとの連想が遮断され，携帯用デジタル音楽プレーヤーという新しい製品のカテゴリーを生み出すことに成功し，2007年には，発売開始からわずか5年半あまりで全世界での累計販売が1億台を突破するまでになったのです。

このように，革新的なコンセプトを備えた新製品であればあるほど，既成の概念や生活のスタイルに染まった人々は，そのコンセプトに反感や違和感をおぼえることになります。ところが，普及した後になれば，人々のそうした当初の反感や違和感は完全に忘れ去られてしまうため，企業は顧客意識の変更を迫るためのプロモーション戦略の重要性をついつい軽んじてしまいがちです。

しかし，この取り組みに成功しなければ，その新製品は日の目を見ないままに市場から消えてしまいかねません。そのため，特に革新性の高い新製品については，顧客意識の変更を迫るプロモーション戦略を事前に十分に練っておかなければならないのです。

◯ テスト・マーケティング

食品などでは，多くの場合に，この次の段階でテスト・マーケティングを実施し，その結果を受けてデザインやブランド，パッケージングなどの製品仕様を修正し，その後に全面的な生産体制を組むことになります（Kotler, 2000）。

このテスト・マーケティングとは，限定された店舗や地域だけに新製品を投入し，その反応をもとに全国発売したときの状態を予測するやり方のことを意味します。

このテスト・マーケティングを実施した結果，万が一顧客の反応が良くなければ，修正を加えるか発売中止とすることで，多大な浪費や流通に対する信用

の失墜を未然に回避することができます。あるいは逆に，潜在需要の大きさを測ることで，本格発売時に供給不足による機会損失が発生することを防止できます。さらには，全国発売にあたっての広告や販売促進のやり方を考える上での参考にもなります。

とはいえ，テスト・マーケティングを行えば，新製品を競合の目にさらすことにもなり，その製品の市場性の高さがみんなの知るところとなり，参入を助長してしまうリスクもはらんでいます。また，精密なテスト結果を得ようとすればするほど，時間とコストがかかることになります。市場環境の変化が速い場合には，それらは命取りになりかねません。

したがって，メリット・デメリットのバランスを考えた上で，実施するかどうかを決める必要があるのです。

○ 市場導入とその後の対応

ここまでの段階をクリアしたら，いよいよ本格的な市場導入のプロセスに取り組むことになります。これは最後の段階であり，もう後戻りはできません。すでに詳細な計画ができているはずなので，それに基づいた戦術づくりとその確実な実行に努め，一気に事業基盤を築くことが重要です。

ただし，ここまでの段階を完璧にこなしたとしても，新製品を実際に市場に導入すると，顧客からさまざまな反応が返ってきます。そのなかには予想もしなかった反応もあるでしょう。新製品の市場導入後は，当初の計画に固執することなく，こうした実際の顧客の反応を踏まえつつ，柔軟に対処していくことが重要です（河野編，2003）。

実際，製品の完成度を上げていくためには，実際に新製品を市場に投入した後で，「利用者の生の声をフィードバックして製品を進化させていく」ことが重要になります。

顧客ニーズは，主観的，感覚的なものほど把握が難しく，たとえば使用感や外観，イメージ，ステータスなどが顧客にとって重要な場合には，顧客ニーズを第三者が事前に推しはかることは困難です。このように，顧客ニーズを定量的に把握することが難しい場合には，製品を出しながら消費者のニーズをキャ

ッチし,「ユーザーの生の声」を反映させながら次の製品の完成度を高めていくやり方が競争優位につながります。

たとえば,ソニーが最初にCD(コンパクト・ディスク)を開発した際(1980年代初頭)には,「ユーザーの生の声をフィードバックして製品を進化させていく」戦略を,はじめから意識して行ったとされます。

ソニーの開発陣は,CDプレーヤーという,これまでなかったまったく新しい製品を作るにあたり,どのようなデザイン,機能,価格にすべきか,頭を悩ませていました。まったく新しい製品の場合には,市場調査をしても消費者は「何が技術的に可能なのか」を知らないので答えようがなく,しかし,かといってメーカーが独善的な思い込みで開発してはリスクが大きくなるからです。

そこでソニーは,31ヶ月間に15機種ものCDプレーヤーを次々に発売し,市場の反応を直接見ながら次の開発に結び付けるというやり方をとりました。これをやや図式的に述べると,次のようになります。

まず最初にA・B・C・D・……と同時に発売し,そのなかでCが売れたとすれば,なぜCが売れたかの購買者調査をし,その意見に基づいてCをベースにしたC_1・C_2・C_3・……という製品を次々に導入する。次に,そのなかでC_2が売れたとすれば,なぜC_2が売れたかの購買者調査をし,その意見に基づいてC_2をベースにしたC_{2a}・C_{2b}・C_{2c}・……という製品を次々に導入する。

こうした作業を繰り返すことによって,短期間で売れ筋商品の探索に成功し,それに沿った新製品を次々と発売することができたため,ソニーはCDプレーヤーにおけるブランドイメージを確立し,市場リーダーの地位を獲得することができたと言うのです(山田・遠藤,1998)。

また,販売後の顧客の反応次第では,製品のコンセプトさえも変えたほうが良い場合もあります。

たとえば2004年12月に発売された任天堂の携帯ゲーム機「ニンテンドーDS」は,そもそもは主として子供から大学生くらいまでを主要顧客として想定したゲーム機でした。しかし,2005年5月に発売された「脳を鍛える大人のDSトレーニング」が想定外の大ヒットを記録し(続編も含めると2008年暮れまでに累計販売本数が800万本を超えた),相当数の大人が購入したことを受け,次々と大人向けの学習ソフト(通称「脳ゲー」)を販売していきまし

た。

　そして，ゲーム以外の用途に対してこれほどまでに需要があったことに改めて気がついた任天堂は，大人を含めてゲーム機の枠を超えたコンセプトで売り込むよう，訴求方針を転換しました。その結果，「ニンテンドーDS」の売上げは2005年12月頃から急加速し，2006年だけで国内販売台数が900万台を超え，2009年1月には国内累計販売台数が2,500万台を超える（世界累計販売台数は2009年3月に2億台を突破）までの大成功を収めることができたのです[10]。

　いずれにせよ，こうした予想外の成功を生むためには，市場で発生する予想外をいち早く発見し，次の製品開発やマーケティング活動に迅速に反映できる仕組みを企業のなかに作り上げることが重要となります。

　そのためには，販売を代理店や小売店まかせにせず，実際の購入者が誰であり，そこでどう使われているかの生の情報をメーカー自身が収集するようにして，もし「予想外」の結果が出たら，それを製品改良や販促の仕方などの点で，次の製品開発やマーケティング政策に迅速に反映させていくことが求められるのです。

演習問題

9.1 あなたが特にイノベーティブで興味深いと思った製品（サービスを含む）のコンセプトはどのようなものですか。いくつでも挙げて，そう思う理由とともに説明して下さい。またできる限り，それらのコンセプトを，「製品コンセプトの5W1H」と，「キーワード」（一語）や「ステートメント」（数行）で表現するようにして下さい。

---

10 派生機種の「ニンテンドーDS Lite」と「ニンテンドーDS i」の売上げを含みます。

第 10 章

新製品開発のマネジメント②：組織マネジメント

　新製品開発のプロセスでは，多様な部門や企業に属する多くの人々が，長期にわたって共同作業を進めていくことが必要とされます。たとえば自動車の新製品開発の場合，4〜5年にわたって，自動車メーカーだけで延べ1,000人以上が関わることも珍しくありません。

　こうした大規模で長期にわたる新製品開発のプロジェクトをマネジメントすることはとても困難であり，少なからぬプロジェクトが具体的な製品を開発することに失敗しています。

　そこで本章では，こうした困難を克服するための新製品開発の組織マネジメントについて，具体例を交えながら詳しく説明していきたいと思います。

○ KEY WORDS ○
製品開発の QCD，機能部門別組織，
プロジェクト専従組織，プロジェクト・チーム組織，
軽量級プロジェクト・マネージャ型組織，
重量級プロジェクト・マネージャ型組織，
コンカレント・エンジニアリング，フロントローディング

10.1　はじめに

　本章では，前章で簡単に触れた「新製品開発プロセスの第3段階：(狭義の) 製品開発」の部分に特に焦点を当て，深く掘り下げて説明していくことにします。

　すでに述べたように，このフェーズでは，暫定的な製品計画の作成と事業収益性の評価・検討を経て，製品コンセプトが確定した後に，(狭義の) 製品開発活動が，③-1「機能設計」→③-2「詳細設計」→③-3「試作・実験と設計変更」→③-4「工程設計と生産準備」といった段階を経ながら進んでいくことになります。

　技術的に高度で複雑な製品の場合には特に，この段階で，目標とする機能や品質，コスト，コンセプトを満たす製品を，期限内に，予算の範囲内で開発完了することに失敗してしまうことが少なくありません。

　たとえば，前章で紹介した製品開発の成功率を調査した先行研究によれば，(狭義の) 製品開発活動のフェーズに入った後に具体的な製品を開発できず失敗するプロジェクトの割合は，マンスフィールドとワグナー (Mansfield and Wagner, 1975) では43％，グリフィン (Griffin, 1997) では26％，河野 (1987) では53％と，調査によって数字が大きく異なるものの，いずれも無視できないほどに大きくなっています。

　このフェーズでは，製品コンセプトを現実の世界で機能する具体的な製品へと結実させていく「ものづくりマネジメント」の側面と，多様な部門や企業に属する多くの人々が共同作業を進めていく「組織マネジメント」の側面が重要になるため，主として技術管理論や組織論の分野で研究が進められてきました。

　以下では，こうした先行研究の成果を踏まえて，優れた製品を，効率よく，素早く開発し，市場に導入するためのマネジメント上の問題について説明していくことにします。

10.2 新製品開発のパフォーマンス

◯ 製品開発の QCD

　新製品開発の課題は，①どれだけ魅力ある製品を，②いかに効率的に，③いかに素早く，開発し，市場に導入できるか，という３点で捉えることができます。これを，生産管理における３つのパフォーマンス（成果）指標である「QCD」（Q＝「品質(Quality)」，C＝「コスト(Cost)」，D＝「納期(Delivery time)」）になぞらえて，「製品開発の QCD」と呼びます。

　この製品開発の QCD は，生産管理の QCD と基本的には同じですが，Q＝「総合製品品質（total product quality）」，C＝「開発生産性（development productivity）」，D＝「開発リードタイム（development lead time）」に，それぞれ対応しています（藤本，2001b）。

　このうち１番目の総合製品品質は，開発された新製品が，顧客にどのくらいの満足を与えることができるのか，を表す指標です。

　２番目の開発生産性は，新製品を開発するために必要とされる資源投入量（ヒト・モノ・カネ）をどれくらい注ぎ込んだか——すなわち「開発コスト」——の逆数によって表される指標です。開発生産性が高いほど，新製品を開発するために必要とされる資源投入量が少なくて済むので，開発に要するコストは低くなります。開発生産性が低い場合は，その逆です。

　３番目の開発リードタイムは，開発の開始から製品の生産開始あるいは発売までのリードタイム（経過期間），によって表される指標です[次頁1]。

◯ 製品開発の QCD 向上を実現するための３つのマネジメント

　すでに述べたように，新製品開発には，複雑なマネジメントが必要とされます。そして，だからこそ，各企業のマネジメントの善し悪しで，こうした総合

製品品質，開発生産性，開発リードタイムで表される新製品開発のパフォーマンスに大きな違いが生まれることになります。

しかし，それは逆に言うと，製品開発のマネジメントに成功すれば，企業が持続可能な競争優位を獲得できる可能性が高いということを示唆しています。

実際，1980年代の日本の製造業メーカーは，自動車や，家庭家電製品，事務用機器，電子部品などの産業において世界的な競争力を誇っていましたが，その競争力の基盤の一つが，製品開発のQCDで見た突出した製品開発力でした。日本企業は，総合製品品質において卓越した新製品を，効率的に，素早く市場に出すことができたがゆえに，これらの分野で国際的な競争力を築くことができたのです。

では，製品開発のQCDの向上を同時に実現するためには，どのようなマネジメントが必要とされるのでしょうか。1990年代に盛んに調査・研究された製品開発論分野の既存研究の成果は，この点について，主として，①適切な組織デザインの選択，②プロジェクト・マネージャのリーダーシップ行動，③コンカレント・エンジニアリング，の3つが特に重要であることを明らかにしてきました。

そこで次節からは，これらについて順に説明していくことにします。

---

1 ただし，もっと細かく言えば，「製品コンセプトの開発開始から市場導入までの全期間」（concept to market）をとる場合と，製品コンセプトの開発と事業収益性の評価・検討のフェーズの期間を入れずに，新製品の事業計画が承認された後の「狭義の製品開発プロセスの期間」（機能設計，詳細設計，試作・実験と設計修正，工程設計と生産準備）のみをとる場合とがあります。

たとえば，「日本の自動車メーカーの開発リードタイムの平均が18〜24ヶ月」といった場合，新製品の事業計画が承認された後の狭義の製品開発プロセスの期間のみを指しており，それに先行した，商品企画部が中心になって新製品のコンセプトや事業計画を固める期間が，約2年半程度存在しているのが通例です。つまり，concept to marketで見た場合，トータルな開発リードタイムは約4年ということになります。

このように，意味のある比較分析を行う上では，期間の定義をはっきりさせることが必要不可欠になります。

10.3　組織デザインのマネジメント

◯ 機能業務と統合業務

　ものづくりの観点から見た新製品開発とは，さまざまな技術的要素をまとめ上げて，顧客ニーズを満たすことのできる機能を発揮する具体的なモノを生み出す活動として捉えることが可能です。

　そこには自ずと，「要素技術（特に部品や原材料に関わる技術）を生み出す，あるいは高度化していく」活動と，「要素技術を製品としてまとめ上げる」活動の両方が含まれることになります[2]。すなわち，優れた最終製品を開発するためには，要素技術の先進性が求められる一方で，そうした個別の要素技術をうまい具合にまとめ上げなければならないのです（延岡，2006）。

　たとえて言うならば，オーケストラにおいて個々の楽器演奏者がいくらうまく演奏しても，全体としてのまとまりに欠ければ優れた音楽にはなりえません。その一方で，個々の楽器演奏者がうまく演奏することができなければ，いくら全体としてのまとまりがあっても限界があり，結局は全体として優れた音楽にはなりえません。つまり，どちらが弱くても，優れた音楽は生まれないということです。

　これと同様に，製品開発においても，要素技術を生み出したり高度化したりする活動と，そうした要素技術を製品としてまとめ上げる活動の両立を図ることが重要なのです。

　本章では，延岡（2002）にならって，このうち前者の，先進的な要素技術を開発していく，あるいは高度化していく業務のことを，「機能業務」と呼ぶことにします。一方，後者の，多様な要素技術をまとめ上げ，製品としての機

---

[2] 本書で説明しているイノベーション・プロセスの流れからすれば，製品開発のフェーズは，要素技術の研究・技術開発の段階が済んだ後に開始されることになります。しかし実際には，第2章でも述べたように，要素技術の開発は，製品開発のフェーズに入った後も引き続き同時並行的に進められていくのが通例です。

能・品質や完成度を高めていく業務のことを，「統合業務」と呼ぶことにします。

○ 製品開発組織のデザイン①：3つのタイプの製品開発組織

こうした機能業務と統合業務のどちらを，どの程度重視するのかに応じて，製品開発組織のデザインは，概念的には以下の3つのタイプに分けることが可能です（図10.1）。

〈1．機能部門別組織〉

まず第1が，最も機能業務を重視した「機能部門別組織」です。ここでの機

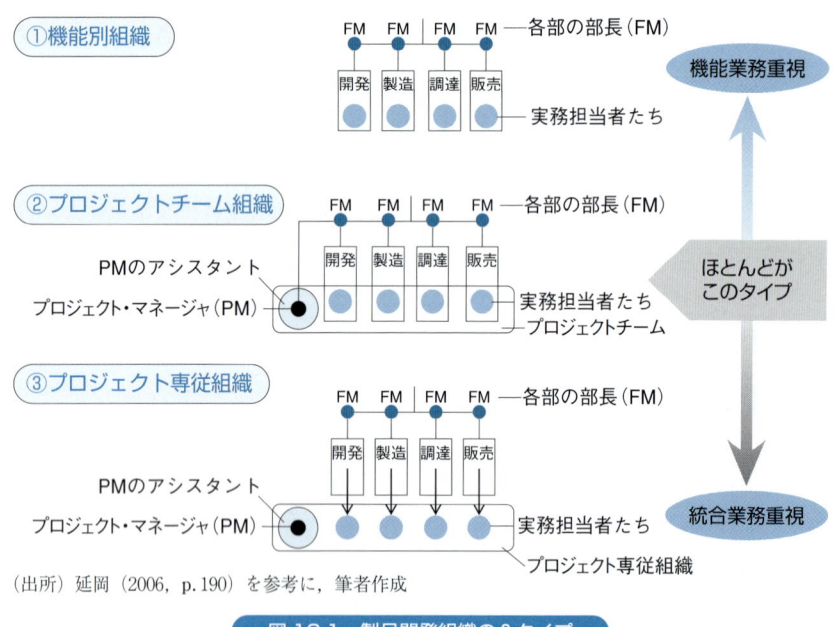

①機能別組織

②プロジェクトチーム組織

③プロジェクト専従組織

(出所) 延岡（2006, p.190）を参考に，筆者作成

図10.1 製品開発組織の3タイプ

能部門別組織とは，企業内の各部門が各機能業務に対応するように区分された組織体制のことを意味しています[3]。

　高度な要素技術を開発していく際には，一般にこの機能部門別組織が適しています。というのも，「専門化の利益」が最大限に享受できるからです。

　こうした機能部門別組織では，たとえばエンジンの専門家はエンジンの開発部門に，ボディの専門家はボディの開発部門に，あるいは購買の専門家は購買部門にという具合に，同一の機能業務を遂行する専門家が同じ部門内に集められるので，部門内での知識・ノウハウの蓄積や伝達が容易になります。また，そうして蓄積された知識・ノウハウ，あるいは開発された要素技術を複数の製品に展開していく上でも，機能部門別組織は有利になります。

　こうした機能部門別組織においては，各機能部門は，それぞれの専門分野の業務だけに専念します。特定製品の開発についてのみ権限と責任を持つマネージャはおらず，多くの場合に，商品開発全体の責任を持つ事業本部長クラスのマネージャが，すべての製品の開発プロジェクトの責任を持つことになります。

　この組織形態のもとで，特定製品の開発のために機能部門間での調整が必要な場合には，主として，（ⅰ）調整担当職と（ⅱ）連絡会・委員会という2つの方法が用いられます。

　このうち（ⅰ）の調整担当職（リエゾン）というのは，特別の権限や予算を持たず，また責任も負わされていない，部門間の情報交換任務に当たる役職のことです。もともとの語源はフランス語で連絡や連結を表す"liaison"ですが，軍隊の連絡将校を英語で「リエゾン・オフィサー」と呼んだことに由来する用語です。

---

[3] なお，ここで機能業務と呼んでいるのは，①開発／生産／販売／購買などの大括りの機能で区分した場合の業務と，大括りには開発業務のなかに含まれるが，②電子／機械／材料といった技術分野ごとに小区分した場合の開発業務と，③設計／解析／試作／実験／生産準備といった開発プロセスを構成する各フェーズ（段階）の開発業務という，以上3つをすべて含んだものです。
　そのため，本書が「機能部門」と呼ぶ部署には，①開発部／製造部／販売部／購買部といった大括りの部門と，大きくは開発部門のなかに含まれるが，②エンジン開発部やボディ開発部のように部品別に分かれている部署と，③試作試験部や生産準備部のように文字どおり機能で分かれている部署という，3つがすべて含まれることになるので注意が必要です。

このやり方では，製品別に調整担当職を置き，たとえば開発・製造・販売・購買の各機能部門間で，当該製品に関する情報の共有を図り，必要とされる相互調整を図っていくことになります。

一方（ⅱ）の連絡会・委員会とは，「○○連絡会議」とか「○○委員会」など，呼び方はいろいろありますが，基本的には，関連するさまざまな機能部門からメンバーを集めて定期的に会合を開催し，情報交換・意見交換・懸案事項の検討を行う小グループのことです。調整担当職の場合と同様に，通常，特別の権限や予算を持たず，また責任も負わされていません。

このやり方では，製品別の連絡会議を設け，たとえば開発・製造・販売・購買の各機能部門間で，当該製品に関する情報の共有を図り，必要とされる相互調整を図っていくことになります。このように，果たすべき役割は調整担当職の場合と同じですが，その役割を特定の個人に任せるのではなく，関係者が一堂に集まって直接的に話し合うようにすることで，より容易に調整を行うことを意図した仕組みです（図 10.2）。

こうした方法では，機能部門間での調整がつかなかった場合は最終的にはト

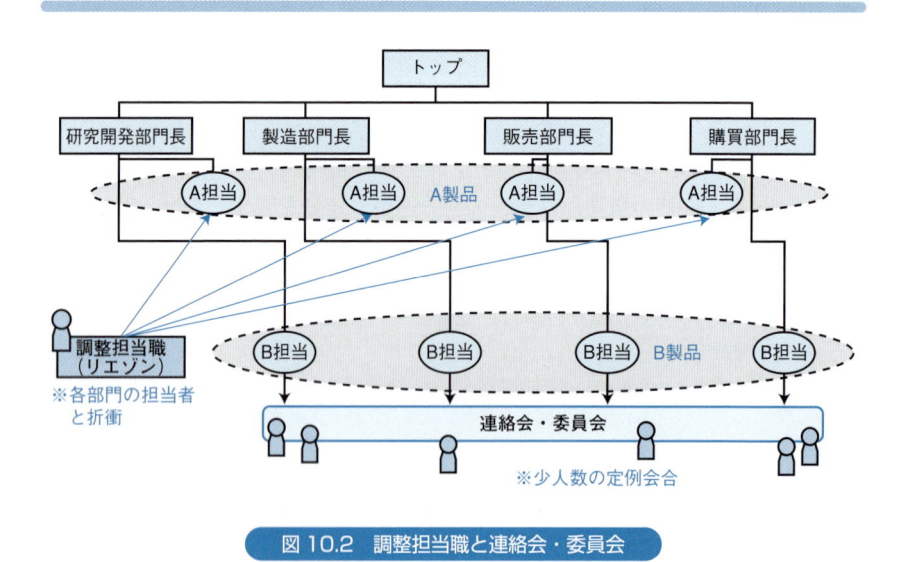

図 10.2　調整担当職と連絡会・委員会

ップ・マネジメントの判断に委ねられることになるので，製品が多角化し，開発プロジェクトの数が多くなると，トップの処理能力を超えてしまい，きめ細かい管理ができなくなってしまいます。そのため，こうした組織デザインは，ビールなど，製品の数や多様性が限られている業界でしか見られません。

〈2．プロジェクト専従組織〉

　2つ目は，最も統合業務を重視した「プロジェクト専従組織」です。ここでのプロジェクト専従組織とは，特定の製品の開発を目的として，さまざまな機能業務を担当するメンバーがそれぞれの部門から横断的に集められ，独立の開発組織（プロジェクト）が形成された組織体制のことを意味しています。

　ただし，通常は，特定の独立組織が恒久的に設置されるのではなく，機能部門を中心とした組織構造を採用し，そこからメンバーが選ばれて，ある期間だけプロジェクトに招集され，プロジェクトが終了すると再びその機能部門へ戻ることが多いようです。

　また，この組織デザインでも機能部門がなくなってしまうわけではなく，現実には，少なくとも一部の機能業務が機能部門内に残され，管理業務や複数のプロジェクトにまたがった業務などを担当することになります。

　この組織デザインの第1の特徴は，メンバーが，少なくとも一定期間は人事上も機能部門から正式に離れて，独立の開発組織の専属になるという点にあります。

　第2の特徴は，プロジェクト・マネージャ（Project Manager：PM）が任命され，このPMがこうした独立の開発組織のマネジメントに関してあらゆる権限と責任を持つ，という点にあります。

　統合業務を遂行し，目標とする機能や品質，コスト，コンセプトを満たす製品を，期限内に，予算の範囲内で開発完了していく上では，一般にこの組織デザインが適しています。というのも，こうした機能横断的なプロジェクト専従組織では，たとえば，エンジンの専門家もボディの専門家も，あるいは外観デザインの専門家も，特定製品の開発のための独立組織にともに配属されて業務を遂行することになるので，メンバーは，特定機能の専門家として業務をこなすという意識以上に，優れた製品を開発したいという意識が強くなるからです。

また，メンバー同士は，同一組織のなかで常に機能分野を超えて共同で製品開発業務に取り組むことになるので，自然と連帯意識が芽生え，同じ方向を目指して，協力し合いながら業務を進めていくことが可能になり，その結果として統合業務の遂行が容易になるのです。

　ただし，プロジェクトは，基本的には製品開発が終了すれば解散するため，そこで生み出された知識・ノウハウを体系的に残しておくことが難しく，また，PMやメンバーは，特定製品の開発のみに専念してその成功にコミットするため，個別製品の最適性だけを優先し，他の製品との部品・技術の共通化や，知識・ノウハウの横展開は難しくなります。

　たとえば，1990年代前半，クライスラーが日本製の小型車に対抗するために小型セダンの「Neon（ネオン）」を開発した際には，こうしたプロジェクト専従組織（クライスラーではこの組織を「プラットフォーム・チーム」と呼んだ）が採用されました。

　クライスラーは，さまざまな機能部門から集めたメンバーをプロジェクト専従とし，彼らを「大部屋（co-location）方式」で1ヶ所に集めて開発を進めました。その結果，開発の効率性が大幅に向上するとともに，徹底した割り切りを行って日本製の小型車よりも低い価格を実現し，米国市場で大成功を収めることができました。

　しかしその一方で，複数プロジェクト間での技術や知識・ノウハウの移転，部品の共有化が困難になり，1990年代半ばにはプロジェクト専従組織は見直されることになりました（延岡，1996a）。つまり，この組織デザインのもとでは，個別の製品開発プロジェクトの調整・統合が容易になる代わりに，企業全体の管理が難しくなってしまうのです。

　こうした理由から，プロジェクト専従組織は，ソフトウェアの受注開発など，とにかく個別製品の最適性が最優先される業界でしか見られないようです。

〈3．プロジェクト・チーム組織〉

　機能業務を重視した機能部門別組織と統合業務を重視したプロジェクト専従組織の両極の中間に位置するのが，3つ目のプロジェクト・チーム組織です。

　ここで言うプロジェクト・チーム組織とは，特定の製品の開発に関わる機能

図 10.3　プロジェクト・チーム組織の例

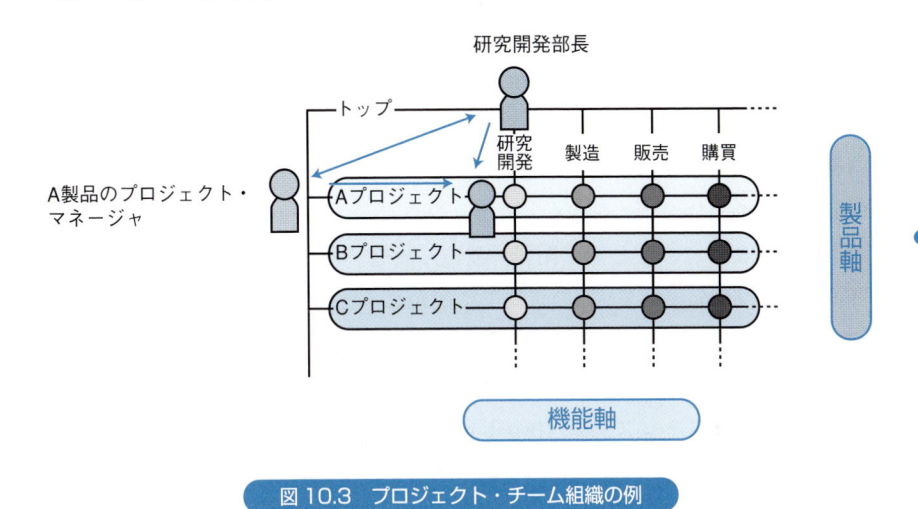

　業務を横断的に調整・統合することを目的として，機能部門別組織のなかに，関連するさまざまな機能部門からメンバーを集めた臨時の組織（プロジェクト・チーム）を編成する組織形態のことを意味しています。

　こうしたプロジェクト・チームは，調整担当職や連絡会・委員会の場合とは異なり，特別の権限や予算を有する組織形態であり，当該製品開発プロジェクトの遂行に責任を負うプロジェクト・マネージャ（PM）によって管理されます。

　ただし，どの程度の権限や予算枠を有しているのか，当該製品の開発についてどの程度の責任を負うのか，機能部門間の調整を実際にどの程度行うことができるのかについてはさまざまで，業界や企業によってはもちろん，同じ企業のなかでさえもいろいろです。

　こうしたプロジェクト・チーム組織は，機能部門別組織とプロジェクト専従組織を「いいとこ取り」し，同じメンバーを機能別と製品別に同時に括ることによって，専門化の利益と製品別の最適化を両立することを意図した組織デザインです。そのため，うまくいけば，機能業務と統合業務を高度にバランスさ

せ，高度な要素技術を備えつつも完成度の高い製品を実現できる可能性があります。

しかしその一方で，こうしたプロジェクト・チーム組織は，いわば「二兎を追う」組織デザインであるがゆえに，うまくいかず，何のメリットも得られない可能性もあります。

実際，この組織デザインのもとでは，プロジェクト・チームの各メンバーは，図 10.3 のように，たとえば開発・製造・販売・購買といった各機能部門長（Functional Manager：FM）の管轄下に置かれると同時に，他方では各製品の開発に責任を負う PM の管轄下にも置かれることになります。つまり，各メンバーにとっての上司が 2 名いることになるので，このプロジェクト・チーム組織は「ツーボス・システム（two-boss system）」と呼ばれることもあります（図 10.3）。

こうしたツーボス・システムの組織では，2 人のボス（この場合は FM と PM）の間でコンフリクト（争い）が生じがちで，ときに組織運営が非常に困難になることが知られています。

また，別の問題が生じる場合もあります。この組織デザインのもとでは，プロジェクト専従組織とは異なり，メンバーは各機能部門に所属したままとなります。つまり，プロジェクト・チーム組織は機能部門から完全に独立した組織とは言えないのです。そのため，何ら手立てをこうじないと，そのままでは機能業務のほうが統合業務よりも優先されがちになってしまい，わざわざプロジェクト・チーム組織とする意味がなくなってしまうのです。

こうした点については，次の 10.4 節でもう一度議論することにします。

○ 製品開発組織のデザイン②：プロジェクト・チームの 2 つのタイプ

上でも述べたように，機能業務重視の組織にも，統合業務重視の組織にも，それぞれメリット・デメリットがあり，一般的には両者のバランスが必要とされています。それゆえに，純粋な機能部門別組織や，純粋なプロジェクト専従組織が製品開発を担うことは少なく，ほとんどのケースでプロジェクト・チー

ム組織が採用されます。

このプロジェクト・チーム組織は，機能業務重視なのか統合業務重視なのかによって，さらに2つの基本タイプに分けられます。

ここでは，統合業務のリーダーとしての役割を担うプロジェクト・マネージャ（PM）の権限の強さと，機能業務のリーダーとしての役割を担う機能部門長（FM）の権限の強さとのバランスに応じて，それがPM＜FMである場合には相対的に機能業務重視の「軽量級プロジェクト・マネージャ型組織」，またPM＞FMの場合には，相対的に統合業務重視である「重量級プロジェクト・マネージャ型組織」に区分されることになります（Clark and Fujimoto, 1991；楠木・永田・野中，1995）。

ただし，ここでは簡易化のため，とりあえず二分法で考えていますが，現実には，これらの中間に位置する場合がほとんどです。

前者の軽量級プロジェクト・マネージャ型組織のPMは，FMよりも社内的な地位が低くなります。この組織形態でのPM（軽量級プロジェクト・マネージャ）は，主として調整役としての役割を担っており，主要な技術の選択に関する最終的な決定権限は，当該技術の開発を担当する機能部門のFMに属しています。また，製品コンセプトや製品スペック，価格などに関する最終的な決定権限は，営業部門やマーケティング部門のFMに属しています。

そのため，軽量級PMの各機能部門に対する調整は，あくまでも「お願いベース」が基本であり，自らの決定に従わせる権限は持っていません。

一方，後者の重量級プロジェクト・マネージャ型組織のPMは，FMと同等か，それ以上に社内的な地位が高くなります。この組織形態でのPM（重量級プロジェクト・マネージャ）は，単なる調整役を超えた，プロジェクトに関するありとあらゆる事項の最終意思決定権者であり，各機能部門に対しても，プロジェクトに関することについては自らの決定に従わせる公式・非公式の権限を持った存在です。

具体的には，主要な技術の選択に関する決定でも，製品コンセプトや製品スペック，価格などに関する決定においても，PMの意見は最大限に尊重され，また，販売の目標や計画，コストや利益の管理にも責任を持っています。

たとえば、重量級プロジェクト・マネージャ型組織を採用している企業の代表として世界的に名高いトヨタでは、製品開発のプロジェクト・リーダーである「チーフ・エンジニア[4]」は、当該製品の開発についてトップから全権を委任されている存在であり、社内には「チーフ・エンジニアの言葉は社長の言葉である」とする伝統が根づいています。

また、そうした強大な権限を支えるために、さまざまな組織的仕組みも整備されています（Clark and Fujimoto, 1991；武石, 2003；Morgan and Liker, 2006；松島・尾高編, 2008）。

たとえば、トヨタのチーフ・エンジニアは、少なくともかつては、製品の設計図面を最終承認する権限を持っていました。仮に各機能部門のFMが承認した設計図面であっても、チーフ・エンジニアがサインしないとその設計図面は社内的に最終承認されない仕組みになっており、つまり、技術選択や設計に関する拒否権（veto）を持っていたのです。

さらには、プロジェクト・メンバーの業績評価を行う権限を持つのはFMですが、チーフ・エンジニアも、非公式ながらも参考意見を述べる権限を持っていました。つまりチーフ・エンジニアは、プロジェクト・メンバーの人事評価に対する一定の影響力をも有していたのです。

以上見てきたように、製品開発の組織デザインは、概念的には、最も機能業務を重視した機能部門別組織から、中間的なプロジェクト・チーム組織、そして最も統合業務を重視したプロジェクト専従組織へと、3つに分類されることになります。

また、同じプロジェクト・チーム組織のなかでも、機能業務を重視した軽量級プロジェクト・マネージャ型組織と、統合業務を重視した重量級プロジェクト・マネージャ型組織に分けられることになります。

ただし、現実の製品開発組織のデザインが、このようにタイプ別に明確に分類されるわけではありません。機能部門別組織とプロジェクト専従組織を両極として、また同じプロジェクト・チーム組織のなかでも軽量級プロジェクト・マネージャ型組織と重量級プロジェクト・マネージャ型組織を両極として、そ

---

[4] トヨタではかつて、製品開発のプロジェクト・マネージャは「主査」と呼ばれていました。

の間には多様な中間的な組織形態が連続的に存在するのです。

○ 適切な組織デザインの選択

では，どのような条件のときに，どのような組織デザインを選択すればよいのでしょうか？　この点に関して先行研究は，主として以下の3つの要因が重要であるとしています（Kats and Allen, 1985；Allen and Hauptman, 1987）。

第1に，競合他社との競争などの理由で，緊急に製品を開発して市場に導入しなくてはならない場合には，統合業務遂行を重視した組織デザインが有効です。

このような場合には，関連するメンバーが独立した組織に集まって特定の製品開発に専念し，大部屋形式で全員が濃密な情報交換を図りながら開発業務を進めていくことで，コミュニケーション不足による行き違いや，行き戻りによる遅れを最小限にとどめ，開発リードタイムを大幅に短縮することが可能になります。

第2に，製品アーキテクチャがインテグラル型で，各機能部門が担当する業務間の相互依存性が強い場合にも，統合業務遂行を重視した組織デザインが有効です。

たとえば，1つの部品を設計する場合に，他の部門で設計される部品を考慮しなくては適切な設計ができないのであれば，こうした部品担当部門間の業務の相互依存性は高いと言えます。また，たとえば設計の内容によって生産方法や生産の効率性に大きな影響が及ぶのであれば，設計部門と製造部門の業務の相互依存性は高いと言えます。

こうした場合には，相互依存性の高い業務を担っている部門の間で強力な調整・統合作業を行わなければ，満足がいくだけの品質を保ち，生産性を発揮できる製品を開発することはできません。

第3に，当該製品の顧客ニーズが複雑で把握し難い場合にも，統合業務遂行を重視した組織デザインが有効です。

というのは，このような場合には，個々の要素技術の先進性よりも製品コンセプトの一貫性（プロダクト・インテグリティ）が市場での成否を決めるので，

メンバーが専門分野別に新技術開発に専念するよりも，プロジェクト全体で製品コンセプトに沿った製品に仕上げていく活動に重きを置くことが重要になるからです。また，製品コンセプトの重要な部分は言語化しづらい場合が多いため，プロジェクトの中核メンバー全員が一緒に活動しつつ，共同体験を通じてコンセプトを共有することが必要とされるのです。

このように，求められる開発リードタイムが短く，製品アーキテクチャがインテグラル型で，顧客ニーズが複雑で把握し難いタイプの製品を開発するにあたっては，統合業務を重視した機能部門横断的な組織を設置することによって，製品開発のパフォーマンスを向上させることが可能になります。

こうした製品の典型例が，自動車です。第8章で述べたように，自動車は，インテグラル型の代表的な製品です。また，たとえば設計という1つの機能のなかでも，エンジン，ボディ，サスペンションなど多様な部品の設計部門が多数関与するというように，多様な機能部門が開発に関与します。したがって，製品全体としてのまとまりを保つためには，そうした数多くの機能部門を横断的に強力に統合する役割を果たすことが求められるのです。

加えて自動車の場合，製品に対する要求機能も複雑です。つまり，走りはもちろん，デザイン，車内の居住性や静粛性，価格や燃費，安全性など，顧客が自動車を購入する際に重視する機能は多岐にわたり，しかも，そのすべてが重要だと考える人が大半です。このように，製品機能に対するニーズ（評価軸）が多様で複雑な製品の開発では，その多岐にわたるニーズを過不足なく製品コンセプトにまとめ上げ，それを現実のモノとして具現化していくことが求められます。

以上の理由から，自動車の新製品開発では，特に重要な新製品の開発の際にはプロジェクト専従組織が用いられ，それ以外の場合でも，より統合業務を重視した重量級のプロジェクト・チーム組織が用いられることがほとんどなのです。

逆に，製品アーキテクチャがモジュラー型で，顧客ニーズが単純で把握しやすい場合，あるいは，そもそも要素技術の先進性が最優先であり，なおかつ，要素技術の進歩のペースが早いので追いついていくのが大変な場合には，より

機能業務を重視した軽量級のプロジェクト・チーム組織のほうが適しています。

　たとえば，1980年代半ば，高機能・低価格化が急速に進み，市場が急拡大を遂げていたファクシミリの製品開発では，読み取り走査技術（画像取り込みの解像度や速度），データ圧縮・伝送技術（画像伝送の解像度や速度），記録技術（画像印刷の解像度や速度）などの要素技術の開発を担当する各機能部門が中心的な役割を果たしていました。

　事業部には開発部門が置かれていましたが，その役割は，各機能部門が開発した要素技術，ないし部品をもとに製品設計や試作を行い，安全性や使いやすさをテストしたり，生産プロセスの準備を行ったりする補助的な業務だけに限定されていました。

　ほとんどの企業で，こうした事業部内の開発部門が中心となってプロジェクトと呼ばれる組織ユニットを設置し，そのリーダーとしてプロジェクト・マネージャを置いていましたが，主要な技術スペックの選択などに関する意思決定の最終決定権限はあくまでも各FMが持っており，それはまさに本書で言う軽量級のプロジェクト・チーム組織の典型だったのです（楠木，1995）。

10.4　プロジェクト・マネージャのリーダーシップ行動

◯ プロジェクト・チーム組織に特有の問題

　製品開発のパフォーマンスを向上させるためのマネジメントの第2は，「プロジェクト・マネージャのリーダーシップ行動」です。

　前節で述べたように，高度な要素技術が求められ，なおかつ顧客ニーズが複雑で把握し難く，インテグラル型の製品の場合には，製品開発プロセスは機能部門横断的なプロジェクト・チーム組織によって遂行されることが望ましいと言えます。ただし，この組織形態は，実際の運営が非常に困難です。

　第1に，こうしたプロジェクト・チーム組織では，携わる開発のフェーズ

（段階），利害関係，専門や関心，話す「言葉」や思考様式などが異なる，数多くの機能部門に属するメンバーが協働作業を進めていくことになるので，メンバー間でのコンフリクトの発生が不可避になります。

たとえば，一般にデザイナーは感性を重視する傾向が強いのですが，技術者は論理（ロジック）を重視する傾向が強く，そのため，デザイナーと技術者が直接にコミュニケーションをとろうとしても，そもそも話が通じないことがしばしばです。

実用ソフトの製品開発プロジェクトを例にとると，非常に分析的な仕事（たとえばデータ処理用の論理プログラムを開発する作業）を担うメンバーと，デザイナー的な仕事（たとえばアイコンや画面などのデザインを開発する作業）を担うメンバーとでは，スクリーン上に引かれる「線」一つをとっても，そもそも寄って立つ認識や世界観が大きく異なっています。

分析的な仕事を担うメンバーにとって，スクリーン上に引かれる線とは，2つの点の間を最短距離で結ぶ点の集合体にすぎず，単純な数学的公式によって表現される存在です。ところがデザイナー的な仕事を担うメンバーは，スクリーン上に引かれる線を，重み・色・質感といったさまざまな特徴を持った存在として捉え，それによってユーザーに対して何か具体的なメッセージを伝えるように表現しなければならないと考えます。

このように，そもそもの思考の前提条件が大きく異なるので，当然のことながら両者の間でやりとりを行う上での障壁は高くなり，コンフリクトが発生する可能性も高くなるのです。

第2に，部門横断的なプロジェクト・チーム組織では，メンバーは各機能部門に属したままで，しかも複数のプロジェクトを兼任するのが普通です。

PMにとっては担当する製品の成功がすべてですが，メンバーにとってその製品は，自分が関わっているいくつもの開発プロジェクトのうちの1つ（"one of them"）にしかすぎません。したがって，どうしてもPMとメンバーの間に温度差が生じがちになります。

また，基本的には個々のメンバーの業績評価を各FMが担うことになるので，各メンバーの目はどうしても自分の直属の上司であるFMのほうに向きがちとなり，そのため，この組織デザインのもとでは，どうしてもPMの立

場が不安定になってしまうのです。

　第3に，上の第2の問題への対策として，仮にPMの立場を強くしたとしても，なお問題が生じる可能性が残ります。すなわち，PMの権限を強くしすぎると，プロジェクト専従組織の場合と同様の問題が生じてしまい，かといってPMとFMの権限を同等にすると，今度はいわゆるツーボス・システムの問題が生じやすくなるのです。

　たとえば，今回開発する新製品に○○という先進的な新しい部品技術を取り込むかどうかを決める場面で，製品コストが跳ね上がることを懸念してPMは採用を望まないが，企業としての技術力向上の観点から当該部品技術を開発したFMは一刻も早い実用化を目指して採用を望む，といったコンフリクトは頻繁に生じます。

　この場合，PMとFMの間で十分な調整が図られなければ，結論が先送りされて，「○○という新しい部品技術を導入することを前提に，当該部品および製品全体の設計に大幅な改善を加えて，開発期限までに総コストを従来なみにおさえるよう最大限に努力する」といった，両者の顔が立つ，しかし非常に厳しい（場合によっては実現不可能な）目標が設定され，プロジェクトのメンバーに過度のプレッシャーがかかってしまう可能性が高くなるのです。

○ プロジェクト・マネージャに求められる主な役割

　こうした状況のもとで，製品開発プロジェクトにおいてプロジェクト・マネージャが果たすべき主な役割は2点あります。

　第1に，機能部門間の統合業務でイニシアティブを発揮し，製品開発プロジェクトを組織として効率的に推進する役割です。

　製品開発プロジェクトは，多様な機能部門から集められた，まったく異なった専門を持つメンバーの寄り合い所帯であり，この中で強力な求心力を働かせることができるか否かによって，非常に効率的な組織になるかバラバラになるかが左右されることになります。そのため，プロジェクト・マネージャが果たすこうした役割は，きわめて重要なのです。

　第2に，製品コンセプトの創造と具体化に責任を負い，その実現に向けて製

品開発プロジェクトを牽引する役割です。

　製品コンセプトを実現する熱意とエネルギーをメンバーに持たせ続けることは難しく，仮にそれに成功したとしても，膨大な数にのぼる要素技術や各種スペックの選択に関して，製品コンセプトに沿った意思決定を徹底することはもっと困難です。また，重要な要素技術の選択や，製品スペックや価格などを決める際には，製品コンセプトを損なわないよう，FMやトップ・マネジメントに自分の考えを伝え，納得して受け入れてもらわなければなりません。プロジェクト・マネージャが果たすこうした役割は，最終的に市場で受け入れられる製品を開発していく上できわめて重要です。

　クラークと藤本は，世界の自動車メーカーで行われた新製品開発プロジェクトの詳細な調査を通じて，プロジェクト・マネージャが上記２つの役割を十分に果たしているかどうかが，製品開発のパフォーマンスに影響を与えていることを発見しました[5]（Clark and Fujimoto, 1991）。

　すなわち，自動車産業における優れたプロジェクト・マネージャは，これら２つの役割を果たし，製品コンセプト作成の責任者でありながら，設計，生産，販売・マーケティングといった機能部門へも強い影響力を発揮するリーダーでした。そして，単なる調整役にとどまらず，自らが創出したコンセプトをもとに，プロジェクト・メンバーを強力にまとめ上げていく役割をも担っていたのです。

○ 優れたプロジェクト・マネージャの行動パターン：自動車のケース

　では，実際の優れたPMは，具体的にどのような行動パターンをとっているのでしょうか。

　クラークと藤本（Clark and Fujimoto, 1990）や長沢・木野（2004）をもとに，自動車の製品開発プロジェクトを牽引する優れたPMに共通に見られる特徴をまとめると，以下の４つに集約することができます。

---

[5] 正確には，クラークと藤本（Clark and Fujimoto, 1991）は「重量級プロダクト・マネージャ」（"heavy-weight product manager"）と表記していますが，意味的にはまったく同じです。

〈1．社内外の関係する人々との直接的接触〉

　優れた PM は，社内外の関係する人々すべてと，できる限り直接的接触を保とうとする傾向が強いようです。

　実際，PM には，出席しなければならない公式の会議や，決裁しなければならない書類が山のようにあるのですが，能力のある PM ほど，そうしたデスクワークの合間を縫って，設計技術者，生産準備技術者，製造技術者，工場の従業員，デザイナー，部品メーカーの技術者，ディーラーなどと会うために外へ出かけることを重視します。そのため彼らは，日中はほとんど「離席」しています。

　これは第1に，何か問題が生じたらすぐ，あるいは問題が生じる前の兆候の段階で，その情報をキャッチし，すぐさま必要とされる対策をとるためです。悪い情報ほど上に伝わりにくいので，PM の側から積極的に現場に出向くことで，悪い情報を拾い上げて先手先手で対策を施していくのです。

　また第2に，製品コンセプトの細かいニュアンスは，たとえそれがどれだけ詳細にわたっていようとも，書かれた文書のみでは伝達しえないし，それが実際の製品開発の一連のプロセスのなかで容易に見失われてしまうことを知っているからです。

　開発に要する長い期間を通じて，多くの人々の意識のなかに製品コンセプトを明瞭なまま保ち続けることは容易ではありません。そのため，優れた PM は常に開発現場を歩き回り，設計現場の技術者やテスト担当者たちと絶えず直接に交流し，自分の意図を伝えるとともに，さまざまなメタファー（隠喩）を駆使したり，物語を語ったりしながら，製品コンセプトに関する彼らの理解を絶えず新たにさせ，これを強化しているのです。

　第3に，PM が製品開発プロジェクトをスムーズに遂行していく上では，公式的な権限の必ずしも及ばない人物を，自らにとって望ましいと思う方向に動かしていかなければならないのですが，その際には，非公式の人的ネットワークの果たす役割が決定的に重要となります。そのため，日頃から人的ネットワーク構築のための直接的接触を重視しているのです。

〈2．自動車に関する広く深い知識〉

　優れた PM には，個々の細かい部分まで知る必要はないにせよ，車の開発に必要な製品技術全般，および生産技術全般についてはもちろん，販売・マーケティング，生産管理，コスト管理など，関係するさまざまな知識を幅広く持っていることが求められます。

　優れた PM は，重要な要素技術を選択する場面や，製品スペックを決める場面，あるいは何かしら製品コンセプトを損ないかねないような事態が生じた場面では，直接には FM の権限に属する事項の決定にまで踏み込む必要があります。これを認めさせるためには，「彼の言うことであれば間違いない」と，FM に受け入れてもらえるだけの見識を備えていなければなりません。

　また，調整のためにさまざまな機能部門を説得する際には，彼らなりの思考様式の土台にある専門の知識体系について，ある程度熟知した上で議論を組み立てないと，なかなか納得してもらえません。

　たとえば，販売やマーケティングの部門では顧客の声が絶対であり，顧客ニーズに関する定量的・定性的データに基づいて新しい製品に求められる要件を開発部門に要求するのですが，開発部門ではそうした顧客ニーズを実現するための技術的裏付けにこだわる傾向が強く，販売やマーケティングの部門からの要請に対して，「そんなニーズがあることは調査などしなくても分かっている。実現する方法がないから困っているんじゃないか」「実現性の乏しい提案ばかりよこして……」と反発するケースが多く見られます。

　こうしたケースで，頭からダメだと諦めるのでなく，できるための方策を考える方向に開発部門のメンバーの思考を切り替えるためには，「たとえば〇〇のやり方であれば実現可能なのでは？」といった具合に，より高次の解決策を考え出すための糸口となるような提案を行うことが欠かせません。そのためには，広く深い技術的な知識が必要とされるのです[6]。

〈3．コミュニケーションの触媒役〉

　製品開発プロセスに関わるメンバーの用いる「言葉」は，設計，生産準備，生産，デザイン，販売・マーケティングなど，属する機能部門に応じて異なっていますが，優れた PM はそのすべてに通じていなければなりません。つま

り，優れた PM には，「多国語コミュニケーション（multilingual communication）」の能力が要求されるのです。

これは，自分のなかに浮かんだ漠然とした製品コンセプトを，プロジェクトに参加している人々全員の理解に行き違いが生じないように伝えるためには，それぞれの機能部門に属するメンバーの言葉で明確に表現することが必要なためです。

具体的には，たとえば「人馬一体」といった漠然とした製品コンセプトを，デザイナーに対しては，「柔らかく，しなやかで，しかし強靱で，打てば響くような緊張感を持ったシンプルな造形」「能面をイメージした滑らかな面構成」といった具合に，設計技術者に対しては，「全長〇〇mm，全幅〇〇mm，全高〇〇mm，ホイールベース〇〇mm，トレッド〇〇mm，車両重量〇〇kg以下」「最高時速□□km」「空力係数△△以下」といった具合に，生産技術担当者に対しては，「外板の最大 R 値××」「樹脂部品の肉厚を最高で 1/2 にまで減らす」といった具合に，テスト担当者に対しては，「波（ローリング／ピッチング）やエンジン音にシャープさを」といった具合に，それぞれのグループの理解しやすい言語に落とし込んでコミュニケーションを行うことができるということを意味しています。

むろん，コミュニケーションは双方向なので，PM の側からメンバーへと，単に各部署の言葉に翻訳された製品コンセプトを一方的に伝えれば済む話ではありません。たとえば，設計技術者の語る「車両重量がどうしても目標を 20kg オーバーする」「空力係数が 0.3 を切れない」という言葉が，顧客にとっては何を意味するかを即座に理解し，それを他の部門のメンバーに伝える能力が

---

6 自動車メーカーの PM は，一般に，最初はボディやシャシーの設計部門に配属されて一技術者としての能力を身につけ，その後に PM の補佐として数世代にわたって自動車の製品開発プロジェクトの取りまとめの経験を積み，その上ではじめて PM に昇格するという経歴を踏むことが多いようです。そのため，出身部門の技術知識はもちろん，他の部門の知識にも精通することになります。

なお，自動車の PM に技術系出身が多いのは，自動車のように技術的に高度な製品では，顧客の言葉を技術者の言葉に翻訳するほうが，技術者の言葉を顧客に翻訳するよりも難しいためだと考えられます。実際，食品や日用品など，必要とされる要素技術を理解することが比較的容易で，製品コンセプトの斬新さがより強く求められる製品の場合は，逆に文化系（マーケティング部門など）出身の PM が多いようです。

備わっていないと，本当の意味での製品コンセプトの徹底は実現できないのです。

その意味で，優れたPMは，相当に高度な，双方向の多国語コミュニケーションの能力を備えていなければならないと言えます。

しかし，もしも優れたPMがこうした能力を発揮し，異質なメンバー間のコミュニケーションの触媒役となることができれば，製品コンセプトの一貫性を保ちつつ，新たな化学反応を起こすことも期待できるのです。

〈4．顧客との直接的接触〉

優れたPMは，自らが責任を持って製品コンセプトをまとめ上げていかなければなりません。そのため彼らは，顧客との直接的かつ継続的なコンタクトを確保するための行動を欠かしません。

彼らは，マーケティング（営業・販売）部門から受け取る「調理された」情報を鵜呑みにすることなく，自分で直接に集めた「生の」情報で補おうとする傾向が強いとされます。

実際，能力のあるPMの多くが，繁華街で道行く人々を見つめ，そのスタイルや行動パターンを観察し，会話に耳を傾けることに何時間も費やしています。彼らは，デパートやショッピングモール，スポーツ施設，博物館や美術館，各種イベント会場，行楽地などに頻繁に出没しては「肌感覚の市場調査」を行い，また，あらゆる機会を捉えて新製品の想定ターゲット像に重なる人々との交流を持ち，絆を深めようとしています。

以上が自動車産業における優れたPMの特徴ですが，産業や製品の特性に応じてPMの有効なリーダーシップ行動のパターンが異なる，という点には注意が必要です（Eisenhardt and Tabrizi，1995；藤本・安本編著，2000）。

上で述べたようなPMの行動パターンは，あくまでも，機能業務も統合業務もどちらも重要だが，顧客ニーズが複雑で把握し難く，製品アーキテクチャがインテグラル型で，各機能部門が担当する業務間の相互依存性が強い，という場合において特に有効なやり方なのです。

とはいえ，近年では，多くの完成品分野で，市場で成功し十分な付加価値を

得るためには機能的な先進性だけでは不十分で，「製品としてのまとまりの良さ」が求められるようになってきています。

そのため，上で述べたような自動車産業の優れた PM のリーダーシップ行動のすべてではないにせよ，そのうちのいくつかの要素を兼ね備えた PM が求められる業界が増えていることは間違いないと考えられるのです。

10.5　コンカレント・エンジニアリング

○ コンカレント・エンジニアリングと開発リードタイムの短縮

　製品開発のパフォーマンスを向上させるためのマネジメントの第 3 は，「コンカレント・エンジニアリング」(concurrent engineering：CE) です。これは，「サイマルテニアス・エンジニアリング」(simultaneous engineering：SE) とも呼ばれます。CE と SE の違いを厳密に区別する場合もありますが，一般的には同じものと考えてよいでしょう。

　CE とは，各機能部門が個別に分担すべき業務を終了してから次の機能部門に引き渡すのではなく，各機能の業務を並行させて製品開発を進める方法です。一方，並行させない従来の方法は，対比的に「シーケンシャル（逐次的）なプロセス」と呼ばれます。

　図 10.4 を見れば明らかなように，他の条件が等しければ，製品開発プロセスの連続する 2 つのフェーズ（段階）の業務を逐次的に進めるよりも，こうした 2 つのフェーズの業務を同時並行的に進めるほうが，全体としての開発リードタイムは短縮されます。

　ただし，ここで注意が必要なのは，単に各フェーズの業務をオーバーラップさせて同時並行的に進めるだけでは開発期間は短くならない，という点です。

　通常，上流フェーズ A と下流フェーズ B が先後関係にある場合，前者の業務のアウトプットが後者の業務のインプットとなります。たとえば，A の業務

シーケンシャル（逐次）型

フェーズA → 情報の流れ → フェーズB

コンカレント（同時並行）型

フロントローディング（問題解決の前倒し）

フェーズA ⇅ 情報の流れ フェーズB　期間短縮

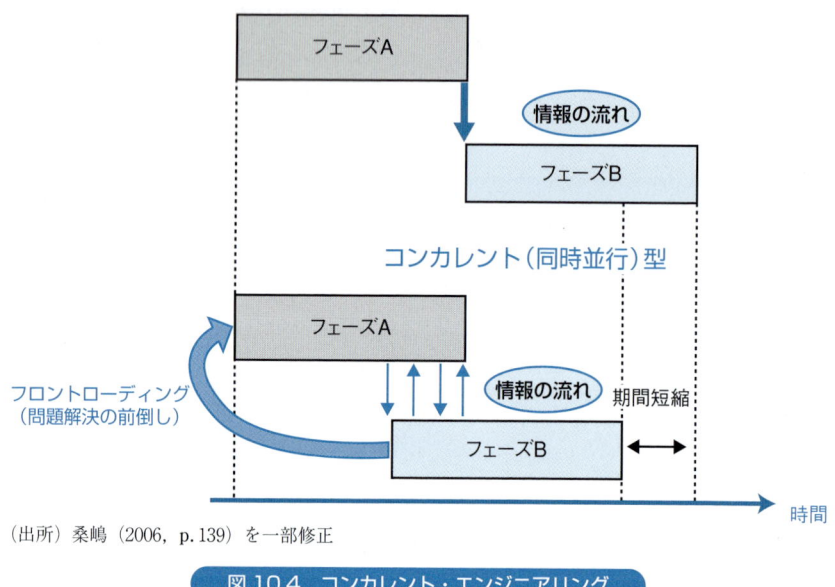

（出所）桑嶋（2006, p.139）を一部修正

図 10.4　コンカレント・エンジニアリング

を設計，Bの業務を金型開発とすれば，Aのアウトプットとしての設計をもとに，Bで金型が開発されるわけです。

　この状況で，上流Aと下流Bをオーバーラップさせるということは，設計が固まらないうちに，いわばフライングで金型開発を開始することを意味します。したがって，仮に後になってAで重大な設計変更が起こったりすれば，せっかく作った金型が無駄になるなどの混乱が生じ，逆に開発期間が長くなってしまう危険性があるのです。

　これを避けるために必要なのが，上流のフェーズを担当する部署と下流フェーズを担当する部署の間における信頼関係の構築と，緊密なコミュニケーションです（桑嶋, 2006）。

　早い段階では特に，やりとりされる情報はあくまでも未完成なものなので，後で変更せざるをえなくなる可能性も大きくなります。そのときに，上流のフ

ェーズを担当する部署と下流のフェーズを担当する部署との間で責任のなすり合いが起こらないよう，両者の間でチームとしての一体感や信頼関係を確立しておかなければ，このCEの取り組みは絶対にうまくいきません。それができた上で，お互いの情報を頻繁に交換し，相手の動きを予想しながら，「あうんの呼吸」で相互適応することが必要とされるのです。

多くの研究で明らかにされたように，日本企業には，歴史的に，信頼関係に基づいた緊密なコミュニケーションと相互調整を重視する組織文化が醸成されていたので，CEが有効に機能していたのだと考えられます。

たとえば，1980年代における普通乗用車の新製品開発では，日本の自動車メーカーのほうが設計と金型開発のオーバーラップをより大胆に行っていたにもかかわらず，金型費用に占める設計変更に伴う費用の割合は，米国の自動車メーカーの30〜50%に対して，日本の自動車メーカーでは5〜20%で済んでいたとされます（Clark and Fujimoto, 1991）。

○ コンカレント・エンジニアリングと開発生産性の向上，総合製品品質の向上

CEは，開発リードタイムの短縮だけでなく，開発生産性の向上や，総合製品品質の向上にも役に立ちます。たとえば，設計業務と生産準備業務（製品を実際に製造する工場の設備や生産ラインの準備を行う）を例にとって説明してみましょう。

シーケンシャルなプロセスでは，ある製品の設計が完了した後で，その設計図面をもとに生産設備の開発や生産ラインの準備をはじめることになります。

一方のCEでは，設計の初期段階から，どのような設計にすれば生産しやすいのか，どのような設計にすれば効率よく，不具合なく生産していくことができるのか，どのような設計にすれば新規設備の導入や既存設備の手直しを減らして設備投資額を抑制することができるのかといったことを，製品設計と生産準備の両部門の担当者が一緒になって検討します。そして，製品設計の途中段階でも，できるだけ多くの図面や情報を生産準備部門に伝え，なるべく早い段階から生産準備業務を開始できるようにします。

こうしたCE方式では、両者の間の緊密なコミュニケーションがもし仮になければ製品開発プロセスの後の段階になってから顕在化したであろう問題点を、前倒しして解決できる点が重要です。

起こりうる問題を早い段階からできるだけ網羅的に洗い出し、それをできるだけ早期につぶしておく製品開発のやり方は、「フロントローディング (frontloading)」あるいは「問題解決の前倒し」と呼ばれます。

製品開発のプロセスは、後になればなるほど変更に伴って無駄になってしまう作業が増え、変更しなければならない範囲も広がってしまうので、前倒しで問題を解決できるほど、損失額をおさえ、解決に要する時間を短縮し、限られた時間のなかでより多くの問題を解決することができるようになります（藤本、2001b）。

つまり、このフロントローディングを実現することによって、製品開発のパフォーマンスは格段に向上するわけですが、CE方式はそのための最も有効な手段のうちの1つなのです。

以上を具体例で説明してみましょう。たとえば自動車の場合、設計次第で、既存の溶接ラインや塗装ライン、組立ラインを手直ししないでそのまま使えるのか、それとも新たにラインを新設しなければならないのかが決まってきます。

たとえば、ボディの形状を従来よりも丸みを帯びたデザインにするだけで、ボディ後部の上部数センチが従来のラインではうまく塗装できず、ラインの変更によって最低でも数億円の設備投資が追加で必要になることがありえます。

あるいは、比較的単純な構造の部品であるパーキング・ブレーキの設計一つをとってみても、設計次第では車室内の狭い空間にかがみ込んで組み付け作業（ブレーキ・ケーブルの接続作業）を行わなければならなくなり、無理な体勢を繰り返すことによる生産効率の低下や、作業者の集中力の低下による品質不良の増加（ブレーキ・ケーブルの接続不良など）が生じる可能性があります。

いずれのケースでも、シーケンシャルなプロセスをとっていた場合には、問題が顕在化するのは、少なくとも製品設計が完成し、生産準備が開始された後になります。これは、製品開発プロセスの相当後の段階であり、この段階になってからでは、設計をやり直すにしても、生産ラインを変更するにしても、あ

るいは製造現場にツケを押しつけるにしても，それによって発生するコストは甚大なものになってしまいます。

一方，CE方式を採用し，途中段階の設計図面をベースに，生産準備の部署や製造現場の部署が一緒になって何度も問題点を検討するやり方をとれば（このような活動は一般に「デザインレビュー」と呼ばれる），問題を前倒しして解決できるようになります。

また，これによって下流のフェーズ（ここでは生産準備や製造）に関わる関係者の当事者意識が強まり，彼らのモティベーションが向上することを通じて，より製品開発のパフォーマンスが向上するという効果も期待できます。

以上は開発部門内での話でしたが，その他の機能部門間でもCEは重要なツールとなります。たとえば，販売部門や購買部門，カスタマーサービス部門などにも，開発の初期段階から参加してもらい，彼らの情報を設計の初期段階から十分に取り入れることが重要です。

同様に，外部の企業とのCE活動も重要で，たとえば自動車の製品開発の場合，部品や原材料，設備などのメーカーも，製品開発プロセスの早い段階から参加しており，特に有力部品メーカーのほとんどは自動車メーカーに自社エンジニアを常駐させ（「ゲスト・エンジニア」と呼ばれる），協働して開発を進めています（Nishiguchi，1994；河野，2009）。

また最近では，トヨタを筆頭に，具体的な製品の開発プロセスが開始される前の研究・技術開発の初期段階から，自動車メーカーと部品メーカーが協働するケースも増えています（近能，2007a）。

このように，CEは，開発リードタイムの短縮だけではなく，異なった機能分野に属するメンバー間の相互作用を促進し，その結果として問題解決の前倒しを実現し，製品開発のパフォーマンスを向上させることにもつながるのです。

演 習 問 題

10.1　いくつかの製品（たとえば携帯電話，薄型テレビ，家庭用テレビゲームのソフト，化粧品，ビールや清涼飲料水など）を取り上げて，各々の製品について，本章10.3節の「適切な組織デザインの選択」の記述を参考に，どのような組織デザインで製品開発を遂行することが望ましいのかを考えて下さい。

第 11 章

企業間関係の
マネジメント

　どれだけ巨大な企業であっても，イノベーションを実現し，そこからの果実を獲得するために必要な活動のすべてを自社で手掛けることはできません。研究・技術開発，製品開発，購買，生産，販売，物流，アフターサービスといった各段階のどこかで，企業外部のさまざまな企業や組織に一部の活動を任せたり，あるいは彼らと協力したりすることが不可避になります。

　そこで本章では，イノベーションを実現し，そこからの果実を獲得していくに当たって必要とされる企業間関係のマネジメントについて，①企業間の分業構造のマネジメント，②企業間分業の境界線決定のマネジメント，③企業間連携のマネジメント，の3つに焦点を当てて，それぞれ詳しく説明していきたいと思います。

○ KEY WORDS ○

オープン・イノベーション，アウトソーシング，アライアンス，
垂直統合／垂直非統合，水平統合／水平非統合，
Make or Buy Decision，
業務提携，ライセンシング，資本提携，ジョイント・ベンチャー，
信頼，組織間信頼，距離を保った関係／協調的な関係，
プラスサム・ゲーム／ゼロサム・ゲーム，Win-Win 関係

11.1　企業間関係のマネジメントとは

○ はじめに

　私たちは毎日，何気なくさまざまな製品を購入していますが，私たちがそれらを手に入れ，消費し，そこから何らかのベネフィットを享受するまでには，研究・技術開発を行い，製品を開発し，生産し，運搬し，必要とする顧客に販売し，顧客の使用をサポートするといった，無数の活動から成り立つ一連のプロセスを経る必要があります。

　こうした多様な活動を単一の企業ですべて行うことは，理論的には可能ですが，そのような例はまったくといってよいほど存在しません。それは，単独の企業がこうした活動のすべてを自社内でカバーするとなると，あまりにも企業規模が巨大になってしまうからです。つまり，現在のように分業が進み，さまざまな形で他企業の活動をサポートする企業や組織が存在する世の中では，一部の活動については外部に任せたり，あるいは協力したりするほうが効率的なのです。

　そのため，イノベーションを実現し，そこからの果実を獲得していこうとする場合にも，研究・技術開発，製品開発，購買，生産，販売，物流，アフターサービスといった各段階のどこかで，企業外部のさまざまな企業や組織に一部の活動を任せたり，あるいは彼らと協力していくことが不可避となります。

　実際，研究・技術開発活動一つをとってみても，すべての分野を自社で手掛けることは，もはや現実的ではなくなっています。

　たとえば自動車を例にとると，鉄鋼やアルミニウムをはじめとする金属材料のほか，プラスチック，ガラス，ゴム，化学繊維，皮革，セラミックス，塗料などのさまざまな材料を使い，プレス，鋳造，鍛造，溶接，切削，金属成型，樹脂成型，塗装，組み立てなど，さまざまな生産技術を駆使して，ようやく完成車を作り上げることが可能になります。

　また，かつては自動車の主要部品のほとんどすべてがメカニカルな部品でし

たが，現在ではエレクトロニクス部品の比率が急速に高まっており，そうしたエレクトロニクス部品を制御する'頭脳'であるマイコン（「ECU」と呼ばれる）の数や，そこで使用される制御プログラムの行数も飛躍的に増大しており，一口に自動車を開発すると言っても，カバーすべき技術分野はかつてとは比較にならないくらいに広がっています。

こうなると，どれだけ巨大な企業であっても，製品の研究・技術開発に関わるすべての分野を自社で手掛けることは，もはやできない相談になっているのです。

こうした観点から，近年では，企業外の資源や能力（特に知識やノウハウ）を企業内のそれと有機的に結合して新たな資源や能力を積極的に生み出していかないと，イノベーションを遂行していくことはもはや難しいと主張する「オープン・イノベーション」の概念も提示されています（Chesbrough, 2003）。

いずれにせよ，イノベーションを生み出し，その果実を獲得するためには，研究・技術開発に話を限定したとしても，自社のみで手掛ける活動は競争優位を有したごく一部の分野だけに限り，それ以外の分野では，外部の企業や組織に任せ，あるいは協力していくことが不可避となっているのです。

このように，イノベーションを実現し，その果実を獲得していくためには，どうしても外部のさまざまな企業や組織と関わり合いを持たなければならないのだとすれば，企業はそれをどのようにマネジメントしていけばよいのでしょうか。

以下，この問題を「企業間関係のマネジメント」と呼び，順を追って詳しく説明していくことにします。

○ アウトソーシングのマネジメントとアライアンスのマネジメント

企業間関係のマネジメントは，大きくは「アウトソーシングのマネジメント」と「アライアンス（提携）のマネジメント」との2つの括り（流れ）で研究されてきました（山倉, 2001）。

このうちアウトソーシング（outsourcing）とは，「ある製品を構成する多数

の部品や，あるビジネスを遂行する上で必要となる一連の業務のうち，もともと自ら手掛けていた，または自ら手掛けるのが一般的である，あるいは自ら手掛けることができるだけの能力を備えている部分について，あえて外部企業に任せる」ことを意味しています。

一方のアライアンス（alliance）とは，「2つ以上の独立の企業や組織が，ビジネス上お互いがメリットになるように協力し合うこと」を意味しており，「コラボレーション（collaboration）」と呼ばれることもあります。

最近では，「競争優位構築を目指す」という目的を達成するための一つの手段として，包括的に，あるいは，研究・技術開発，製品開発，購買，生産，物流，販売，アフターサービスなど，特定の分野に限定して提携を結ぶケースが増えており，そうした戦略的意図を持って形成される提携のことを「戦略的提携（strategic alliance）」と呼ぶことも多くなっています。

ただし，アウトソーシングとアライアンスの境界線は曖昧です。

アウトソーシングを行った場合，つまり，ある製品を構成する一部の部品や，ビジネスを遂行する上で必要となる業務の一部を外部の企業や組織に任せる場合には，アウトソーシングする側（「アウトソーサー」と呼ばれる）とそのアウトソーシング先（「アウトソーシー」と呼ばれる）との間で協力し合うことは，ごく普通に行われています。この場合，アウトソーサーとアウトソーシーという2つの独立した企業が協力し合うので，アウトソーシング，かつアライアンスの関係，ということになります。

逆に，たとえば，入札を行って一番安い会社をアウトソーシーに決め，その後の取引は契約にしたがって淡々と処理し，時期が来たらまた入札を行って，もっと条件のいい会社が現れたらアウトソーシーを変えてしまうということであれば，2社間で特に協力し合うことがないので，そうした取引関係はアウトソーシングであってもアライアンスではありません。

あるいは，戦略的提携を行った結果として，ある製品を構成する一部の部品や，ビジネスを遂行する上で必要となる業務の一部を，相手方の企業や組織に任せることも少なからずあります。この場合には，アライアンス，かつアウトソーシングの関係，ということになります。

アウトソーシングとアライアンスは，かなり重なり合う

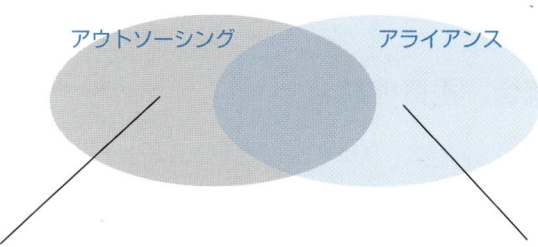

アウトソーシング／アライアンス

業務の一部や，部品の一部を外部企業に任せてさえいれば，お互いに協力し合っていてもいなくても，それはすべてアウトソーシングに含まれる

2つ以上の独立の企業や組織がビジネス上協力し合っていれば，業務の一部や，部品の一部を外部企業に任せていてもいなくても，それはすべてアライアンスに含まれる

図 11.1　アウトソーシングとアライアンスの関係

　つまり，アウトソーシングとアライアンスは，コインの裏表のように常に密接不可分の関係にあるわけではないにせよ，必ずしも別々のマネジメントではないのです（図 11.1）。

　そこで以下では，「企業間関係のマネジメント」を，「アウトソーシングのマネジメント」と「アライアンスのマネジメント」とを合わせたものとして，前者については①企業間の分業構造のマネジメントと②企業間分業の境界線決定のマネジメントに焦点を当てて，後者については③企業間連携のマネジメントに焦点を当てて，それぞれ説明していくことにします。

11.2　分業構造のマネジメント

◯ 垂直統合，垂直非統合

　企業間分業の方向性は，大きく分けて2つあります。

　メーカーをイメージしながら説明すると，その1つ目が，完成品およびそれらを構成する部品の担い手が，異なっているのか，それとも同じなのか，ということです。

　本章では，完成品の担い手と，それを構成する部品の担い手が同じ場合の分業構造を「垂直統合（vertical integration）」と呼び，完成品の担い手と，それを構成する部品の担い手が異なる場合の分業構造を「垂直非統合（vertical dis-integration）」と呼ぶことにします[1]。

　実際には，完成品を構成する部品は数多い（たとえば自動車の場合，細かく数えると2万点を超える）ので，それらすべての部品の担い手が完成品の担い手と同じということは稀であり，垂直統合や垂直非統合と言っても程度問題になります。明確な基準はありませんが，本章では，完成品の担い手と，それを構成する主要な部品の担い手が同じ場合の分業構造を垂直統合と呼び，完成品の担い手と，それを構成する主要な部品の担い手が異なる場合の分業構造を垂直非統合と呼ぶことにします。

　たとえばPC（パソコン）業界では，ヒューレット・パッカード（HP）やデル，NEC，富士通，ソニー，パナソニックなどが完成品を手掛ける一方で，CPUはインテルやAMD（アドバンスト・マイクロ・デバイセズ），OS（オペ

---

[1] 一般に，完成品の担い手と，それを構成する部品の担い手が同じ場合の分業構造は「垂直統合」と呼ばれ，完成品の担い手と，それを構成する部品の担い手が異なる場合の分業構造は「水平分業」と呼ばれます。ところが，その一方で，いわゆる「川上から川下」にいたるビジネスプロセスの各段階の担い手が同じ場合の分業構造を「水平統合」と呼び，これが異なる場合の分業構造を「垂直分業」と呼ぶ分類も，上の用法ほど一般的ではないにせよ浸透しています。そうなると，「水平」と「垂直」の各々の軸が何を意味しているのか分からなくなり，読者の混乱を招きかねないので，本章ではこのような用法に統一しました。

レーション・システム）はマイクロソフト，HDD（ハードディスク・ドライブ）はシーゲートや日立グローバルストレージテクノロジーズなど，主要な部品のほとんどを専門企業が担っているので，この業界は垂直非統合モデルだと言えます。

一方，デジタルカメラの業界では，キヤノンやソニー，パナソニックなどの主要メーカーの多くが，イメージセンサ（CCD），画像処理エンジン，レンズ，筐体など，主要部品のほとんどを自社で手掛けているので，垂直統合モデルだと言えます[2]。

○ 水平統合，水平非統合

分業のもう一つの方向性は，研究・技術開発，製品開発，購買，生産，物流，販売，アフターサービスといった，ビジネスプロセスの各段階の担い手が，異なっているのか，それとも同じなのか，ということです。

本章では，ビジネスプロセスの各段階の担い手が同じ場合の分業構造を「水平統合（horizontal integration）」と呼び，これが異なる場合の分業構造を「水平非統合（horizontal disintegration）」と呼ぶことにします。

もちろん，実際にはビジネスプロセスのすべての段階を完全に自社だけで手掛けている企業というのは稀で，水平統合や水平非統合と言っても程度問題になります。明確な基準はありませんが，本章では，メーカーの場合，研究・技術開発や製品開発，生産までを手掛けていれば，水平統合モデルと呼ぶことにします。

その逆が水平非統合モデルであり，ここでは，研究・技術開発や製品開発，生産といった，ある製品が顧客によって消費され，ベネフィット（便益）が享受されるまでのビジネスプロセスの主要な各段階が，それぞれ別の企業によって担われています。

近年では，企業経営の基本戦略として，自社が競争力を有する業務だけに選択と集中をする傾向が強まってきたことから，一口に水平非統合モデルといっても，以下のような多様な形態が現れるようになってきました（延岡，2006）。

---

[2] ただし，ここ数年，世界市場ではこの構造が大きく変化しつつあります。

〈（1）製造委託〉

　製造委託とは，研究・技術開発，製品開発，生産のうち，基本的には生産だけを外部の企業に委ねるアウトソーシング形態です。

　たとえばエレクトロニクス業界においては，1990年代後半以降，自社ブランドを持たずに複数の企業から同種の電子機器などの生産を一括して受託する，EMS（Electric Manufacturing Service）と呼ばれる業態の企業が急速に成長を遂げました。

　台湾のフォックスコン（Foxconn Electronics，鴻海精密工業），シンガポールのフレクストロニクス（Flextronics International），米国のジェイビル（Jabil Circuit）といった大手のEMS企業は，IBM，HP，アップル，モトローラ，シスコシステムズなどの大手企業を顧客とし，PC，携帯電話，プリンター，ルーターなどの電子機器の生産を請け負っています[3]。

　半導体産業では，台湾のTSMC（Taiwan Semiconductor Manufacturing Company，台湾積体電路製造）やUMC（United Microelectronics，聯華電子）に代表されるファウンドリ企業（foundry：半導体の請負生産に特化した企業）が，欧米や日本の代表的な半導体メーカーを顧客としています。両社は，生産機能のみを請け負う企業でありながら，半導体産業のなかでも最も安定的に高い業績を持続している企業のうちの一つです。

　また半導体産業では，ファウンドリに生産を完全に任せることで，工場を持たず，設計に特化したファブレス企業（fabless）が存在しており，ファウンドリ企業との間で補完的な関係を作り上げています。

〈（2）開発委託〉

　開発委託とは，研究・技術開発，製品開発，生産のうち，基本的には製品開発だけを外部の企業に委ねるアウトソーシング形態です。

　半導体産業界には，ICデザインハウスと呼ばれる，半導体メーカーを顧客とし，半導体の回路設計だけを請け負っている専門企業が多く存在しています。

3　EMSのビジネスモデルを創出した企業とされ，一時は世界シェア1位を誇り，ソニーの工場を買収したことで日本での知名度も高かった米国のソレクトロンは，2007年にフレクストロニクスに買収されました。

また，IP プロバイダと呼ばれる，自社が開発した回路の設計（半導体の回路設計の一部分）を多数の半導体メーカーに販売する専門企業も多数存在しています。代表的な企業である英国の ARM（アーム）や米国の Rambus（ランバス）などは，一般にはあまり知られていませんが，知る人ぞ知る半導体業界の超優良企業です。

また，PC やデジタルカメラなどの IT 製品やデジタル家電についても，デザインハウスと呼ばれる，完成品メーカーを顧客とし，製品開発機能だけを請け負う専門企業が多く存在しています。

たとえば携帯電話では，2005 年前後の中国の多くの携帯電話メーカーが，中国国内や台湾のデザインハウスに設計のほとんどすべてを任せ，EMS 企業に生産を委託することによって，市場に携帯電話を投入していたとされます。つまり，商品企画とマーケティング，販売だけに特化した，製品開発も生産も行わない「携帯電話メーカー」が多数存在していたのです[4]。

あるいは，製薬業界には，医薬品開発業務受託機関（CRO：Contract Research Organization）と呼ばれる，製薬企業を顧客とし，医薬品開発のうちで臨床試験の実施に関わる業務だけを請け負っている専門企業が多く存在しています。

〈（3）開発・製造委託〉

エレクトロニクス業界では，開発と生産の両方を受託する企業が多く，こうした企業は一般に ODM（Original Design Manufacturing）と呼ばれます[5]。上で説明したデザインハウスには比較的規模の小さい企業が多いのですが，ODM 企業はほとんどが大企業です。

---

[4] 2006 年段階で，中国国内に 50〜60 社くらい携帯電話のデザインハウスがあったと推定され，最大の TechFaith（徳信無線）は，2,000 人近い技術者を擁していたとされます（今井，2006）。
[5] 比較的古くから使用されている似たような言葉として，OEM（Original Equipment Manufacturing：相手先ブランド製造）があります。一般に，ODM は受託専門メーカーが顧客の要望に沿って商品を設計・生産して提供するのに対し，OEM は通常は受託先企業が自社の商品をそのまま相手先企業へ提供します。しかも，多くの場合に，完成品メーカーが，ライバルの完成品メーカーに製品を供給します。とはいえ，EMS や ODM，OEM といった用語は，必ずしも正確に用語が定義されているわけではないし，慣例的にもかなりアバウトに使用されることが多いので，注意が必要です。

たとえば，PC やデジタルカメラなどの IT 製品やデジタル家電の分野の ODM では，特に台湾企業の活躍が目立ちます。クオンタ（Quanta Computer, 広達電脳）やアースーステック（Asustek Computer, 華碩電脳），コンパル（Compal Electronics, 仁宝電脳）などの台湾の ODM 企業は，PC や携帯電話の開発・生産を手掛けており，たとえばノート PC の開発・生産では，2006 年度に，世界で生産されるノート PC の 80％ 以上を台湾の ODM 企業が開発・生産していたとされます[6]。

〈(4) 研究委託，研究・技術開発委託〉

欧米の医薬品業界では，大手の製薬企業と小規模なバイオベンチャー企業，大学や公的研究機関との分業が盛んに行われています（桑嶋，2006）。

このうち，大学や公的研究機関は，一般に，新たな薬効を持つと思われる物質（リード化合物）を発見するまでの段階である，基礎的な研究を担っています。

一方のバイオベンチャー企業は，一般に，リード化合物をもとに多様な化合物を作り，より活性が強かったり，安全性や生物の体内における吸収・分布・代謝・排泄が高いと思われるような物質を探索していく段階である，応用的な研究を担っています。

そして最適だと思われる物質が特定されれば，今度は開発段階に入ります。ここでは，動物を対象とした前臨床試験と，人間の患者を対象とした臨床試験の 2 段階を経て，規制当局へ申請し，承認を受けることが必要とされます。この段階を担うのは，バイオベンチャー企業か，あるいは製薬企業です。

この段階をクリアーすれば，後は生産，および医療機関への販売・サービスなどを行うのですが，この段階を担うのは，主として大手の製薬企業です。

こうした分業関係のなかで，バイオベンチャー企業や大手製薬企業は，大学や公的研究機関の有力な研究者との結びつきを維持・強化するため，多くの場合に彼らに研究を委託し，その代わりに多額の研究費や研究者，その他（各種実験機器，実験用の消耗品，知識やノウハウなど）を提供しています。つまり，バイオベンチャー企業や大手製薬企業が，大学や公的研究機関の研究者に対し

---

[6] ただし，こうした台湾 ODM 企業の生産は，ほぼすべてが中国工場で行われています。

て研究委託を行うことが多いのです。

　また，一部の製薬系バイオベンチャー企業では，開発した化合物の生産や販売に関する権利をライセンス供与することを条件に，大手製薬企業から多額の資金を調達し，基礎研究から応用研究・技術開発までを手掛ける場合があります。このように，大手製薬企業が，製薬系バイオベンチャー企業に対して研究・技術開発委託を行うことも多いのです。

◯ さまざまな分業関係

　企業間の分業は，基本的に，以上説明してきた2つの異なった軸で展開されます。図11.2は，これを概念的にまとめたものです。この2つの軸で見ると，分業のあり方は，業界によっても，同じ業界内の異なる企業間においても，時代によっても，さまざまに異なっています[7]。

　たとえば，同じ自動車産業であっても，国によって，時代によって，分業のあり方は大きく異なっています。

　1980年ごろ，日本の自動車メーカーは，おおむね70％程度の部品の生産を外部の部品メーカーに任せていたのに対し，米国自動車産業においては，フォードが約50％，GMにいたっては約30％しか外部の部品メーカーに任せていませんでした（松井，1988）。つまり，日本では垂直非統合型の取引構造が，米国では垂直統合型の取引構造が，それぞれ発達していたのです。

　また，日本の自動車メーカーは，1980年代後半，外部の部品メーカーに生産を任せている部品の約70％程度で，開発業務のうちの少なくとも一部を当該部品メーカーに任せていました。一方，米国の自動車メーカーは，外部の部品メーカーに生産を任せている部品がそもそも少ない上に，その部品の開発業

---

[7] この2軸を用いた分類方法は，基本的には製造業以外の業界でも使用することが可能です。ただし，業界ごとにビジネスプロセスが大きく異なるので，どのように軸を定義すればよいのかも異なります。小売業を例にとれば，売り場全体の構成だけでなく，たとえば食品，衣類，雑貨，家具，家電製品など，取り扱う商品カテゴリーのほとんどすべてを自社で手掛けているのか，それとも他社に委ねているのかが縦軸に，そのうちの，商品企画，生産，販売といったビジネスプロセス上の各段階を自社で手掛けているのか，それとも他社に委ねているのかが横軸に，それぞれ該当することになります。

図11.2 企業間の分業形態のタイプ

垂直統合かつ水平統合

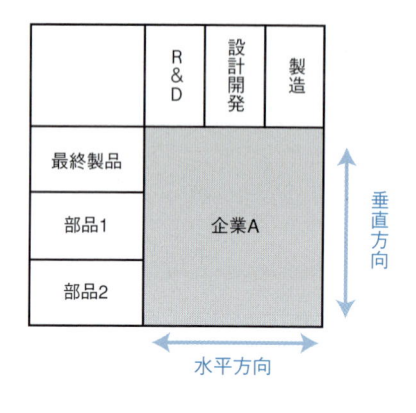

R&D／設計開発／製造 — 最終製品・部品1・部品2：企業A（垂直方向・水平方向）

垂直非統合かつ水平非統合

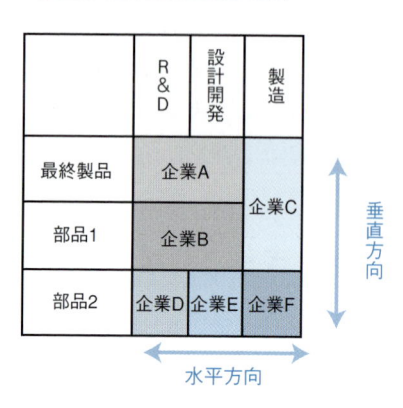

R&D／設計開発／製造 — 最終製品：企業A、企業C／部品1：企業B、企業C／部品2：企業D、企業E、企業F（垂直方向・水平方向）

（出所）延岡（2006, p.269）を一部修正

務のうちの少なくとも一部を当該部品メーカーに任せている割合は，約20％程度に過ぎませんでした（Clark and Fujimoto, 1991）。つまり，日本では各部品の開発業務の水平統合が進んでいましたが，米国ではそうではなかったのです。

とはいえ，このような，かつて日本と米国の自動車メーカーの間に存在していた分業構造の違いは，1980年代半ば以降，急激に減少しました。それは，米国の自動車メーカーが日本のやり方の優位性を認め，その急速な導入を図ったためでした（Helper and Sako, 1995）。つまり，分業構造のあり方は，時代によって大きく変化しうるのです。

同様に，たとえば家電業界の世界的メーカーであるパナソニックは，ほとんどすべての完成品の開発と生産を自社のなかで行っています。また，家電製品の頭脳となる半導体，薄型テレビ用のPDP（プラズマ・ディスプレイ・パネル），エアコンや冷蔵庫用のコンプレッサーなど，完成品を構成する重要部品のほとんどを開発・生産しているのはもちろん，それを支える各種要素技術の

研究・技術開発までも自社で手掛けています。たとえば，工場内で使用する主要な産業用ロボットの研究や開発・生産も手掛けています。このように，パナソニックは，高度に垂直統合・水平統合が進んだ企業だと言えます。

一方，同じ家電業界内であっても，製品が異なったり，企業が異なったりすると，分業のあり方はさまざまに異なっています。

たとえば薄型テレビを例にとると，シャープは，液晶パネル，「画像エンジン」と呼ばれる映像処理用の半導体，TVチューナーといった主要部品のすべてを自社で手掛けているので，垂直統合モデルで勝負していると言えます[8]。

一方，ソニーは，高級機種の画像エンジンとTVチューナーは自社で手掛け（中級以下の機種については外部調達），液晶パネルはサムスン電子との合弁会社からの調達や，一部はシャープからの調達に頼っています。ですから，シャープと比較すると，相対的に垂直統合度を緩めたモデルで勝負していると言えます[9]。

また，上で例に出したパナソニックは，薄型テレビについてはPDPと液晶パネルの両方の方式の製品を展開しており，画像エンジンと呼ばれる映像処理用の半導体は基本的に共通のものを自社で開発・生産して用いていますが，PDPは自社で開発から生産までを手掛け，液晶は2008年初頭までは主として日立ディスプレイズやIPSアルファテクノロジからの調達に頼っていたという具合に，パネルの部分での分業構造に違いがありました[10]。つまりパナソニックは，PDPテレビでは完全に垂直統合型のモデルで勝負していましたが，液晶テレビでは相対的に垂直統合度を緩めたモデルで勝負していたのです。

---

8 正確には，小型の液晶パネルについては台湾メーカーから調達しています。
9 液晶パネルの主要調達先であるサムスン電子との合弁会社（ソニーが50％，サムスン電子が50％の出資）は，開発や生産は完全にサムスン電子側が担っており，ソニー側は研究・開発・生産にほとんどタッチしていないとされます。
10 2008年3月30日まで，日立ディスプレイズは日立製作所の100％子会社であり，IPSアルファテクノロジには松下電器（現在のパナソニック）の資本が30％入っていたものの，実質的な経営は50％の資本を握る日立ディスプレイズが行っていたため，松下電器は液晶パネルの研究・開発・生産にはほとんどタッチしていなかったとされます。ただし，薄型テレビにおけるPDPに対する液晶の優位性が確定的になるにつれて，松下電器にとって液晶パネル調達の戦略的重要性が増したことから，2008年3月31日に日立ディスプレイズへ24.9％の資本参加を行い，IPSアルファテクノロジへの出資比率も45％に引き上げました。

11.3 企業間分業の境界線決定のマネジメント（Make or Buy decision）

以上見てきたように多様な分業構造がありうるとするならば，企業はどのような活動を自社で手掛け，どのような活動を他社に任せればよいのでしょうか。

この点を決定する，すなわち企業間分業の境界線を決定するにあたっては，自社で手掛けた場合と他社に任せた場合のメリット・デメリットを比較して考えた上で，総合的に判断しなければなりません。

ここでは，一橋大学イノベーション研究センター編（2001）や石井（2003）などを参考に，外部化（ある特定の部品や業務を企業の外部に任せること）のメリット・デメリットについて検討し，その後，判断基準の概略を示すことにしましょう。

○ 外部化のメリット

外部化のメリットとしては，主として以下の点が考えられます。

〈1〉専門企業の資源や能力の利用

部品や業務の一部を外部の専門企業に任せることで，自社に不足している資源や能力を補完することができます。

たとえば，ある新しい事業に進出する場合，あるいは新しい地域に事業を展開する場合に，外部の資源や能力を活用することができれば，必要とされる資源や能力（特に知識やノウハウ）の蓄積に要する時間を短縮できます。このことは，早期に事業を立ち上げたり，事業の収益性を高めたりすることにつながります。

また，周辺的な部品や業務を外部に任せることで，自社は本来力を入れるべき分野へ重点的に投資することができるようになります。外部化をうまく利用すれば，自社の競争優位の源泉となるような核となる強みの強化に集中するこ

とが可能になるため，結果的に自社の総合的な競争力を向上させることにもつながるのです。

たとえば，製薬業界の場合，臨床試験（治験）の実施計画（「治験プロトコル」と呼ばれる）の作成には，臨床試験を行う対象（症例数，年齢，性別，外来・入院の別など）や方法（観察期間，投与期間，投与法，評価法など）を，治験薬の作用が明確に測定できるように適切に設定するための相当なノウハウの蓄積が必要とされます。

また，臨床試験を迅速に行うためには，条件のそろった被験者を，できるだけ早く十分な数だけ集める必要があるのですが，そのためには，当該疾患を専門とする有力な臨床医師との強固なネットワークを確立していることが求められます。

こうした部分で十分なノウハウやネットワークを有していないベンチャー企業や中小規模の製薬企業では，医薬品開発業務受託機関（CRO）や大手の製薬企業に臨床試験の実施に関わる業務を委託することで，開発プロセスの大幅な短縮を図ることができるのです。

〈（2）固定費負担やリスクの削減〉

部品や業務の一部を外部の専門企業に任せることで，固定費負担やリスクを削減することが可能になります。

すべての部品の開発や生産を自社で行う，あるいは完成品の開発や生産，物流，販売といった業務をすべて自社で行うとなれば，土地や設備などの固定費負担が増大し，大きなリスクを抱えることになります。

しかし，外部の専門企業にそうした部品や業務をアウトソーシングすれば，巨額の固定費負担を避け，生産量などに応じて委託する量を変えていけばよいことになります。つまり，外部の専門企業を必要なときに必要なだけ利用することで，スリムでリスクをおさえた経営を行うことが可能になるのです。

新しい製品を世の中に出していこうとする場合には特に，不確実性が高く，大きなリスクを伴うので，このように一部の部品や業務を他の企業に任せることによって，投資負担やリスクを軽減することがしばしば重要となります。

たとえば，携帯用デジタル音楽プレーヤーの新市場を切り開いたアップルの

iPod は，当初から生産をフォックスコンなどの台湾の EMS 企業にアウトソーシングし，工場設備への固定費負担を避けながら生産を拡大していきました。

〈（3）規模の経済や経験曲線効果のメリット享受〉

　部品や業務の一部を専門の企業に任せる場合，そうした専門企業は一般に多数の相手先企業（アウトソーサー）のためにそのような部品や業務を請け負っているので，自社内でそうした活動を行う場合に比べて，規模の経済や経験曲線効果のメリットを享受できる可能性が高くなります。

　たとえば，先に例に挙げたエレクトロニクス産業の EMS 企業は，製品の組立工程という一般に利益率の低い業務に特化している一方で，複数の企業に対して製品の共通部品化を進めて部品を大量購買することで，規模の経済を享受し，コスト競争力を得ています。また，激しい生産量の変動に対しても，顧客基盤を拡大することで繁閑の差を吸収し，工場の稼働率を維持しています。

　あるいは，実力を蓄えた一部の EMS 企業は，生産しやすいように主要部品の設計・試作を自分たちの手で行い，顧客企業に提案するなどの方法で，よりコストを低減する工夫をしています。ODM 企業も同様です。

　こうした EMS 企業や ODM 企業に生産や開発を委託すれば，少なくとも短期的には，自社で同じ業務を行うよりも，規模の経済や経験曲線効果のメリットを享受し，その分だけコストを低減することが可能なのです。

〈（4）競争圧力の増加〉

　自社内部の業務は，一般に直に市場競争にさらされることがないので，担当部門や担当者の努力へのインセンティブが弱まりかねません。

　たとえば，かつての GM やフォードの内製部品部門は，他の部品メーカーとの競争にさらされることがほとんどなかったため，仕事が保証されるなかで，結果的に融通の利かない官僚的な組織になってしまったといわれます。

　外部化は，こうした事態を避け，競争圧力を増加させて規律を保つ上で有効であり，特に，複数の外部企業を競わせるようにすれば，競争圧力を有効にかけることが可能になるのです。

〈(5) 内部管理コストの節減〉

企業内で手掛ける範囲が拡大すればするほど，一般に企業内部の部門間調整にかかる管理コストは増大します。

機械部品や電子部品，ソフトウェアなどのさまざまな部品や，研究・技術開発・生産・販売・物流・アフターサービスなどのさまざまな業務を，1つの企業の内部に取り込みすぎてしまうと，どうしても管理が難しくなります。しかし，外部化によって企業をスリムに保てば，こうした内部管理コストを節減することが可能になります。

ただしその一方で，外部の専門企業にアウトソーシングするとなると，取引コストが増大することになります。すなわち，適切な相手先（委託先）を探し出し，交渉し，契約を作成し，委託している間は内容に契約違反がないかどうかを適宜モニタリング（監視）し，仮に契約違反があったとすれば，契約通りに履行させるために交渉したり，あるいは裁判を起こしたりといった，実にさまざまなコストが発生する可能性があるのです。

そのため，外部化による内部管理コストの節減効果は，それによる取引コストの増大効果を差し引いて考えなければなりません。

◯ 外部化のデメリット

一方，外部化のデメリットとしては，主として以下の点が考えられます。

〈(1) 知識やノウハウがスピルオーバーする恐れ〉

たとえば技術開発を外部に委託する場合には，技術の詳しい内容を相手に説明する必要があります。ところが，いったん詳しい内容を明かしてしまうと，今度は相手先（委託先）が別の目的で利用するのを防ぐことが難しく，ライバル企業へ知識やノウハウが流出する（スピルオーバーする）ことをくい止めることも難しくなります。こうしたスピルオーバーを防ぎ，貴重な知識やノウハウをコントロールするには，できる限り自社内で技術開発を行うことが望ましいのです。

たとえば，80年代半ば以降に本格的に半導体業界に参入した韓国や台湾の

後発メーカーが短期間で欧米日の先進メーカーをキャッチアップすることができた背景には，日本の半導体メーカーと二人三脚で半導体製造装置の開発を行ってきた日本の半導体製造装置メーカーが，日本の半導体メーカーの生産ノウハウが詰まった製造装置を，国内市場の不況を補うためもあって韓国や台湾の半導体メーカーに積極的に売り出していたという事情があったとされます（新宅，2009）。

結果論になりますが，日本の半導体メーカーが半導体製造装置の開発をアウトソーシングしなければ，あるいは，それは無理だったにしても，アウトソーシングする際に半導体製造装置メーカーからの重要情報の流出を防ぐための手立てをもっと手厚く施していれば，これほどまでの急速なキャッチアップは防げたかもしれません。

〈（２）「技術の空洞化」「ブラックボックス化」の恐れ〉

自社の競争力の源泉となるような重要技術に関わる部品や業務を外部の企業に任せてしまった場合，「技術の空洞化」が生じ，長期的に自社の競争力が失われる恐れが大きいという問題があります。

技術を蓄積していくためには，実際に自ら研究・技術開発や製品開発，生産を行い，試行錯誤や失敗の経験を積み重ねていくこと，いわゆる「実践による学習（learning by doing）」が重要になります。特に，イノベーションに決定的に重要となるような新しい技術の知識やノウハウは，単に外部に委託しただけでは得られない場合がほとんどです。

また，自社の内部で蓄積された知識は，外部の最新の技術の動向や競合企業の新製品などを評価し，吸収する上でも重要です（Cohen and Levinthal, 1990）。

そのため，たとえばある特定の部品を外部の企業に任せる場合に，単にすべてを部品メーカーに丸投げしてしまうと，中・長期的にはその部品を開発・生産する能力が失われてしまい，当該部品メーカーに対するバーゲニング・パワーが著しく低下する事態を招きかねないのです。

甚だしい場合には，技術の「ブラックボックス化」が生じてしまい，部品メーカーから提示された部品のコストが妥当か否か，あるいは開発・生産された

部品が当初契約通りの仕様になっているか否かなどを，適切に評価することすら難しくなってしまう恐れがあります。

ここで「ブラックボックス化」とは，ある特定の部品や業務について，中身がどうなっているのか分からない状況に陥ってしまうことを意味します。このように，ブラックボックス化によって「技術の勘所」が分からなくなってしまうと，いくらでも相手に付け入る隙を与えてしまうことになります。

こうした事態を防ぐため，たとえばトヨタでは，特定の部品や材料がブラックボックス化してしまわないように，少量であっても一部を内製化しています（武石，2003）。

たとえば，車載用半導体などは，規模の経済や経験曲線効果が非常に強く働くので，内製化をするとコスト的に高くつくのですが，それでも技術の勘所をおさえておくために，わざわざ専用の半導体工場を作って一部を内製しています。また，タイヤのように，これまで部品メーカーに任せきりであった部品についても，新たにごく少量の内製化を行うケースもあります。

〈(3) コア技術がコントロールできなくなる恐れ〉

また，自社のコア技術（中核的技術）の部分を外部の企業に任せてしまった場合，そうしたコア技術が外部企業によって競合他社を含めた多くの企業に販売されて希少性が薄れてしまい，長期的に自社の競争力が失われてしまう恐れが大きくなります。

たとえば，第7章でも若干触れたように，1981年に発売されたIBMの最初のPCは，当時市場を制していたアップルに対抗するために1年内で開発を完了するというミッションを帯びていたため，ほとんどの部品やソフトウェアの開発を社外に委託していました。すなわち，OSはマイクロソフト，CPUはインテルに委託し，実用ソフトの開発を社外で促すために，主要な技術情報も公開されたのです。

外部企業に頼ったこうした事業展開は，急速な事業の立ち上げにおおいに貢献しましたが，IBMのもとに独自の技術や能力をほとんど残さなかったために，マイクロソフトやインテルを通じて競合他社がPCのコア技術を容易に入手できるようになり，ほどなくして「IBMクローン（互換機）」が多数出現す

るという状況を招いてしまいました。

　IBMがこのリスクに気づき，独自仕様のPCである「PS／2」を1987年に発売したときには，すでに同社はPC業界全体の方向をコントロールする能力を失っていました。これまでの実用ソフトの資産が使えないPS／2は，消費者から完全にそっぽを向かれて，すぐに市場からの撤退を余儀なくされました。そしてこれをきっかけに，PC業界の覇権は，IBMからウィンテル（マイクロソフトのWindowsとインテルのCPU）へと移ってしまったのです（相田・大墻，1996a）。

〈（4）シナジー効果〉

　企業が複数の部品や業務を手掛けているときに，そうした複数の部品や業務を一緒に手掛けていることによって生まれるプラスアルファの結合効果のことを，一般にシナジー効果と呼びます。

　単に新しい製品を開発・生産するだけではイノベーションの果実を獲得することが難しく，その製品で使用される部品を開発・生産したり，あるいはその製品の販売サービスなど補完的な業務を自ら手掛けることによって利益を上げたりできる場合がありますが，こうしたシナジー効果が大きい場合には，関連しあった複数の部品や業務を企業内部に留めておくことが重要になります。

〈（5）雇用の維持〉

　どんな活動であっても，自社で手掛ければ，それによって一定の雇用を確保することができます。

　日本では，こうした消極的な理由によって複数の事業や業務を自社で抱えるケースが多かったのですが，競争力がなく，将来的にも競争力が高まる見込みがないような業務を自社で抱えていると，かえってコストがかかってしまうことになります。

◯ 企業間分業の境界線決定の基準

　外部化のデメリットよりメリットが大きければ企業内部で手掛ければいいし，

逆であれば外部の企業に任せればいいというように，企業間分業の境界線決定は，ロジックとしては簡単です。しかし，実際の判断は一筋縄ではいきません。

たとえば，取引コストや内部管理のコストなどは，企業の能力によって異なってきます。また，シナジー効果も同様で，これがどれだけ享受できるのかは企業のマネジメントによって左右される面があり，決して一義的に決まるわけではありません。その上，技術空洞化のデメリットなどは事後的に発生するものであり，境界線設定の決める際に事前に判断するのは困難です。

あるいは，外部の専門企業を活用しようとしても，任せるに足る企業の数が限られていると，相手のバーゲニング・パワーが強くなりすぎて，かえってコストが高くついてしまう恐れもあります。

以上を考慮した場合に，どのような基準にしたがって企業間分業の線引きを行なえばよいのでしょうか。

この問題に対する回答は，単純に言えば「コアの部品や業務の場合には自社で手掛け，そうでない場合には他社に任せる」ということに尽きます。ただし問題は，ある特定の部品や業務がコアなのか非コアなのかを，どうやって判断するのかということです。

この判断基準に関する既存研究の主張はいろいろと錯綜しています（たとえば，Fine (1998)，Quinn (1999)，Tid and Pavitt (2001)，延岡 (2006) など）が，最大公約数的な部分を挙げれば，以下の5つになります。

①付加価値は大きいのか？
②他の多くの部品や業務との関連性・相互依存性は高いのか？
③外部企業と比較して競争優位性はあるのか？
④市場での調達は容易なのか？
⑤戦略性は高いのか？

①は，「企業にとって大きな付加価値をもたらしてくれるような部品や業務はコアで，そうでないものは非コアである」という判断基準です。

この基準にしたがえば，自社製品全体の付加価値のなかで高い割合を占めるような部品や業務は，自社にとってコアであるから自社で手掛けるべき，そうでなければ，自社にとって非コアであるから他社に任せるべき，ということに

11.3 企業間分業の境界線決定のマネジメント (Make or Buy decision)

なります。

②は，「自社の製品を提供していく上で必要な部品や業務のうち，他の多くの部品や業務との間で非常に関連性・相互依存性が高いものはコアで，そうでないものは非コアである」という判断基準です。

その理由は，他の多くの部品や業務との間で非常に関連性・相互依存性が高い部品や業務，つまり，第8章の用語を用いると「独立性の低い」「モジュール化されていない」部品や業務を外部企業に任せてしまうと，かえって調整のためのコストがかさんでしまう恐れが大きいためです。

加えて，そうした部品や業務を自社内でうまくマネジメントすることができれば，大きなシナジー効果が生じると考えられます（青島・武石, 2001）が，逆にそれらを他社に任せてしまうと，シナジー効果のメリットを十分に享受することができなくなってしまう恐れが大きいためです。

この基準にしたがえば，モジュール化されていない部品や業務は自社にとってコアであるから自社で手掛けるべきで，逆にモジュール化されている部品や業務であれば，自社にとって非コアであるから他社に任せるべきだということになります。

③は，「自社と外部企業のどちらが競争力を有しているのかを評価した場合に，自社のほうが優れているような部品や業務はコアで，そうでないものは非コアである」という判断基準です。

この基準にしたがえば，競争優位性を持っているような部品や業務は，自社にとってコアであるから自社で手掛けるべき，そうでなければ，自社にとって非コアであるから他社に任せるべき，ということになります。

④の判断基準は，「市場からの調達が容易でない部品や業務はコアで，容易なものは非コアである」ということを意味しています。

この基準にしたがえば，市場からの調達が容易でない部品や業務は自社にとってコアであるから自社で手掛けるべき，容易であれば自社にとって非コアであるから他社に任せるべき，ということになります。

⑤の判断基準は，「戦略性が高いと思われる部品や業務はコアで，そうでないものは非コアである」ということを意味しています。

この基準にしたがえば，企業の経営理念や将来のあるべき姿，あるいは長期

的な経営戦略と照らし合わせてみた場合に，今後も必要不可欠だと思われる部品や業務は自社にとってコアであるから自社で手掛けるべき，そうでなければ自社にとって非コアであるから他社に任せるべき，ということになります。

　上記の①～④は，基本的には現在の状況をもとに判断するための基準ですが，この⑤は将来を見据えての判断基準となっています。

　ほとんどの研究では，整理の仕方は異なるものの，以上の５つの項目のいくつか，あるいはすべてに触れているのが普通です。

　したがって，たとえば，自社内で手掛ければ付加価値が高く，モジュール化されておらず，外部企業と比較した場合に優位性があり，市場で調達することが容易ではなく，自社にとっての戦略性も高い。そういった部品や業務を自社で手掛けるということについては，誰も異存がないでしょう。

　たとえば，自動車のエンジンは，自動車部品のなかで最も付加価値が大きく（製品全体のコストの２～３割を占め，付加価値についてはもう少し高い），他の多くの部品との間の関連性・相互依存性が比較的高く，（少なくとも先進国では）機能的・コスト的に十分に満足いくレベルのものが市場で容易に調達できない（優れたエンジンを他社がなかなか単体では販売してくれない）ため，自社で手掛けたほうが優位性を発揮でき，戦略的観点からしても（ガソリン車の時代が続く限りは）今後も必要不可欠だと考えられるので，先進国のほとんどの自動車メーカーは自社内で開発や生産を行っています。

　ただ問題は，判断の軸が少なくとも５つあるので，互いに相矛盾する結論が出た場合に，どのような優先順位で判断すべきなのかということです。

　結論から言うと，この場合は個別に判断するしかないでしょう。ただし，中・長期的な経済的成果の獲得を目指すのであれば，⑤に重きを置いて判断すべきだとは言えます。

　たとえば，ハイブリッド車や電気自動車用の電池は，非常に付加価値が大きいのですが，自動車メーカーには開発や生産のノウハウがないのでこれまで電池を手掛けてきた電機メーカーのほうが競争優位性を有しており，他の多くの部品との間の関連性・相互依存性も比較的低い，という特徴を持っています。つまり，①が○，②が×，③が×ということになります。

こうした場合に重要なのは，現状がどうなのかではなく，将来的にどうなりたいのかです。
　今は競争力を有していなくても，将来的に自社にとって必要不可欠な部品や技術であり，この部分で外部企業に完全に依存しきることは避けるべきであると考えるのであれば，中・長期的に③を〇にするような戦略を描き，できる限り自社で手掛けるべきです。つまり，最終的には⑤の戦略性の基準が最も優先されるべきなのです。
　たとえばトヨタは，世界初の量産型ハイブリッド車「プリウス」を開発・生産するにあたり，自社ではハイブリッド車用の電池を開発・生産するノウハウがなかったため，松下グループ（松下電器および松下電池工業）と合弁会社のパナソニックEVエナジーを設立して共同で開発・生産に当たりました。
　パナソニックEVエナジーの当初の出資比率は，松下グループが60％，トヨタが40％でしたが，ハイブリッド車および電気自動車用の電池の戦略的重要性が増したことから，2005年には，トヨタの出資比率を60％に引き上げ（松下グループは出資比率を40％に引き下げ），子会社化しました。
　とはいえ，未来は本質的に不確定であり，将来を見据えた判断にはどうしても主観が入り込むことが避けられません。つまり，自社にとって何がコアで何がコアでないのかという問いに対して，客観的・定量的に答えることは難しいのです。
　結局のところ，「わが社はこれをコアとして戦っていくのだ！」という強い社内コンセンサスが重要なので，「思い」がきわめて重要であり，客観的な分析だけでは決まらない側面が残ってしまいます。そのため，どの会社でも，ほとんどが定性的項目からなるチェックリストに基づいて大まかな案を作成した上で，あとは個別に話し合って決めることになるのです。
　いずれにしても，企業間分業の境界線の決定作業は，自社のコア・非コアが何であるのか，自社の向かうべき方向性がどこにあるのかを見つめ直す，またとない機会です。だからこそ，このプロセスを人任せにせず，腰を据えてじっくりと取り組む必要があるのです。

　なお，これまでは企業の内と外ということを比較的簡単に議論してきました

が，実際には，企業の境界線をはっきりと決めることは困難です。

資本を入れた会社（子会社，持分法適用会社，関連会社など），役員派遣を行っている会社，フランチャイズ契約を結んだ会社など，「明らかに内である」「明らかに外である」ということが言えない，グレーゾーンの場合も多いからです。

さらには，境界線の設定の仕方も，内か外かの二者択一ではなく，たとえば，「ある技術の研究・技術開発を外部の専門企業に任せると同時に，自社内でも取り組む」「量産段階になったら生産を EMS に任すが，そこにいたるまでの初期少量生産（パイロット生産）は自社に残す」といった具合に，部分的に統合するといった形の中間的な手段を用いることもしばしばです。

それから最近では，業務の大部分は外部企業に任せつつ，一部分は社内に残し，社内部門と委託先を比較して両者にプレッシャーを与え，なおかつ必要なノウハウは自社内に残す，という取り組みを行っている企業も増えています。

このように，一口に企業間分業の境界線の決定と言っても，実際には膨大なグレーゾーンが存在し，簡単には割り切れません。また，そのための基準についても，いまだ定量的・客観的な手法が開発・提案されているとは言いがたいのです。

11.4 企業間連携のマネジメント

○ アライアンスの形態

すでに述べたように，アライアンスとは，「2つ以上の独立の企業や組織が，ビジネス上お互いがメリットになるように協力し合うこと」を意味しています。しかし，一口にアライアンスと言っても，その取引形態はさまざまです。

アライアンスの取引形態は，大きくは次の3つに区分することができます（Barney, 1997）。第1が，「業務提携（non-equity alliances）」です。

この業務提携とは，企業同士が製品の開発，生産，販売などの業務を共同で

行うにあたって，（法的な拘束力を持たない）約束や，（法的な拘束力を持つ）契約を通じて企業間の協力を遂行していく取引形態です。商標や技術，ノウハウ，特許，生産プロセスなどの一部または全部を契約によって取引するライセンシング（licensing agreements）は，業務提携の典型例です。

　ほかにも，研究・技術開発，製品開発，生産，販売やアフターサービス，物流，部品や原材料等の購買など，顧客に製品やサービスを提供するためのプロセスを構成する，ありとあらゆる業務が，業務提携の対象となりえます。また，特定の技術や規格についての業界標準の獲得を目指したアライアンスも，この業務提携の範疇に入ります。

　アライアンス形態の第2は，「資本提携（equity alliances）」です。

　この資本提携とは，企業同士が製品の開発，生産，販売などの業務を共同で行うにあたって，協力関係を補強するために，一方が他方の株式を保有するか，あるいは相互に株式を保有し合う取引形態で，出資を伴う業務提携と言い換えることもできます。

　アライアンス形態の第3は，「ジョイント・ベンチャー（joint ventures）」です。

　このジョイント・ベンチャーとは，パートナー企業同士が共同で投資を行い，新たに法的に独立した企業を設立し，その企業の共同運営を通じて協力し合って，なおかつ利益も両社間で共有し合う取引形態です。

　資本提携もジョイント・ベンチャーも，顧客に製品やサービスを提供するためのプロセスを構成するありとあらゆる業務が対象となりうる点では業務提携と同様ですが，出資を行ったり，共同出資で新たに独立企業を設立したりするという点でよりリスクが高く，業務提携よりも深くコミットしたアライアンス形態だと言えるでしょう。

　とはいえ，こうしたアライアンスの形態の違いは，企業間連携のあり方と一対一に対応しているわけではありません。マネジメントのあり方によって，資本提携やジョイント・ベンチャーであっても協力関係がうまく築けなかったり，資本出資を伴わない業務提携であっても，あたかも同じ会社であるかのような一心同体の協力的な関係が築ける場合がありうるのです（Kogut，1988；Lewis，1990）。

○ アライアンスのメリット・デメリット

アライアンスのメリットは，基本的にアウトソーシングのメリットと同様ですが，なかでも特に重要なメリットは，能力構築のための学習です（浅川，2003）。

アライアンスは，多くの場合に，相手のパートナーからの学習を期待して組まれます。アウトソーシングの場合も，こうした意図がまったくないわけではありませんが，そのウエイトはさほど大きくありません。

知識やノウハウは，事業活動を通じた試行錯誤のなかで創造されるものであり，社内で蓄積しようとすると，かなりの時間を要する場合が少なくありません。その点，もし仮に自社が必要とする知識やノウハウを有するパートナー企業とアライアンスを組むことができれば，当該知識やノウハウへのアクセス権を手に入れることができ，それらの蓄積に要する時間を大幅に短縮することができます。

また，外部の知識やノウハウは，単にマニュアルの形で買ってきただけでは，すでに十分な能力が自社に蓄積されていない限り，それをうまく使いこなすことは困難です。しかし，アライアンスを通じて，当該知識やノウハウを実際に利用し，使いこなすための暗黙知的な知識やノウハウを早急に入手することができれば，学習のスピードを飛躍的に速めることが可能になり，それによって，早期に事業を立ち上げたり，事業の収益性を高めたりすることも可能になります。

一方，アライアンスのデメリットも，基本的にアウトソーシングのデメリットと同様です。ただし，知識やノウハウがスピルオーバーする恐れがより大きくなり，企業間連携のマネジメントもより難しくなるという特徴を持っています。

企業というものは，多かれ少なかれ，それぞれ独自の組織構造（たとえば分業のあり方や権限と責任の配分のあり方など）や業務プロセス，企業文化などを持っており，これらの組織特性の違いによって，自社と相手のパートナー企業との間の協働が非効率になる場合があります。特に，異業種企業や海外企業など，自社と異質なパートナー企業とのアライアンスはマネジメントが困難で

す。

　また，パートナー企業を自社が直接コントロールできないということも，企業間連携のマネジメントを困難にします。アライアンスで発生する諸問題のほとんどは，自社単独では解決することができないので，パートナー企業と交渉を行い，解決案の相互調整を図った上で，共同で問題に対処しなければなりません。しかしそれは，自社単独で解決を図る場合に比べてはるかに手間がかかり，実行も不徹底なものになりやすいのです。

　また，アライアンスを組むことによって，かえって自社の事業活動の自由が制限されるという側面もあります。アライアンスで進める事業活動については，自社だけで方針を決めることはできませんし，パートナー企業との間で方針の相違が大きいと，相手との調整や交渉に費やす労力や時間が膨大になる恐れも大きくなります。その上，自社とパートナー企業とはお互いが独立した経済主体なので，事業の進め方や，利益配分やコスト分担をめぐって対立が生じやすいのです。

　さらに，アライアンスを組むと，パートナー企業との間での知識やノウハウの共有について，細心の注意を払って管理を行わなければならなくなります。アライアンスは，自社にとっての学習機会であると同時に，パートナー企業にとっての学習機会でもあります。そのため，パートナー企業が自社の優れた知識やノウハウを学んだ結果，将来的には自社の有力な競合相手になってしまう恐れがあります。

　最悪の場合，はじめから裏切ることを意図した相手とアライアンスを組んでしまい，自社の貴重な知識やノウハウをさんざん教えたあげくにアライアンスを解消され，いまや手強いライバルへと育った当該企業とまともに競争する羽目に陥ってしまうことさえありうるのです（Hamel, 1991）。

　以上の結果として，コスト削減や事業展開のスピードアップのために実施したアライアンスが，自社単独で手掛けた場合よりも，かえって高コストになり，時間的なロスを招き，最悪の場合には，自社の長期的な競争力をかえって削いでしまうことにもなりかねません。

　そのため，アライアンスのデメリットをなるべくおさえ，メリットを最大限享受するためには，企業間連携のマネジメントのあり方が重要になるのです。

11.5 企業間連携のマネジメントのあり方とアライアンスの成果

○ 企業間連携のマネジメントのあり方とアライアンスの成果

　こうした企業間連携のマネジメントのあり方としては，①連携における分業関係のあり方，②コスト-ベネフィットの配分のあり方，③知識・ノウハウの共有のあり方の，3つの側面が特に重要となります（石井，2003）。

　第1の連携における分業関係のあり方とは，アライアンス事業を遂行していくにあたってのパートナー間の役割分担と責任・権限関係のあり方，および各業務の標準的な進め方（ルーティン）のことを意味しています。

　たとえば，研究・技術開発や製品開発はどちらの企業が担い，生産はどちらが担うのか。また，「製品開発」を共同で行うとなった場合に，アライアンスの対象となる「製品開発」業務とは，商品企画の段階を含むのか，工程設計や生産準備の段階を含むのか。

　あるいは，機能設計と詳細設計だけを共同で行うとなった場合（商品企画，工程設計，生産準備の段階は含まないとなった場合）に，どのようなやり方にしたがって遂行し，そのプロセスを遂行するにあたっての責任・権限関係はどうするのか。開発のリーダーはどちらの企業出身の人間が務めて，開発のメンバーにはどちらがどれだけの人数を出すのか。両社出身のメンバーの間で意見の相違が生じ，当事者同士では解決がつかなかった場合，こうした問題をどのように処理するのか。

　こうした点についてあらかじめ両社間で合意し，ルール化しておかないと，アライアンス事業を効率的・効果的に遂行することは難しいのです。

　第2のコスト-ベネフィットの配分のあり方とは，自社とパートナーとの間での，アライアンス事業の遂行に必要とされる投資の分担や，利益の配分をいかに行うかということを意味しています。

　先ほど述べたように，自社もパートナー企業も独立した経済主体であるため，

アライアンスではどうしても利害対立が生じやすくなります。そのため，こうした利害対立がなるべく生じないようにする，あるいは仮に生じたとしても迅速に解決するためには，あらかじめお互いに納得できるようなコスト－ベネフィットの配分ルールについて合意しておくことが重要なのです。

　第3の**知識・ノウハウの共有のあり方**とは，自社とパートナー企業との間で知識やノウハウをいかに共有するかということを意味しています。

　パートナー企業が最も欲しがるタイプの知識やノウハウは，それを所有している自社にとっては，まさに最も手渡したくないタイプの知識やノウハウです。そのため，放っておいたのでは，特に貴重な知識やノウハウほど相手企業に開示されず，したがってアライアンスがうまく機能しなくなってしまいます。

　自社とパートナー企業との間での知識やノウハウの共有を有効に機能させるためには，全体の利益のためにお互いが自らの大切な知識やノウハウをオープンにし合うという点について，あらかじめ合意し，ルールを定めておくことが重要なのです。

　とはいえ，①・②・③の側面とも，単にあらかじめお互いが合意し，ルールを定め，契約を交わしておけば十分だというわけではありません。

　たとえば，アライアンス事業を取り巻く環境は絶えず変化していくので，お互いの役割分担や責任・権限関係のあり方について，あるいは各業務の進め方について，仮にあらかじめ合意し，契約を交わしていたとしても，変化に応じて随時見直していかざるをえません。しかし，こうした契約後の（事後的な）交渉では，お互いにとっての利害得失が絡むため，コンフリクト（争い）が生じることはある程度避けられません。

　また，たとえば先端技術の研究・開発を共同で行うとなった場合，そのプロセスを契約のみでコントロールすることは，さらに困難です。

　こうした共同研究や共同開発のプロジェクトの不確実性はきわめて高いので，双方が何をどれだけ行えばよいのか，どれだけの資源を負担すればよいのか，成功の確率はどのくらいなのかといったことを，事前に正確に見積もることは困難です。

　また，こうしたプロジェクトでは，お互いの貴重な知識やノウハウが相手先

に移転し，融合し，新たな知識やノウハウが創造されることによって，はじめて有益な成果が得られることになります。とはいえ，こうしたプロセスは，双方向的かつ非常に複雑で目に見えないため，仮に新しい知識やノウハウが生み出されて大きな成果を挙げることができたとしても，それに対して双方がどれだけの貢献を果たしたのか，あるいは成果を双方にどれだけの割合で帰属させるべきなのかを決めることは，きわめて難しいのです。

そのため，契約ではコントロールできないグレーゾーンがどうしても大きくなってしまい，事後的なコンフリクトが生じることは，ある程度避けられません。

さらには，挑戦的な目標の達成を意図した，戦略的意義の大きいアライアンスであればあるほど，自社の貴重な知識やノウハウがパートナー企業から漏れてしまった場合の痛手が大きくなります。

むろん，機密保持契約（NDA：Non Disclosure Agreement）を交わすことによって，ある程度は有益な知識やノウハウのスピルオーバーを防ぐことが可能です。しかしながら，仮に入念な機密保持契約を結んだとしても，相手方が機密保持契約に違反する行為に走っているのかどうかをモニタリング（監視）することは容易ではありません。

しかも，仮に相手方が機密保持契約に違反する行為に走っていることが分かったとしても，相手方がそれを否定した場合には，たとえば裁判などを通じて立証を行い，違約金を支払わせることは困難です。

以上述べてきた理由から，アライアンス事業のマネジメントは，契約ですべてをコントロールすることは著しく困難です。とはいえ，こうした契約ではコントロールし難い取引の場合であっても，両者の間に十分な信頼関係が確立されていれば，たとえ不測の事態が生じたとしても，お互いに協力し合って最善の解決策を探っていくことが可能になります（真鍋，2002；若林，2006）。

すなわち，アライアンスを成功させるためには，そのための前提条件として，両者の間で高度な信頼関係を築き上げ，濃密なコミュニケーションを重ねながらお互いの調整を図り，事業を進めていくことが必要となるのです。

11.5 企業間連携のマネジメントのあり方とアライアンスの成果

◯ 企業間の取引関係のあり方と企業間信頼

　このように，アライアンスを実質的に機能させることができるか否かを分ける最大の要因は，お互いの間の「信頼（trust）」のレベルです。

　ここで言う信頼とは，ある取引の当事者である一方が，もう一方について，予測可能で，互いに受容可能な方法において対応，もしくは行動するであろうと考える，その期待のことを意味しています（Sako, 1992）。こう書くと難しいようですが，「彼／彼女なら大丈夫だ」といった，一般用語として用いられる「信頼」の意味と大差ありません。

　こうした信頼は，個人間だけでなく，組織間（企業間）にも存在しています。歴史的経緯の伝承や組織内の評判，引継ぎなどを通じて，単なる経営者や営業担当者間の相互信頼や，個々人の信頼の総和を超えた，組織間での集合的な信頼関係というものが形成されうるのです（Zaheer, McEvily and Perrone, 1998）。これを，本書では「企業間信頼」と呼ぶことにします。

　こうした信頼は，取引当事者が「機会主義（opportunism）」に走ることを防ぎ，取引関係の成立を支えるインフラとして機能します。

　ここで言う機会主義とは，経済主体（人や企業）が，何かチャンスがあれば相手を出し抜いてでも自分の得になる行動に走ってしまうことを意味します（Williamson, 1975）。取引関係の成立を支えるインフラが整っていない市場（たとえば，1990年代前半のロシアや東欧のように社会主義経済から資本主義経済に転換したばかりの混乱期にあった国や地域，アフリカのソマリアやコンゴのように内戦が続く国や地域）では，こうした機会主義の発生が付きものです。

　しかしその一方で，先進国をはじめとする多くの国や地域における市場取引では，さまざまな法や慣習といった制度や，お互いの信頼が取引関係の成立を支えるインフラとして機能しており，それゆえに機会主義発生の脅威はおさえられています。

　実際，取引関係を契約だけで完全にコントロールすることは不可能だし，現実にそうなっていないのは，まさに信頼こそが取引関係の成立を支える決定的なインフラであることを示唆していると言えるでしょう（Dyer, 1996）。

一方，一口に信頼と言っても，実際にはさまざまなタイプやレベルのものが存在しており，数多くの論者がさまざまな分類を提示しています。たとえば真鍋・延岡（2002）は，信頼のタイプを「能力への信頼」と「意図への信頼」に2区分し，それぞれについて低次のものから高次のものへと，さまざまなレベルに区分されるとしています。

　ここで能力への信頼とは，取引相手が，「事前に想定された役割を十分に果たすだけの能力を持っているか否か」という点に関する期待のことです（Sako, 1992）。一般に，ここでは，技術面での能力や経営管理面での能力が問題にされます。

　一方の意図への信頼とは，取引相手が，「事前に想定された役割を果たす意図を持っているか否か」という点に関する期待のことです（山岸，1998）。そして，こうした意図への信頼のうちで，最も高次のレベルの信頼である，「満たされることが期待される明白な約束以上の役割を果たす意図を持っている」という点に関する期待のことを，特に「善意への信頼（goodwill trust）」と呼びます（Sako, 1992）。

　相手に事前に想定された役割を果たす意図があったとしても，それを遂行する能力がなければ，実現を期待することはできません。逆に，相手がいくら事前に想定された役割を果たす能力を有していたとしても，それを実行する意図がなければ，やはり実現を期待することはできません。このように，信頼は，少なくとも能力と意図の2次元に分けて考えなければならないのです（山岸，1998）。

　例が必ずしも適当ではないかもしれませんが，たとえば，結婚した相手が，魅力がなくてまったく異性にモテない人の場合，「浮気する能力がない」ので「浮気をしないだろう」と「信頼」できますが，これは〈マイナスの〉能力への信頼です。

　一方，結婚した相手が，真面目一方で他の異性になど目もくれない，浮気性のカケラもない人の場合，「浮気する意図がない」ので「浮気をしないだろう」と「信頼」できますが，これは意図への信頼です。

　また，貧乏のどん底に突き落とされるといった，当初考えもしなかったような不幸に見舞われても愛し続けてくれるだろうと期待するのが，善意への信頼

表 11.1　トヨタのサプライヤー選定基準

項目	サプライヤー選定基準（例）		評価手段
品　質	製品の品質レベル 品質保証体制（工程内・会社全体） 生産工程	評価・検査体制 不良品の処置方法 工程・設備 作業標準	サンプル評価 サプライヤー訪問
原　価	見積もり価格 原価企画能力 原価管理・改善能力		見積もり評価 サンプル評価 サプライヤー訪問
納入・生産	生産 量産準備 生産現場 設備管理体制 生産管理・納入	生産量・生産能力 工程・設備 量産準備リードタイム 外注品量産準備管理方法 工程レイアウト 作業標準 保全体制 異状処置体制	サプライヤー訪問
技　術	製品の技術レベル 技術開発力	トヨタスペックへの適合 競合他社との比較 先進性・付加価値 設計能力・承認図経験 試験・研究設備 試作リードタイム	サンプル評価 サプライヤー訪問
経　営	経営姿勢 経営の健全性 労使関係 2次仕入先に対する管理体制	トップのリーダーシップ 経営資源の有効活用 トップのコミットメント コミュニケーション 開発・納入・品質・原価・経営	サプライヤー訪問 日常業務でのコミュニケーション

（出所）藤本（2001b，（Ⅱ）p.145）

（最上位の意図への信頼）です。

　具体例として，トヨタの『サプライヤーズ・ガイド』に明記されたサプライヤー選定基準を掲載しました。この通りの基準でサプライヤーの選定を行って

いるのだとすれば，トヨタは，単純に目先の価格（コスト）が高いか低いかではサプライヤーを決めていません。品質・コスト・納期（QCD）のバランス，さらにQCDの改善能力，設計・開発能力，それらを長期的に支える経営体質にいたるまでを，多面的に評価しています。

　言い換えると，結果としての成果のみならず，背後にある組織能力や，共同利益への貢献姿勢などの意図の部分についても，信頼に値する相手なのかどうかを評価しているのです（表11.1）。

◯ 企業間の取引関係のあり方と企業間信頼

　こうした能力への信頼と意図への信頼のレベルに応じて，アライアンスにおける企業間連携のあり方，言い換えると，企業間の取引関係のあり方は，概念的に「距離を保った関係（arm's-length relationship）」[11] と「協調的な関係（cooperative relationship）」の2つを両極とする直線上に位置づけることができます（Nishiguchi, 1994；延岡, 1996b）。

　このうち距離を保った関係とは，アライアンスを組む企業同士の間で，能力への信頼か意図への信頼のどちらかが十分ではない，あるいは両方とも十分ではないために，組織間信頼が土台として確立していない取引関係として位置づけることができます。

　一方，協調的な取引関係とは，アライアンスを組む企業同士の間で，能力への信頼と意図への信頼が高度に両立した，揺るぎない組織間信頼が土台として確立している取引関係として位置づけることができます（図11.3）。

　また，距離を保った関係とは，取引相手を，基本的に自社との間で付加価値の取り分を巡るライバルと見なす，「ゼロサム・ゲーム」の状況を想定した取引関係だと言うこともできます。ここでゼロサム・ゲームとは，参加者全員の

11　"arm's-length relationship" は，日本語に訳すのが難しい用語です。「距離を置いた」「ドライな」「よそよそしい」取引関係と訳されることもあり，必ずしも間違っているとは言えませんが，英語では通常，そこまで「冷えきった取引関係」のニュアンスを含んでいません。ここでは「距離を保った関係」と訳しましたが，要は，付き合いはあっても「親密になりすぎない」「ベタベタではない」取引関係のことを意味しており，文脈によっては「通常の市場取引関係」と訳すのが適当な場合もあります。

図 11.3　組織間信頼と取引関係

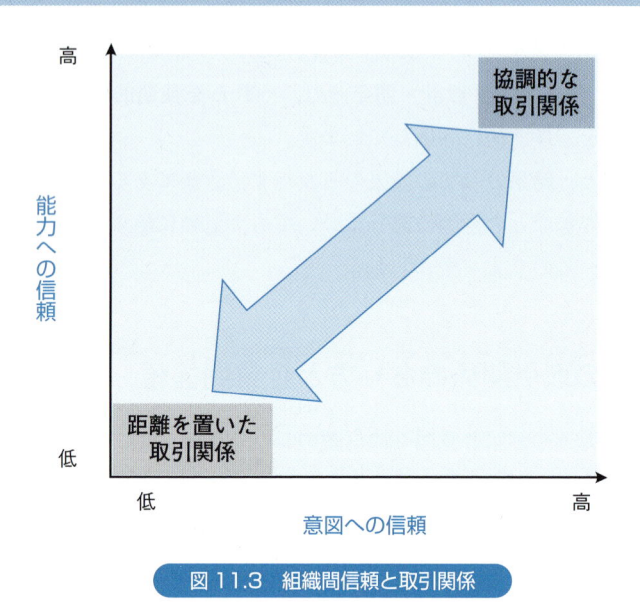

得点と失点を足し合わせるとゼロになってしまう，言い換えれば，ある参加者のプラスが別の参加者のマイナスに直接に結びつくので勝者と敗者がくっきりと分かれる，というタイプのゲームのことを意味しています。

　一方の協調的な関係とは，取引相手を，基本的に顧客にとっての新たな価値を自社と共同で生み出し，付加価値の総額を増やすパートナーだと見なす，「プラスサム・ゲーム」の状況を想定した取引関係だと言うこともできます。ここでプラスサム・ゲームとは，ある参加者の得点が別の参加者の失点に直接には結びつかない，場合によっては全員がプラスになって（程度の差こそあれ）全員が勝者になりうる，というタイプのゲームのことを意味し，そのためよく，「Win–Win 関係」とも呼ばれます。

　距離を保った関係では，ゼロサム・ゲーム的な状況を前提に，限られたパイのなかの取り分を増やすため，取引相手との間の駆け引きに勝つことが志向されます。こうした状況のもとでは，参加者同士の信頼を築くことは当然難しくなります。

一方の協調的な関係では，プラスサム・ゲーム的な状況を前提に，小さなパイのなかの取り分を増やすことよりも，自らの取り分を一時的に減らしてでもパイ全体を大きくすることによって，結果としての自らの取り分を大きくすることが志向されます。

　もちろん，増えたパイを切り分ける時点では利害の対立もありえますが，「一緒に組むことによって顧客にとっての新たな付加価値が生み出されるようになり，市場が広がれば，全体の取り分が増えるので，自社だけではなく組んだ相手もハッピーになることができる」というわけです。こうした状況のもとでは，参加者同士の信頼を築くことが相対的に容易になります。

　以上をまとめると，組織間の高度な信頼がベースにあり，お互いが手を組み合ってWin-Winを目指して活動するのが協調的な取引関係，そして，こうした組織間の高度な信頼がベースになく，お互いを付加価値の取り分を巡るライバルと見なして，自分の懐に入らせないで活動するのが距離を保った取引関係，ということになります。

　こうした区分を前提にすると，同じく外部企業に任せる場合であっても，よりコアに近い部品や業務は，信頼関係に裏打ちされた「協調的な関係にある相手」（パートナー）に任せる必要がありますが，より非コアな部品や業務は，信頼関係が必ずしも強くない「距離を保った関係にある相手」に任せれば十分であり，したがって，そのときそのときに最適な条件を備えた相手と市場で取引すればよいということになります。

　つまり，真にコアの部分は自社で手掛け，それ以外の他社に任せる部品や業務についても，そのコアの度合いに応じて適切な企業間関係を選択し，構築していくことが重要となるのです（図11.4）。

　もう少し具体的に言うと，メーカーの場合であれば，付加価値が高く，他の多くの部品との相互依存性が高い部品ほどコアであるし，研究・技術開発，製品開発，生産，販売といったビジネスプロセスの流れで見ると，一般にはより上流のフェーズの業務ほど（つまり，販売＜生産＜製品開発＜研究・技術開発の順に）コアな業務ということになります。

　そのため，コアの部品の研究・技術開発や製品開発は自社で手掛けるべきだ

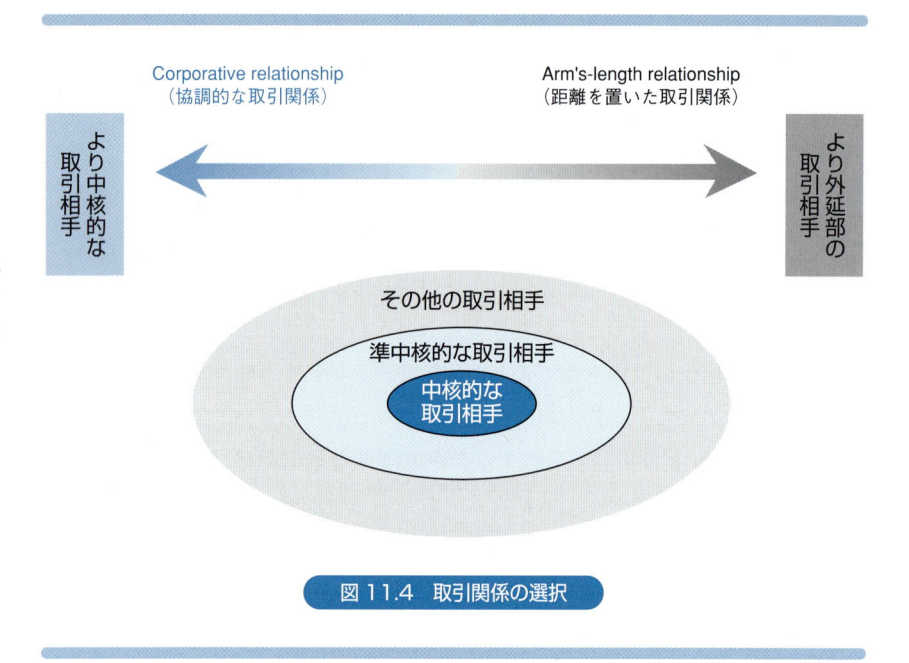

Corporative relationship
（協調的な取引関係）

Arm's-length relationship
（距離を置いた取引関係）

より中核的な取引相手 ←――――――――→ より外延部の取引相手

その他の取引相手
　準中核的な取引相手
　　中核的な取引相手

図 11.4　取引関係の選択

し，生産も本来は自社で手掛けるべきかもしれません。また，仮にその生産を外部企業に任せざるをえないとしても，コアに近いということから，高いレベルの信頼に裏付けられた協調的取引関係を築きうる相手に任せることが必要になります。

たとえばトヨタでは，製品開発段階（たとえば2007年発売の新型「マークX」といった，特定の車種モデルの製品開発プロジェクトが進められる段階）における部品メーカーとの共同作業はもちろんのこと，それに先立つ要素技術の研究・技術開発段階から，他の日本の自動車メーカーをはるかに凌駕するレベルで，部品メーカーとの共同作業を進めています。

ただし，こうした研究・技術開発段階で共同作業を進める相手先の部品メーカーの数は，製品開発段階で共同作業を進める相手先の部品メーカーの数と比べるとずっと少数です。というのも，よりコアに近い部品の，よりコアに近い業務であるだけに，任せる相手を，高いレベルの信頼に裏付けられた協調的取引関係を築くことのできる部品メーカーのみに絞り込んでいるからなのです

（近能, 2007a；近能, 2007b）。

◯ 信頼関係構築のマネジメント

　最後に, どうすれば協調的な取引関係を築いていくことができるのか, という点について簡単に述べておきましょう。

　先にも述べたように, 協調的な取引関係の土台を支えるのはお互いに対する高度な信頼であり, したがって, 協調的な取引関係を築くためには, それに先だって高度な信頼関係を築き上げておかなければなりません。

　この点についても膨大な先行研究がありますが, 単純化すると, まずは低次の信頼を満たしうる相手なのだという確信をお互いに抱かせることからはじめて, 徐々にレベルを高め, 最終的には高次の信頼関係を構築していくことが重要だと言えます。

　そのためには, まずは約束を順守する能力と意図があるということを, 事の大小を問わず, 自らの行動によって相手に示し続けることが最初のスタートになります。

　その後, より高次の信頼関係を築いていくプロセスにおいては, お互いを理解し合うこと, すなわち, 相手を理解すること, 相手に自らを理解してもらえるよう働きかけることが重要になります。たとえば, 相手企業が属する国（あるいは地方や業界）の文化や習慣などについての理解を深めるのみならず, 相手企業の能力, ビジネススタイル, 組織文化, ビジョンなどについても理解し, 同時に, 自社のそうした点を理解してもらえるように働きかけることが大切です。また, その際には, 両者の間で適切なコミュニケーションを絶やさないようにすることも重要です。

　さらに, 意図への信頼における最高次の善意の信頼を構築していくためには, 相手に対する利他的な行動, および無制限のコミットメントを示すことが重要になります。

　この点では, 数多くの先行研究が, 相手が危機に陥ったときにこそ, 具体的な行動で相手を助け支援するという利他的な行動を示すことが重要だ, と指摘しています。逆に, 相手が危機に陥ったときに利己的な行動に走れば, 今まで

築かれてきた信頼が根こそぎ破壊されるということも，繰り返し主張される点です。

いずれにせよ，信頼関係の構築とは，徐々にレベルアップを図っていく必要のある時間と手間のかかるステップ・バイ・ステップのプロセスであって，信頼関係をお手軽に築ける方法というのは存在しません。

また，こうしたお互いの間で強い信頼関係を構築していくプロセスと並行して，取引関係をより強固で協調的なものへと発展させていくためには，お互いがお互いから学び合い，継続的にお互いに高め合っていけるような関係を築き上げていくことが重要になります（野中，1991；Kanter，1994；Inkpen，1996；Doz，1996）。

その意味で，アライアンスとは，単なる資源や能力の交換取引ではなく，本質的に，パートナー企業間の相互の学習を通じて，将来にわたってお互いが競争優位性を高め合っていく営みだと言えます。つまり，アライアンスのマネジメントには，未来に向けての発展志向のマネジメントが求められるのです。

演習問題

11.1　いくつかの製品（サービスを含む）を取り上げて，本章11.2節の「分業構造のマネジメント」の記述を参考に，垂直方向（垂直統合・垂直非統合）および水平方向（水平統合・水平非統合）のどのような分業構造を通じて，それぞれの製品が最終的な顧客に提供されているのかを考えて下さい。

11.2　いくつかのアライアンスの事例を調べた上で，なぜ各アライアンスが成功したのか，あるいは失敗したのか，その要因を考えて下さい。

第 12 章

ビジネスモデルのマネジメント

　仮に研究・技術開発と製品開発の段階（フェーズ）を無事に乗り切ることに成功し，新製品の市場が順調に立ち上がり，急ピッチで拡大しはじめたとしても，その後に参入してくる競合他社との競争に勝ち残ることに失敗したり，収益を確保することに失敗してしまうと，最終的な経済的成果を獲得することはできません。

　こうした，イノベーション・プロセスの最後に位置する事業化段階（フェーズ）の困難を克服していくためには，優れたビジネスモデルの構築が重要となります。

　そこで本章では，このビジネスモデルのマネジメントについて，①ビジネスシステムの工夫と，②収益システムの工夫，という大きく2つの切り口から，具体例を交えながら詳しく説明していきたいと思います。

○KEY WORDS○
ビジネスモデル，ビジネスシステム，収益モデル，
バリューチェーン，
コスト優位，差別化優位

12.1 はじめに

　第6章から第10章では，イノベーション・プロセスのマネジメントのうち，研究・技術開発活動と製品開発活動について説明し，第11章では，イノベーション・プロセスにおける外部の企業や組織との関わり合いのマネジメントについて述べてきました。最終章である本章では，全体の締めくくりとして，いよいよイノベーション・プロセスの最後に位置する事業化活動について述べていくことにします。

　第2章の繰り返しになりますが，事業化活動とは，新しい製品の市場を開拓し拡大すると同時に，収益を安定的に確保するための仕組みづくりを行っていく活動です。

　この段階まで来ると，新製品の市場が順調に立ち上がり，急ピッチで拡大しはじめますが，一方，続々と競合他社が参入し，生き残りを賭けた厳しい生存競争が繰り広げられることになります。新製品の開発や市場の開拓に成功した企業であっても，競争に勝ち残り，そのなかで収益を確保するのは難しく，これが一般に「ダーウィンの海」と呼ばれる障壁に他なりません。

　この「ダーウィンの海」を越えてイノベーションの成果を獲得するためには，優れた「ビジネスモデル」の構築が重要となります。あとで定義しますが，ここでのビジネスモデルとは，顧客に製品を提供し，そこから収益を得るまでに必要とされる一連の活動の，全体としての「体系」や「仕組み」のことを意味しています。

　第2章で紹介したゼロックスの普通紙コピー機の事例で典型的に見られるように，画期的なイノベーションの背後には，多くの場合に，ビジネスモデルのイノベーションが伴っています。それは，ビジネスモデルがしっかりしていないと，そもそも新しい製品の市場を開拓・拡大することが困難ですし，また仮に新製品の市場開拓に成功したとしても，他社との厳しい競争に生き残り，安定した収益を確保することが難しいからです。

そこで本章では，イノベーション・プロセスの最後に位置し，最も困難な障壁である「ダーウィンの海」を越えるための方策として，ビジネスモデルのマネジメントについて論じることにしたいと思います。

12.2 ビジネスモデルとは何か

○ ビジネスモデルの定義

ビジネスモデルという言葉は，最近ではビジネス分野でごく普通に用いられるようになっていますが，必ずしも定義が共有されているわけではありません。

代表的な定義をいくつか紹介すると，たとえば國領（1999）は，ビジネスモデルを，①誰にどのような価値を提供するのか，②そのために経営資源をどのように組み合わせ，その経営資源をどのように調達し，③パートナーや顧客とのコミュニケーションをどのように行い，④いかなる流通経路と価格体系のもとで届けるか，というビジネスの基本デザインについての設計思想のことだと定義しています。

また根来・木村（1999）は，ビジネスモデルを，どのような事業活動をしているかを示す，あるいはどのような事業構想の実現を目指すのかを示すモデルであり，それを表現するためには，①顧客に対して自社が提供するものは何であるのかを表現する「戦略モデル」，②戦略を支えるためのオペレーションの基本構造とその前提を表現する「オペレーションモデル」，③事業活動の対価を誰からどのようにして得るのかとその前提を表現する「収益モデル」の，以上3つのモデルが少なくとも必要だとしています。

あるいは内田（2009）は，ビジネスモデルを，ある価値を顧客に提供するにあたっての手段と儲けの仕組みであり，①顧客に提供する価値，②儲けの仕組み，③競争優位性の持続，という3つの構成要素から成り立つとしています。

さらにジョンソンらは，ビジネスモデルを，①顧客に提供する価値（「顧客価値の提供」），②価値の創造と提供のやり方（「利益方程式」），③顧客価値を

提供するにあたって必要となる経営資源(「カギとなる経営資源」),④顧客価値を提供するにあたって必要となるプロセス(「カギとなるプロセス」),という互いに関連し合う4つの構成要素から成り立つとしています(Johnson, Christensen and Kagermann, 2008)。

　これらの定義は,それぞれビジネスモデルの重要な側面を捉えており有用ですが,やや対象とする範囲が広すぎるきらいがあります。具体的には,「誰に対してどのような価値を提供するのか」,「競争相手に対してどのような優位性を築くのか」,「どの活動にどのような資源をどれだけ配分するのか」といった点についての決定は,まさに戦略そのものだと言えます。

　そのため,この部分をビジネスモデルの定義に含めてしまうと,たとえば事業の成功要因を考察する際に,成功の鍵が戦略の内容にあるのか,それとも戦略を実現するにあたってのビジネスモデルにあるのかを,明確に区別しにくくなってしまいます。

　本書では,そうした事態を避けるため,基本的に西野(2006)の定義をもとにして,「ビジネスモデルとは,策定された戦略に基づいて製品を顧客に提供し,事業として収益を上げるための,一連の業務の仕組みのことである」と,やや狭く定義することにしたいと思います。

　この定義では,ビジネスモデルを,あくまでも事業の仕組みとして捉えています。つまり,戦略によって示された基本構想を実現し,なおかつ収益基盤を持った事業として成立させるために作り上げる仕組みこそが,この章で対象とする狭義のビジネスモデルなのです。

○ ビジネスモデルの2つの構成要素

　このように定義されるビジネスモデルは,2つの要素から構成されています。
　1つ目が,「研究・技術開発,製品開発,購買,生産,販売,アフターサービスなど,製品を生み出し,それを顧客にまで届け,使用を通じて価値を実現してもらうために必要とされる一連の業務の仕組み」を意味する「ビジネスシステム」です。2つ目は,「顧客価値提供からの対価を確保するための仕組み」を意味する「収益モデル」です。

両者は，必ずしもキレイに 2 つに切り分けられるわけではなく，重なり合う部分も多いのですが，基本的には別個のものだと考えられます。すなわち，図式的に言えば，

「ビジネスモデル」＝「ビジネスシステム」＋「収益モデル」

ということになります（西野，2006；伊丹，2009）。

　これら 2 つの要素は，それぞれ単独でも競争優位の獲得や収益の確保に貢献しうるのですが，両者が一体になることによって，その効果が非常に高まり，競争優位の持続可能性や確保しうる収益のレベルがより一層向上することになります。

　実際，独創的で優れたビジネスモデルとして取り上げられるような企業や事業の場合，これらビジネスシステムと収益モデルの双方が，既存の他社のビジネスモデルと比較して，より独創的で優れていることがほとんどです。

　そこで以下では，ビジネスシステムの工夫と収益モデルの工夫について，それぞれ順に説明していくことにしたいと思います。

12.3　ビジネスシステムの工夫

◯ ビジネスシステムとバリューチェーン

　すでに述べたように，ビジネスシステムとは，製品を生み出し，それを顧客にまで届け，使用を通じて価値を実現してもらうために必要とされる一連の業務の仕組みのことを意味します（加護野・井上，2004）。

　企業が顧客に価値を届けるために必要とされる無数の業務活動は，たとえば，ある業務活動のやり方が別の業務活動のコストや効率に影響を及ぼすといった具合に，強弱の差はあっても，それぞれ互いに関連し合い，何らかのリンケージ（連結）によってつながっています。

　こうしたリンケージには，補完関係もあればトレードオフ関係もあります。たとえば，製品設計や原材料にもっとコストを注ぎ込めば，品質が向上し，修

理に要するコストを削減することができるかもしれません。あるいは逆に，マーケットで売れる価格が決まっているにもかかわらず，開発コストが増大してしまえば，原材料や生産のコストを大幅に切り詰めなければならなくなってしまうかもしれません。

こうした企業内での業務活動の一連のつながりは，「バリューチェーン（価値連鎖）」と呼ばれます（Porter, 1985）。

企業は，こうしたバリューチェーンを構成する無数の業務活動の間のリンケージを調整することによって，顧客に対するより大きな価値を生み出すことが可能になります。たとえば，生産と出荷物流の業務の間の調整を密にすることで，在庫の維持に多額のコストをかけることなく，ジャスト・イン・タイムでの配送を実現することが可能になり，ひいては低価格の製品の提供という形で顧客に価値を届けることが可能になるかもしれません。

さらに，顧客に価値を届けるために必要とされるこうした無数の業務活動間のリンケージは，一般に，企業の枠を越えて，業界の川上から川下までつながりあっています。たとえば，製品を生産しているメーカーのバリューチェーンには，原材料や部品を供給する業者のバリューチェーンや，あるいは自社の製品を最終的な顧客に販売する流通業者のバリューチェーンなどがつながりあっています。こうした，業界全体で相互につながりあったバリューチェーンこそが，事業の仕組みとしてのビジネスシステムなのです[1]（図12.1）。

こうしたビジネスシステムを構成する一連のバリューチェーンのリンケージ（および，それぞれのバリューチェーンを構成する各業務間のリンケージ）を全体として調整することによって，顧客に対するさらに大きな価値を生み出すことも可能です。たとえば，供給業者からのジャスト・イン・タイム方式の部品納入は，自社における生産と出荷物流間の密なリンケージと結びつくことによって，在庫コストの極小化をもたらし，ひいては，さらなる低価格の製品の提供という形で顧客に価値を届けることが可能になるかもしれません。

ただし，外部企業との関わり合いのマネジメントについては，すでに第11

---

[1] こうした，企業の枠を越えた，業界の川上から川下にまでいたるバリューチェーンのつながりは，「バリューシステム」や「バリューネットワーク」，「サプライチェーン」，「事業連鎖」などと呼ばれることもあります。

完成品メーカーの一般的なバリューチェーン

研究・技術開発 / 製品開発 / 購買 / 生産 / 出荷 / 販売 / アフターサービス

製造業の一般的なビジネスシステム

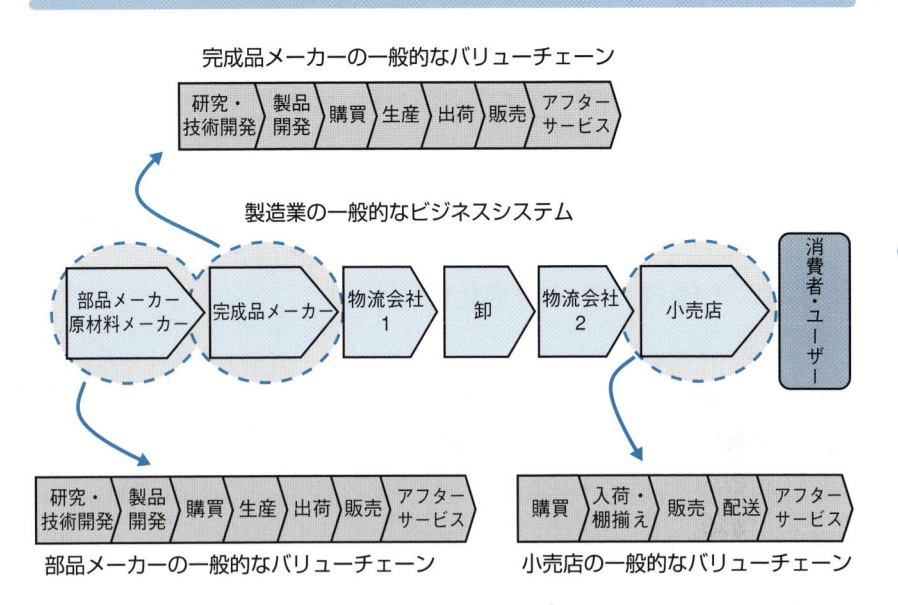

部品メーカー・原材料メーカー → 完成品メーカー → 物流会社1 → 卸 → 物流会社2 → 小売店 → 消費者・ユーザー

部品メーカーの一般的なバリューチェーン：研究・技術開発 / 製品開発 / 購買 / 生産 / 出荷 / 販売 / アフターサービス

小売店の一般的なバリューチェーン：購買 / 入荷・棚揃え / 販売 / 配送 / アフターサービス

図12.1　ビジネスシステムとバリューチェーン

章で説明しました。そこでこの章では，外部企業との調整の問題については，明示的には触れないようにしたいと思います。

　さて，こうしたビジネスシステムは，顧客が実際に購入する製品とは違って，それを提供するための裏方（バックヤード）であり，外からは見えにくいという性質を持っています。

　また，ビジネスシステムは，相互に関連し合った多岐にわたる活動によって構成されるため，部分だけを真似してもうまくいかず，さらには，他社が後になってから追いつこうとしても，ビジネスシステム全体を真似するには時間やコストがかかり過ぎるという場合がほとんどです。

　あるいは，ビジネスシステムというものは，当該企業やそのアウトソーシング先・アラインアンス先の企業を含めた総合力を反映しているため，企業文化や従業員の意識，企業間の信頼関係といった，分かっていてもなかなか真似で

きない要素がカギとなっていることもしばしばです。

　以上のような理由から，ビジネスシステムは他社から模倣されにくいので，この部分でひとたび優位性の確立に成功すれば，その競争優位は持続させやすいのです（加護野・井上，2004）。

○ ビジネスシステムによる2つの競争優位：「コスト優位」と「差別化優位」

　ビジネスシステムを構成するバリューチェーンのリンケージ（および，それぞれのバリューチェーンを構成する各業務間のリンケージ）の調整によって生み出される顧客価値は，上で述べたような低価格製品の提供だけではありません。差別化された，より顧客満足度の高い製品の提供もまた，顧客価値を高めることになります。

　この2つは，ポーター（Porter, 1980）が唱える，企業にとっての2つの競争優位の源泉に対応しています。すなわち，1つが競合他社と同等の製品を競合他社よりも低いコストで提供することによって利益を生み出すというやり方で，これは「コスト優位」と呼ばれます。もう1つは，自社の製品を競合他社のそれと差別化することによって，顧客の支払い意思額（willingness to pay：WTP）を増やし，ひいては収入のレベルを上げて利益を生み出すというやり方で，これは「差別化優位」と呼ばれます。

　ビジネスシステムのマネジメントでは，こうしたコスト優位や差別化優位を独自のビジネスシステムによって確立し，持続的な競争優位を築き上げることが最大の目標になります。

　そこで以下では，コスト優位と差別化優位の確立を目指したビジネスシステムの具体例について，それぞれデルとGEを例に挙げて詳しく説明することにしたいと思います。

○ コスト優位の確立を目指したビジネスシステム：デルの事例

　デル・コンピュータ（以下「デル」）は，「ダイレクト・モデル」と称される独創的なビジネスシステムによって，非常に競争の激しいPC（パソコン）業界において，1990年代半ば頃から10年以上にわたって高業績を維持し続けました。以下，コスト優位のビジネスシステムの典型例として，同社のビジネスシステムについて紹介していきます[2]。

　デルのダイレクト・モデルの第1の特徴は，「直接販売」です。

　従来のPC業界では，卸売業者や小売店などの流通チャネルを通じて最終顧客への販売を行っていました。これに対してデルは，自社が最終顧客から直接注文を受け，直接に販売するという方式を採用しました。従来のやり方では，中間の流通業者の利ざやが小売価格の約1/4にも達していたのですが，デルは直接販売によって彼らを中抜きし，支払っていた利ざやを排除することで，その分だけ小売価格を下げることに成功しました。

　また，従来のやり方では，流通チャネルに中間の流通業者が数多く介在していたので，その分，PCメーカーが市場の動向（たとえば売れ筋商品の変化や顧客の値ごろ感の変化など）を迅速かつ正確に把握することが難しいという問題がありました。しかしデルでは，直接販売方式を採用することによって，どの顧客が，いつ，どのような仕様の製品を，何個注文したのかを直接に把握し，そうした「鮮度の高い情報」（PC市場で現在リアルタイムに起こっている動き）を次の製品開発や販売促進活動に反映させることができるようになりました。

　さらに，デルは，サポート・サービスも基本的に自社で直接に提供するようにしました。24時間いつでも対応できるテクニカル・サポートスタッフを大量に配置して，製品出荷の後で顧客がトラブルのためにeメールや電話で問い合わせてきたときには，1次サポートをそのままeメールや電話で提供するといった具合に対応した結果，10件の問い合わせのうち9件は，この方法によって問題解決できるようになりました。さらに加えて，それでもトラブルが解

---
2 以下の記述は，デル（Dell, 1999），宇井（2002）などを再構成したものです。

決しないときのために，サポート・サービスを提供する外部企業と契約を結び，そのスタッフを顧客のもとに派遣して対応させる体制を組みました。

このように，故障などの情報が直接にデルのもとに届くような仕組みを作り上げることを通じて，壊れやすい部品は何か，どうすれば壊れにくくなるのか，顧客のもとで現在問題になっていることは何であるのかといったことを直接に把握できるようになり，そうした情報を次の製品開発や販売促進活動に反映させることができるようになったのです。

デルのダイレクト・モデルの第2の特徴は，「受注生産（Build to order：BTO）」です。

従来のPC業界では，事前に需要を予測して見込み生産を行っていましたが，デルでは，顧客の注文を受けてからPC本体の生産にとりかかる方式を採用しました。2000年頃の実際の生産プロセスは，おおむね次のようなものでした。

デルから購入する場合，顧客は，自らのニーズに合わせてPCの主要部品の組み合わせをカスタマイズすることができました。顧客の注文は，電話やFAX，インターネットを通じて，デルの営業部門に送られました。顧客からの注文を受けとると，デルの営業部門はすぐさま注文内容を適切な生産拠点に電子的に転送しました。

生産拠点ではその注文に合わせた部品リストを自動的に作成し，PC1台分の部品をピッキングし，すべて1つの箱にまとめました。箱にはバーコードが取りつけられ，組み立てられるPCはこのバーコードによって注文番号とリンクづけされました。

組み立ては5人1組のチームで，セル生産方式で行われました。組み立てが完了すると，今度は顧客が指定したソフトウェアがインストールされ，最終検査が行われました。それが終わると，キーボード，マウスなどの周辺機器や，マニュアル類などとともに梱包され，ただちに出荷エリアに送られて，フェデラル・エクスプレスなどの配送業者によって顧客のもとへと順次発送されました。この間，受注から発送にいたるまでに要した時間はわずか36時間でした。

第3の特徴は，「部品のジャスト・イン・タイム（Just-In-Time：JIT）調達」です。

従来のPC業界では，上で述べたように事前に需要を予測して見込み生産を

行っていたのですが、部品の調達もこれに合わせて見込みで行っていました。これに対してデルは、部品の調達も、基本的には顧客の注文を受けてから行う方式を採用したのです。

たとえば、同社のオースティン工場を例にとると、1992年には204社の部品メーカーと取引していたのを、1990年代の後半には47社にまで絞り込み、1社当たりの部品購入量を増やした上で、この残った47社に対して自社の組立工場から15分以内のところに工場や倉庫を設置するように要請しました。

さらにデルは、部品メーカーとの間に情報ネットワークを構築し、納入すべき部品の情報をオンラインで1時間ごとに伝えるだけでなく、将来的な需要見通しや部品調達計画についても随時開示するようにしました。

部品メーカーとしては、デルの部品調達量が非常に大きく、また直接販売を行うデルだからこそ持っている鮮度の高い情報が、自社部品の需要予測を行うにあたって非常に価値あるものであったため、デルの厳しい要請を受け入れました。その結果、一般的なPC企業の部品在庫が75日から100日分だったのに対して、デルでは13日分にまで圧縮することに成功したのです。

デルのダイレクト・モデルの第4の、そして最も重要な特徴は、「無在庫」です。

PC業界においては、3ヶ月ごとに新製品が発売され、そのたびに旧モデルの製品の価格は大幅に下落するため、在庫リスクが非常に大きく、さらには、部品業界では技術革新が旺盛で競争がきわめて激しかったため、部品の価格が猛烈なスピードで下落していました。たとえば、1998年8月とその1年後の99年8月の価格を比べると、インテルの「ペンティアムⅡ」400MHZのプロセッサの価格は約1/9に、そして4GBのハードディスクやDRAMの価格はほぼ半分に、それぞれ値下がりしていました。

しかし、従来のPC業界では見込み生産を行い、部品の調達も見込みで行い、中間の流通業者を数多く介在させて販売していたため、全体ではどうしてもかなり大きな製品在庫と部品在庫を抱えざるをえなくなっていました。

これに対してデルは、実際に注文を受けてから組み立てるので、PCの最終製品在庫は基本的に一切持たずに済みました。また、中間の流通業者を中抜き

することで流通在庫も排除し、さらには、他社と違って見込みで部品を調達する必要もなく、その分だけ価格が落ちたタイミングで、他社よりも安く部品を調達できました。

そしてデルは、こうした在庫費用や部品調達費用の節約分をそのまま製品販売価格の低下に反映させることで、さらにシェアを伸ばすことに成功したのです。

こうした独自のビジネスシステムが持続的な競争優位に結びつくためには、その前提となる戦略との整合性が重要となります。

この点について、デルでは第1に、「誰をターゲットにするのか」という部分で、メインのターゲットを、自社内にシステム管理の部署を備えていたり、そうでなくても PC に詳しい人材を豊富に抱えているような中・大口の法人顧客に絞り込み、小口の法人顧客や個人顧客を基本的には避けることにしました。

中・大口の法人顧客であれば、PC にちょっとしたトラブルを抱えたとしても、デルのサポートセンターに電話をする前に、自社内で大半のトラブルを解決してしまいます。このようにターゲットを絞り込むことによって、自社の顧客に提供するサポート・サービスの総量を減らし、それでもサポートセンターに電話がかかってくるようなトラブルについては、大量のテクニカル・サポートスタッフや契約企業のサポート・エンジニアが手厚く対応する体制を整えることで、質の高いサービスを提供することができるようになったのです。

デルは、第2に、「どのような価値を提供するのか」、「競争相手に対してどのような優位性を築くのか」、「どの活動にどのような資源をどれだけ配分するのか」という部分で、「最先端の技術を追いかけるのではなく、コモディティ化した PC という製品を、他社よりも低コストで提供する」、「中・大口の法人顧客に対する手厚いカスタマー・サポートを、他社よりも低コストで提供する」という方針のもとに、受注・部品納入・完成品組み立て・物流・サポート・サービスの業務の大半、およびそれらの業務間のリンケージの調整に力を入れ、それ以外の部分（たとえば研究・技術開発の業務）には力を入れないという具合に、メリハリをつけた資源配分を行いました。

このようにデルでは、顧客に製品の使用を通じて価値を実現してもらうため

に必要とされるあらゆる業務活動が，前提となる戦略の実現に向けて，一貫性を持って調整されていました。それゆえに，きわめて競争の激しいPC業界において，10年以上にわたって高業績を維持し続けることができたと考えられるのです[3]。

○ 差別化優位の確立を目指したビジネスシステム：GEの事例

次に，差別化優位の確立を目指したビジネスシステムの典型例として，GEの事例を紹介します。

差別化の源泉となる変数はほとんど無限にありますが，そのなかでも重要なものとして近年特に注目を集めているのが，製品に付随する補助的・付加的なサービスで競合他社と差別化を図る「付随サービスの差別化」です。

とはいえ，付随サービスと一口に言っても，詳しく見ていくとその中身は多様です。たとえば，メーカーが法人顧客に製品を販売する場合の一般的な業務の流れを考えると，潜在顧客に対して営業活動を行い，顧客が購買することを決めたら顧客の注文を受領し，内容確認の作業を行い，必要であればファイナンスを行い，支払いを確認し，製品を配送し，組み立てや据え付けを行い，顧客が当該製品を使用した後は保守や点検を行い，必要であれば修理や返品，取り替えを行い，最終的には廃棄作業を行う，というステップを踏むことになります。メーカーは，このすべてのステップで差別化を図ることが可能ですし，またこうしたステップ間のリンケージを新たに調整し直すことによっても差別化を図ることが可能です。

こうした付随サービスの差別化で先端を走り，高収益を確保し続けるための仕組みを最初に確立した企業として有名なのがGEです[次頁4]。

---

3 デルの業績は2000年代半ばから低迷していますが，その理由の一つは，PC市場における中・大口の法人顧客の需要の伸びが鈍化し，同社が小口の法人顧客や個人顧客にも手を伸ばすようになったため，戦略とビジネスモデルの適合性が薄れてしまったことにあると考えられます。

GEは，遠隔モニタリング（監視）・システムを開発し，自社製品を四六時中，同社の集中モニタリング・センターから遠隔で保守・点検するサービスを展開することで，他社製品との差別化を図り，高収益を確保することに成功しました。

同社のこうした取り組みは，1995年に高額の医療機器の保守・点検サービスではじまり，その後1990年代末頃までには，航空機エンジンや発電所のタービン，機関車など，他の多くの製品分野に展開されていきました。

たとえば，CTスキャナーやMRIといった高額の医療機器を例にとると，従来は，トラブルが起きると顧客である医療機関（病院）がGEに連絡し，同社から現場にメンテナンスのエンジニアが派遣されていました。

しかしこのやり方では，エンジニアが現場に到着するまでに時間がかかり，その後の修理にもかなりの時間がかかっていました。トラブルの原因次第では，現場に派遣されたエンジニアの手に余ったり，あるいは，持参した部品や工具では修理できず，二度手間になってしまったりといった事態も生じていました。このように，修理に時間がかかればかかるほど，その間は当該医療機器の稼働がストップしたままとなるため，病院に相当な機会ロスが生じていました。

しかし，遠隔モニタリング・システムを介した新しいやり方では，GEのコンピュータやオペレーターは，1年365日，1日24時間無休で，取り付けられたセンサーなどから送られてくる情報を通じて，当該医療機器のモニタリングを行うようになりました。

GEの集中モニタリング・センターは，将来のトラブルに結びつきそうな兆候が見られた段階で，機器自身が自動的に保守を行うような信号を送ったり，顧客に対して保守・点検を促すアラームを発しました。また，万が一トラブルが生じた際には，集中モニタリング・センターにいるGEのオペレーターが，顧客が現場で見ているのと同じ画面を見ながら，復旧のための方法を教えました。そして，こうした遠隔誘導では対応できない場合に限り，GEから現場にメンテナンスのエンジニアが派遣されたのです。

このような遠隔モニタリングのサービスによって，病院は高額な医療機器の

---

4 以下の記述は，ティシーとシャーマン（Tichy and Sherman, 1993），ウェルチ（Welch, 2001），寺本・岩崎（2000）などを再構成したものです。

稼働ストップ時間を最小化することができるので，そのメリットには非常に大きいものがありました。

　さらに GE は，自らの低い資金調達コストを活かせる金融リース業と組み合わせ，病院がこうした高額な医療機器を導入するにあたってのファイナンスのサービスも提供しました。病院にとっては，GE のグループ会社が低コストで資金を提供してくれるのであれば，銀行やリース会社とわざわざ交渉するための面倒な手間を省くことができて便利でした。

　こうして GE は，顧客である病院に対して，「医療機器メーカー，保守アウトソーシング先，ファイナンス提供先」という 3 つの役割を 1 社ですべて提供するという独自のビジネスシステムを作り上げ，付随サービスで他社と差別化を図りました。これによって顧客である病院は，多額の初期投資を負担せずに，毎月のリース費用を支払うだけで，メンテナンスについても心配することなく，高額な医療機器を利用することが可能になったのです。

　一方の GE の側では，医療機器というモノを売った収入だけでなく，これまで他のプレーヤーの手にわたっていた保守メンテナンスの収入やリース金融の収入も得ることができるようになりました。

　また，保守サービスを通じて医療機器の故障に関するデータを入手し，これを活かして故障率の低い製品の開発につなげることもできるようになり，この結果，保守サービス事業の利益率がますます高くなるという好循環が実現されました。

　さらにまた，保守サービスを通じて得た当該医療機器の稼働状況についての情報や，リース申請の際に得た当該病院の経営状況についての情報を活かし，効果的な販売促進活動に結びつけていくことも可能になったのです。

　こうした GE 独自のビジネスシステムは，その前提となる戦略とも整合的なものでした。

　1981 年から 20 年間にわたって同社の CEO であったジャック・ウェルチは，「誰をターゲットにするのか」という部分で，グローバルに多数の顧客企業が存在するけれども，一つひとつの顧客企業は特定することが可能であり（不特定多数ではないので「顧客の顔が見える」），しかも先導的な主要顧客が米国内

に存在し，そうした特定顧客との取引が繰り返し行われる性質を有した製品の市場に事業を絞り込みました（三品，2005）。

CTスキャナーやMRIといった高額の医療機器であれば，先端的医療を担う米国内の大規模な病院が，上の条件を満たすメインのターゲットでした。こうした大規模な病院は，多くの場合に専門の経営スタッフを抱えており，医療機器などの設備の稼動状況や投資効率，人員効率などについても厳しいチェックの目を光らせていました。そのため，遠隔モニタリングのサービスによって高額な医療機器の稼働ストップ時間を最小化することができて，自前の機器メンテナンス要員を置かなくても済み，銀行やリース会社と改めて医療機器導入のためのファイナンスの交渉を行う必要がないといったメリット訴求は，たちまち彼らから歓迎されたのです。

またGEは，第2の，「どのような価値を提供するのか」，「競争相手に対してどのような優位性を築くのか」，「どの活動にどのような資源をどれだけ配分するのか」という部分では，「単に製品を販売して終わりではなく，サービスも合わせて提供することによって，その製品を利用する顧客の総合的な生産性を向上させる手助けをする」「製品と付随サービスの両面で他社との差別化を図る」という方針のもとに，製品サービス事業の強化に向けて経営資源を集中的に投入しました。

具体的には，社内の各事業部門のマネージャたちを競わせてサービス事業の強化に取り組ませると同時に，ある事業での成功した取り組みを他の事業部門に展開していくための仕組みとして，全社レベルのサービス協議会を設置し，この場で定期的に成功事例の詳細を報告させました。

さらに，サービス事業の強化を図るための買収も積極的に行いました。こうした取り組みがピークを迎えた1997年には，GEは20件ものサービス関連の買収と合弁事業を実施したとされています。

この結果，GEの売上高に占めるサービスの比率は，1990年の45%から2000年の75%まで急成長し，こうしたサービス事業は，それまでの製品事業のほぼ倍の利益率を確保することができたとされます。

このようにGEは，ビジネスシステムを構成する複数の業務活動間のリンケージを新たに調整し直すことで，持続的な競争優位と高い収益力を確立するこ

とができたのです。

12.4　収益モデルの工夫

○ 対価を支払ってくれる相手についての工夫

さて，ビジネスモデルを構成するもう一つの大きな柱が収益モデルです。これは，単なるコスト優位や差別化の範疇にとどまらないような，収益の増加を図るためのビジネスの仕組みの工夫のことを意味しています。

ここでは，大きく分けて2種類の工夫が重要です。その1つ目は「事業活動の対価を支払ってくれる相手についての工夫」であり，2つ目は「対価の対象についての工夫」です（西野，2006）。

対価を支払ってくれる相手についての工夫というのは，これまでその事業で製品を提供していた相手である顧客層とは別の主体が対価を支払うようにできないか，という工夫です。その典型的なやり方としては，製品のユーザーから対価を得るのではなく，ユーザーに対して広告を提供する企業から対価を受け取るという方法が挙げられます。

たとえば，世界最大のインターネット検索サービス企業のグーグルは，検索サービスを利用している一般のユーザーから対価を受け取るわけではありません。グーグルでは，「ロボット」と呼ばれるプログラムが，1年365日，1日24時間無休で，世界中のホームページの最新のデータを収集した上で，基本的には人気のあるサイト（より多くのリンクの張られたサイト）からのリンク数が多いサイトほど高い点数を付け，その点数にしたがって検索結果のランキングを随時並べ替えており，その作業のために世界各地に大規模なデータセンターを設置し，膨大な数のサーバーを稼働させています。

ところが一般のユーザーは，そうした莫大なコストのかかる検索サービスを，文字通りタダで利用することができます。それだけではなく，グーグルは，各種報道機関のニュースが検索できる「Googleニュース」，書籍の内容が検索で

きる「Googleブックス」，地図サービスの「Googleマップ」，メールサービスの「Gmail」，写真のアルバム管理サービスの「Picasa」，動画を掲載したり検索・視聴したりすることができる「YouTube」，ワープロや表計算ソフトなどが使える「Googleドキュメント」など，さまざまなサービスを無料で一般ユーザーに提供しています。

その代わりにグーグルは，ユーザーに広告を提供する企業から対価を受け取っています。その意味でグーグルは，視聴者が喜ぶコンテンツを無料で提供し，そのコストを広告収入でまかなっている地上波テレビ局と同じ収益モデルを，ネット上で実現していると言えるのです[5]。

◯ 対価の対象についての工夫：付随サービスや補完財の販売

一方，2つ目の対価の対象についての工夫とは，それまである製品を顧客に提供し，それについての対価を得ていたのとは異なった対価の対象物を作り出すことによって，新たな対価の獲得方法を工夫するということです。

その典型的なやり方としては，製品そのものの販売によって対価を得るのではなく，付随サービスや補完財（特に消耗品）の販売によって対価を得るという方法が挙げられます。

付随サービスの販売によって対価を得るやり方としては，第2章で紹介したゼロックスの普通紙コピー機の事例や，本章の3節で紹介したGEの遠隔モニタリング・サービスの事例が有名です。一方，補完財（特に消耗品）の販売によって対価を得るやり方としては，次に述べるキヤノンの小型コピー機事業の事例が有名です。

1982年，キヤノンは世界に先駆けて，小口の法人顧客や個人顧客を主たる

---

[5] ネットビジネスでは他にもさまざまな収益モデルの工夫が見られますが，紙幅の関係で本書ではこれ以上論じません。詳しくは，ヘーゲルとアームストロング（Hagel and Armstrong, 1997），栗木（2006），根来（2007），野島（2008），アンダーソン（Anderson, 2009）などを参照下さい。

ターゲット顧客とした小型コピー機「PC-10」を開発しました。このPC-10は市場導入直後から爆発的なヒット商品となり，キヤノンの成長に大きく貢献しました[6]。

この製品の画期的な点は，「カートリッジ方式」と呼ばれるキヤノンが当時独自に開発した技術を採用することで，メンテナンス・フリーを実現したことにありました。ここで言うカートリッジ方式とは，コピー機の心臓部と言える感光ドラムおよび関連部品と，消耗品であるトナーおよび関連部品を，それぞれ交換可能なカートリッジ型のユニット部品へと一体化することを意味しています。

PC-10登場以前のコピー機には，メンテナンスのサービスがつきものでした。感光ドラムは寿命がきたら交換しなければなりませんし，感光ドラムを帯電させるためのワイヤーには集塵作用があってよく汚れ，定期的に清掃しなければなりませんでした。また，クリーナーの定期的な交換も必要で，用紙の給紙・搬送機構を中心とする不具合なども頻繁に発生し，さらに，トナーの入れ替えや廃棄も必要でした。

要するに，定期点検や保守，消耗品の取り替え，修理などへの迅速な対応を可能とする充実したサービス網の整備が，コピー機ビジネスを展開する上で欠かせない条件でした。そのため，当時のコピー機は，そうした手厚いサポート・サービスの料金を負担できる資金力を有した，中・大口の法人顧客だけがもっぱら利用する代物だったのです。

一方，キヤノンは，小口の法人顧客や個人顧客を新たに開拓することを目的に小型コピー機の開発に着手したのですが，ここで問題になったのは，全国に散在する小口の法人顧客や個人をカバーする充実したサービス網をつくることは難しく，仮にできたとしても経済的に引き合わない，という厳しい事実でした。

それに対してキヤノンは，ユーザー自らが，寿命がきたドラムユニットやトナーユニットのカートリッジを簡単に取り外して新品と交換できるような構造にすることで，サポート・エンジニアによる定期点検やトナーの補給がそもそも不要となるコピー機を開発して，この問題を解決したのです。

---

6 以下の記述は，寺本（1998），榊原（2005）などを再構成したものです。

こうしたカートリッジ技術の採用によるメンテナンス・フリーの実現は，収益モデルの観点からすると，サポート・サービスで儲ける仕組みから，トナーカートリッジという消耗品で儲ける仕組みへの転換を意味していました。

　当時のコピー機業界の収益モデルは，すでに第2章で説明したゼロックスの「カウンター課金」のモデルをそのまま踏襲したもので，コピー機本体は比較的安い価格でリースする代わりに，一定枚数を超えるコピーについては枚数に応じた従量料金を徴収する（そのなかには，トナーなどの消耗品の補給，スペアパーツの交換，保守・点検や修理など，顧客がコピー機を使用していく上で必要とされるサポート・サービスの費用がすべて含まれている）というものであり，主たる収益の源泉はサポート・サービスの費用でした。

　それに対してキヤノンは，メンテナンス・フリーのカートリッジ方式のコピー機の開発によって，別売のトナーカートリッジという消耗品で儲ける収益モデルを新たに展開したのです[7]。

　この結果，小口の法人顧客や個人顧客を新たに取り込むことに成功し，国内のコピー機生産台数の半分近くが小型機となり，その小型コピー機の市場で同社は一時期約80％のシェアを占めるまでになりました。また，ここでの成功体験は，その後のレーザー・プリンター事業やインクジェット・プリンター事業でも活かされていくことになったのです（榊原，2005）。

---

[7]「消耗品で儲ける収益モデル」自体は，古くから存在していました。古典的事例として有名なのが，ジレットの髭剃りです。ジレットは，髭剃りの柄はきわめて安い価格で提供しながら，消耗品である替刃の価格を若干高めに設定することで，継続的に利益を上げ続けることに成功しました。ジレットの髭剃りの柄は他社製の替刃を取り付けることはできず，安い価格にひかれて顧客がいったん同社の髭剃りの柄を購入してくれれば，その後は定期的に専用の替刃を買い続けてくれたのです。この戦略は，「抱き合わせ戦略（tying strategy）」と呼ばれます（Scherer, 1992）。
　キヤノンの優れた点は，カートリッジ方式を技術的に実現することで，この収益モデルをコピー機ビジネスの世界に持ち込み，メンテナンス・フリーという顧客にとっての新たな価値の創造に結びつけた点にありました。

○ 求められる柔軟な発想：iPod と iTunes Store の事例

このように，対価の対象についての工夫では，付随サービスや補完財の販売によって対価を得るやり方が一般的です。特に，第 7 章でも紹介した通り，デファクト・スタンダードの確立が重要となるようなネットワーク外部性の間接効果が強い製品の場合には，このやり方は「定石」だと言っても過言ではありません。

たとえば，Wii や PS3 などのゲーム機の場合，ゲーム機の本体価格はできる限り低く設定した上で，補完財であるソフトウェアの販売代金（他社が開発したソフトウェアの場合はライセンス料金）から収益を上げています（山田，2004b）。

ただし，定石はあくまでも現在までの支配的なやり方にすぎず，杓子定規に適用すべきものではありません。収益モデルのあり方は多種多様であり，状況に応じて柔軟に発想していくことが重要です。

たとえば，ネットワーク外部性の間接効果が強い製品の場合であっても，補完財の販売代金・ライセンス料金はできる限り低く設定し，ネットワーク外部性の間接効果を通じて製品自体の魅力を高め，その分だけ増大した製品の売上から収益を確保する，という方法もありうるのです。

このやり方で成功した有名な事例が，アップルの「iPod」と「iTunes Store」（当初は「iTunes Music Store」）です。

第 9 章でも紹介したとおり，2001 年にアップルから発売された携帯用デジタル音楽プレーヤーの iPod は，若者たちに支持されて当初からよく売れました。しかし，他社の類似製品を圧倒的に引き離し，爆発的に普及するようになったきっかけは，2003 年に同じアップルが iTunes Store というデジタル音楽の有料配信サービスを米国で開始し，好きな曲をネット上で購入して，そのまま iPod に簡単にダウンロードできるようにしたことにありました（Eisenmann et al., 2006）。

2003 年当時，「Napster」をはじめとする音楽ファイル共有ソフトが世の中に蔓延し，インターネットに詳しい音楽愛好家たちが，違法であるにもかかわ

らず，国境を越えて思いのままに音楽ファイルの共有を行っていました。レコード業界は，音楽 CD の販売が脅かされるのを防ごうと法的措置に訴えていましたが，違法ダウンロードは後を絶たず，2003 年には月間 20 億を超す音楽ファイルが違法に交換されていたとされます。

　すでに iPod で一定の成功を収めていたアップル CEO のスティーブ・ジョブズは，こうした状況に着目し，「無料でデジタル音楽をダウンロードできる技術が一般に利用可能となってしまった以上，法的な措置をいくら講じても，この流れを阻止することはできない。むしろ，逆にオンライン音楽配信を積極的に手掛け，違法ダウンロードを防いで著作権収入を確保するべきだ」と大手レコード会社首脳を説得して引き込み，2003 年 4 月に iTunes Store を開設しました。

　当時，無料で——つまりは違法で——音楽をダウンロードするためには，まず楽曲，アルバム，アーティストなどを検索しなくてはなりませんでした。自分の好みのアーティストのお目当てのすべての曲を丸ごとダウンロードできるようなサイトはまず存在しなかったし，サイトから目的のファイルが削除されていることも多かったため，この検索作業は相当に面倒なものでした。

　しかも，たいていの無料ダウンロード・サイトは，データ量をおさえるためにファイル・サイズを大幅に圧縮していたため，音質があまり良くありませんでした。加えて，しばしばウィルスのソフトが紛れ込んでいたためリスクも高く，無料ダウンロードはあくまでも違法行為であるため，罪に問われる危険性さえありました。

　これに対してアップルの iTunes Store は，楽曲の探しやすさやダウンロードのしやすさなど，サイトの使いやすさが段違いに優れていました。買い手は 20 万（当時）ものタイトルのなかから自由に楽曲を選び，30 秒のサンプルを試聴することができました。ダウンロード価格は 1 曲当たり 99 セント，アルバム単位であれば 9.99 ドルと格安でした。しかも，iTunes Store は「AAC」というフォーマットで音声を圧縮しているため，音質が非常に優れていました。

　そのため音楽ファンは，わざわざ手間をかけて，危険を承知で音質のあまり良くない音楽ファイルを違法にダウンロードするかわりに，iTunes Store を訪れて，簡単な操作で音質の良い音楽ファイルを安価にダウンロードする方を選

ぶようになったのです。

　実際，iTunes Store は初年度だけで延べ 7,000 万曲を売り上げました（米国）が，これは単純計算で週平均 250 万回のダウンロードに相当する数字でした。また，調査会社ニールセン・ネットレーティングスによると，2006 年 9 月の時点で，iTunes Store は合法的な音楽ダウンロード全体の 70% を占めるまでになりました[8]。

　一方，これに合わせて iPod の売上げも急拡大しました。それというのも，iTunes Store で販売される音楽ファイルは iPod 以外のデジタル音楽プレーヤーでは再生できないようになっていたため，iTunes Store を利用したい顧客は iPod を買わざるをえなかったからです[9]。

　調査会社 NPD グループの推計によると，2005 年の iPod の米国での市場シェアは台数ベースで 72%，売上高ベースで 83% にも達しました。また，2007 年 4 月には，全世界での iPod の累計販売が 1 億台を突破しました。

　この iPod と iTunes Store の成功事例の興味深い点は，収益モデルの観点から見た場合に，無料の違法ダウンロードに対抗するという当初の目的から，音楽配信の料金をきわめて低く設定したため，音楽配信事業そのものからはほとんど収益が上がらないことにあります（非公開ではありますが，配信手数料も，少なくとも大手レコードメーカー向けのものは相当に低く設定されているとされます）。

　つまりアップルは，「ハードを安く売ってソフトで儲ける」という一般的な収益モデルとは逆に，きわめて低い音楽配信の料金を設定し，「ソフトを安く売ってハードで儲ける」という収益モデルで勝負したのです（寺本・岩崎・近藤，2007）。

　このやり方を採用したことが，結局は，デジタル音楽配信に尻込みする音楽業界を説き伏せ，大手レコードメーカーを軒並み引き込み，無料ダウンロードに慣れた顧客をひきつける上での鍵になりました。その意味で，アップルによ

---
[8] iTunes Store は，現在では，音楽だけに限らず，ミュージック・ビデオ，映画，テレビ番組，Podcast，iPod 向けゲームなど，さまざまなソフトの配信を行っています。また，日本版の iTunes Store も 2005 年 8 月にサービスを開始し，大きな成功を収めています。
[9] 2009 年からは，iTunes Store で販売される音楽ファイルの大半（「iTunes Plus」の音楽ファイル）が，iPod 以外のデジタル音楽プレーヤーでも再生できるようになりました。

る常識とは逆の収益モデルの採用が，デジタル音楽のオンライン有料配信事業という新市場の立ち上げを成功に導いたのです。

12.5　常識にとらわれない柔軟な発想を

　以上，ビジネスモデルのマネジメントについて，ビジネスシステムと収益モデルの2つに分けた上で説明してきました。しかし，本当に重要な点は，12.4節の最後で若干触れたように，「常識にとらわれずに柔軟に発想する」ということです。

　ビジネスシステムにしても，収益モデルにしても，どれか1つのやり方が「正解」だというものではなく，多種多様なやり方がありえます。それゆえに，ビジネスモデルのやり方には，その相乗効果で無限とも言えるほどの可能性が秘められているのだということを，決して忘れてはなりません。

　実際に，キヤノンは，「コピー機ビジネスはサポート・サービスで儲けるのが常識」とされていた時代に，「消耗品で儲ける収益モデル」を実現し，これまで見過ごされてきた小口法人顧客や個人向けの小型コピー機という新たな市場を生み出しました。また，アップルは，「ネットワーク外部性の間接効果が強い製品の場合には補完財で儲けるのが常識」だとされていた時代に，「補完財の価格は安くする代わりに，製品自体の販売で儲ける収益モデル」を実現し，デジタル音楽のオンライン有料配信市場を急拡大させることに成功しました。

　このように，本当に優れた，時代を画するような新しいビジネスモデルを考え出していく上では，「常識からの逸脱」が必要とされます。すなわち，世の中で誰もが当たり前のように思っている常識であっても，「本当にそうなのか？」と疑い，本質にまで立ち返って深く考え直してみることが大切なのです。

　本章で述べた考え方や事例は，すべてがすでに過去のものであり，ビジネスの最前線で活躍している人たちにとっては，もはや「常識」の範疇に属する事柄ばかりです。

読者の方々には，本書に書かれた内容をきちんと押さえた上で，しかし，そうした「常識」を疑い，ぜひとも自らオリジナルのビジネスモデルを構想し，実現して欲しいと願っています。

演習問題

12.1　あなたが特にイノベーティブで興味深いと思ったビジネスモデルはどのようなものですか。いくつでも挙げた上で，それらのビジネスモデルの優れた点を，①ビジネスシステムの部分でどのような工夫が見られるのか（あるいは見られないのか），②収益システムの部分でどのような工夫が見られるのか（あるいは見られないのか），という観点から説明して下さい。

参考文献

外国文献

Abernathy, W. J. (1978) *The productivity dilemma: Roadblock to innovation in automotive industry.* Baltimore, MD: John Hopkins University Press.

Abernathy, W. J. and J. M. Utterback (1978) "Patterns of industrial innovation," *Technology Review,* Vol. 80 (7), pp. 40–47.

Abernathy, W. J., K. Clark, and A. Kantrow (1983) *Industrial renaissance.* New York: Basic Books. (望月嘉幸監訳『インダストリアルルネサンス』, TBS ブリタニカ, 1984 年)

Abernathy, W. J. and K. B. Clark (1985) "Innovation: Mapping the winds of creative destruction," *Research Policy,* Vol. 14, pp. 3–22.

Allen, T. J. and O. Hauptman (1987) "The influence of communication technologies on organizational structure," *Communication Research,* Vol. 14(5), pp. 575–587.

Anderson, C. (2009) *Free: The future of a radical price.* New York: Hyperion. (小林弘人監修・高橋則明訳『フリー:〈無料〉からお金を生みだす新戦略』, 日本放送出版協会, 2009 年)

Baldwin, C. Y. and K. B. Clark (2000) *Design rule: The power of modularity (Vol. 1).* Cambridge, MA: MIT Press. (安藤晴彦訳『デザイン・ルール:モジュール化パワー』, 東洋経済新報社, 2004 年)

Barney, J. B. (1997) *Gaining and sustaining competitive advantage.* New York: Addison-Wesley Publishing Company. (岡田正大訳『企業戦略論:競争優位の構築と持続 (上) (中) (下)』, ダイヤモンド社, 2003 年)

Brandenburger, A. M. and B. J. Nalebuff (1997) *Co-opetition.* London: Harper Collins Business. (嶋津祐一・東田啓作訳『コーペティション経営:ゲーム論がビジネスを変える』, 日本経済新聞社, 1997 年)

Branscomb, L. M. (1993) "Science and technology advice to the U.S.A. government: Deficiencies and alternatives," *Science and Public Policy,* Vol. 20(2), pp. 67–78.

Branscomb, L. (2004) "Where do high commercial innovations come from?" *Duke Law & Technology Review,* No. 5.

Burgelman, R. A. (2002) *Strategy is destiny: How strategy-making shapes a company's future.* New York: Free Press. (石橋善一郎・宇田理監訳『インテルの戦略:企業変貌を実現した戦略形成プロセス』, ダイヤモンド社, 2006 年)

Burgelman, R. A., C. M. Christensen and S. C. Wheelwright (2004) *Strategic management of technology and innovation (4th ed.).* Boston, MA: McGraw-Hill/Irwin. (青島矢一・黒田光太郎・志賀敏宏・田辺孝二・出川通・和賀三和子監修, 岡真由美・斉藤祐一・櫻井祐子・中川泉・山本章子訳『技術とイノベーションの戦略的マネジメント (上) (下)』, 翔泳社, 2007 年)。

Chesbrough, H. W. (2003) *Open innovation: The new imperative for creating and profiting from technology.* Boston, MA: Harvard Business School Press. (大前恵一朗訳『OPEN INNOVATION:ハーバード流イノベーション戦略のすべて』, 産業能率大学出版部, 2004 年)

Christensen, C. M. (1997) *The innovator's dilemma: When new technologies cause great firms to fail.* Boston, MA: Harvard Business School Press. (玉田俊平太監修, 伊豆原弓訳『イノベーションのジレンマ:技術革新が巨大企業を滅ぼすとき』, 翔泳社, 2000 年)

Christensen, C. M. and M. E. Raynor (2003) *The innovator's solution: Creating and sustaining successful growth.* Boston, MA: Harvard Business School Press. (玉田俊平太監修, 櫻井裕子訳『イノベーションへの解:利益ある成長に向けて』, 翔泳社, 2003 年)

Clark, K. B. and T. Fujimoto (1990) "The power of product integrity", *Harvard Business Review,* Vol. 68(6), pp. 107-118.

Clark, K. B. and T. Fujimoto (1991) *Product development performance: Strategy, organization, and management in the world auto industry.* Boston, MA: Harvard Business School Press. (田村明比古訳『製品開発力』, ダイヤモンド社, 1993 年)

Cohen, W. M. and D. A. Levinthal (1991) "Absorptive capacity: A new perspective on learning and innovation," *Administrative Science Quarterly,* Vol. 35, pp. 128-152.

Coombs, R., P. Saviotti and V. Walsh (1985) *Economics and technological change.* London, U. K.: Macmillan. (竹内啓・廣松毅監訳『技術革新の経済学』, 新世社, 1989 年)

Cooper, A. C., and D. Schendel (1976) "Strategic Responses to Technological Threats," *Business Horizons,* Vol. 19(1), pp. 61-69.

Cooper, A. C., and C. G. Smith (1992) "How established firms respond to threatening technologies", *Academy of Management Journal,* Vol. 6(2), pp. 55-70.

Dell, M. with C. Fredman (1999) *Direct from Dell: Strategies that revolutionized an industry.* New York: HarperBusiness. (吉川明希訳『デルの革命:「ダイレクト」戦略で産業を変える』, 日本経済新聞社, 1999 年)

Doz, Y. (1996) "The evolution of cooperation in strategic alliances: Initial conditions or learning process?" *Strategic Management Journal,* Vol. 17, Summer Special Issue, pp. 55-83.

Drucker, P. F. (1954) *The practice of management* (1st ed.). London: Heinemann. (上田惇生訳『現代の経営〔新訳〕』, ダイヤモンド社, 1996 年)

Drucker, P. F. (1985) *Innovation and entrepreneurship: Practice and principles.* New York: Harper&Row. (上田惇生訳『イノベーションと起業家精神:その原理と方法〔新訳〕』, ダイヤモンド社, 1997 年)

Dyer, J. H. (1996) "Specialized supplier networks as a source of competitive advantage: Evidence from the auto industry," *Strategic Management Journal,* Vol. 17(4), pp. 271-291.

Eisenhardt, K. M. and B. N. Tabrizi (1995) "Accelerating adaptive processes: Product innovation in global computer industry," *Administrative Science Quarterly,* Vol. 40, pp. 84-110.

Eisenmann, T., G. Parker, and M. V. Alstyne (2006) "Strategies for Two-sided Markets", *Harvard Business Review,* Vol. 84(10), pp. 96-101.

Farrell, J. and G. Saloner (1986) "Installed base and compatibility: Innovation, product preannouncements, and predation", *American Economic Review,* Vol. 76(5), pp. 940-955.

Fine, C. H. (1998) *Clockspeed: Winning industry control in the age of temporary advantage.* Reading, Mass.: Perseus Books. (小幡照雄訳『サプライチェーン・デザイン:企業進化の法則』, 日経 BP 出版センター, 1999 年)

Fisher, M., K. Ramdas, and K. Ulrich (1999) "Component sharing in the management of product variety," *Management Science,* Vol. 45(3), pp. 297-315.

Foster, R. N.（1986）*Innovation: The attacker's advantage.* New York: Summit Books.（大前研一訳『イノベーション：限界突破の経営戦略』，TBS ブリタニカ，1987 年）

Freeman, C.（1982）*The economics of industrial innovation*（2nd ed.）. London, U.K.: Frances Pinter.

Gawer, A. and M. Cusumano（2002）*Platform leadership: How Intel, Microsoft, and Cisco drive industry innovation.* Boston, MA: Harvard Business School Press.（小林敏男監訳『プラットフォーム・リーダーシップ：イノベーションを導く新しい経営戦略』，2005 年，有斐閣）

Griffin, A.（1997）"PDMA Research on new product development practices: Updating trends and benchmarking best practices," *Journal of Product and Innovation Management,* Vol. 14, pp. 429–458.

Hagel, J. and A. Armstrong（1997）*Net gain: Expanding markets through virtual communities.* Boston, MA: Harvard Business School Press.（マッキンゼージャパンバーチャルコミュニティーチーム訳，南場智子編『ネットで儲けろ』，日経 BP 社，1997 年）

Hamel, G.（1991）"Competition for competence and inter-partner learning within international strategic alliances," *Strategic Management Journal,* Vol. 12, Summer Special Issue, pp. 83–103.

Hammer, M. and J. Champy（1993）*Reengineering the corporation: A manifesto for business revolution.* New York: HarperBusiness.（野中郁次郎監訳『リエンジニアリング革命：企業を根本から変える業務革新』，日本経済新聞社，1993 年）

Helper, S. and M. Sako（1995）"Supplier relations in Japan and the United States: Are they converging?" *Sloan Management Review,* Vol. 36(4), pp. 77–84.

Henderson, R. M. and K. B. Clark（1990）"Architectural innovation: The reconfiguration of existing product technologies and the failure of established firms," *Administrative Science Quarterly,* Vol. 35(1), pp. 9–30.

Henderson, R.（1995）"Of life cycles real and imaginary: The unexpectedly long old age of optimal lithography," *Research Policy,* Vol. 24(4), pp. 631–643.

Inkpen, A. C.（1995）"Creating knowledge through collaboration," *California Management Review,* Vol. 39(1), pp. 123–140.

Johnson, M. W., Christensen, C. M., and H. Kagermann（2008）"Reinventing your business model," *Harvard Business Review,* Vol. 86(12), pp. 50–59.

Kanter, R. M.（1994）"Collaborative advantage," *Harvard Business Review,* Vol. 72 (4), pp. 96–108.

Katz, M. L. and C. Shapiro（1985）"Network externalities, competition, and compatibility" *American Economic Review,* Vol. 75(3), pp. 424–440.

Katz, M. L. and C. Shapiro（1994）"Systems competition and network effects", *Journal of Economic Perspectives,* Vol. 8(2), pp. 93–115.

Katz, R. and T. J. Allen（1985）"Project performance and the locus of influence in the R&D matrix", *Academy of Management Journal,* Vol. 28(1), pp. 67–87.

Kline, S. J. and N. Rosenberg（1986）"An overview of innovation," in Landau, R. and N. Rosenberg（eds.）, *The positive sum strategy.* Washington, D.C.: National Academy Press.

Koestler, A.（1964）*The act of creation.* New York: Macmillan.（大久保直幹・松本俊・中村未

喜訳『創造活動の理論』, ラティス, 1966 年)
Kogut, B. (1988) "Joint ventures: Theoretical and empirical perspectives," *Strategic Management Journal,* Vol. 9(4), pp. 319-332.
Kogut, B. and E. H. Bowman (1995) "Modularity and permeability as principles of design," In Bowman, E. H. and B. Kogut (eds.), *Redesigning the Firm.* New York: Oxford University Press.
Kostoff, R. N. and R. R. Schaller (2001) "Science and technology roadmaps", *IEEE Transactions on Engineering Management,* Vol. 48(2), pp. 132-143.
Kotler, P. (2000) *Marketing management (10th ed.).* New Jersey: Prentice Hall. (恩藏直人監修, 月谷真紀訳『コトラーのマーケティング・マネジメント：ミレニアム版』, ピアソン・エデュケーション, 2001 年)
Krishnan V. and K. T. Ulrich (2001) "Product Development Decisions: A Review of the Literature", *Management Science,* Vol. 47(1), pp. 1-21.
Levinthal, D. A. and J. G. March (1993) "The myopia of learning," *Strategic Management Journal,* Vol. 14, Winter Special Issue, pp. 95-112.
Levitt, B. and J. G. March (1988) "Organizational learning," *Annual Review of Sociology,* Vol. 14, pp. 319-340.
Lewis, J. D. (1990) *Partnerships for profit: Structuring and managing strategic alliances.* New York: Free Press. (中村元一・山下達也訳『アライアンス戦略：連携による企業成長の実現』, ダイヤモンド社, 1993 年)
Mansfield, E. and S. Wagner (1975) "Organizational and strategic factors associated with probabilities of success in industrial R&D", *Journal of Business,* April, pp. 179-198.
Moore, G. A. (1991) *Crossing the chasm: Marketing and selling technology products to main stream customers.* New York: Harper Business. (川又政治訳『キャズム：ハイテクをブレイクさせる「超」マーケティング理論』, 翔泳社, 2002 年)
Morgan, J. M. and J. K. Liker (2006) *The Toyota product development system: Integrating people, process, and technology.* New York: Productivity Press. (稲垣公夫訳『トヨタ製品開発システム』, 日経 BP 社)
Mowery, D. and N. Rosenberg (1979) "The influence of market demand upon innovation: A critical review of some recent empirical studies", *Research Policy,* Vol. 8(2), pp. 102-153.
Myers, S. and D. G. Marquis (1969) *Successful industrial innovations: A study of factors underlying innovation in selected firms.* Washington, D. C.: National Science Foundation.
Newhouse, J. (1982) *The sporty game.* New York: Knopf. (航空機産業研究グループ訳, 石川島播磨重工業㈱広報部監修『スポーティゲーム：国際ビジネス戦争の内幕』, 学生社, 1988 年)
Nishiguchi, T. (1994) *Strategic industrial sourcing: The Japanese advantage.* New York: Oxford University Press. (西口敏宏『戦略的アウトソーシングの進化』, 東京大学出版会, 2000 年)
Nonaka, I. and H. Takeuchi (1995) *The knowledge-creating company: How Japanese companies create the dynamics of innovation.* New York: Oxford University Press. (梅本勝博訳『知識創造企業』, 東洋経済新報社, 1995 年)
Osborn, A. F. (1953) *Applied imagination: Principles and procedure of creative thinking.* New

York: Charles Scribner.（上野一郎訳『独創力をのばせ〔新装版〕』，ダイヤモンド社，1982年）。

Porter, M. E.（1980）*Competitive strategy.* New York: Free Press.（土岐坤・中辻萬治・服部照夫訳『競争の戦略』，ダイヤモンド社，1982年）

Porter, M. E.（1985）*Competitive advantage: Creating and sustaining superior performance.* New York: Free Press.（土岐坤・中辻萬治・小野寺武夫訳『競争優位の戦略：いかに高業績を持続させるか』，ダイヤモンド社，1985年）

Praharad, C. K. and G. Hamel.（1990）"The core competence of the corporation," *Harvard Business Review,* Vol. 68(3), pp. 79–91.

Quinn, J. B.（1999）"Strategic outsourcing: Leveraging knowledge capabilities", *Sloan Management Review,* Vol. 40(4), pp. 9–21.

Robertson, D. and K. Ulrich（1998）"Planning for product platforms," *Sloan Management Review,* Vol. 39(4), pp. 19–32.

Rogers, E. M.（1982）*Diffusion of innovations*（3rd ed.）. New York: Free Press.（青池愼一・宇野善康監訳『イノベーション普及学』，産業能率大学出版部，1990年）

Rothwell, R., Freeman, C., Horlsey, A., Jervis, V. T. P., Robertson, A. B., and J. Townsend（1974）"SAPPHO updated: Project SAPPHO Phase II", *Research Policy,* Vol. 3, pp. 258–291.

Rothwell, R.（1992）"Successful industrial innovation: Critical success factors for the 1990s", *R&D Management,* Vol. 22(3), pp. 221–239.

Rothwell, R.（1994）"Towards the fifth-generation innovation process", *International Marketing Review,* Vol. 11(1), pp. 7–31.

Sako, M.（1992）*Prices, quality and trust: Inter-firm relations in Britain and Japan.* Cambridge, UK: Cambridge University Press.

Scherer, F. M.（1992）*International high-technology competition.* Cambridge, MA: Harvard University Press.

Schmookler, J.（1966）*Invention and economic growth.* Cambridge, MA: Harvard University Press.

Schumpeter, J. A.（1934）*The Theory of Economic Development: An inquiry into profits, capital, credit, interest, and the business cycle.* Cambridge, MA: Harvard University Press.（塩野谷祐一・中山伊知郎・東畑清一訳『経済発展の理論：企業者利潤・資本・信用・利子および景気の回転に関する一研究』，岩波書店，1977年）

Sherwin, C. W. and R. S. Issenson（1967）"Project Hindsight: A defense department study of the utility of research," *Science,* Vol. 156, No. 3782, pp. 1571–1577.

Tichy, N. M. and S. Sherman（1993）*Control your destiny or someone else will: How Jack Welch is making General Electric the world's most competitive corporation.* New York: Doubleday.（小林規一訳『ジャック・ウェルチのGE革命：世界最強企業への選択』，東洋経済新報社，1994年）

Tidd, J., J. Bessant and K. Pavitt（2001）*Managing innovation: Integrating technological, market and organizational change*（2nd ed.）. Chichester: Wiley.（後藤晃・鈴木潤監訳『イノベーションの経営学：技術・市場・組織の統合的マネジメント』，NTT出版，2004年）

Tushman, M. L. and P. Anderson（1986）"Technological discotinuities and organizational envi-

ronments," *Administrative Science Quarterly*, Vol. 31, pp. 439-465.
Ulrich, K. (1995) "The Role of product architecture in the manufacturing firm," *Research Policy*, Vol. 24, pp. 419-440.
Urban, G.L., R. Hauser, and N. Dholakia (1987) *Essentials of new product management*. New Jersey: Prentice Hall. (林廣茂・中島望・小川孔輔・山中正彦訳『プロダクト・マネジメント』, プレジデント社, 1989年)
Utterback, J. M. (1994) *Mastering the dynamics of innovation: How companies can seize opportunities in the face of technological change*. Boston, MA: Harvard Business School Press. (大津正和・小川進監訳『イノベーション・ダイナミクス：事例から学ぶ技術戦略』, 有斐閣, 1998年)
Welch, J. with J. A. Byrne (2001) *Jack: Straight from the gut*. New York: Warner Books. (宮本喜一訳『ジャック・ウェルチ：わが経営』, 日本経済新聞社, 2001年)
Williamson, O. E. (1975) *Market and hierarchies: Analysis and antitrust implications*. New York: Free Press. (浅沼萬里・岩崎晃訳『市場と組織』, 日本評論社, 1980年)
Zaheer, A., B. McEvily, and T. Perrone (1998) "Does trust matter?: Exploring the effects of interorganizational and interpersonal trust on performance," *Organization Science*, Vol. 9 (2), pp. 141-159.

日本文献

相田洋 (1992) 『NHK電子立国日本の自叙伝 (上)・(中)・(下)・(完結)』, 日本放送出版協会.
相田洋・大墻敦 (1996a) 『新・電子立国 (1)：ソフトウェア帝国の誕生』, 日本放送出版協会.
相田洋・大墻敦 (1996b) 『新・電子立国 (3)：世界を変えた実用ソフト』, 日本放送出版協会.
青木幸弘 (2004) 「製品・ブランド戦略と価値創造」, 青木幸弘・恩蔵直人編著『製品・ブランド戦略：現代のマーケティング戦略①』(有斐閣) 所収.
青島矢一・武石彰 (2001) 「アーキテクチャという考え方」, 藤本隆宏・武石彰・青島矢一編著『ビジネス・アーキテクチャ』(有斐閣) 所収.
青島矢一・加藤俊彦 (2003) 『競争戦略論』, 東洋経済新報社.
青島矢一・河西壮夫 (2005) 「東レ：炭素繊維の技術開発と事業戦略」,『一橋ビジネスレビュー』, 第52巻4号.
浅川和宏 (2003) 『グローバル経営入門』, 日本経済新聞社.
淺羽茂 (1995) 『競争と協力の戦略』, 有斐閣.
淺羽茂・新宅純二郎 (2002) 「業界標準をめぐる競争戦略」,『赤門マネジメント・レビュー』, 第1巻2号, pp. 133-158.
安部義彦・池上重輔 (2008) 『日本のブルー・オーシャン戦略：10年続く優位性を築く』, ファーストプレス.
安藤晴彦・元橋一之 (2002) 『日本経済競争力の構想：スピード時代に挑むモジュール化戦略』, 日本経済新聞社.
石井真一 (2003) 「企業連携の戦略論」, 加護野忠男編著『企業の戦略』(八千代出版) 所収.
石井淳蔵・栗木契・嶋口充輝・余田拓郎 (2004) 『ゼミナールマーケティング入門』, 日本経済新聞社.
伊丹敬之 (2009) 『イノベーションを興す』, 日本経済新聞社.

伊藤宗彦（2005）『製品戦略マネジメントの構築：デジタル機器企業の競争戦略』，有斐閣。
井上理（2009）『任天堂"驚き"を生む方程式』，日本経済新聞出版社。
今井健一（2006）「中国地場系携帯電話端末デザインハウスの興隆：産業内分業の新たな担い手」，今井健一・川上桃子編『東アジアのIT機器産業：分業・競争・棲み分けのダイナミクス』（アジア経済研究所）所収。
宇井洋（2002）『なぜデルコンピュータはお客の心をつかむのか：顧客サポートNo.1の秘密を探る』，ダイヤモンド社。
内田和成（2009）『異業種競争戦略：ビジネスモデルの破壊と創造』，日本経済新聞出版社。
江藤学（2008）「コンセンサス標準とは」，新宅純二郎・江藤学編著『コンセンサス標準戦略』（日本経済新聞社）所収。
大谷和利（2008）『iPhoneをつくった会社：ケータイ業界を揺るがすアップル社の企業文化』，アスキー・メディアワークス。
小笠原敦・松本陽一（2006）「テレビ産業の競争と利益獲得方法の多様化」，榊原清則・香山晋編著『イノベーションと競争優位：コモディティ化するデジタル機器』（NTT出版）所収。
小川紘一（2009）『国際標準化と事業戦略：日本型イノベーションとしての標準化ビジネスモデル』，白桃書房。
小川孔輔（1999）『マーケティング情報革命：オンライン・マーケティングがビジネスを変える』，有斐閣。
小野高宏（2008）「デジュール標準の価値とは」，新宅純二郎・江藤学編著『コンセンサス標準戦略』（日本経済新聞社）所収。
恩蔵直人（2007）『コモディティ化市場のマーケティング論理』，有斐閣。
加護野忠男（1988）『組織認識論』，千倉書房。
加護野忠男・井上達彦（2004）『事業システム戦略：事業の仕組みと競争優位』，有斐閣。
片岡史郎編（2005）『JKA10周年記念誌』，全国カラオケ事業者協会。
片平秀貴（1987）『マーケティング・サイエンス』，東京大学出版会。
加藤俊彦（2004）「シャープ：戦略が資源を蓄積し，利用する」，伊丹敬之・西野和美編著『ケースブック経営戦略の論理』，日本経済新聞社。
軽部大・武石彰・青島矢一（2007）「資源動員の正当化プロセスとしてのイノベーション：その予備的考察」，一橋大学イノベーション研究センター・ワーキングペーパー，WP#07-05。
川上智子（2005）『顧客志向の新製品開発：マーケティングと技術のインタフェイス』，有斐閣。
菊谷達弥・齋藤隆志（2006）「事業ガバナンスとしての撤退と進出：どのような事業から撤退し，どのような事業に進出するか」，『組織科学』，Vol.40(2)。
楠木建（1995）「製品開発の連続性と競争優位：ファクシミリ産業の事例」，野中郁次郎・永田晃也編著『日本型イノベーション・システム：成長の奇跡と変革への挑戦』（白桃書房）所収。
楠木建・永田勝也・野中郁次郎（1996）「日本企業の製品開発における組織能力」，『組織科学』，Vol.29(1)。
栗木契（2006）「仮想経験が拡充するネット・コミュニティのビジネス・モデル」，石井淳蔵・水越康介編著『仮想経験のデザイン』（有斐閣）所収。
桑嶋健一（2006）『不確実性のマネジメント：新薬創出のR&Dの「解」』，日経BP社。
具承桓（2008）『製品アーキテクチャのダイナミズム：モジュール化・知識統合・企業間連携』，

ミネルヴァ書房。
河野英子（2009）『ゲストエンジニア：企業間ネットワーク・人材形成・組織能力の連鎖』，白桃書房。
河野豊弘（1987）『新製品開発戦略：市場・技術・社内の壁をどう破るか』，ダイヤモンド社。
河野豊弘編著（2003）『新製品開発マネジメント：会社を変革する戦略と実行』，ダイヤモンド社。
國領二郎（1999）『オープン・アーキテクチャ戦略：ネットワーク時代の協働モデル』，ダイヤモンド社。
小橋麗香（2003）「競争戦略とデファクト・スタンダード」，加護野忠男編著『企業の戦略』（八千代出版）所収。
近能善範（2007a）「日本自動車産業における関係的技能の高度化と先端技術開発の深化」，『一橋ビジネスレビュー』，第55巻1号。
近能善範（2007b）「日本自動車産業における先端技術開発協業の動向分析：自動車メーカー共同特許データのパテントマップ分析」，『経営志林』，第44巻3号。
後藤晃（2000）『イノベーションと日本経済』，岩波書店。
榊原清則（2005）『イノベーションの収益化：技術経営の課題と分析』，有斐閣。
榊原清則（2006）「統合型企業のジレンマ：時計とテレビの事例」，榊原清則・香山晋編著『イノベーションと競争優位：コモディティ化するデジタル機器』（NTT出版）所収。
坂本和一（1992）『コンピュータ産業：ガリヴァ支配の終焉』，有斐閣。
佐久間昭光（1989）「世界のコンピュータ産業における支配的企業と競争企業の互換・非互換戦略」，『ビジネスレビュー』，Vol.36(4)，pp.19-45。
柴田高（2000）「デファクト・スタンダード化と新製品開発戦略」，『東京経済大学会誌（経営系）』，第216号，pp.137-149。
新宅純二郎（1994）『日本企業の競争戦略：成熟産業の技術転換と企業行動』，有斐閣。
新宅純二郎・小川紘一・善本哲夫（2006）「光ディスク産業の競争と国際的協業モデル：擦り合わせ要素のカプセル化によるモジュラー化の進展」，榊原清則・香山晋編著『イノベーションと競争優位：コモディティ化するデジタル機器』（NTT出版）所収。
新宅純二郎（2009）「東アジアにおける製造業ネットワーク：アーキテクチャから見た分業と協業」，新宅純二郎・天野倫文編著『ものづくりの国際経営戦略：アジアの産業地理学』（有斐閣）所収。
鈴木八十二（2005）『トコトンやさしい液晶ディスプレイ用語集』，日刊工業新聞社。
妹尾堅一郎（2009）『技術力で勝る日本が，なぜ事業で負けるのか：画期的な新製品が惨敗する理由』，ダイヤモンド社。
高井文子（2004）「オンライン証券業界における黎明期の企業間競争」，『赤門マネジメントレビュー』，第3巻7号。
高井文子（2005）「オンライン証券業界におけるパフォーマンスに与える要因分析」，『経営情報学会誌』，Vol.13(3)。
高井文子（2006）「『支配的な通念』による競争と企業間差異形成：オンライン証券業界の事例」，『日本経営学会誌』，vol.16。
高井文子（2009）「市場黎明期における生存競争：オンライン証券業界の分析」，『イノベーション・マネジメント』，Vol.6。
高橋伸夫編・東京大学ものづくり経営研究センター著（2005）『170のKeywordによるものづ

くり経営講義』, 日経 BP 社.
武石彰 (2003)『分業と競争』, 有斐閣.
田路則子 (2005)『アーキテクチュラルイノベーション：ハイテク企業のジレンマ克服』, 白桃書房.
立本博文 (2007)「PC のバスアーキテクチャの変遷と競争優位：なぜ Intel は、プラットフォームリーダーシップを獲得できたか？」, 東京大学ものづくり経営研究センター(MMRC)ディスカッションペーパー, 2007-MMRC-171.
立本博文・高梨千賀子 (2008)「コンセンサス標準を巡る競争戦略」, 新宅純二郎・江藤学編著『コンセンサス標準戦略』(日本経済新聞社) 所収.
田中辰雄 (2003)「ハード・ソフト間のネットワーク外部性の実証」, 新宅純二郎・田中辰雄・柳川範之編著『ゲーム産業の経済分析：コンテンツ産業発展の構造と戦略』(東洋経済新報社) 所収.
土屋守章 (1994)『現代経営学入門』, 新世社.
寺本義也 (1998)「事業の多角化と製品開発：キヤノンの躍進」, 伊丹敬之・加護野忠男・宮本又郎・米倉誠一郎編『ケースブック日本企業の経営行動2：企業家精神と戦略』(有斐閣) 所収.
寺本義也・岩崎尚人 (2000)『ビジネスモデル革命：競争優位のドメイン転換』, 生産性出版.
寺本義也・岩崎尚人・近藤正浩 (2007)『ビジネスモデル革命〔第2版〕：競争優位から共創優位へ』, 生産性出版.
出川通 (2004)『技術経営の考え方：MOT と開発ベンチャーの現場から』, 光文社.
出川洋 (2001)「自動車：「キューブ」はどのようにして生まれたか」, 早稲田大学商学部編『ヒット商品のマーケティング：現場からの報告』(同文舘出版) 所収.
徳重桃子 (2006)「技術を活かすマーケティング」, 伊丹敬之・森健一編『技術者のためのマネジメント入門：生きた MOT のすべて』(日本経済新聞社) 所収.
中村修二 (2001)『怒りのブレイクスルー：常識に背を向けたとき「青い光」が見えてきた』, ホーム社.
長沢伸也・木野龍太郎 (2004)『日産らしさ, ホンダらしさ：製品開発を担うプロダクト・マネジャーたち』, 同友館.
名和小太郎 (1990)『技術標準対知的所有権：技術開発と市場競争を支えるもの』, 中央公論社.
西野和美 (2004)「花王：市場を創造する商品開発」, 伊丹敬之・西野和美編著『ケースブック経営戦略の論理』, 日本経済新聞社.
西野和美 (2006)「技術が生み出すビジネスモデル」, 伊丹敬之・森健一編著『技術者のためのマネジメント入門：生きた MOT のすべて』(日本経済新聞社) 所収.
丹羽清 (2006)『技術経営論』, 東京大学出版会.
沼上幹・淺羽茂・新宅純二郎・網倉久永 (1992)「対話としての競争：電卓産業における競争行動の再解釈」,『組織科学』, Vol.26(2).
沼上幹 (1999)『液晶ディスプレイの技術革新史：行為連鎖システムとしての技術』, 白桃書房.
沼上幹・加藤俊彦・田中一弘・島本実・軽部大 (2007)『組織の"重さ"：日本的企業組織の再点検』, 日本経済新聞社.
沼上幹 (2008)『わかりやすいマーケティング戦略〔新版〕』, 有斐閣.
沼上幹 (2009)『経営戦略の思考法：時間展開・相互作用・ダイナミクス』, 日本経済新聞出版社.

根来龍之・木村誠 (1999)『ネットビジネスの経営戦略：知識交換とバリューチェーン』，日科技連出版社．
根来龍之 (2007)「ネットビジネスの歴史的構造：情報民主化と市場経済圧力の均衡点としての発展」，『組織科学』，Vol. 41(1)．
野口恒編著 (2005)『カラオケ文化産業論：21世紀の「生きがい社会」をつくる』，PHP研究所．
野島美保 (2008)『人はなぜ形のないものを買うのか：仮想世界のビジネスモデル』，NTT出版．
野中郁次郎 (1991)「戦略提携序説：組織間知識創造と対話」，『ビジネスレビュー』，Vol. 38(4)．
延岡健太郎 (1996a)『マルチプロジェクト戦略：ポストリーンの製品開発マネジメント』，有斐閣．
延岡健太郎 (1996b)「顧客範囲の経済：自動車部品サプライヤーの顧客ネットワーク戦略と企業成果」，『国民経済雑誌』，第173巻第6号．
延岡健太郎 (2002)『製品開発の知識』，日本経済新聞社．
延岡健太郎・藤本隆宏 (2004)「製品開発の組織能力：日本自動車企業の国際競争力」，東京大学ものづくり経営研究センター (MMRC) ディスカッションペーパー，2004-MMRC-9．
延岡健太郎・伊藤宗彦・森田弘一 (2006)「コモディティ化による価値獲得の失敗：デジタル家電の事例」，榊原清則・香山晋編著『イノベーションと競争優位：コモディティ化するデジタル機器』(NTT出版) 所収．
延岡健太郎 (2006)『MOT〔技術経営〕入門』，日本経済新聞社．
林信行 (2007)『スティーブ・ジョブズ：偉大なるクリエーティブ・ディレクターの軌跡』，アスキー．
一橋大学イノベーション研究センター編 (2001)『イノベーション・マネジメント入門』，日本経済新聞社．
平井敏彦他著，小早川隆治編 (2003)『マツダ／ユーノスロードスター：日本製ライトウェイトスポーツカーの開発物語』，三樹書房．
藤末健三 (2005)『技術経営論』，生産性出版．
藤本隆宏・安本雅典編著 (2000)『成功する製品開発：産業間比較の視点』，有斐閣．
藤本隆宏 (2001a)「アーキテクチャの産業論」，藤本隆宏・武石彰・青島矢一編『ビジネス・アーキテクチャ』(有斐閣) 所収．
藤本隆宏 (2001b)『生産マネジメント入門：(Ⅰ) 生産システム編，(Ⅱ) 生産資源・技術管理編』，日本経済新聞社．
藤本隆宏 (2004)『日本のもの造り哲学』，日本経済新聞社．
古川光 (1989)『標準化』，日本規格協会．
マイケル．E．ポーター・竹内弘高 (2000)『日本の競争戦略』，ダイヤモンド社．
松井幹雄 (1988)『自動車部品』，日本経済新聞社．
松島茂・尾高煌之助編 (2008)『和田明弘オーラル・ヒストリー』，東京理科大学専門職大学院MOT専攻研究叢書2008．
真鍋誠司 (2002)「企業間協調における信頼とパワーの効果：日本自動車産業の事例」，『組織科学』，Vol. 36(1)．
真鍋誠司・延岡健太郎 (2002)「ネットワーク信頼の構築：トヨタ自動車の組織間学習システ

ム」,『一橋ビジネスレビュー』, Vol.50(3)。
丸川知雄 (2007)『現代中国の産業：勃興する中国企業の強さと脆さ』, 中央公論新社。
三品和広 (2005)「GE：ジャック・ウェルチを育んだ100年のヘリテッジ」, 三品和広編著『経営は十年にして成らず』(東洋経済新報社) 所収。
村沢義久 (2010)『電気自動車：市場を制する小企業群 Small Hundreds』, 毎日新聞社。
柳川範之 (2003)「ビジネスモデルの変遷」, 新宅純二郎・田中辰雄・柳川範之編著『ゲーム産業の経済分析：コンテンツ産業発展の構造と戦略』(東洋経済新報社) 所収。
山岸俊男 (1998)『信頼の構造：こころと社会の進化ゲーム』, 東京大学出版会。
山倉健嗣 (2001)「アライアンス論・アウトソーシング論の現在：90年代以降の文献展望」,『組織科学』, Vol.35(1)。
山田英夫 (1993)『競争優位の「規格」戦略：エレクトロニクス分野における規格の興亡』, ダイヤモンド社。
山田英夫 (1997)『デファクト・スタンダード：市場を制覇する規格戦略』, 日本経済新聞社。
山田英夫・遠藤真 (1998)『先発優位・後発優位の競争戦略：市場トップを勝ち取る条件』, 生産性出版。
山田英夫 (2004a)『新版 逆転の競争戦略：リーダー企業の「強み」を「弱み」に変える』, 生産性出版。
山田英夫 (2004b)『デファクト・スタンダードの競争戦略』, 白桃書房。
山田肇 (2005)『技術経営：未来をイノベートする』, NTT出版。
山田肇 (2007)『標準化戦争への理論武装』, 税務経理協会。
和田充夫・恩蔵直人・三浦俊彦 (2006)『マーケティング戦略〔第3版〕』, 有斐閣。
若林直樹 (2006)『日本企業のネットワークと信頼：企業間関係の新しい経済社会学的分析』, 有斐閣。

索引

人名索引

アッターバック（Utterback, J. M.） 62, 67, 85, 109
アバナシー（Abernathy, W. J.） 62
アンダーソン（Anderson, P.） 109
伊藤 進 251
ウェルチ（Welch, J. F.） 345
エラーズ（Ehlers, V.） 22

カールソン（Carlson, C. F.） 41
クーパー（Cooper, A. C.） 85
クラーク（Clark, J. K.） 116
クリステンセン（Christensen, C. M.） 119, 120, 126
グリフィン（Griffin, A.） 227, 262
ケストラー（Koestler, A.） 87
ゴードン・ムーア（Gordon Moore） 99

シェンデル（Schendel, D.） 85
シュムクラー（Schmookler, J.） 25
シュンペーター（Schumpeter, J. A.） 2, 9, 24, 83
ジョブズ（Jobs, S.） 221, 352
ジョンソン（Johnson, M. W.） 334
スミス（Smith, C. G.） 85
スローン（Sloan, A.） 71

ダイムラー（Daimler, G. W.） 68
タッシュマン（Tushman, M. L.） 109
チェイン（Chain, E. B.） 26
出川 洋 22, 250

デル（Dell, M.） 100
ドラッカー（Drucker, P. F.） 4

中村修二 88
延岡健太郎 203, 212, 216

バーノン（Vernon, E.） 22
平井俊彦 249
フォード（Ford, H.） 70
フォスター（Foster, R.N.） 60, 62, 76, 85
藤本隆宏 195
ブランスコム（Branscomb, L.） 22
フリーマン（Freeman, C.） 84
フレミング（Fleming, A.） 26
フローリー（Florey, H. W.） 26
ヘンダーソン（Henderson, R.） 116
ベンツ（Benz, K. F.） 68
ポーター（Porter, M. E.） 338

マイヤーズ（Myers, S.） 6
マーキス（Marquis, D. G.） 6
舛岡富士雄 31
マスク（Musk, E.） 112
マンスフィールド（Mansfield, E.） 226

レイナー（Raynor, M. E.） 119
ロジャーズ（Rogers, E. M.） 53

ワグナー（Wagner, S.） 226, 262

企業・団体名など索引

アーサー・ディー・リトル 41
アサヒ飲料 231
アサヒビール 225
アスーステック 300
アップル 8, 82, 177, 255, 305, 351, 354
アプテラ・モーターズ 112
イー・ウイング証券 102
イー・トレード証券 102
医薬品開発業務受託機関 299
インテル 31, 99, 157, 176, 180, 218, 219, 309, 341
エクシング 128
エニックス 188
オリムピック釣具 147

花王 238
カブドットコム証券 102
キヤノン 225, 297, 348, 354
京セラ 218
クアルコム 180, 218
グーグル 82, 347
クオンタ 215, 300
クライスラー 270
ケンウッド 162
経済産業省 142
コダック 41
コモドール 99
コンパック 101
コンパル 215, 300

サムスン電子 31, 97, 219, 303
シーゲート 297
ジェイビル 298
シスコシステムズ 203, 298
ジニアス・マイクロチップ 214
シャープ 38, 59, 90, 135, 139, 150, 303
ジレット 350
スクウェア 188
セガ 171
ゼネラル・モーターズ 72
ゼロックス 41
ソニー 38, 89, 161, 171, 180, 186, 188, 241, 251, 258, 296, 297, 303

第一興商 131
タイトー 128
大和証券 102
タンディ 99
テスラ・モーターズ 112
デュポン 134
デル・コンピュータ 100, 339
電気学会 165
東芝 31, 163, 190
東レ 134, 146
トヨタ 110, 314, 324, 328

ナムコ 188
日亜化学工業 88, 89
日興コーディアル証券 102
日興証券 102
日産 199, 236, 250
日本オンライン証券 102
日本鉄鋼連盟 165
日本電子機械工業会 165
日本ビクター 161, 162
任天堂 105, 106, 151, 241, 258, 259
野村證券 102

パイオニア 128
パナソニック 139, 296, 297, 302
パナソニックEVエナジー 314
半導体共同研究コンソーシアム 153
ピクセル・ワークス 214
日立 162
日立グローバルスロテージテクノロジーズ 297
日立ディスプレイズ 303
一橋大学イノベーション研究センター 9, 304
ヒューレット・パッカード 296, 298
フィスカー・オートモーティブ 112
フィリップス 180, 190
フォックスコン 298, 306
富士通 296

ブラザー工業　128
米国科学財団　6
米国国防省　5, 153
ベンツ　69
ボーイング　149
ホンダ　110

マイクロソフト　82, 183, 203, 228, 309
松井証券　102
松下電器　90, 139, 190
マツダ　199, 242
マネックス証券　102
マミヤ・オーピー　147
三菱自動車　236
村田製作所　144
メディアテック　214
モトローラ　153, 183, 298

楽天証券　102
ロールスロイス　35
ロッキード　36

ADL　41
ADM　214
ANSI　165
ARM　299
AT＆T　166
BSI　165
BYD　112
CEN　165

CENELEC　165
DEC　98
DIJ ディレクト SFG 証券　102
DIN　165
FTA　14
GATT　14
GE　41, 343
GM　72, 94
HP　296, 298
IBM　41, 98, 167, 174, 176, 298, 309
　　──サンノゼ研究所　126
ICI　134
IEC　165
IEEE　165
IPS アルファテクノロジ　303
ISO　165
ITU　165
JISC　165
JR 東日本　164
LG 電子　97, 219
NEC　190, 296
NSF　6
NTR　153
Rambus　299
SBI 証券　102
SCE　187
SEMATECH　153
TechFaith　299
WTO　14

事項索引

あ 行

アーキテクチャ　113
　　製品──　193
アーキテクチャル・イノベーション　113, 116
アイデア・スクリーニング　239
アイデアの開発とスクリーニング　230
アウトソーサー　294
アウトソーシー　294
アウトソーシング　294

青色発光ダイオード　88
アップル II　66, 177
アライアンス　294, 315, 330
アントルプレヌール　83

移行期　64, 70
移動組立ライン　70
意図への信頼　323
イノベーション　2, 6
　　──研究　5
イノベーション 25　10

イノベーションの普及　53
イノベーションの普及曲線　54
　　革新的採用者　55
　　初期少数採用者　56
　　前期多数採用者　57
　　後期多数採用者　57
　　採用遅滞者　58
イノベーションのプロセス　7, 20
イノベーション・プロセスの関門　22
　　魔の川　22, 30
　　死の谷　22, 32, 224
　　ダーウィンの海　22, 40, 332
イノベーションの「種」　24
　　テクノロジー・プッシュ　24
　　ディマンド・プル　25
イノベーションのマネジメント　7
イノベーションの類型化　84
イノベーターのジレンマ　126
イメージスケッチ　242
医薬品開発業務受託機関　299
インクリメンタル・イノベーション　72, 84
インサイト　110
インストールド・ベース　173, 189
インセンティブ　189
インターフェイス　195
インテグラル・クローズド型　197, 199
インテグラル化　196
インテグラル型　194, 276
インホイールモーター　111

ヴィッツ　199
ウィンテル　310
ウォークマン　39
薄型テレビ　90, 139

液晶　90
液晶技術　151
液晶ビューカム　152
液晶ペンコムザウルス　152
液晶方式　139
エルシーメイト EL-805　59, 150
遠隔モニタリング（監視）・システム　344

大部屋（co-location）方式　270
オーバーシューティング　104, 122, 215
オーバーラップ　285
オープン・イノベーション　293
オープン化　197
　　——特性　194
オープン型　196
オープン・ポリシー　174, 176, 187
オピニオン・リーダー　56, 173
オペレーション効率性　15
オペレーションシステム　201
オンライン証券　102

か 行

カートリッジ方式　349
下位互換　183
開発現場のレベル　204
開発生産性　263, 287
開発リードタイム　263, 285
外部化　304
価格戦略　254
革新性の程度　84
革新的採用者　55
過去の購買状況　235
ガソリン自動車　69
価値連鎖　336
過度の楽観　89
カニバリゼーション　101, 123, 131
カラオケ機器　128
間接的効果　170
管理コスト　307
関連性・相互依存性　312

キーワード　242
機会主義　322
規格　164
規格間競争　163
企業家　83
企業間分業　296, 304
　　垂直統合　296
　　水平統合　297
企業間連携　315, 319
企業信頼　322

企業の境界線　315
企業の競争力　11
技術　142
技術開発のマネジメント　134
技術革新　2
技術進歩のＳ字曲線　60
技術セレクション　136
技術戦略マップ2005　144
技術の勘所　309
技術の空洞化　308
技術評価　137
技術ロードマップ　142
　　　産業レベルでの――　152
　　　産業横断的な――　156
既存事業部門　96
既存大企業　83
機能業務　265
機能設計　248, 249
機能的価値　220
機能部門長　272
機能部門別組織　266
規模の経済　306
機密保持契約　321
キャズム　58
キャデラック　71
キューブ　250
業界標準　164, 181
業界標準の世代交代　181
競争圧力　306
競争優位性　312
競争力イノベーションイニシアティブ　10
協調的な取引関係　325
業務提携　315
距離を保った関係　325
キラー・アプリケーション　177

クイックルワイパー　238
組み合わせ型　195
クリティカル・マス　173
クローズド化　197
クローズド型　196
クローズド・ポリシー　174
グローバル化　14, 167

経験曲線効果　306
経済成長の原動力　59
経済的成果　7
経済のグローバル化　14
経済発展の理論　2
携帯電話　37, 97, 180, 196, 218, 221
軽量級プロジェクト・マネージャ型組織　273
ゲーム＆ウォッチ　151
ゲームボーイ　151
ゲスト・エンジニア　289
研究委託　301
研究・開発委託　301
研究・技術開発活動　20, 134

コア技術　150, 309
後期多数採用者　57
高精度CAE　252
工程イノベーション　63
工程設計と生産準備　248, 253
公的標準　52, 165
ゴーエラー　240, 246
小型車　117
顧客価値　146, 185
　　　――の頭打ち　212, 215
顧客の支払い意思額　210, 216, 222, 338
顧客の創造　4
顧客のニーズ　37, 137, 257
顧客のベネフィット　146
顧客ロイヤルティ　220, 225
国際半導体技術ロードマップ　154
国際標準　165
コスト-ベネフィットの配分のあり方　319
コスト優位　338
コスト・リーダーシップ戦略　220
5W1H　240
国家中長期科学技術発展計画　10
国家標準　165
固定期　65, 71
固定費負担　305
コモディティ化　216
雇用　310
コラボレーション　294
コンカレント・エンジニアリング　253,

　　　　264, 285
コンセプト・テスト　244
コンソーシアム型スタンダード　166
コンフリクト　272, 278
コンペット　59

さ 行

再成熟化過程　80
サイバーショット　39
サイマルテニアス・エンジニアリング
　　　253, 285
採用遅滞者　58
サブシステム　193
差別化戦略　220
差別化優位　338
産業レベル　152
サンク・コスト　100, 131
3次元外観モデル　242
3次元CAD　252
暫定的な製品計画　245

ジアゾ式コピー機　42
シーケンシャル（逐次的）なプロセス
　　　285
シーズ発想　238
時間軸　142
事業化活動　20
事業活動の対価を払ってくれる相手についての工夫　347
事業再構築　15
事業収益性の評価・検討　229
事業評価のハードル　92
資源　30, 86
事後すり合わせ型　195
事後的なすりあわせによるコスト増分　210
試作・実験　252
　　──と設計変更　248
事実上の標準　165
市場　142
　　──からの調達　312
市場シェアの維持・拡大　51
市場動向　136, 141

市場導入　229, 254, 257
　　──とその後の対応　254
システム　193
システム・イノベーション　3
システム統合の市場化　212, 213
システム統合部品　203, 217
次世代DVD　162
持続的イノベーション　119
実践による学習　308
シナジー効果　310
シナリオ　242
死の谷　22, 32, 224
シボレー　72
資本提携　316
車載コンピュータ　110
社内モジュール化　212
収益性の検討　245
収益モデル　334, 347
集合的な信頼関係　322
集中　304
重量級プロジェクト・マネージャ型組織
　　　273
受注生産　340
主要購買要因　230
シュンペーター・マークⅠ　84
シュンペーター・マークⅡ　84
ジョイント・ベンチャー　316
上位互換　183
蒸気自動車　68
詳細設計　248, 252
常識にとらわれず柔軟に発想する　354
情緒的価値　220
消費者　231
使用頻度　235
使用文脈　235
初期少数採用者　56
シルビア　236
新規事業　16
新技術の評価　31
新旧規格の互換性　182
新旧製品の世代交代プロセス　74
新結合　3
新興企業　83
人口統計的変数　231

新市場の将来性軽視　98
新製品開発　224
　　──の重要性　225
　　──成功率　226
新製品開発のプロセス　228
　　製品コンセプト開発　230
　　事業収益性の評価・検討　245
　　（狭義の）製品開発　248
　　市場導入　254
人的ネットワーク　281
信頼　322
新リスボン戦略　10
心理的変数　235

推奨設計　214
衰退期　52
垂直統合　296
垂直非統合　296
スイッチング・コスト　182
水平統合　297
水平非統合　297
スクラップ・アンド・ビルド　35
スケールアップ問題　34
スタンダード　164
ステートメント　242
ステッパー　29
スピルオーバー　307
スモールハンドレッド　112

成功体験の呪縛　93
生産性の上昇　13
生産性のジレンマ　65
成熟期　51
製造委託　298
製造現場のレベル　204
成長期　50
正のフィードバック　172
製品　8, 142
　　──アイデア　230, 238
　　──アーキテクチャ　193
　　──イノベーション　62
　　──技術　178
　　──仕様　249
　　──進化　204

　　──スペック　249
　　──戦略　254
製品開発　223
　　──活動　20
　　──のQCD　263
　　──のフェーズ（狭義）　248
　　──のリスク　33
　　──プロジェクト　35
　　──プロセス（狭義）　229
製品開発組織　266
　　機能部門別組織　266
　　プロジェクト専従組織　269
　　プロジェクト・チーム組織　270
製品コンセプト　240
　　──の開発　229
　　　　──とスクリーニング　230
製品ライフサイクル　48
　　導入期　48
　　成長期　50
　　成熟期　51
　　衰退期　52
セガサターン　171
セクショナリズム　94
セグメンテーション　231
　　──とターゲティング　230
セグメント　231
世代間競争　163
設計変更　248, 252
セル生産方式　340
ゼログラフィー技術　41
ゼロサム・ゲーム　324
善意への信頼　323
前期多数採用者　57
選択と集中　15
専門家の利益　267
戦略性　312
戦略的提携　294
戦略的なポジショニング　51

総合製品品質　263, 287
組織内調整　95
組織の〈重さ〉プロジェクト　95
組織マネジメント　262
ソフト資産の資産価値　183

た 行

対価の対象についての工夫　347
ダイレクト・モデル　100, 339
タイヤコードの技術進歩　76
対話の共通の土台　155
ダーウィンの海　22, 40, 332
ターゲティング　231
多国語コミュニケーション　283
他者とのやり取りの必要性　183
多人化　231
脱成熟　79
ダブル・バインド（二律背反）の状態　87
炭素繊維　36, 146, 148
団体標準　165

地域標準　165
逐次移動型半導体露光装置　29
治験プロトコル　305
知識・ノウハウの共有のあり方　320
チップ・セット　201
チャネル戦略　254
チャレンジ精神の喪失　86
調整担当職　267
直接的効果　169
直接的接触　281
直接販売　339
中核的なコンセプト　66
地理的変数　233

通信カラオケ　128
ツーボス・システム　272

提携戦略　138
デイ市場　130
ディマンド・プル　25
適切な組織デザインの選択　264
テクノロジー・プッシュ　24, 110
デザインハウス　215, 299
デザインルール　201
デザインレビュー　289
デジュール　165
デジュリ・スタンダード　165
テスト・マーケティング　254, 256
テスラ・ロードスター　112
デファクト・スタンダード　166
デミオ　199
電気自動車　68, 111
電子マネー　164

当該製品についての知識量　235
統合企業のジレンマ　219
統合業務　266
導入期　48
トップランナー　12
ドミナント・デザイン　64, 65
トライスター　188
ドラゴンクエストⅦ　188
トリニトロン技術　89
取引コスト　307
トレードオフ関係　240
ドロップエラー　239, 246

な 行

ナイト市場　130
ナショナル・イノベーション・システム　16

ニーズの核　230
ニーズ発想　238
ニンテンドーDS　258

ネオン　270
ネットワーク外部性　169

能力構築のための学習　317
能力増強型イノベーション　109, 110
能力の罠　93
能力破壊型イノベーション　109
能力への信頼　323

は 行

バーゲニング・パワー　308
ハードディスク・ドライブ　28, 126
パートナー間の各業務の標準的な進め方　319

パートナー間の役割分担と責任・権限関係のあり方　319
バイオベンチャー企業　300
ハイブリッド車　110
ハイランドパーク工場　70
パジェロ　236
バッファー　207
バリューチェーン　336
パワーポイント2003　183
パワーポイント2007　183
バンドル化　186

ピクセルワークス　214
ビジネスシステム　334
ビジネスモデル　40, 332, 334
ビジネスモデルのマネジメント　7, 331
ビットワレット　164
ビデオレコーダー　161
一人勝ち　172
標準　164
　　業界——　164, 181
　　公的——　165
　　国際——　165
　　国家——　165
　　事実上の——　166
　　団体——　165
　　地域——　165
広く深い技術的な知識　282

ファイナルファンタジーⅦ　188
ファウンドリ企業　298
ファブレス企業　298
ファミリーづくりの戦略　176
フィット　199
フェーズ　20
フォード生産方式　70
フォロワー　12
付加価値　311
不確実性　33
普及曲線　54
付随サービスの差別化　343
普通紙コピー機　41, 225
負のフィードバック　172
部品間特性　194

部品のジャスト・イン・タイム調達　340
部門のタコツボ化　95
ブラウン管　89
プラグイン・ハイブリッド車　112
プラスサム・ゲーム　326
プラズマディスプレイ　90
プラズマ方式　139
ブラックボックス化　308
フラッシュメモリ　31
プラットフォーム・リーダー　181, 203
プリウス　110, 314
ブルーレイ方式　162, 190
プレイステーション　105, 171, 179, 186, 241
ブレインストーミング　239
プレリュード　236
プロジェクト・スクリーニング　246
プロジェクト専従組織　269
プロジェクト・チーム組織　270
プロジェクト・マネージャ　269
　　——のリーダーシップ行動　264, 277
プロセス・イノベーション　3
プロダクト・イノベーション　3
プロダクト・インテグリティ　249
プロモーション戦略　254
フロントエンジン・フロントドライブ　117
フロントエンジン・リアドライブ　117
フロントローディング　288
分断的イノベーション　119

米国競争力イニシアティブ　10
ベータ方式　161
ベガ　89
ペニシリン　26
ベネフィット　48
　　求める——　235
ヘビーユーザー　104
ベルトコンベア方式　70

貿易の技術的障害に関する協定　167
法的に独立した企業　316
ボーイング757　149
ボーイング767　149

ボーイング777　35, 229
ボーイング787　149
ポートフォリオ　148
補完　304
補完材　170
　　――供給　178
ボディ・オン・フレーム　117

ま　行

マーケッティング4P　254
マーケティング・ミックス　254
　　――の選択　254
マーケット・イノベーション　3
マーチ　199
埋没費用　100
マザーボード　201
マックPC　221
マテリアル・イノベーション　3
魔の川　22, 30

ミックス・アンド・マッチ　205
ミックス・ポリシー　178
ミニコンピュータ　99, 127

ムーアの法則　157
無在庫　341

メインフレーム・コンピュータ　99, 127
メモリ　28
メンテナンス・フリー　349

モジュール　194
モジュール化　196, 212
　　――のデメリット　207
　　――のメリット　204
　　社内――　212
モジュールの市場化　212
モジュラー・オープン型　197
モジュラー化　196
モジュラー型　194, 276
モックアップ　242
モニタリング　307
モノコックボディ　117

ものづくりマネジメント　262
問題開発の前倒し　288

や　行

有機EL　90
ユーノスロードスター　242, 249
有望技術の創出　30

要素技術　28, 265
横展開　270

ら　行

ライセンシング　316
ライセンス料　162
ラディカル・イノベーション　74, 79, 84, 108

リードタイム　30, 263
リエゾン　267
リスク　305
　　――回避　90
リストラクチャリング　15
リッジレーサー　188
リバールージュ工場　71, 72
リファレンス・デザイン　214
流動期　63, 68
利用シーン　236
量的なギャップ　212
リンケージ　335

レーザーディスク・カラオケ　128
連携による分業関係のあり方　319
連続的・累積的なイノベーション　73
連絡会・委員会　268

ロイヤルティ　235

わ　行

割引キャッシュ・フロー法　91

英字

A–U モデル　*62, 72, 79, 209*
AMD　*214*
ANSI　*165*
Be–MAX's　*131*
Blu–ray Disc　*162*
BOF 構造　*117*
BOM　*214*
BTO　*205, 340*
CDMA　*218*
CE　*253, 285, 288*
CPU8080　*102*
DAM　*131*
DRAM　*28, 341*
DVD　*162, 190*
ECU　*110*
Edy　*164*
EL　*90*
EMS　*298, 306, 315*
FF　*117*
FM　*272, 279*
FR　*117*
HDD 業界　*126*
HD DVD 方式　*162, 190*
Hindsight プロジェクト　*5*
IBM クローン　*309*
IBM360 シリーズ　*175*
IC デザインハウス　*298*
iD　*164*
IEEE　*165*
iPod　*8, 66, 255, 306, 351*
IP プロバイダ　*299*
ITRS　*154*
iTunes Store　*351*
JIT　*340*
JOYSOUND　*131*
KBF　*230*
LC–37BT5　*38*
LD カラオケ　*128*
Lotus1–2–3　*177*
MCB 構造　*117*
Microsoft Office Labs vision 2019　*147*
nanaco　*164*
NDA　*321*
Neon　*270*
NSF イノベーション調査プロジェクト　*5*
NTRS92　*153*
ODM　*215, 299, 306*
OEM　*299*
OS　*201*
PC　*98, 127, 184, 196, 201, 205, 310, 339*
PDP　*90, 302*
PM　*269, 278, 283, 284*
PPC　*41, 225*
PS2　*105, 186*
PS3　*105, 241, 351*
QUALIA　*38*
QUICPay　*164*
SAPPHO プロジェクト　*5*
SAPPHO II プロジェクト　*6*
SE　*253, 285*
Smart Plus　*164*
Suica　*164*
S 字曲線　*48, 53, 60, 78*
　　——のシフト　*74*
TPO　*235*
T 型フォード　*66, 69, 70, 94*
VAIO–505　*251*
VHS 方式　*161*
VISA Touch　*164*
VisiCalc　*177*
VTR　*161*
WAON　*164*
Wii　*105, 179, 241, 351*
Winner takes all　*172*
Win–Win 関係　*326*
WTO/TBT 協定　*167*
WTP　*210, 216, 222, 338*
X2000　*128*
Xerox 914　*42*

著者紹介

近能善範（こんのう　よしのり）

1992 年　東京大学経済学部経営学科卒業
1999 年　東京大学大学院経済学研究科修士課程修了（経済学修士）
2002 年　東京大学大学院経済学研究科博士課程単位取得退学
2003 年　東京大学大学院経済学研究科より博士（経済学）を取得
1992 年 4 月～1996 年 6 月　地方銀行勤務
2002 年　東京大学大学院経済学研究科助手
2003 年　法政大学経営学部助教授
2006 年 4 月～2008 年 3 月　東京大学ものづくり経営研究センター特任研究員（兼務）
現　在　法政大学経営学部教授

主要著書・論文

「自動車部品取引のネットワーク構造とサプライヤーのパフォーマンス」（『組織科学』，Vol.35 (3)，2002 年）

「企業間関係と製品開発：自動車メーカー・サプライヤー間の開発動向と複数プロジェクトの視点」（『研究技術計画』，Vol.18 (3・4)，2004 年）

「日本自動車産業における関係的技能の高度化と先端技術開発の深化」（『一橋ビジネスレビュー』，第 55 巻 1 号，2007 年）

高井文子（たかい　あやこ）

1996 年　東京大学経済学部経営学科卒業
1997 年　東京大学経済学部経済学科卒業
1999 年　東京大学大学院経済学研究科修士課程修了（経済学修士）
2005 年　東京大学大学院経済学研究科博士課程単位取得退学
2008 年　東京大学大学院経済学研究科より博士（経済学）を取得
1999 年 4 月～2005 年 3 月　㈱三和総合研究所（現在は三菱 UFJ リサーチ＆コンサルティング㈱）勤務
2005 年　東京理科大学経営学部専任講師
2005 年 9 月～2007 年 3 月，2008 年 8 月～2009 年 3 月　東京大学ものづくり経営研究センター特任研究員（兼務）
2009 年 4 月～2016 年 3 月　東京理科大学経営学部准教授
2016 年 4 月～2019 年 3 月　横浜国立大学大学院国際社会科学研究院・経営学部准教授
現　在　横浜国立大学大学院国際社会科学研究院・経営学部教授

主要著書・論文

「"支配的な通念"による競争と企業間差異形成：オンライン証券業界の事例」（『日本経営学会誌』，Vol.16，2006 年）（平成 18 年度「日本経営学会賞」受賞）

「模倣・追随の二面性：日本のオンライン証券市場黎明期における企業間競争の実証的分析」（『組織科学』，Vol.51 (1)，2017 年）

『インターネットビジネスの競争戦略：オンライン証券の独自性の構築メカニズムと模倣の二面性』（有斐閣，2018 年）

ライブラリ 経営学コア・テキスト=12
コア・テキスト イノベーション・マネジメント

2010 年 12 月 25 日© 　　　　初 版 発 行
2019 年 9 月 10 日　　　　　初版第7刷発行

著 者　近 能 善 範　　発行者　森 平 敏 孝
　　　　高 井 文 子　　印刷者　加 藤 文 男
　　　　　　　　　　　製本者　米 良 孝 司

【発行】　　　　　　　株式会社　新世社
〒151-0051　東京都渋谷区千駄ヶ谷 1 丁目 3 番 25 号
☎(03)5474-8818(代)　　　サイエンスビル

【発売】　　　　　　　株式会社　サイエンス社
〒151-0051　東京都渋谷区千駄ヶ谷 1 丁目 3 番 25 号
営業☎(03)5474-8500(代)　　振替 00170-7-2387
FAX☎(03)5474-8900

印刷　加藤文明社　　　製本　ブックアート
《検印省略》

本書の内容を無断で複写複製することは，著作者および出
版者の権利を侵害することがありますので，その場合には
あらかじめ小社あて許諾をお求めください。

サイエンス社・新世社のホームページのご案内
http://www.saiensu.co.jp
ご意見・ご要望は
shin@saiensu.co.jp まで．

ISBN 978-4-88384-158-5
PRINTED IN JAPAN